福 建 省 社 会 科 学 规 划 项 目 博 士 文 库

《仪礼经传通解》研究

THE RESEARCH ON
YI LI JING ZHUAN TONG JIE

王志阳 / 著

社会科学文献出版社
SOCIAL SCIENCES ACADEMIC PRESS (CHINA)

出版说明

　　为了鼓励福建省青年博士在学术和科研领域勇于进取，积极创新，促进学术水平进一步提高，更好地发挥青年社科人才的作用，进而提升福建省社会科学研究总体实力和发展后劲，经福建省哲学社会科学规划领导小组同意，2016年继续实施福建省社会科学规划项目博士文库计划，资助出版福建省社会科学类45岁以下青年学者的博士论文，推出一批高质量、高水平的社科研究成果。该项目面向全省自由申报，在收到近百部博士论文的基础上，经同行专家学者通讯匿名评审和评审委员会全体会议审议，择优资助出版部分博士论文。

　　福建省社会科学界联合会拟与社会科学文献出版社继续联手出版博士文库，力争把这一项目打造成为福建省哲学社会科学的特色品牌。

序

　　"志阳偏入紫阳宫，礼义微茫辨析功；古道人心何处觅？武夷山色雪初融。"此为王志阳学棣博士学位论文答辩后，我赠予之小诗，意谓志阳偏好朱子（紫阳）学，以《仪礼经传通解》为博士学习阶段研究课题，因其著籍福建，允有古闽学风，且毕业后将从教斯域，自可传紫阳夫子昔时武夷精舍传道之余绪。2016年秋10月，我因事至泉州，其间与学棣华侨大学蒋晓光教授同游武夷山，登巅峰以瞰东南海疆，观精舍而品先贤遗训，于朱子隐深山而心系天下古今之事业，以及"旧学商量""新知培养"之精神，似有所悟。由闽返宁，即得志阳电问，并谓博士学位论文欲刊行，请为序，忽忆武夷山色，冥冥之中，似有兆焉。

　　志阳所好，在朱子学，所精研者，是礼学。因思古人所言"礼者，天地之序"（《礼记·乐记》），缘此，《汉书·礼乐志》论六经之道，符契于治国之方，勘进于礼乐之用："六经之道同归，而礼乐之用为急。治身者斯须忘礼，则暴嫚入之矣；为国者一朝失礼，则荒乱及之矣。人函天地阴阳之气，有喜怒哀乐之情。天禀其性而不能节也，圣人能为之节而不能绝也，故象天地而治礼乐，所以通神明，立人伦，正情性，节万事者也。"礼之"用"，在于"事"，呈于"仪"，明于"义"，传于"书"，此礼之道；而读其书，探其义，观其仪，而得其事，乃礼之学。于是《仪礼》《周礼》、大小戴《礼记》之源起、异同及传播，成为历代礼学研究之重镇，其中《仪礼》为古"士礼"之本，居礼经之要，尤为学者关切。然则，"文变染乎世情，兴废系乎时序"（刘勰《文心雕龙·时序》），作文如此，为学亦然。宋人治礼，因于时序与世情，故成绩卓然，论其义，释三礼或驳郑注；论其形，同于"易图"之兴而多"礼图"之制；论其书，则历经朱熹、黄榦、杨复三代而成之《仪礼经传通解》，又居举足轻重之地位。今人钱玄《三礼通论》于宋元明三朝礼学，首标兹编，以为汇编三礼集而通解之体例，肇启清儒江永《礼书纲目》、秦蕙田《五礼通考》编写法则，而经文节末，均立标题，又开张尔岐《仪礼郑注句读》、吴廷华《仪礼章句》、胡培翚《仪礼正义》标注之先河。

宋儒论学，擘肌入理，于礼乐之文，多"夙悟神解"（清乾隆官修《续通典·乐》评朱子等人语），《仪礼经传通解》以"通"示其学，以"解"明其旨，体大思精，类繁义纷，历代评述，或有得失。志阳寄志于此，存遗佚，理坠绪，循史迹，考文章，探赜索隐，蔚然可观。倘提摄其要，拙以为有数端可述：一则考镜源流，论者之系统思考，盖因于此。二则明辨师承，从朱、黄、杨三代主编观其传统，以及处理四礼、礼与诸经、礼与诸子、礼仪与礼义之共识，颇见驾繁驭简功夫。三则彰显文本，用心于三代主编各自"按语"之研究，思理形于寸铁，其间发明，可圈可点。四则凸显主旨，由文献勘进义理，于"礼仪"与"礼义"之平等间确立其新型经传关系，而旨归于继承与创新并举之朱子学派特征。

志阳南雍求学，心虽坚，却行不易，可谓"三过"其门乃"入"，然入门之后，三年治学，诚获益良多。尤可称道者，他以"乡梓情"与"经典性"为论文取向，此亦我劝导其学之初衷。文章乃天下之公器，欣闻志阳不以名山事业而废现实功用，修订论文，将以付梓，故聊撰数语，勉其志，嘉其行，而贺其成。

许　结

丙申初冬于南京大学

contents
目 录

第一章

绪 论

朱熹，字元晦，一字仲晦，世称朱子，是宋代理学的集大成者，也是宋代经学的集大成者。① 但是由于各种历史原因，特别是朱子学术被统治者尊为道统正宗之后，朱子在理学方面的成就为广大学者所推崇，尤其是四书学成为此后历朝的科举教科书。经过明代王学、清代乾嘉汉学，特别是西学东渐之后的中国学术界，形成了朱子学等同于理学，乃至于朱子学成为中国传统学术的代表，使得现代学术界对朱子学的研究主要着眼于朱子理学方面，忽视朱子在经学方面的成就。到了 20 世纪后半叶，随着朱子学研究的深入开展，朱子学派的经学思想开始获得学术界的关注，许多青年学者也不断进入朱子学派经学思想研究领域。② 但是在朱子学研究中，

---

① 钱穆先生在《朱子学提纲》中说："朱子集理学之大成。""朱子集宋学之大成。此乃指理学兴起以前北宋诸儒之学言。上分北宋儒学为三项，一政事治道之学，一经史博古之学，一文章子集之学。"钱穆先生对于朱子于北宋诸儒的经学特加重视，"经学实不为理学诸儒所重视，虽亦时有说经之言，乃借之自申己意，多无当于经文之本旨。朱子博览群经，横评北宋诸儒与二程横渠之说，往往右彼而抑此。于欧阳王苏诸人极多称重，而程张转多贬辞。亦可谓程张乃以理学说经，而北宋诸儒则以经学说经。若分经学理学为两途，则朱子之理学，固承袭程张，而其经学，则继踵北宋诸儒。能绾经学理学为一途，则端赖有朱子"，我们在此可以看到朱子不仅是集两宋理学之大成，且集两宋经学之大成。参见钱穆《朱子学提纲》，北京：生活·读书·新知三联书店，2005，第 21、24 页。

② 从 20 世纪末开始朱子派的经学研究逐步进入研究者的视域中，如朱子学派的周易学、尚书学、家礼学等方面均出现了重要的论著，如福建师范大学雷喜斌的博士学位论文《朱熹易学思想研究》、山东大学张克宾的博士学位论文《朱熹易学思想研究》、厦门大学杨燕的博士学位论文《〈朱子语类〉经学思想研究》等，参见雷喜斌《朱熹易学思想研究》，福建师范大学 2009 年博士学位论文，福州：福建师范大学文学院；张克宾：《朱熹易学思想研究》，山东大学 2010 年博士学位论文，济南：山东大学，2010 年；杨燕：《〈朱子语类〉经学思想研究》，厦门大学 2009 年博士学位论文。

其礼学思想被关注得特别少。纵观学术史，朱子能够获得后代学术界的新权威，与朱门弟子的学术活动及其所做的学术贡献密不可分，为此研究朱门弟子的学术成就对于近古传统儒学的研究具有十分重要的意义。因此，笔者以《仪礼经传通解》一书为主要对象研究朱子、黄榦、杨复三代学者礼学成就及其学术思想，有助于厘清朱子学派内在学术发展的理路，深入分析朱子学派发展初期的学术变化。

一　本成果的选题缘起及其研究意义

经学是中国传统文化的主体，但是经过清末西学东渐、五四新文化运动及"文化大革命"，造成人为割裂大陆传统文化和现代文化的传承关系，形成了明显的文化断裂现象，经学研究也由此陷入了困顿的状况。与此同时，民国时期开始兴起的新儒家在港澳台延续，产生了较大的社会影响力。大陆实行改革开放的政策也带来了思想解放的浪潮，促使人们重新评估传统文化的价值，随之兴起了学习研究传统文化的热潮。在文化热潮中，宋代文化无疑是最早被关注的学术领域之一。程朱理学成为宋代学术研究的主要领域，而作为中国经学史发展重要一环的宋代经学则处于相对冷清状态。朱子学派作为宋代学术的典型代表，其影响中国近古七百年时间，其影响力不可谓不大，但是其经学研究也难以避免冷清的状况，[①] 这种状况导致了中国文化研究遗失了重要一环。在朱子学派研究中本属偏冷的经学研究领域，学者又主要以朱子学派的《尚书》学、《四书》学、易学、《诗经》学为主要研究对象，而礼学又属朱子经学研究的冷僻领域。

在本属偏冷的朱子礼学领域，朱子《家礼》的研究是较多学者关注的领域。不管是中国大陆的学者还是港澳台的学者，甚至海外学人均以《家礼》作为朱子礼学的主要研究对象。但《家礼》是朱子年青时代的作品，主要论述日常生活礼仪，深受司马光《书仪》的影响，不论其思想的成熟

---

① 林庆彰主编《朱子学研究书目 1900～1991》、吴展良《朱子研究书目新编 1900～2002》所收录的中外学界有关朱子学的研究成果，基本都是朱子理学的研究成果，参见林庆彰主编，许维萍、冯晓庭编辑《朱子学研究书目（1900～1991）》，台北：文津出版社，1992，吴展良：《朱子研究书目新编 1900～2002》，台北：台大出版中心，2004。

度，还是独创性都存在许多不足之处。因此不论是朱子本人还是朱子后学对《家礼》均不是很满意，这是《仪礼经传通解》的编撰缘起。由于《仪礼经传通解》堪称巨帙，在朱子手中未能完成，由黄榦、杨复前后相续而完成。元明两代学术空疏，以礼为中心的实学渐被遗落，导致了《仪礼经传通解》的传布并不广泛。到了明末清初，随着学术思潮的转变，礼学重新获得学术界的重视，《仪礼经传通解》逐步被重视，并以《仪礼经传通解》作为编制礼学典籍的重要参考书目，对清代学术产生了重要影响。因此，随着近年宋代学术研究的发展，朱子学派的礼学研究也逐步获得了学术界的关注，《仪礼经传通解》成为朱子学派礼学研究的新领域，并于 2004 年出现了第一篇《仪礼经传通解》的博士学位论文即孙致文《朱熹〈仪礼经传通解〉研究》。①

与《仪礼经传通解》朱子编定部分相比，《仪礼集传集注》《仪礼经传通解续卷丧礼》《仪礼经传通解续卷祭礼》的研究至今少有涉足者，正如孙致文博士学位论文《朱熹〈仪礼经注通解〉研究》自述其研究范围是局限于《仪礼经传通解》朱子编订的前二十三卷，稍有涉及《仪礼集传集注》，至于其他两部分一概忽略。湖南大学殷慧博士学位论文《朱子礼学思想研究》也只涉及《仪礼经传通解》朱子编订部分而已，他们的理由均是《仪礼经传通解续卷丧礼》《仪礼经传通解续卷祭礼》不是朱子主编的部分。作为研究朱子礼学思想的学位论文，这样的研究范围固然成立，但是产生了另一个重要问题即《仪礼经传通解》的编撰由朱子发起，其编撰过程却非仅凭朱子一人之力，而是集朱子学派之力完成的集体作品，若局限于朱子主编的部分，则低估了《仪礼经传通解》的学术价值。另外，在文献传播过程中，《仪礼经传通解》是以整体被学者所接受，尤其是杨复重修完成《仪礼经传通解续卷祭礼》之时，已是朱子被南宋统治者及学术

---

① 孙致文的博士学位论文封面落款时间是 2003 年 7 月 1 日，而其《国立"中央"大学图书馆硕博士论文电子档授权书》则是落款为 2004 年 7 月 1 日，且其在同选择开放时间是"同意（立即开放）"且同一文献第 2 条备注有"请加印一份单张之授权书，填写并亲笔签名后，于办理离校时交图书馆（以统一代转寄给国家图书馆）"，因此笔者认为其完成答辩时间当是 2004 年。参见孙致文《朱熹〈仪礼经传通解〉研究》，[国立"中央"大学博士学位论文]，桃园：国立"中央"大学中国文学研究所，2004 年。

界广泛接受之时，且《仪礼经传通解续卷丧礼》《仪礼经传通解续卷祭礼》
的编者均是受前代主编者所托而完成编撰工作，其内在学术逻辑一脉相
承。在朱子晚年，黄榦已经开始编撰《续丧礼》《续祭礼》。与此同时，
《仪礼经传通解续卷丧礼》《仪礼经传通解续卷祭礼》由黄榦编撰之时，杨
复已参与其事。在黄榦去世后，杨复完成黄榦《仪礼经传通解续卷祭礼》
的分卷工作，最后重修《仪礼经传通解续卷祭礼》。不论是黄榦还是杨复
均是带着前代主编的信任而从事《仪礼经传通解》的续修之事，因此《仪
礼经传通解》各部分均是朱子学派礼学思想不可分割的部分，详细考察
《仪礼经传通解》各部分内容有助于全面研究朱子学派的礼学思想衍化轨
迹及南宋后期学术思想的发展方向。正因如此，我们认为以编者来划分
《仪礼经传通解》全书为朱子定稿部分、朱子未定稿部分即《仪礼集传集
注》、黄榦《仪礼经传通解续卷丧礼》与《仪礼经传通解续卷祭礼》、杨
复《仪礼经传通解续卷祭礼》四部分，当然不失为研究朱子学术思想的适
用方法，因为明确区分朱子和黄榦、杨复学术思想，有助于厘清朱子与朱
子后学的学术思想，但是容易产生另一弊端，即朱子学派礼学思想的衍
化与发展过程被人为割裂，模糊了朱子学派礼学思想传承与发展的内在
面目。

　　事实上，《仪礼经传通解》被学术界重视的部分是朱子编订部分，这
并非现代学者才形成的研究习惯，而是源自宋代末期，以至于到清代，学
者都开始混淆黄榦编撰、杨复分卷的《仪礼经传通解续卷祭礼》和杨复重
修的《仪礼经传通解续卷祭礼》。① 正是传统学术的影响，导致了现代研究
者的目光主要集中于《仪礼经传通解》朱子编定稿与未定稿两部分，如孙
致文博士学位论文《朱熹〈仪礼经传通解〉研究》，他说：

　　　　本研究取材，以朱子订稿《仪礼经传通解》前二十三卷为主要
　　材料。此部分于本文中简称"《通解》"。经朱子审订，但未定稿之
　　《仪礼集传集注》十四卷，则列为辅助材料，并简称为"《集传集
　　注》"。至于《仪礼经传通解续》的《丧礼》、《祭礼》部分，因为

---

① 参看叶纯芳《杨复再修仪礼经传通解续卷祭礼导言》//（宋）杨复撰《杨复再修仪礼经
　传通解续卷祭礼》，台北：中研院文哲所，2011 年 9 月，第 40～45 页。

都未经朱子审定，因此不列入本研究讨论范围；若需称引，则简称为"《续通解》"①。

孙致文以朱子编定部分为主，未定稿为辅的研究范围自然有助于集中研究朱子礼学思想，但是直接忽略《仪礼经传通解续卷丧礼》《仪礼经传通解续卷祭礼》部分，②难以完整考察朱子学派礼学发展与衍化过程，亦难以正确评估《仪礼经传通解》对后代礼学发展的影响。

《仪礼经传通解》是历经朱子学派三代学者的前仆后继的努力才得以修订完成，代表了朱子学派五十多年的学术思想变化史及学术流变史，又因朱子学占据宋末及元明清学术界与政治的主流地位，《仪礼经传通解》所蕴含的经学思想的变化过程事关宋元明清四代学术发展动向，是研究朱子学派的学者难以简单割裂的。正因如此，以《仪礼经传通解》全书为研究对象，主要有以下几方面的意义。

第一，有助于研究朱子学派学术思想发展过程，考证宋元明清学术思想发展脉络。《仪礼经传通解》是朱子学派历经三代学术代表即朱子、黄榦、杨复主编，参编的学者涉及当时各地学界名流，是南宋后期思想史的产物。考察《仪礼经传通解》的编订过程，即从朱子订立《仪礼经传通解》的编撰目标、编撰体例、参与者选择范围等内容，朱子临终托付给黄榦编撰《仪礼经传通解续卷丧礼》、杨复对黄榦《仪礼经传通解续卷祭礼》进行分卷工作并重修《仪礼经传通解续卷祭礼》，《仪礼经传通解》的编撰过程已经成为朱子学派学术思想衍化过程最为重要轨迹之

---

① 《朱熹〈仪礼经传通解〉研究》，第 9～10 页。

② 从篇幅而言，朱子《仪礼经传通解》二十三卷，《仪礼集传集注》十四卷，黄榦编《仪礼经传通解续卷丧礼》十五卷，黄榦《仪礼经传通解续卷祭礼》十四卷，杨复编订《仪礼经传通解续祭礼》十四卷，从卷数来看，黄杨二氏所编订的内容达到了全书的一半左右；从内容性质而言，且黄氏编订的《丧礼》、杨氏编订的《祭礼》属于吉凶宾军嘉传统五礼中最为重要的礼仪，其篇幅与内容远远重要于朱子所编订的内容，因为从《左传》开始就持"国之大事，在祀与戎"的观点。参见（宋）朱熹等撰《仪礼经传通解》，上海：上海古籍出版社；合肥：安徽教育出版社，2002，（下同）第 11～23 页。（宋）杨复：《仪礼经传通解续卷祭礼目录》∥《杨复再修仪礼经传通解续卷祭礼》，台北：中研院文哲所，2011 年 9 月（下同）。（晋）杜预注，（唐）孔颖达疏《春秋左传正义》卷二十七，中华书局影印阮元校刻《十三经注疏》本，1980，第209页。

一。考察评估《仪礼经传通解》各代编撰者的学术成就和学术思想，有助于厘清朱子学派的经学思想，也有助于全面考察宋元明清学术发展脉络。

第二，有助于深入考察朱子礼学思想的发展变化过程，亦有益于弥补采用知人论世研究方法的粗线条弊端，纠正朱子学研究的某些主观臆测的观点。朱子礼学思想散布于朱子文集、朱子语录、朱子所注各经之中。《通解》全书由四部分构成，其中《通解》前二十三卷为朱子所编定，而《仪礼集传集注》十四卷为朱子未定稿，我们统一考察朱子编撰的两部分内容、体例以及具体礼学礼制方面的差异，能够更为深入考察朱子礼学思想的变化过程，尤其是《仪礼经传通解》定稿部分所反映的朱子礼学思想，即研究作为朱子礼学思想定型之前的《仪礼集传集注》，有助于更全面考察朱子礼学思想的发展变化轨迹。这可以弥补当前学术界如殷慧《朱熹礼学思想研究》等从朱子的政治经历来解析朱子礼学思想变化过程所带来的各种弊端，因为朱子礼学思想是从《家礼》开始萌芽，经过中晚年的政治斗争，朱子决定编修礼经。在编订过程中，朱子礼学思想并非停留于上书朝廷提倡编撰礼经的阶段，亦非停留于所编撰的礼书，而是处于不断发展变化的过程，其最终形态是《仪礼经传通解》朱子定稿部分，而《仪礼集传集注》十四卷正是反映这个定本形态前的思想状态。正是考察朱子礼学发展的特殊阶段，有助于我们更全面地考察朱子礼学思想发展变化的轨迹，解决当前学术界粗线条勾勒朱子礼学思想变化的主观臆测弊端。

第三，有助于研究朱子最为得意，也是最为知名弟子之一的黄榦礼学思想。黄榦是朱子高足，亦是其女婿，其学术成果，特别是礼学成就至今尚未为学术界所重视，相关研究成果几近空白，不符合黄榦在朱子学派衍化发展过程中的地位和贡献。《仪礼经传通解》有两部分与黄榦有直接关系，一是《仪礼经传通解续卷丧礼》十五卷，一是黄榦撰、杨复分卷的《仪礼经传通解续卷祭礼》十四卷。由于古人讳言死丧之事，编撰丧礼的困难程度远大于《仪礼经传通解》朱子编修的两部分，且《仪礼经传通解续卷丧礼》虽仅为十五卷，篇幅却达《仪礼经传通解》全书三分之一的规模。研究黄榦编撰部分的体例、具体礼制和思想差异，抽绎出黄榦的主体思想，勾勒黄榦礼学思想的核心内容，参照《勉斋集》《朱子语类》中黄

榦问学部分，有助于填补现有黄榦研究的空白部分。① 正是在黄榦《仪礼
经传通解续卷丧礼》和黄榦撰、杨复分卷的《仪礼经传通解续卷祭礼》基
础上研究黄榦的礼学思想，并比较黄榦编撰部分与《仪礼经传通解》朱子
编修部分的差异，能够探知从朱子到黄榦礼学思想的继承与发展关系，厘
清作为朱子后学正统派的黄榦学术现有评价中所掩盖的学术真相，也有助
于重新评价黄榦对扩大朱子学术影响力、黄榦的地位和贡献以及考察黄榦
本人经学思想的变化。

　　第四，有助于研究杨复的礼学思想，并考察朱门后学的学术思想变
化情况。与孔子之后儒分为八的情况相似，朱子思想在经过黄榦等一传
弟子之后，许多重要学术命题均产生了分歧。杨复先从学朱子，后卒业
于黄榦，但是杨复的社会影响力远不及朱子、黄榦，是一位典型的教学
型学者，其学术成果至今未有人问津，乃至于从清代开始，其最重要的
成果之一《仪礼经传通解续卷祭礼》已与黄榦撰、杨复编次的《仪礼经
传通解续卷祭礼》相混淆了，这以《四库全书总目》最为典型。② 但是
这并不代表杨复重修的《仪礼经传通解续卷祭礼》的学术传承就此湮没无
闻了。杨复《仪礼经传通解续卷祭礼》通过马端临《文献通考》的分拆保
存，在清代的礼学家中产生了极为重要的影响，如秦蕙田《五礼通考》

---

① 林庆彰《朱子学研究书目1900～1991》、吴展良《朱子学研究新书目1900～2002》主
　要以有关朱子学术为收录标准，没有涉及朱子后学的研究文章，故没有收录有关黄榦
　的研究论文不足为奇，但是林庆彰主编的《经学研究论著目录·1912～1987》《经学研
　究论著目录·1988－1992》及林庆彰、陈恒嵩主编的《经学研究论著目录·1993～
　1997》三部按照经学家或者学派为研究对象归类的目录学著作，均没有以黄榦为单条
　列出，可见20世纪黄榦、杨复两位朱子学派重要成员并没有被学术界所关注。参见林
　庆彰主编，许维萍、冯晓庭编辑《朱子学研究书目（1900～1991）》，台北：文津出版
　社，1992；吴展良：《朱子研究书目新编1900～2002》，台北：台大出版中心，2004；
　林庆彰主编《经学研究论著目录·1912～1987》，台北：汉学研究中心，1989，林庆彰
　主编，汪嘉玲等编辑《经学研究论著目录·1988～1992》，台北市：汉学研究中心，
　1995；林庆彰、陈恒嵩主编，何淑蘋等编辑《经学研究论著目录·1993～1997》台北
　市：汉学研究中心，2002。
② 《四库全书总目》注意到黄榦修订，杨复补修本《续祭礼》与杨复重修本《续祭礼》之
　间的差异，但是四库馆臣却把其当成版本差异而已，没有分辨清楚两书的编者及成书的
　差异。参见《杨复再修仪礼经传通解续卷祭礼导言》∥《杨复再修仪礼经传通解续卷祭
　礼》，第15～16页。

等。① 但因现当代学者不熟悉礼学，难以深入考察杨复的礼学思想，为此研究杨复礼学思想具有填补朱子学派二传弟子礼学乃至于经学思想空白的意义。要想研究杨复礼学思想，需要通过杨复重修的《仪礼经传通解续卷祭礼》的文本，并结合杨复《仪礼图》等进行研究。在研究了杨复礼学思想的基础上，比较分析杨复与朱子、黄榦礼学思想的差异，考察杨复礼学思想的发展变化，重新评估杨复学术成就的历史地位。

第五，有助于考察朱子学派树立新经学，发扬新道统的努力过程。《仪礼经传通解》的编撰初衷即是为当时和后世礼仪制度设立典范，是朱子学派道统学说即宗派思想的实践过程，而其编撰缘起、编撰过程、编撰体例、编撰的指导思想等方面都烙下了朱子学派为建立新道统和新经学的巨大努力的印记。制礼本属君王之事，但是朱子却发起了《礼仪经传通解》的编撰活动，而朱子后学继续完成编撰工作，并最终与《仪礼经传通解》朱子编定部分、《仪礼集传集注》合编成书，成为朱子学派学术思想发展成果的代表作品。朱子学派通过编撰《仪礼经传通解》逐步发展完善朱子礼学思想，不断完善朱子学体系，树立起朱子新经学，完成了钱穆所说的"绾经学理学为一途"的重任。② 考察这个发展过程，有助于学术界从经学的角度考察朱子从理学到经学的治学路径，并最终实现建立新经学的学术发展目标。

第六，全面评估《仪礼经传通解》的后世影响力，有助于重新评估宋代学术思想的历史地位，重构宋元明清的学术史发展脉络。《仪礼经传通解》的后世学术影响力已有学者述及，如孙致文等关注的是《仪礼经传通解》文献学方面的影响，至于其他学术影响力仍缺少全面评估。为此，我们从经学史发展的角度来看待《仪礼经传通解》对宋代经学的意义，延及元明清三代，尤其是清代礼学的发展轨迹。

---

① 叶纯芳《杨复再修仪礼经传通解续卷祭礼导言》列专节"隐藏已久的一条礼学脉络"来概括杨复学术传承与发展过程中的学术脉络，已经涉及从朱熹、杨复、马端临、秦蕙田、黄以周的学术发展变化过程。参见《杨复再修仪礼经传通解续卷祭礼导言》//《杨复再修仪礼经传通解续卷祭礼》，第40~45页。

② 钱穆：《朱子学新提纲》，北京：生活·读书·新知三联书店，2002，第24页。

二　本课题国内外研究现状及趋势述评

朱子是宋代理学的集大成者，也是宋代经学的集大成者。朱子对宋元明清的学术，乃至中国文化的各个领域都留下了深刻的烙印。他的礼学思想是朱子学术成就的重要组成部分，而《仪礼经传通解》是朱子礼学思想的重要载体之一。在编撰体例上，《仪礼经传通解》对后代有重大影响，如皮锡瑞所言"近马骕《绎史》载《仪礼》，张尔岐《仪礼郑注句读》、吴廷华《仪礼章句》、江永《礼书纲目》、徐乾学《读礼通考》、秦蕙田《五礼通考》，分节皆用朱子之法"[①]。在礼学思想方面，以融通三礼，化三礼之分类为统一的礼学体系对后代亦有重大的影响，正如黄季刚《礼学略说》所概括："朱子《仪礼经传通解》欲以通礼之伦类，后之《礼书纲目》、《五礼通考》、《礼经释例》，皆师放而为之；其离析经文，每一节后辄为之标题，后之《仪礼郑注句读》、《仪礼章句》，亦皆师放而为之。"[②]而作为朱子正统派传人的黄榦和杨复的礼学思想在宋元明清时期也获得了继承和发展，只是处于朱子学术成就的笼罩之下声名不显而已，但正如叶纯芳针对朱子、黄榦、杨复、马端临礼学传承过程所言："隐藏已久的一条礼学脉络。"[③]虽然朱子学派的礼学成就受到学者推崇，但是学术界对朱子学派礼学思想的具体研究情况并不令人满意。

综观宋代以后中国学术史的大变革，明代的王学左派开始批判朱子礼学，而清末康有为、梁启超等学者开始借助西方学术思想批评包括朱子学术在内的传统学术，到五四新文化运动则发展为全面否定朱子学派成就，朱子学派的礼学亦成为重点批判的对象。在 1949 年之前，海外研究朱子的学术著作主要有日本浦川源吾的《朱子の礼学》和后藤俊瑞的《朱子の礼论に关のすゐ一考察》[④]，而 1949 年后大陆的礼学研究低潮期持续到"文革"结束。台湾与海外的朱子礼学研究则率先走出低谷，日趋活跃，具有

① 皮锡瑞：《经学通论》，北京：中华书局，1954，（下同）第 24～25 页。
② 黄侃：《礼学略说》//陈其泰、郭伟川、周少川：《二十世纪中国礼学研究论集》，北京：学苑出版社，1998，第 18 页。
③ 参见《杨复再修仪礼经传通解续卷祭礼导言》//《杨复再修仪礼经传通解续卷祭礼》，第 40～45 页。
④ 《朱子学研究书目（1990～1991）》，第 35 页。

扭转风气之功的学术著作当属钱穆《朱子新学案》①、高明《朱子的礼学》② 和宇野精一《朱子和礼》③ 三书。在他们的影响下，大陆学界的朱子学研究重新发展起来。其中，最先发展起来的领域是朱子理学。至 20 世纪末，朱子学研究处于不断深入拓展的繁荣阶段，成果极为丰富，但是在汗牛充栋的朱子学研究成果中朱子理学占了绝大部分。④ 朱子经学研究则极为冷清。在这个冷清的领域里，学者又多集中于朱子的易学、诗经学，而朱子礼学研究又以《家礼》的研究及散落于《朱子语类》的礼学语录为研究重点。⑤ 学术界对《仪礼经传通解》各部分，即《仪礼经传通解》朱子编撰部分、《仪礼经传通解续卷丧礼》《仪礼经传通解续卷祭礼》、杨复重修《仪礼经传通解续卷祭礼》的研究成果，兹述如下。

1. 《仪礼经传通解》朱子编撰部分

在近现代学术研究中，较早的研究论文有白寿彝《〈仪礼经传通解〉考证》，⑥ 其主要考述该书的编纂体例、经过、参与编修者及刊刻版本。尔后戴君仁著《朱子〈仪礼经传通解〉与修门人及修书年岁考》《书朱子〈仪礼经传通解〉后》两篇文章，⑦ 分别对该书的编纂过程、参编人员的考

① 钱穆：《朱子新学案》，北京：九州出版社，2011，第四册，第 119～187 页。
② 高明：《朱子的礼学》，《辅仁学志》，1982（11），第 35～49 页。
③ 〔日本〕宇野精一：《宇野精一著作集》，东京明治书院，1987（4），第 351～362 页。
④ 林庆彰的《朱子学研究书目（1990～1991）》、吴展良的《朱子研究书目新编 1900～2002》对 20 世纪中外朱子学研究著作搜罗甚为完备，而林庆彰《经学研究论著目录》三辑则基本囊括了 20 世纪的朱子学研究作品，但是林庆彰所收录的经学是广义的经学即涵盖理学的经学。参见林庆彰主编，许维萍、冯晓庭编辑《朱子学研究书目（1900～1991）》，台北：文津出版社，1992；吴展良：《朱子研究书目新编 1900～2002》，台北：台大出版中心，2004；林庆彰主编《经学研究论著目录·1912～1987》台北：汉学研究中心，1989，林庆彰：《经学研究论著目录·1988～1992》，台北市：汉学研究中心，1995；林庆彰、陈恒嵩：《经学研究论著目录·1993～1997》，台北市：汉学研究中心，2002。
⑤ 有关朱子《家礼》研究的综述情况可参见殷慧的博士学位论文《朱子礼学思想研究》，该论文对朱子《家礼》的研究内容如《家礼》的真伪、家礼的流布、家礼内容的解读研究等均有较为完整的学术史概述。与《朱子语类》有关的经学思想研究则有杨燕博士学位论文《〈朱子语类〉经学思想研究》。参见殷慧《朱子礼学思想研究》，湖南大学博士学位论文，长沙：湖南大学，2009 年；杨燕：《〈朱子语类〉经学思想研究》，厦门大学博士学位论文，厦门：厦门大学，2009 年。
⑥ 白寿彝：《〈仪礼经传通解〉考证》，《国立北平研究院院务汇报》第七卷第四期，1936 年 7 月。
⑦ 戴君仁：《朱子〈仪礼经传通解〉与修门人及修书年岁考》，《文史哲学报》1966 年第 16 期。戴君仁：《书朱子〈仪礼经传通解〉后》//戴君仁：《梅园论学集》，台北：台湾开明书店，1970 年。

察及朱子修书旨意的阐发。高晨阳在《孔子文化大典》里也对《仪礼经传通解》进行提要式的介绍。① 上海古籍出版社联合安徽教育出版社于2002年整理出版了涵盖朱子所有作品的《朱子全书》，② 形成了目前朱子作品最齐全的合集，大大方便了朱子学的研究。其中《仪礼经传通解》由王贻梁点校。③ 王贻梁在《点校前言》中对本书的成书过程、版本源流及优劣均作了言简意赅的考述，还撰写了《〈仪礼经传通解〉与朱熹的礼学思想体系》，着重介绍了朱子编辑的理念和编辑的宗旨。④ 另外，李致忠发表了《〈仪礼经传通解〉三十七卷叙录》⑤。在域外汉学方面，日本上山春平撰有《朱子的〈礼学〉——〈仪礼经传通解〉研究序说》⑥ 及《朱子的〈家礼〉与〈礼仪经传通解〉》⑦，其对《仪礼经传通解》的编辑体例前后差异做了整理与比较。户川芳郎《〈仪礼经传通解〉"解题"》对《仪礼经传通解》在日本的传布情况与影响进行了说明，⑧ 朴美拉撰有《〈仪礼经传通解〉的体制中出现之朱子礼学思想》对其内在思想进行了初步研究。⑨ 潘斌《朱子〈仪礼经传通解〉的编纂缘由和学术影响》⑩ 考察了朱子编纂《仪礼经传通解》的原因及对《仪礼》经、注、疏作了校勘和训释的价值，

① 高晨阳：《孔子文化大典·典籍·经部·仪礼经传通解》//孔范今、桑思奋、孔祥林主编《孔子文化大典》，北京：新华书店，1994年。

② 朱杰人、严佐之、刘永翔主编《朱子全书》共27册，该书在2002年初版时获得了国家图书提名奖，并于2010年进行了修订，两版所收书目一致，册数一样，只是对其中的点校进行了修订而已。朱杰人、严佐之、刘永翔主编《朱子全书》，上海：上海古籍出版社；安徽：安徽教育出版社，2002年第1版，2010年第2版。

③ （宋）朱熹等撰《仪礼经传通解》，上海：上海古籍出版社；合肥：安徽教育出版社，2002。

④ 王贻梁：《〈仪礼经传通解〉与朱熹的理学思想体系》//朱杰人主编《迈入21世纪的朱子学——纪念朱熹诞辰870周年逝世800周年论文集》，上海：华东师范大学出版社，2001。

⑤ 李致忠：《〈仪礼经传通解〉三十七卷叙录》，《宋版书叙录》，北京：书目文献出版社，1994，第119～125。

⑥ 〔日〕上山春平：《朱子的礼学——〈仪礼经传通解〉研究序说》，《人文学报》1976年第41期。

⑦ 〔日〕上山春平：《朱子的〈家礼〉与〈仪礼经传通解〉》，《东方学报》1982年第54期。

⑧ 户川芳郎：《（和刻本）〈仪礼经传通解〉"解题"》//长泽规矩也、户川芳郎合编《（和刻本）仪礼经传通解》，东京：古典研究会，1980（3），第412页。

⑨ 朴美拉：《〈仪礼经传通解〉的体制中出现之朱子礼学思想》，《汉城大宗教与文化》1997年第3期。

⑩ 潘斌：《朱子〈仪礼经传通解〉的编纂缘由和学术影响》，《四川师范大学学报》（社会科学版）2015年第3期。

并考察了朱子《仪礼经传通解》体例和编纂原则对后代礼书编纂的影响，具有较高的学术价值。

在学位论文方面，1989 年张经科硕士学位论文《〈仪礼经传通解〉之〈家礼〉研究》开始探讨其内容。① 1999 年宋在伦的硕士学位论文《〈朱熹礼学思想的形成：〈家礼〉、〈小学〉、〈仪礼经传通解〉的阶段性发展》探讨了朱子礼学思想的形成过程，② 2000 年林革华硕士学位论文《〈仪礼经传通解〉"编纂"研究》则从文献学角度研究其编纂成就，2004 年孙致文博士学位论文《朱熹〈仪礼经传通解〉研究》则探讨了《仪礼经传通解》的文献学意义、解经意义、现实意义以及在汉宋学术争辩中的学术史价值③，2009 年殷慧博士学位论文《朱子礼学思想研究》第四章第二节考述了《仪礼经传通解》的编撰缘起、编撰过程及其在朱熹学术思想中的地位，对孙致文博士论文进行了有益的补充。④

从以上情况可知，有关朱子礼学思想的研究文章日渐增多，对《仪礼经传通解》的研究呈现三方面趋势：一是从《仪礼经传通解》的编撰过程到编纂体例的研究，再到以《仪礼经传通解》为例考察朱子礼学思想；二是从单纯考察《仪礼经传通解》的文献学意义，到在朱子学体系中研究《仪礼经传通解》的价值；三是《仪礼经传通解》的研究范围仍主要局限于朱子所编定的部分，对未定稿《仪礼集传集注》部分的研究仍旧处于起步阶段，有待进一步深入研究。

2. 黄榦礼学思想研究

与朱子礼学成果相比，有关黄榦学术思想的研究成果少得可怜，更遑论其礼学思想了。⑤ 但是学者对黄榦《仪礼经传通解续卷丧礼》《仪礼经传

---

① 张经科：《〈仪礼经传通解〉之家礼研究》，台湾"国立"政治大学硕士学位论文，台北："国立"政治大学中国文学研究所，1989 年。

② 〔韩〕宋在伦：《朱熹礼学思想的形成：〈家礼〉、〈小学〉、〈仪礼经传通解〉的阶段性发展》，高丽大学硕士学位论文，韩国：高丽大学文学院，1999。

③ 孙致文：《朱熹〈仪礼经传通解〉研究》，"国立中央"大学博士学位论文，桃园：台湾"国立中央"大学中国文学研究所，2004 年。

④ 参见《朱子礼学思想研究》第四章第二节，第 92～137 页。

⑤ 20 世纪黄榦研究仍旧处于一种概述性质的阶段，尚无专文论述，如日本学者本田成之《朱子の门人：黄勉斋，蔡九峰，陈北溪》概述了黄榦的生平，初步研究了黄榦的理学思想。林庆彰《朱子学研究书目 1900～1991)》、吴展良《朱子学研究新书目 1900～2002》、林庆彰《经学研究论著目录·1912～1987》《经学研究论著目录·1988～ （转下页注）

通解续卷祭礼》的材料性整理亦处于不断推进中，除前文揭橥的长泽规矩也、户川芳郎编撰的《（和刻本）仪礼经传通解》采用了黄榦撰《仪礼经传通解续卷丧礼》及黄榦撰、杨复编次的《仪礼经传通解续卷祭礼》本及附于书末的户川芳郎《解题》论述了此书在日本的流布与接受情况之外，刘兆佑《仪礼著述考（一）》则对黄榦编撰部分编写了提要，并编录了宋人杨复、张虙、陈振孙，以及清人钱曾、彭元瑞、张金吾的提要与评价。① 当前只有三篇学位论文专文研究黄榦的学术思想，② 其中 2010 年钱莹科硕士学位论文《〈仪礼经传通解·丧礼〉整理方法研究》则借用孙致文《朱熹〈仪礼经传通解〉研究》的研究方法来研究黄榦主编的《仪礼经传通解续卷丧礼》部分的编撰方法、编撰思想等内容。

3. 杨复礼学思想研究

黄榦的礼学思想研究成果已属凤毛麟角，而有关杨复礼学思想的研究成果则更少。叶纯芳在《杨复再修仪礼经传通解续卷祭礼》中的"导言"部分辨析了杨复重修的《仪礼经传通解续卷祭礼》与黄榦所撰、杨复编次的《仪礼经传通解续卷祭礼》之间的关系，初步考察了杨复的学术成就和

（接上页注⑤）1992》及林庆彰、陈恒嵩《经学研究论著目录·1993~1997》，均没有单列黄榦研究情况，可以看到 20 世纪的黄榦、杨复两位重要的朱子学派成员没有被学术界所关注。谭柏华硕士学位论文《黄榦思想研究》从黄榦的理学思想中的本体论、心性论、认识论、道德论、道统论等方面的成就来论述黄榦在朱子学派中的地位与贡献；朱广龙硕士学位论文《黄榦道统思想研究》则研究黄榦的道统思想。参见本田成之《朱子の门人：黄勉斋，蔡九峰，陈北溪》，//本田成之：《支那近世哲学史话》，京都：晃文社，1947；谭柏华：《黄干思想研究》，湘潭大学硕士学位论文，湘潭：湘潭大学，2003 年；朱广龙：《黄榦道统思想研究》，浙江大学硕士学位论文，杭州：浙江大学，2010 年；林庆彰主编，许维萍、冯晓庭编辑《朱子学研究书目（1900~1991）》，台北：文津出版社，1992 年；吴展良：《朱子研究书目新编 1900~2002》，台北：台大出版中心，2004 年；林庆彰主编《经学研究论著目录·1912~1987》台北：汉学研究中心，1989 年，林庆彰主编，汪嘉玲等编辑《经学研究论著目·1988~1992》，台北市：汉学研究中心，1995 年；林庆彰、陈恒嵩主编，何淑蘋等编辑《经学研究论著目录·1993~1997》，台北市：汉学研究中心，2002 年。

① 刘兆佑：《仪礼著述考（一）》，台北："国立"编译馆，鼎文书局总经销，2003 年版，第 318~324 页。

② 谭柏华：《黄干思想研究》，湘潭大学硕士学位论文，湘潭：湘潭大学，2003 年；钱莹科：《〈仪礼经传通解·丧礼〉整理方法研究》，华东师范大学硕士学位论文，上海：华东师范大学，2010 年；朱广龙：《黄榦道统思想研究》，浙江大学硕士学位论文，杭州：浙江大学，2010 年。

学术影响。① 刁小龙《杨复〈仪礼〉学初探——以〈特牲馈食礼〉、〈少牢馈食礼〉章句论为中心》② 初步研究了杨复《续祭礼》，考察杨复礼学对朱子、黄榦礼学的发展，定位朱子礼学思想的一环。此外还有袁晶靖《〈文献通考〉引杨复〈祭礼〉考》③ 重点研究了杨复《续祭礼》对马端临《文献通考》的影响，并对日本静嘉堂文库所藏《杨复再修仪礼经传通解续卷祭礼》进行了辑佚，比较分析了马端临与杨复之间礼学体例与思想之间的差异，成果具有较高学术价值。

4. 朱子学派礼学思想变革研究

有关朱子学派礼学思想的沿革和发展衍化过程的研究成果极其丰富，④但是研究朱子学派的学者一般认为朱子后学只是在朱子学术成果范围内打转，难以超越朱子学术成就⑤，而朱子学派礼学思想的变革除了前已揭橥的叶纯芳《杨复再修仪礼经传通解续卷祭礼导言》有所涉及外，尚未有专文研究成果，仍属朱子学研究的空白部分，有待深入研究其传承与衍化过程。

---

① 叶纯芳：《杨复再修仪礼经传通解导言》// （宋）杨复撰《杨复再修仪礼经传通解续卷祭礼》，台北市：中研院文哲所，2010 年。

② 刁小龙：《杨复〈仪礼〉学初探——以〈特牲馈食礼〉、〈少牢馈食礼〉章句论为中心》，《中国典籍与文化》2014 年第 1 期。

③ 袁晶靖：《〈文献通考〉引杨复〈祭礼〉考》，《中华文史论丛》2014 年 3 月。

④ 关于朱子学派理学发展变化的论文极多，可以参看林庆彰《朱子学研究书目（1900～1991）》、吴展良《朱子研究书目新编 1900～2002》、林庆彰《经学研究论著目录·1912～1987》、林庆彰《经学研究论著目录·1912～1987》、林庆彰《经学研究论著目录·1988～1992》、林庆彰与陈恒嵩《经学研究论著目录·1993～1997》等均没有以杨复的经学思想或者《仪礼经传通解续祭礼》为研究对象的专文。参见林庆彰主编《经学研究论著目录·1912～1987》，台北：汉学研究中心，1989 年；吴展良：《朱子研究书目新编 1900～2002》，台北：台大出版中心，2004 年；林庆彰主编，汪嘉玲等编辑《经学研究论著目录·1988～1992》，台北市：汉学研究中心，1995 年；林庆彰，陈恒嵩主编，何淑蘋等编辑《经学研究论著目录·1993～1997》台北市：汉学研究中心，2002 年。

⑤ 蒙培元《理学的演变——从朱熹到王夫之、戴震》论述南宋末年理学的演变时说："朱熹学派，人数甚多，弟子满天下。其及门弟子著名者有蔡元定、黄榦、辅广、陈埴、蔡沈、李燔、陈淳等人，大都摭拾遗说，对朱熹思想没有多大发展。王夫之说：'朱子没而嗣其学者无一人，是可为长太息者也！'（《宋论》卷十四）这是很正确的。"王夫之集中于朱子后学对朱子经学发展不多，蒙培元引用其言论证其理学发展不大，虽不是很合适，却代表了当前学术界大多数学者的观点，由此导致了朱子后学的研究仍旧需要着力推进才行。参见蒙培元《理学的演变：从朱熹到王夫之戴震》，福州：福建人民出版社，1984，第 114 页。

5. 《仪礼经传通解》的影响研究

朱子学派是宋学的典型代表，而关于宋学和清代学术之间纠葛，主要分为三大学术观点：一派以胡适、梁启超为代表，此派认为清代学术是宋学的反动；第二派是以钱穆为代表的"每转益进"说；第三派是以余英时为代表的"内在理路"说。[①] 在这个问题上，钱穆《近代三百年学术史》《朱子新学案》从不同方面讨论了朱子学派与清代学术的关系，[②] 随着朱子经学思想研究的发展，清代学术与以朱子为代表的宋学之间存有继承与发展关系逐渐成为学术界的主流观点，如陈荣捷《朱熹》的"道统与后继"章通过考察朱子后学的学术成就而描绘了朱子学从宋代到清代的发展过程，初步系统地考察了朱子学术与宋元明清的学术关系。至于朱子学派与清代礼学的关系除前文揭橥的皮锡瑞、黄侃所涉及的成果外，前揭孙致文博士学位论文《朱熹〈仪礼经传通解〉研究》也初步研究了《仪礼经传通解》朱熹编撰部分对清代学术的影响。[③] 由于学术界受清初学者学术观点影响，学术界对元明两代学术发展成果持否定为主的态度，导致了元明两代礼学与朱子礼学之间的关系尚未有专文进行论述，有待进一步深入研究。

至于朱子学的海外影响，现有研究主要关注朱子理学的海外传播情况，而关注朱子礼学海外传播情况的学者又主要着力于研究《家礼》的海外影响，[④] 尚未有深入研究《仪礼经传通解》海外影响的作品。

---

① 关于宋明学术与清代学术之间的关系，可参看丘为君《清代思想史"研究典范"的形成、特质与义涵》（原文载于台湾《清华学报》24 卷，1994 年 12 月）以附录形式收录于丘为君《戴震学的形成：知识论述在近代中国的诞生》中，台北：联经出版事业股份有限公司，2004。

② 钱穆《近代三百年学术史》是从宋代开始起笔，到清代哲学流派的发展，而《朱子新学案》则是对朱子的经学成就进行全面的论述，以朱子的治学成就为典型，证明朱子学术与清代学术之间的关系。参看钱穆《近代三百年学术史》，北京：中华书局，1986；《朱子学提纲》，第 181～183 页。

③ 《朱熹〈仪礼经传通解〉研究》第六章第二节《〈通解〉在汉、宋学术争辩中的意义》对《仪礼经传通解》在清代学者中的正反评价及其对清代礼学编撰的影响均作了初步的研究。参见《朱熹〈仪礼经传通解〉研究》，第 206～221 页。

④ 蔡茂松的《韩国近世思想文化史》综述从李朝开始朝鲜半岛的思想文化史，其中的礼仪文化均是以朱子《家礼》在朝鲜半岛的接受、传播与发展为主轴。〔韩〕梁成武《当代韩国朱子学研究活动未来课题》回顾了韩国 20 世纪的朱子学研究，基本都是以朱子学中的理学为主要研究对象，其中的朱子礼学研究也与朱子礼学在朝鲜半岛流布 （转下页注）

三 本书的基本思路、研究原则、研究方法与研究内容

本书基本思路是立足于《仪礼经传通解》，梳理朱子学派三代学者在《仪礼经传通解》中所呈现的各方面共同点与差异点。结合朱熹、黄榦、杨复三人的相关文集、语录、史书事迹等材料考证分析三代学人在《仪礼经传通解》中呈现的思想内容及其内在差异的深层原因，考论朱子学派礼学思想的衍化过程，并关注《仪礼经传通解》对后代学术思想影响。本书的研究原则主要是立足于《仪礼经传通解》的文本情况，结合相关历史文献，遵从文本文献和历史文献相互参照的原则，着重考察《仪礼经传通解》各部分之间的内在差异，由此获得本书的新观点和新见解。除绪论之外，本书研究内容主要有以下几个方面：

第二章从《仪礼经传通解》的编撰过程入手，考察《仪礼经传通解》的编撰原因、编者队伍、编撰目的，分为三节。第一节通过考察朱子内在学术体系和治学方法以及当时的学术环境来考察朱子编撰《仪礼经传通解》的内在动力、学术根源到直接编撰的原因。第二节从编者的主要学术

（接上页注④）情况相同，即以朱子《家礼》为主要研究对象。郑樑生《朱子学之东传日本与其发展》介绍朱子学在日本的传播过程，至于日本学者对朱子学的理解则是以第五章《禅僧对朱子学的理解》来概述日本学者对朱子学的认识、朱子注《五经》《大学》《中庸》。而陈弘昌《朱子学对日本的影响》通过概述日本学者对朱子学的发展过程达到概述整个全貌，其主轴是以朱子理学与四书学，礼学则是《家礼》，此外，沟口雄三《中国的思想：宋学的兴起》也对朱子学在日本的传播、发展、衍化等均有较为详细考述，但是主要的研究对象仍旧是朱子的理学部分，礼学部分也是以《家礼》为主要研究对象。至于朱子学在越南、新加坡、泰国等东南亚国家的传播则仍主要是以概述为主，尚未深入，具体可参看高令印《朱子学在新加坡和泰国的传播和影响》、张品端《朱子学在越南》、杨焕英《朱子学在朝、日、越及西方的传播与影响》（上、下）等，其他内容可以参看吴展良《朱子研究书目新编 1900～2002》，其对朱子学在 1900～2012 年的研究成果的收集完整度比林庆彰《朱子学研究书目 1900～1991》高许多。参见蔡茂松《韩国近世思想文化史》，台北：东大图书股份有限公司，1995 年；〔韩〕梁成武：《当代韩国朱子学 研究活动 未来课题》，//艮斋学会：《艮斋学论丛》，韩国：艮斋学会，第 5 辑，2006 年；陈弘昌：《朱子学对日本的影响》，新北市：花木兰文化出版社，2011；郑樑生：《朱子学之东传日本与其发展》，台北：文史哲出版社，1999。高令印《朱子学在新加坡和泰国的传播和影响》//邹永贤编《朱子学研究》，厦门：厦门大学出版社；张品端：《朱子学在越南》，《文史知识》1997 年第 4 期；杨焕英：《朱子学在朝、日、越及西方的传播与影响》（上、下），《江西教育学院院刊》1987 年第 1 期、1988 年第 1 期。吴展良：《朱子研究书目新编 1900～2002》，台北：台大出版中心，2004。

思想、行为特质、地理分布三方面考察《仪礼经传通解》编者队伍的特点。第三节从《仪礼经传通解》的编撰目的在朱子、黄榦、杨复三代主编者之间的变化考察朱子学派的礼学思想由破坏性的礼学思想到建构礼学新传统的过程。

第三章从《仪礼经传通解》朱子编撰部分处理四礼、礼与诸经、礼与诸子学以及经与传记四个方面来考察《仪礼经传通解》的文献思想。第一节从经与传记的分类来考察四礼之间的关系。第二节从源自诸经的材料进入《仪礼经传通解》的原因及其标准问题入手,分析《春秋》三传与礼学的关系、其他诸经文献与礼学的关系来考察朱子关于礼与诸经关系的思想。第三节从诸子学资料进入《仪礼经传通解》的理论依据、诸子学资料对礼学资料的贡献以及遴选诸子学资料的标准方面来考察《仪礼经传通解》所呈现的礼与诸子学之间的关系。第四节从《仪礼经传通解》的礼仪与礼义的新型结构体系、礼仪与礼义地位及其与编撰目的关系来考察《仪礼经传通解》的结构体系。

第四章从《仪礼经传通解》的朱子编撰部分、黄榦《仪礼经传通解续卷丧礼》和黄榦撰、杨复编次的《仪礼经传通解续卷祭礼》,以及杨复重修的《仪礼经传通解续卷祭礼》入手分析编者按语,研究三代主编者的礼学思想。第一节辨析《仪礼经传通解》朱子编撰部分的按语统计标准并统计朱子按语数量,根据按语内容进行分类研究,考察编者按语的内在价值研究朱子按语。第二节从《仪礼经传通解》黄榦按语分类入手剖析黄榦礼学思想,比较研究黄榦与朱子礼学思想。第三节从杨复的生平与师承关系、《丧服图式》的著作权、杨复按语分类,以及杨复与朱子、黄榦礼学思想的衍变等方面来考察杨复按语。

第五章从宋元明清四代的政治制度、礼学研究、诸经研究三方面考察《仪礼经传通解》的政治与文化影响。第一节是梳理《仪礼经传通解》在宋元明清中的地位变化,主要考察《仪礼经传通解》在科举中的实际影响力来研究其政治影响力。第二节从《仪礼经传通解》的礼学观念、编撰方法及其衍化过程等方面来考察《仪礼经传通解》对宋元明清礼学思想的影响。第三节首先从《仪礼经传通解》所保存的文献对后世辑佚、校勘经学文献的影响考察《仪礼经传通解》在保存文献方面的影响力,其次从《仪礼经传通解》音乐理论被后代引用情况来考察《仪礼经传通解》对后世音乐理论的影响，最后从《仪礼经传通解》对后代校勘学的影响力来考察《仪礼经传通解》研究方法的影响。

四　正文凡例

（一）本文研究对象各部分的称呼。本书的研究对象虽为一书（《仪礼经传通解》，上海古籍出版社和安徽教育出版社联合出版的整理本），但在历史上，其书由五部分构成，即朱子编定部分《仪礼经传通解》（二十三卷），朱子编撰未定稿《仪礼集传集注》（十四卷），黄榦编订部分《仪礼经传通解续卷丧礼》（十五卷），黄榦编撰、杨复编次部分《仪礼经传通解续卷祭礼》（十四卷）及被其他版本所收录的杨复重修本《仪礼经传通解续卷祭礼》。上述五部分之间的编撰者有高度重合部分，亦有名称完全相同者，没有深入研究《仪礼经传通解》全书的学者实难以区分其中的差异，出现了严重混淆的情况，如由乾嘉汉学派学者构成的四库馆臣也在版本上犯了错误，并产生了极大的负面影响。① 出于上述原因，笔者对全书五部分各命名如下：全书的统一名称定为《仪礼经传通解》，简称《通解》，朱子编定部分《仪礼经传通解》（二十三卷）则名为《通解》，朱子编订部分，朱子编撰未定稿《仪礼集传集注》则名为《集传集注》，黄榦编订部分《仪礼经传通解续卷丧礼》则名为《续丧礼》，黄榦编撰、杨复编次的《仪礼经传通解续卷祭礼》则名为黄、杨《续祭礼》，杨复重修的《仪礼经传通解续卷祭礼》则名为杨复《续祭礼》。以上约定俗称，在行文中不再标注。

（二）本书所引用《仪礼经传通解》，以朱杰人、严佐之、刘永翔主编《朱子全书》所收录王贻梁点校本 2002 年版为主，参考朱杰人、严佐之、刘永翔主编《朱子全书》所收录王贻梁点校、吕友仁审读《仪礼经传通解》2010 年版，至于杨复重修《仪礼经传通解续卷祭礼》则是采用台北中研院文哲所经林庆彰校订，叶纯芳、桥本秀美编辑《杨复再修仪礼经传通解续卷祭礼》2011 年版。

---

① 叶纯芳：《杨复再修仪礼经传通解续卷祭礼导言》中对这个问题的由来和结果有系统的分析，可参看《杨复再修仪礼经传通解续卷祭礼导言》∥《杨复再修仪礼经传通解续卷祭礼》，第 14～20 页。

（三）据《宋史·道学传》，朱熹，字元晦，一字仲晦，号晦庵、晦翁，后世学者又称之为"紫阳先生""朱文公""朱夫子"，其学派称为"闽学""沧州学派""考亭学派"等称呼，除引用古、今著作保留原文献称呼外，全文皆称其人为"朱子"，其学派称为"朱子学派"。

第二章
《仪礼经传通解》的编撰研究

《通解》的编撰工作是由朱子发起，遴选编撰队伍，但因主客观条件的限制而未能完成编撰工作，其主编者先后经历朱子、黄榦、杨复三次更迭过程。《通解》全书虽然大体遵循了朱子所确立的编撰体例，但因主编者内在的礼学思想及客观时代环境的变化，其编撰目的亦随之发生了变化。

第一节　《仪礼经传通解》的编撰缘起研究

《通解》是朱子晚年的大手笔，以篇幅言，只有《朱子语类》《晦庵先生朱文公文集》可与其相媲美，但正式编撰起点已是庆元二年丙辰（1196），时年已六十七岁，这决定了其具体编撰工作主要依靠学友和弟子来完成。有关《通解》的编撰缘起，已有许多学者关注，如孙致文博士学位论文《朱熹〈仪礼经传通解〉研究》、殷慧博士学位论文《朱子礼学思想研究》，两者局限于研究朱子人生经历及当时学术界的环境，虽能够部分揭示朱子发起编撰《通解》的原因，却未能切入《通解》的内在学理内容，导致了其论述过程产生前后矛盾的现象，① 根源正是两者没有考察朱

---

① 孙致文认为朱子礼学思想具有两个面向即践礼与治礼，他在"朱子对'礼'之践履的基本态度"一节中说道："对古代礼制，朱子虽十分留意；但与其说他注重制度本身，毋宁说他更重视蕴藏于制度背后的圣人制度的旨意"。其论述证据是《朱子语类》的八四、八七卷，而在另一节"朱子编纂《通解》与《家礼》旨义之异同"又认为"《通解》与《家礼》最重要之不同，则在于两书之纂辑用意有别。《通解》除了整理、编次《三礼》载记，并纂入先秦、两汉典籍中与礼义、礼仪、礼制相关的记述。此外，在典籍记载之外，朱子也选辑了自汉至宋相关注解。这些注解主要的目的在于训解典籍本文，对于礼义也偶有阐发。由此而论，《通解》一书主要在于汇整典籍中关于'礼'的 （转下页注）

子学术思想的完整变化过程，正如蔡方鹿所说：

> 朱熹《仪礼》为经，《礼记》为传，经传相分又相合的思想，体现了其经学思想的基本特征，而与其理学思想有所出入。就其经学的逻辑言，是以《仪礼》为经，为本，为事，以《礼记》为传，为末，为理，经传的本末、事理之分，是其经学的内在逻辑。而就朱熹理学的逻辑而言，其理本论哲学不允许把理置于末和从属于事的位置，理作为宇宙的本体，是包括礼在内的一切事物存在的根据，故就其理本论讲，理不依赖事物而存在，由此与其经学《礼记》之理安顿在《仪礼》之事的思想有所出入。①

蔡方鹿注意到了朱子经学与理学体系之间的内在差异，即经为本与理为本之间的矛盾关系，触及朱子学术思想发展变化的过程，但是蔡方鹿没有就此深入考察朱子礼学与理学之间的学术发展过程，而这正是朱子晚年编礼的内在学术原因。我们将从朱子的学术思想体系入手讨论《通解》编撰的内在学术原因，呈现《通解》编撰过程的内在理路，并由此考察朱子学术思想转变对扭转学术风气的贡献。

（接上页注①）记载，并意图展呈现古代仪礼制度的面貌"。这两者之间明显存在着一个矛盾即朱子在践礼和治礼之间是在不同时期进行的。其中，践礼主要在青中年时期，而治礼则是晚年时期了，以《语类》为证据只能说明朱子在早年注重礼的践行，但不足以说明朱子一直秉持这种观点，而且和孙致文论述《通解》与《家礼》差异的原因中所言《通解》的性质产生了严重分歧，其中原因正是孙致文没有注意到《通解》是朱子被党锢之后才进行大规模编撰的，而《语类》所涉及的内容均是《通解》大规模编撰前的观点。两者不是同一时期的观念，难以放在同一时间进行比较，正因未对朱子思想变化发展过程的考量导致孙致文论证过程出现失误。六年后的殷慧博士论文则引入了发展变化的观点，改进了孙致文的论证过程，并把朱子礼学思想发展过程作为关注重点，如殷慧在第二章第四节"朱熹的礼学历程"简短回顾了朱子礼学思想形成发展过程，特别关注朱子礼学各个时期的变化，但是殷慧在第四章第二节"《仪礼经传通解》的编撰及其在朱熹学术思想中的地位"就其编撰的原因及其学术地位展开论述，认为《通解》的编撰原因分为学术原因和现实层面即政治中与礼有关的争议。虽没有内在逻辑矛盾，但是忽略了朱子本人学术思想内在变化发展过程，而主要从外在的学术纷争层面和现实的礼学实践中的争议入手，这就使得朱子的学术思想的内在变化原因始终处于一个相对外围的讨论过程，没有深入朱子学术体系来讨论朱子的礼学思想。参见《朱熹〈仪礼经传通解〉研究》，第21、23~24页。《朱熹礼学思想研究》，第92~107页。

① 蔡方鹿：《朱熹经学与中国经学》，北京：人民出版社，2004，第458页。

一 下学上达：由义理回归文本的内在动力

"下学上达"语出《论语·宪问第十四》："子曰不怨天不尤人，下学而上达，知我者其天乎"，朱子注曰：

> 不得于天不怨天，不合于人不尤人。但知下学而自然上达，此但自言其反己自修，循序渐进耳，无以甚异于人而致其知也。然深味其语意则见其中自有人不及知而天独知之之妙。盖在孔门，惟子贡之智几足以及此，故特语以发之，惜乎其犹有所未达也。程子曰："不怨天不尤人在理当如此。"又曰："下学上达，意在言表。"又曰："学者须守下学上达之语，乃学之要。盖凡下学人事，便是上达天理，然习而不察则亦不能以上达矣。"①

朱子从文本内涵入手，认为"下学"工夫是"反己自修，循序渐进，无以甚异于人而致知也"。并未涉及"下学"所学的具体内容。因此，朱子保留程颐有关"人事"的注解来说明"下学"所学内容。与下学相对的是"天理"，那么"天理"为何物？天理到底有没有存在？朱子说：

> 圣人所谓上达，只是一举便都在此，非待下学后旋上达也。圣人便是天，人则不能如天。惟天无许多病败，故独能知之，天非真有知识能知，但圣人有此理，天亦有此理，故其妙处独与之契合。②

此条为童伯羽庚戌（1190）所记录的内容。朱子时年 61 岁，同年朱子在漳州首次刊刻《四书章句集注》，③ 两者的观点当相差无几，那么朱子于《四书章句集注》中所言的天理当是指圣人所制作的规则。朱子把天理与人事合二而一，成为一个完整的整体，而他们沟通的途径，正是圣人制

---

① （宋）朱熹撰《四书章句集注》，北京：中华书局，1983，第157～158页。

② 《朱子语类》，第1245页。

③ 据王懋竑《朱子年谱》"（光宗绍熙元年庚戌，六十一岁）刻《四经》、《四子书》于郡"。《朱子文集》收录了《书临漳所刊四子后》一文落款为"绍熙改元腊月庚寅新安朱熹书于临漳郡斋"。参见《朱熹年谱》，第209页。《晦庵先生朱文公文集》，第3896页。

作的规则，即礼。这是由朱子的礼学观念而获得的结论，《朱子语类》载有多处明文，① 兹举一例如下：

> 问先生昔日礼是体，今乃曰："礼者，天理之节文，人事之仪则，似非体而是用。"曰："公，江西有般乡谈，才见分段，子便说道是用不是体，如说尺时无寸底是体。有寸底不是体便是用。如秤无星底是体，有星底不是体。便是用。且如扇子有柄有骨子，用纸糊此便是体，人摇之便是用。"杨至之问体，曰："合当底是体。"②

此文为甘节癸丑（1193）以后所记录的内容。上文虽是讨论体用关系，却始终围绕"礼"来展开论述，而且礼处于"体"的位置，其作用正是沟通天理与人事。因此，天理实质上便是人遵循礼仪来开展人事活动。不论是下学还是上达，都是以做事符合礼为中心。由此可见，编撰礼书为人的活动提供规则是其下学上达的治学思想的必然归宿。

与下学上达思想相关，朱子始终强调读书过程需要落实到逐句逐字的工作上。他说：

> 学者贪做工夫，便看得义理不精。读书须是子细，逐句逐字要见着落。若用工粗卤，不务精思，只道无可疑处。非无可疑，理会未到，不知有疑尔。大抵为学老少不同：年少精力有余，须用无书不读，无不究竟其义。若年齿向晚，却须择要用功，读一书便觉后来难得工夫再去理会；须沉潜玩索，究极至处，可也。盖天下义理只有一个是与非而已。是便是是，非便是非。既有着落，虽不再读，自然道理浃洽，省记不忘。譬如饮食，从容咀嚼，其味必长；大嚼大咽，终不知味也。③

朱子居于对年少者与年老者之间精力差异的认知，他要求年少者需

---

① 《朱子语类》卷二十五、卷三十六、卷四十一、卷四十二均讨论到礼为"天理之节文"。参见《朱子语类》，第 880、1340、1452、1494 页。
② 《朱子语类》，第 39～240 页。
③ 《朱子语类》，第 323 页。

"无书不读"的博学，而年老者须择要而读，两者的读书基础都是要逐句逐字深究字义，而非贪多务得，其内在精神是高度一致的。事实上，朱子教人读书的核心思想是要人精读，《朱子语类》所存《读书法上》载有明文：

> 书只贵读，读多自然晓。今只思量得写，在纸上底，也不济事，终非我有，只贵乎读。这个不知如何，自然心与气合，舒畅发越，自是记得牢。纵饶熟看过，心里思量过，也不如读。读来读去，少间不晓得底，自然晓得，已晓得者，越有滋味。若是读不熟，都没这般滋味。而今未说读得注，且只熟读正经，行住坐卧，心常在此，自然晓得。……是知书只贵熟读，别无方法。①

由于文字太长，我们删减了此条语录朱子关于《论语》"学而不思则罔，思而不学则殆"的理解及论苏洵学《孟子》《论语》及韩愈等人作文的成就。结合前文朱子对年少与年老者读书法的区分，朱子显然倾向于年老者的读书法，即精读基础上的熟读，而非走马观花式读法。这便再次证实了朱子并非要人先博而返约，而是要逐字逐句研读，日积月累达到透彻理解圣人之道。正是以求圣人之道为目标，朱子并非把学习典籍知识放在学习者所学内容的第一位，而是放在体悟自身内在道理的觉悟之后。他几次三番地说到此问题，兹举一例：

> 读书已是第二义。盖人生道理合下完具，所以要读书者盖是未曾经历见许多。圣人经历见得许多，所以写在册上与人看，而今读书只是要见得许多道理，及理会得了，又皆是自家合下元有底，不是外面旋添得来。②

以上由杨至癸丑（1193）或甲寅（1194）所记录的内容，朱子时年六十四或者六十五岁。读书是学子修身的第二义，而激发自己内在的人生道

---

① 《朱子语类》，第 323~324 页。
② 《朱子语类》，第 313 页。

理才是第一义。个人修养不是外在的内容灌注于主体自身，而是由学子自身通过实践来悟得人生道理。学子通过读书来获得间接经验，丰富人生阅历，但更重要的是朱子并非简单强调学习，而是要通过学习让学子了解本已拥有的"道理"。因此，需要通过编撰文献才能为内在之理提供基础，《通解》正是其实现目标的途径。

正是以下学上达为治学的工夫，朱子在治学过程中自然而然地以推究义理来源为目的，不断深入探索义理的经典文献基础，而《通解》的编撰目的正是为了落实礼义的"源"目标。

二　切问近思：朱子编撰《通解》的学术根源

下学上达是朱子编撰礼书的根本动力，切问近思则是实现"下学"工夫的思维方式。"切问近思"语出《论语·子张第十九》。其言曰：

> 子夏曰："博学而笃志，切问而近思，仁在其中矣。"

何晏《集解》曰："切问者，切问于己所学而未悟之事也。近思者，近思己所能及之事也。况问所未学达，思所未达，则于所习者不精于所思者不解之。"① 但是唐前儒学注重注经工作，影响甚微，直到宋儒着力于探讨内圣之学时，上述理论才发挥巨大的作用。这个理念进入朱子学术体系内，是经由二程而来。《二程遗书》有多处记载，最具代表性的言论如下：

> 学只要鞭辟近里，著己而已。故"切问而近思"，则"仁在其中矣"。言忠信，行笃敬，虽蛮貊之邦行矣。……②

《二程遗书》中保留了很多有关切问近思的内容，③ 上引文献则是被《近思录》选录的唯一一条内容。我们难以确知这是吕祖谦还是朱子力推此条观点的重要性，但是朱子高度赞同上引文献在二程学术体系中的重要

---

① （三国）何晏：《论语》卷十，四部丛刊影日本正平本。
② （宋）程颢撰，（宋）程颐撰《二程遗书》卷十一，清文渊阁四库全书本。
③ 《二程遗书》中所涉及的"切问而近思"之语有第十一卷、第十四卷、第十五卷、第二十二卷上。参见《二程遗书》卷十一、十四、十五、二十二上，清文渊阁四库全书本。

地位，当可定谳。朱子认为学习的基本方法是切问近思，由此实现自我道德完善的境界。但是《近思录》主要以深刻的思想内涵为主要内容，正如朱子所说：

> 修身大法，《小学》备矣。义理精微，《近思录》详之。①

此为是李闳祖戊申（1188）以后所记录的内容，时年朱子 59 岁，亦属朱子晚年讲学所言，而此条被置于《朱子语类》有关《近思录》内容的第一条，可见黎靖德编辑此书时所持的观点，又据《朱子语类》成书的过程可知上文观点当属朱子学派的共识。② 因此，朱子后学所持的共同观点当是此条置于《近思录》内容首位的原因。这也当是朱子平生学术观点的集中体现。与小学相对应的是大学，大学所学的应该是提炼小学所学修身之法的义理，而《近思录》则是详尽大学之道，可见《近思录》在朱子学术思想中的核心地位。

正是切问近思在朱子治学思维中的重要地位，这才使得朱子不断提倡问学要切近己身。上文所引小学具备了"修身大法"，但是在《朱子语类》中，除了专门讲解礼学时涉及相关内容外，朱子往往以"洒扫应对进退"作为小学之事或者修身的具体行为代名词。朱子说：

> 古人初学，只是教他"洒扫、应对、进退"而已，未便说到天理处。子夏之教门人专以此，子游便要插一本在里面。"民可使由之，不可使知之。"只是要他行矣而著，习矣而察，自理会得。须是"匡之直之，辅之翼之，使自得之，然后从而振德之"。今教小儿，若不匡不直，不辅不翼，便要振德，只是撮那尖利底教人，非教人之法。③

---

① 《朱子语类》，第 3449 页。

② 《朱子语类》附录二收录了清光绪庚辰十二月贺瑞麟《重刻朱子语类序》及黄榦《池州刊朱子语录后序》、李性传《饶州刊朱子语类续录后序》、蔡杭《饶州刊朱子语后录后序》、吴坚《建安刊朱子语别录后序》、黄士毅《朱子语类后序》、魏了翁《眉州刊朱子语类序》、蔡杭《徽州刊朱子语类后序》、王佖《徽州刊朱子语续类后序》由这些序言可知黎靖德《朱子语类》的收集整理过程。参见《朱子语类》，第 4355～4383 页。

③ 《朱子语类》，第 1665 页。

这亦是陈淳己未（1199）所记录的内容。① 初学即是小学阶段。洒扫应对便成为小学的代名词。在程朱学派的思维中，内圣与外王关系正如余英时先生所总结的"内圣"是程朱理学的核心，其逻辑是：先修身达到内圣，再实现外王之事。② 为此，朱子高度评价小学教育。他说：

> 古者，小学已自暗养成了，到长来，已自有圣贤坯模，只就上面加光饰。如今全失了小学工夫，只得教人且把敬为主，收敛身心，却方可下工夫。③

朱子晚年对社会遗失"小学"制度深感遗憾，其原因正是朱子十分看重小学教育的功效，即通过小学工夫可以达到"圣贤坯模"，且可以"养心"并能够"通达事物"，这是由小学所教授内容决定的。《朱子语类》载：

> 古者初年入小学，只是教之以事，如礼乐射御书数及孝弟忠信之事。自十六七入大学，然后教之以理，如致知、格物及所以为忠信孝弟者。④

此条为杨骧己酉（1189）、甲寅（1194）所记录的内容。由此可见，小学所学内容主要包括礼乐射御书数及孝悌忠信之事，其中孝悌忠信正是

---

① 据《朱子语录姓氏》可知，陈淳所载语录的时间有两段：一是庚戌年（1190），一是己未年（1199）。而叶贺孙所载语录为辛亥（1191）以后所记录的内容，两者叠加的时间段正是己未年（1199），由此可知，陈淳此条所记录的时间为己未年（1199）。参见《朱子语录姓氏》//《朱子语类》，第 4348 页；《朱子语类》，第 1665 页。

② 余英时《朱熹的历史世界》认为：宋代的政治文化经历了三个阶段：第一阶段是"从宋初到仁宗朝为第一阶段，确立了'治道'的大方向，即重建一个以'三代'理想为依归的政治、社会秩序。""第二阶段，政治文化的高潮则在熙宁变法，这是士大夫从'坐而言'转到'起而行'的时期。""第三阶段的政治文化，主要便是朱熹的时代"，其中"二程开启了第二阶段，其重心转向'理学'（或'道学'）。从'治道'转入'理学'也就是从'外王'转入'内圣'。""理学之所以在第三阶段获得许多人的信奉，则因为它提供了下面这个有说服力的承诺：只有在'内圣'之学大明以后，'外王'治道才有充分实现的可能。"参见《朱熹的历史世界：宋代士大夫政治文化的研究》，第 409～411 页。

③ 《朱子语类》，第 296 页。

④ 《朱子语类》，第 268 页。

"事君、事父、事兄、处友等事"。① 由此可知，小学所学内容正是中国社会基本行为准则，其存在的时代则是"古时"，宋代已然缺少了这一环，故在礼的内容严重缺乏社会实践的环境下，朱子注重礼的内在义理的讨论就会陷入一个与朱子学派治学方法相矛盾的旋涡中。朱子对其讲学的内在次第有着深刻的认识，他对其学生说：

> 古人便都从小学中学了，所以大来都不费力，如礼乐射御书数，大纲都学了。及至长大，也更不大段学，便只理会穷理、致知工夫。而今自小失了，要补填，实是难。但须庄敬诚实，立其基本，逐事逐物，理会道理。待此通透，意诚心正了，就切身处理会，旋旋去理会礼乐射御书数。今则无所用乎御。如礼乐射书数，也是合当理会底，皆是切用。但不先切身处理会得道理，便教考究得些礼文制度，又干自家身己甚事。②

本条语录提供了朱子一生讲学的顺序，即先从抽象的大学之道开始讲起，教人立庄敬诚实之本，再通过致知格物来理会道理，达到真心诚意的修身效果，最后才是礼文制度。但是朱子这样的教学次序实际上是出于无奈，因为在朱子时代，小学制度已经缺失了，难以从礼乐射御书数开始入手教育学生了，只能从《大学》出发立庄敬诚实之本，而涵养庄敬之心的根本是在行礼过程中，其思想根源正是切问近思的治学方式。

正是在教学过程中，朱子发现小学的重要性，痛心小学制度的遗失，由此使用涵养庄敬之心的方法来弥补缺失小学制度的弊端。但是涵养庄敬之心是义理范畴，仍旧缺少小学的功效。对此问题，朱子有着清醒的认识。《朱子语类》载：

> 问："先生旧解以三者为'修身之验，为政之本，非其平日庄敬诚实存省之功积之有素，则不能也'。专是做效验说。如此，则'动'、'正'、'出'三字只是闲字。后来改本以'验'为'要'，

① 《朱子语类》，第269页。
② 《朱子语类》，第269页。

'非其'以下改为'学者所当操存省察，而不可有造次顷刻之违者也'。如此，则工夫却在'动'、'正'、'出'三字上，如上蔡之说而不可以效验言矣。某疑'动'、'正'、'出'三字，不可以为做工夫字。尚可说'动'字、'出'字岂可以为工夫耶？"曰："这三字虽不是做工夫底字，然便是做工夫处。正如着衣吃饭，其着其吃，虽不是做工夫，然便是做工夫处。此意所争，只是丝发之间，要人自认得。旧来解以为效验，语似有病，故改从今说。盖若专以为平日庄敬持养方能如此，则不成未庄敬持养底人，便不要'远暴慢'、'近信'、'远鄙倍'！便是旧说'效验'字太深，有病。"①

此段为沈㑋戊午（1198）以后所记录的内容，虽非专门讲庄敬诚实之事，但是我们由此可知庄敬诚实和作工夫两者之间的关系。上文在陈淳的《北溪大全集》中也有类似的记载，②其所问之人可能是陈淳，可见上述问题是朱子学派分辨得非常清楚的命题。但是这和前述小学与大学之间的关系显然构成了一个截然相反的命题。由此可见，"庄敬持养"之法实属朱子在小学制度缺失之后不得已的替代方法，其效果仍旧不佳。《答李时可》说：

> 庄敬、诚实、涵养，亦非动容貌、正颜色、出词气之外别有一段工夫，只是就此持守著力，至其积久纯熟，乃能有此效而不费力耳。③

朱子在寻找"庄敬持养"作为替代小学之法的时候重在于使行动主体依据行为规范即动容貌、正颜色、出词气三方面坚持做工夫，实现与小学时代长期习礼的相同效果，但是需要"积久纯熟"方能有效，与小学工夫的潜移默化有差距。可见"庄敬诚实"的命题，正是社会遗失小学工夫之后不得已而采取的折中办法，内在目的依旧是为了达到小学工夫的实效。

正因切问近思的治学方法，使朱子着力追求实现小学工夫的内在目的，《通解》的编撰正是朱子落实切问近思方法的必然结果。

---

① 《朱子语类》，第 1283～1284 页。
② 《北溪大全集》卷三十八。
③ 《晦庵先生朱文公文集》，第 2613 页。

三　纠偏与发展：《仪礼经传通解》编撰的直接原因

下学上达工夫与切问近思的方法是朱子编撰《通解》的内在动力和学术根源，但是个体的学术视域是历史思潮发展的结果。《通解》也是历史思潮发展的必然结果，其直接表现就是朱子纠偏与发展礼学的思想。

首先，朱子初步纠正了宋代《仪礼》学处于偏冷境遇的学术偏见。《通解》的编撰时代处于王安石科举改革后的时代，正如朱子所言：

> 熙宁以来，王安石变乱旧制，废罢《仪礼》，而独存《礼记》之科，弃经任传，遗本宗末，其失已甚。①

他在讲学时念念不忘王安石废除《仪礼》之学，故《朱子语类》载："'《礼》非全书，而《礼记》尤杂。今合取《仪礼》为正，然后取《礼记》诸书之说，以类相从，更取诸儒剖击之说各附其下，庶便搜阅。'又曰：'前此《三礼》同为一经，故有《三礼》学究。王介甫废了《仪礼》，取《礼记》，某以此知其无识。'"② 诚如朱子所言的废《仪礼》而独存《礼记》的科举制度为《仪礼》被遗忘的重要原因，但是把《仪礼》传播不广的原因归结为王安石的科举政策则有失客观性，因为王安石执政期间不过从熙宁元年到熙宁九年，而司马光执政时期更是全部废除王安石执政期间的政治措施，恢复了《仪礼》的地位，但是《仪礼》依旧流传不广。《宋史·选举志》载：

> 四年，乃立经义、诗赋两科，罢试律义。凡诗赋进士，于《易》、《诗》、《书》、《周礼》、《礼记》、《春秋左传》内听习一经。初试本经义二道，《语》、《孟》义各一道，次试赋及律诗各一首，次论一首，末试子、史、时务策二道。凡专经进士，须习两经，以《诗》、《礼记》、《周礼》、《左氏春秋》为大经，《书》、《易》、《公羊》、《谷梁》、《仪礼》为中经，《左氏春秋》得兼《公羊》、《谷梁》、《书》，

---

① 《晦庵先生朱文公文集》，第 687 页。
② 《朱子语类》，第 2870～2871 页。

《周礼》得兼《仪礼》或《易》,《礼记》、《诗》并兼《书》,愿习二大经者听,不得偏占两中经。①

此文献所载内容发生的时间为元祐四年,宋神宗、王安石均已离世,而此次科举考试正是在司马光全面主持朝局的情况下进行的,《仪礼》在诸经当中处于中经的地位,仍旧比《礼记》低一等,这当属司马光集团遵循当时社会思潮而定的政策。

事实上,朱子与朱门弟子的学术兴趣也主要集中于讨论性命义理之学,而非礼学的具体礼仪内容。② 正是对礼学文献的不熟悉,使朱子在政治活动中吃了大亏。如绍熙五年(1194)秋有关嫡孙承重之服之事,朱子《乞讨论丧服劄子》系统阐述了自己观点,但因缺少明确的经文依据,故以失败告终,后来在郑注中找到文献依据。"这件事使朱熹深受震动,义理要想说服人,在国家礼制层面上的讨论还必须寻找经典依据。"③

面对外在政治活动的失败,朱子本人的治学方法论特质指引朱子把学术关注点落实到《通解》的编撰方面。虽有逆时代学术思潮而动且没有完成编撰工作,难称完美,但是朱子从纠正自身不足入手,晚年主持《通解》的编撰工作,并借助朱子及其学派的巨大社会影响力对忽略《仪礼》的社会思潮产生了初步的纠偏作用。至于具体影响,详见第五章第二节。

其次,《通解》的编撰工作引领朱子学派关注礼学,纠正了南宋学者忽视礼学的总体风气,开创了礼学再次繁荣的局面。

《宋元学案》虽然参考了朱彝尊《经义考》的内容,但是因黄宗羲、黄百家或者全祖望都不免受到明代王学思潮影响,轻视朱子学派的实学成就,有意无意地疏漏了朱子学派礼学成果,导致朱子学派礼学成就甚多缺

---

① (元)脱脱撰《宋史》,北京:中华书局,1977,第2620~3621页。
② 在《朱子语类》中,明确标为礼乐的内容从卷八十四至卷九十二共有9卷,而四书的内容则从卷十四至卷六十四有51卷,至于其他零散的内容涉及礼乐或者四书的内容不计在内,两者的数量之悬殊已可见一斑了。这个现象有两个方面的原因:一是朱子平生着力点和学术兴趣点持续时间最长的当是四书学,故讲学内容涉及四书学的内容最多;二是《朱子语类》以对话形式出现,从上述统计数量可知,朱门弟子问学的内容亦较多集中在四书学方面。这两个原因是互相影响、互相促进的。参见《朱子语类卷目》//《朱子语类》,第10~62、81~86页。
③ 《朱熹礼学思想研究》,第103页。

载的现状。为了还原历史的本真状态，我们从朱彝尊的统计中考证了朱子礼学的传承实况。

《经义考》卷二百八十五《承师》条载朱子授礼弟子如下：

> 三山黄榦直卿，建阳刘爚晦伯，长溪杨复茂才、黄士毅子洪，同安许升顺之，兴国吴必大伯丰，建阳熊以宁，临川黄义刚毅然，福宁孙调和卿，括苍叶贺孙味道，建安蔡渊伯静、刘黼季文，永嘉沈侗庄仲，邵武李方子公晦，莆田郑可学子上，嘉兴辅广汉卿、晋陵钱木之子生，兴国万人杰郑淳，上饶陈文蔚才卿，南康胡泳伯量，岳阳李儒用仲秉，南康吕焘德召，临漳陈淳安卿、林赐闻一，邵武李闳祖守约、李公谨、吴振、邵浩，乐平金去伪敬直，浦城杨道夫仲思，豫章黄𪛗子耕，欧宁童伯羽蜚卿，高平黄卓先之、潘植立之，临川甘节吉甫，鄱阳汪德辅长孺，顺昌廖德明子晦，顺昌余大雅正叔，南城包扬显道，建昌李晖晦叔，饶州董铢叔重，建昌吴雉和中，永丰曾祖道择之，永嘉徐㝢居父，鄱阳程端蒙正思，古田林夔孙子武，三山刘砥履之、林子蒙，新安滕林德粹、黄升卿，临海潘时举子善，宣城孙自修敬父，南康周谟舜弼，泉州杨至至之，建阳周明作元兴，都昌黄灏商伯，汀州杨方子直，鄱阳王过幼观，建宁杨骧子昂，三山林学蒙正卿，同安王力行近思①

以上共六十一位朱门弟子涉足礼学领域。由此可见黄宗羲父子和全祖望忽略朱子学派礼学成就的大体情况了。另外，《宋元学案》把李如圭列入了朱门弟子辈，而此处则没有列入，而且《经义考》礼类中对李如圭著作的记载也列在朱子《通解》之前，可见朱彝尊对两者之间关系的基本观点了，即两者并非师徒，当属学友关系。但是上述弟子中，朱彝尊记载朱子弟子的著作也仅有以下三位：

> 黄氏榦《续仪礼经传通解》，黄氏士毅《类注仪礼》，杨氏复《仪礼图》十七卷、《仪礼旁通图》一卷、《仪礼经传通解续》十四卷。②

---

① （清）朱彝尊撰《经义考》卷二百八十五，清文渊阁四库全书本。
② 《经义考》卷一百三十二。

这是不是说明朱子弟子们对礼学不够重视呢？答案显然是否定的，因为朱彝尊在判断朱子传礼弟子有六十一位之多，必定有相关依据，否则便属子虚乌有之事了。那么为何朱彝尊仅著录三位学者的礼学作品而已？以"紫阳别宗"陈淳为例，① 《宋元学案》的《北溪学案》明确指出他的作品有《礼》书，② 其弟子陈沂所编的《北溪大全集》中亦保存有其礼学的相关论述。由此可见，朱彝尊《经义考》把陈淳列入朱门传礼弟子之列当属合情合理，其他学者亦当作如是观。至于朱彝尊没有逐一列出朱子学派具体礼学作品，则是因为朱彝尊着重于考察朱子学派弟子在传承与发展朱子礼学的贡献度，并据此排序，此可获证于朱子授礼弟子的排序和朱子授诗弟子的名单不一样的排序。③ 此外，朱彝尊《经义考·仪礼三》只列举朱子学派礼学最主要的作品，《承师》章则是统计朱子学派有礼学作品传世学者的所有名单，两者在逻辑上当是类属关系。由此可见，朱门传礼学者构成了一个庞大的学者群体，形成了一股研究礼学新热潮，为礼学的发展奠定了坚实的人才基础。

在拥有人才基础之后，朱子学派充分利用私人讲学的方式广泛传播朱子礼学思想，促成了礼学典籍的广泛传播效果，纠正了学者忽视礼学的学术风气，形成了礼学再次繁荣的局面，而他们的礼学成果广泛保存于日常论学或者讲学的文集中，此可以陈淳为例。④

---

① "紫阳别宗"语出《泉州府志》卷十七明万历本。正如张加才所言："陈淳以其对朱子思想的深刻理解和后期频繁的讲学活动，在闽浙一带培养一批朱子学者，形成了以陈淳为首的朱子学支脉。由于历史上注重儒家道统，而黄榦又被视为得朱子之正统，因此陈淳一系被称为'紫阳别宗'，学术史上称为'北溪学派'。"参见《泉州府志》卷十七，明万历本；张加才：《诠释与建构——陈淳与朱子学》，北京：人民出版社，2004，第181页。

② 《宋元学案》，第2220页。

③ 《经义考》卷二百八十五载有"朱子授诗弟子"名单，与"朱子授礼弟子"的名单多有重复，但是其排序则是不同的。以黄榦为例，在"朱子授礼弟子"名单中赫然列为第一，而在"朱子授诗弟子"中则排在第69位，由此可见朱彝尊在进行《经义考》的材料安排时是充分考虑到其对朱子学术的传承和贡献程度的。参见（清）朱彝尊撰《经义考》卷二百八十五，清文渊阁四库全书本。

④ 陈淳没有礼学专著传世，但是在《北溪大全集》中可以看到陈淳普及礼学的大量内容。至于陈淳对朱子礼学思想的创新部分可具体参见王志阳、周璇璇、陈曦《陈淳的经学思想——以礼、易二经为例》。（宋）陈淳：《北溪大全集》，清文渊阁四库全书本，王志阳、周璇璇、陈曦：《陈淳的经学思想——以礼、易二经为例》，《乐山师范学院学报》2012年第10期。

最后，礼学的发展过程要依靠人才，而朱子通过编撰《通解》实现培养礼学人才的目的。《通解》的编撰目的之一是为朝廷培养礼学人才，《乞修三礼劄子》文末有言："使士知实学，异时可为圣朝制作之助，则斯文幸甚，天下幸甚。"①

考之《通解》三代主编者，均是师承关系，又在庆元党禁时期，且属于私修礼书，其困难之大可想而知。但是《通解》能够在三代学者前后相续中完成编撰工作，已然属于《通解》良好影响的缩影了。正是《通解》的编撰过程培养了黄榦、杨复等礼学家，为礼学发展提供了最重要的支撑条件——人才。由前述《经义考》《宋元学案》的统计结果可知，朱子学派出现了大批的礼学家，而这正是朱子编撰《通解》最为重要的成果之一。结合《乞修三礼劄子》可知，朱子在计划编撰《通解》之时，已把培养礼学人才作为其编撰《通解》的直接目的之一。

至于《通解》对后代礼学的影响，详见第五章第二节。

综上所述，朱子学派在朱子礼学思想的影响下，通过日常教学形成一个学术群体，并在各自讲学中形成自己礼学特色，从而为礼学的发展打下了扎实的士阶层思想基础，这正是朱子礼学的最为重要的贡献。

第二节 《仪礼经传通解》编者队伍的特质

《通解》的编撰是朱子内在学术思想发展的必然结果，但是以此作为朱子本人的学术成果，则明显不符合《通解》的实际编撰情况。《通解》的编撰队伍是由朱子学术圈的核心力量构成，对后世的礼学走向影响甚大，早已为众多的学者所注意。②

除了前引有关批评王安石废《仪礼》及《通解》的体例说明，《乞修

---

① 《晦庵先生朱文公文集》，第 688 页。
② 对本问题的研究文章极多，如白寿彝《仪礼经传通解考证》、束景南《朱熹年谱长编》、殷慧《朱熹礼学思想研究》等均有涉及。但他们对本书的编撰者的考察主要立足于摸清楚编撰者队伍的具体人员，尚未对编撰者进行归类研究，孤立地看待本问题，忽视了本文献的学术史价值，尤其是本文献在朱子学研究中的意义。参见白寿彝《仪礼经传通解考证》，《国立北平研究院院务汇报》第七卷第四期，1936，第 21～50 页。《朱熹礼学思想研究》，第 107～126 页。束景南：《朱熹年谱长编》，上海：华东师范大学出版社，2001，第 1249～1253 页。

三礼劄子》还请求官方支持《通解》编撰之事，即。

> 窃欲望圣明特诏有司许臣就秘书省太常寺关借礼乐诸书，自行招致旧日学徒十余人，踏逐空闲官屋数间与之区处，令其编类。虽有官人，亦不系衔请俸，但乞逐月量支钱米，以给饮食、纸扎、油烛之费。其抄写人即乞下临安府差拨贴司二十余名，候结局日量支犒赏，别无推恩。①

王懋竑《朱子年谱》列此段文字于庆元二年"是岁始修礼书"条下，②而朱子言及此事时说："事未及举而某去国矣"③，又据朱子生平任职经历可知，此时当是朱子在绍熙五年甲寅冬十月辛卯日至当年闰十月丙子日任职待制之职的时间，④即《宋史》本传所言"立朝才四十日"之时。⑤其中透露出了朱子对《通解》体例的设想，留待后文论述。在《通解》的前期编撰工作中，朱子已做了大量的准备工作，如与学者讨论考订《仪礼》的内容，并定下了新礼书的体例，只是由于私家书籍资料不足与人手不够而难以获得进展。正是其礼学思想已经成型，只差外在的硬件尚未具备而已。当朱子完全退出政坛之时，拉开了长达三十多年的《通解》正式编撰大幕。

一 编撰者队伍：以朱子学术思想为核心

从前引《乞修三礼劄子》可知，朱子编撰《通解》的目标除了想为官方提供一部完整礼书之外，更为了"使士知实学，异时可为圣朝制作之

---

① 《晦庵先生朱文公文集》，第 687~688 页。

② 《朱熹年谱》，第 258 页。

③ 《朱子语类》，第 2894 页。

④ 此处任职时间依王懋竑《朱子年谱》卷四"（绍熙五年冬十月）辛卯奏事行宫便殿"至"（闰十月）丙子晚讲。是日御批除宫观"为止。参见（清）王懋竑撰《朱熹年谱》卷四，第 233~249 页。

⑤ 《宋史》朱子本传对朱子的平生任职情况有总结："熹登第五十年，仕于外者仅九考，立朝才四十。"但余英时辨析了历史上有关朱子担任官职的时间的四十日与四十六日两种说法"分别从不同的计算法而来，前者绝不是后者的'整数'"。可见《宋史》所言大体正确。参见《宋史》，12767 页。《朱熹的历史世界：宋代士大夫政治文化的研究》，第 554 页。

助"，即为学术界开实学风气，也为朝廷培养实学人才。正是以此为目标，在其延揽参与编撰的学者过程中，朱子特别遴选注重实学品质的学者，力图通过编撰礼书达到传承道统的目的。

在文化传承过程中，朱子注重道统，并不是停留于口头上继承其学说而已，更为重要的是继承其核心学术观念。但是历史往往事与愿违，朱子对此有深刻的认识，他说：

> 今人只曾见曾子唯一贯之旨，遂得道统之传。此虽固然，但曾子平日是个刚毅有力量壁立千仞底人。……虽是做工夫处比颜子觉粗，然缘它资质刚毅，先自把捉得定，故得卒传夫子之道。后来有子思、孟子，其传亦永远。①

我们结合程朱学派所言道统观念可知，② 从孔子到孟子是道统的正传，而其传承的顺序是孔子、曾子、子思、孟子，并没有颜子的位置，而在儒家学派中颜子做工夫远比曾子细，可以想见道统传承之不易，而曾子之得道统正传亦不因其得"一贯"之旨，而是有其"资质刚毅"的特质，可见道统传承之艰难是朱子上述评论背后的潜台词。

至于二程的学术传承，朱子更不满意。《朱子语类》载：

> 问"程门诸公亲见二先生，往往多差互。如游定夫之说，多入于释氏。龟山亦有分数"。曰："定夫极不济事。以某观之，二先生衣钵似无传之者。"又问："上蔡议论莫太过？"曰："上蔡好于事上理会

---

① 《朱子语类》，第 408～409 页。

② 儒家道统的演变有一段非常漫长的历史，先从汉代的孔子、颜子为尊，到韩愈开始孟子地位逐步提高，变成亚圣，由此奠定了孔孟的传统，正如余英时所言："周程所'继'的也是孔、孟'道学'之'宗'，而不是羲、轩的'道统'。"但朱熹将孔子所传与周、程所继者称之为"道学"则至迟在淳熙十年（1183）已确立无疑。直到黄榦才把朱子手上的道学与道统合而称之为"道统"。如黄榦在《徽州朱文公祠堂记》说："尧舜禹汤文武周公生而道始行，孔子、孟子生而道统始明。孔孟之道，周程张子继之。周程张子之道，文公朱先生又继之，此道统之传，历万世而可考也。"余英时经过考证得出结论"遍检南宋文献，朱熹的大弟子黄榦才是后世'道统'观念的正式建立者"。参见（宋）黄榦撰《勉斋先生黄文肃公文集》卷十八，元刻延祐二年重修本。《朱熹的历史世界：宋代士大夫政治文化的研究》，第14、16 页。

理，却有过处。"又问"和靖专于主敬，集义处少"。曰："和靖主敬把得定，亦多近傍理。龟山说话颇浅狭。范淳夫虽平正，而亦浅。"又问："尝见《震泽记善录》，彼亲见伊川，何故如此之差？"曰："彼只见伊川面耳。"曰："中无倚著之语，莫亦有所自来？"曰："却是伊川语。"①

此条是郑可学辛亥（1191）所记录。朱子评价游酢、谢良佐、尹淳、杨时、范祖禹等程子高足，得出结论："二先生衣钵似无传之者。"言外之意，二程的学徒全都未传承其学术精髓。但是朱子在最后留下了一个学习二程学术精髓的道路——二程的讲学语录。学习二程语录的人有可能超越二程亲授的弟子，而亲炙于二程学术的学者却失其本意。正是二程的先例使朱子格外重视本人学术思想的传承问题。

这在与余正父的学术交往中呈现得特别清晰。据陈荣捷《朱子门人》所载，简要载录如下：

余正父，亦做正甫。正父乃字。名里不详。《文集》六三25至34答余正甫三书，皆言丧礼祭礼。《语类》问答十余处，亦几全关丧祭之礼。八四3479记第三六"礼编"条朱子至长沙（一一九四），编修礼书，"尽唤天下识礼者修书，如余正甫诸人皆教来"。十九715第九八"先生尝举"条记"先生编礼欲以《中庸》《大学》《学记》等篇置之卷端为《礼本》。正甫未之从"。盖正甫云："看《中庸》《大学》，只得其纲而无目，如衣服只有领子"也。一三八5292第一四一"先生"条又载"先生见正甫所衣之衫，只用白练，圆领。领用皂。问：'此衣甚制度？'曰：'是唐衫。'先生不复说。后遂易之"是正甫礼学之专家而为朱子所重视。《经义考》不采为授礼弟子，何也？《实纪》八19，《渊源录》十三15，与《宗派》十14，均以为门人。《学案》未录，《补遗》六九210注只谓宗派有其人。不知其为名为字，亦不知其为何许人，姑识之云。②

①　《朱子语类》，第3359页。
②　陈荣捷：《朱子门人》，上海：华东师范大学出版社，2007，第54～55页。

陈荣捷把余正甫定为朱子的门人，但是陈荣捷缺乏严密考证过程，不足以证实余正甫是朱子弟子，但是两者之间的学术渊源极深，则是无可置疑的。① 从上引资料可知，余正甫无疑是一位礼学专家，但是在《通解》的编撰过程中，被朱子招致麾下的并非均是其门人，有一些是志同道合的友人而已，但余正甫最终并未进入朱子的编撰团队。《朱子语类》记载：

> 先生尝举程子读《论》、《孟》切己之说，且如"学而时习之"，切己看时，曾时习与否？句句如此求之，则有益矣。余正甫云："看《中庸》《大学》，只得其纲而无目，如衣服只有领子。"过当时不曾应。后欲问："谓之纲者，以其目而得名，谓之领者，以其衣而得名。若无目，则不得谓之纲矣。"故先生编《礼》欲以《中庸》《大学》《学记》等篇置之卷端为《礼本》。正甫未之从。②

此文为王过甲寅（1194）以后所记录的内容。此条语录为我们提供了比《晦庵集》丰富得多的内容，而余正甫与朱子在礼学方面的矛盾由此可见一斑。但是现在所见《通解》正缺少了以《中庸》《大学》《学记》为卷首的内容，反而与余正甫的原来想法相一致，当是朱子受余正甫影响的印记之一，正如殷慧所言：

> 最终成稿的《通解》目录看来，朱熹实采纳了余正父的观点，并没有将上述诸篇作为礼本放在卷端。③

殷慧所言虽属推论，但是言之有理，当可以成立，因为在《朱子语类》中可以看到余正甫与朱子有多处礼学观点分歧之处，但《通解》最终吸收了余正甫的部分观点，如对待礼学材料方面。《朱子语类》载：

---

① 余正甫与朱子之间明显不是师生关系，这在《晦庵先生朱文公文集》有关朱子寄给余正甫的五封信中，处处可见两人不是师徒关系，如朱子对余正甫回信中称"足下不以仆为愚"，"老兄"这些称呼的尊敬程度绝非是师徒之间关系的称呼，尤其是"老兄"一语足以确定余正甫与朱子之间当时学友之间的关系。参见《晦庵先生朱文公文集》，第 3070 页。
② 《朱子语类》，第 663 页。
③ 《朱熹礼学思想研究》，第 121 页。

"余正父欲用《国语》而不用《周礼》，然《周礼》岂可不入！《国语》辞多理寡，乃衰世之书，支离蔓衍，大不及《左传》，看此时文章若此，如何会兴起国家！"坐间朋友问是谁做。曰："见说是左丘明做。"①

朱子以三礼为核心资料，而其他资料则是作为补充三礼缺损的资料，余正甫则与之不同，相差甚大。但是《通解》最后仍采纳了余正甫所坚持的《国语》中的资料，详见第三章第三节。两者之间更大差异之处在于礼学观点相左的情况，最终只能以分道扬镳收场。《朱子语类》《文集》多处记载此事，兹举一例以概其余。《朱子语类》载：

问："先生家庙，只在厅事之侧。"曰："便是力不能办。古之家庙甚阔，所谓'寝不踰庙'是也。"又问："祭时移神主於正堂，其位如何？"曰："只是排例以西为上。"又问："袷祭考妣之位如何？"曰："太祖东向，则昭、穆之南向北向者，当以西方为上；则昭之位次，高祖西而妣东，祖西而妣东，是祖母与孙并列，于体为顺。若余正父之说，则欲高祖东而妣西。祖东而妣西，则是祖与孙妇并列，于体为不顺。彼盖据《汉仪》中有高祖南向，吕后少西，更不取证于经文；而独取传注中之一二，执以为是，断不可回耳。"②

朱子与余正父有关高祖与妣在袷祭时的朝向，有不可弥合的分歧，甚至朱子断定余正甫忽视经文而专取传注的文献定位问题。由此导致两者之间的矛盾越发严重，甚至争得不可开交。《朱子语类》载：

余正甫前日坚说一国一宗。某云："一家有大宗，有小宗，如何一国却一人？"渠高声抗争。某检本与之看，方得口合。③

---

① 《朱子语类》，第 2889 页。
② 《朱子语类》，第 3038 页。
③ 《朱子语类》，第 3042 页。

此为叶贺孙辛亥（1191）以后所记录的内容。余正甫和朱子之间讨论学术问题时出现"高声抗争"场面，虽有学术自由风气，但终属分歧过大的情况，故以"口合"收场，但终究难以弥合二者分歧，朱子与余正甫最终分道扬镳，各自编撰礼书。《答余正甫》有言：

> 无状黜削，乃分之宜。唯是重贻朋友羞辱，殊不自安耳。礼书后来区别章句，附以传记，颇有条理。《王朝》数篇亦颇该备，只丧、祭两门，已令黄婿携去，依例编纂次第，非久寄来，首尾便略具矣。但其间微细尚有漏落，传写讹舛，未能尽正，更须费少功夫。而附入疏义一事，用力尤多，亦一面料理，分付浙中朋友分手为之，度须年岁间方得断手也。不知老兄所续修者又作如何规模？异时得寄示，参合考校，早成定本为佳。若彼此用功已多，不可偏废，即各为一书，相辅而行，亦不相妨也。①

朱子回顾了自己与余正甫之间分歧的原因及分道扬镳之后礼书的进展情况，至于文末所言两书参校考订之事，当属客套之语，而言及两书并行之良好心愿，更属朋友间书信的家常之语，不再有因学术不合而大为争论的气氛了。由此可见，余正甫没有进入《通解》的编撰团队，正是两者礼学观念不合，当可定谳。

与朱子主编时代一致，黄榦也遵循朱子的礼学思想。郑元肃、陈义和《勉斋先生黄文肃公年谱》记载：

> （宁宗庆元）二年丙辰，自建安归三山。诸生从学于城南。时文公被旨落职罢祠，闲居分畀门人编辑礼书，先生实为分经类传，文公删修笔削条例皆与议焉。②

郑陈二氏甚至说"初，文公虽以丧祭二礼分畀先生，其实全帙自冠、昏、

---

① 《晦庵先生朱文公文集》，第 3078 页。

② （宋）郑元肃录、陈义和编《勉斋先生黄文肃公年谱》//（宋）黄榦撰《勉斋先生黄文肃公集》，元刻延祐二年重修本。

家乡、邦国、王朝等类皆与先生平章之"。①云云。因《通解》本为朱子主持，而其编撰过程是集朱子学派之力，难以确认哪些为朱子之功，哪些为黄榦之力，但是有一点可以肯定，即黄榦与朱子礼学思想大体相同，深得朱子之赞赏，郑陈二氏正是居于此才做出《通解》为朱子与黄榦"平章之"的论断，如"文公尝与先生书云：'所喻编礼次第甚善。'又云：'千万更与同志勉励究此大业。'又云：'将来送彼参订修归一途。'又云：'此事异时直卿当任其责。'其他往复条例，文多不能尽载"。②

由此可见，在《通解》朱子编撰部分，黄榦已深度参与其中了。黄榦编撰《续丧礼》《续祭礼》遵循上述思想当属无疑了。

与黄榦相比，杨复的学术传承较为复杂，但是大体不出朱子一门。杨复与朱子之间的关系一目了然，而其与黄榦之间的师徒关系，留待后文详考，但杨复礼学思想是经由黄榦传承而来，则可以确定。杨复《宋嘉定癸未刊仪礼经传通解续祭礼后序》有言：

> 初，先生（黄榦）集《丧礼》、《祭礼》粗有成编，嘉定己卯奉祠闲居，始得订定《丧礼》，俾复预检阅之役，次第将修《祭礼》，故朝夕议论多及之。③

杨复又在十年后的《宋绍定辛卯刊仪礼经传通解续修定本序》重提此事说：

> 及嘉定己卯，《丧礼》始刻成编，以次将修《祭礼》，即以其书稿本授复曰："子其读之。"盖欲复通知此书本末，有助纂辑也。复受书而退，启缄伏读。……时在勉斋左右，随事咨问钞识，以待先生笔削。不幸先生即世，遂成千古之遗憾。日迈月征，今十余年。④

此文提供了两条重要信息：一是杨复参与编撰《通解》是在黄榦时期，而非

---

① 《勉斋先生黄文肃公年谱》//《勉斋先生黄文肃公集》。
② 《勉斋先生黄文肃公年谱》//《勉斋先生黄文肃公集》。
③ 《宋嘉定癸未刊仪礼经传通解续祭礼后序》//《仪礼经传通解》，第3418页。
④ 《宋绍定辛卯刊仪礼经传通解续修定本序》//《仪礼经传通解》，第3420页。

朱子在世之时，而杨复得到了黄榦的指导；二是杨复在嘉定己卯之后才开始接触《通解》的编撰工作，而其在绍定戊子年完成了《仪礼图》，则杨复的礼学启蒙导师当属黄榦，而非《仪礼图序》所言直接传自朱子的礼学思想。

由此可知，杨复在参与《通解》的编撰之前先接受了黄榦的系统培训，并由此熟悉《通解》的内在体例及其编撰思路，顺利掌握《通解》的编撰原则。

正是三代学者薪火相传，使得《通解》能够顺利完成，正如四库馆臣所言："虽编纂不出一手，而端绪相因。规模不异，古礼之梗概节目亦略备于是矣。"① 虽然四库馆臣未及注意杨复《续祭礼》与黄榦《续祭礼》之间的差异，但是大体仍可以此概括《通解》各部分的体例了，虽不中亦不远矣。

二 《通解》编撰队伍行为特质：执着学术，勤恳做事

正是居于以传承朱子学术思想为核心目标，朱子对参与编撰者的选择工作格外重视，这在遴选《丧礼》《祭礼》编撰者的过程中体现得极为明显，尤其是《祭礼》，经过多次变更编撰者，最后才到黄榦手中。《答吴伯丰》"又闻摄事郡幕"有言：

> 编礼直卿必已详道曲折，《祭礼》向来亦已略定篇目，今具别纸。幸与宝之商量，依此下手编定，寻的便旋寄来，容略看过……附入音疏，便成全书也。②

朱子在此书末附有《祭礼》的提纲，希望吴伯丰依据提纲编撰《祭礼》，但是最后《祭礼》仍旧回到黄榦手中，大抵是吴伯丰治学态度让朱子不甚满意。《答吴伯丰》第二十四书又言：

> 伯丰明敏有余，讲学之际，不患所见之不精。区区属望之意，盖非他人之比。但愿更于所闻深体而力行之，使俯仰之间无所愧怍，而胸中之浩然者真足以配义与道，不但为诵说之空言而已，则区区之愿也。③

---

① （清）永瑢等撰《四库全书总目》卷二二，北京：中华书局，1965，第179页。
② 《晦庵先生朱文公文集》，第2457页。
③ 《晦庵先生朱文公文集》，第2459页。

此信本为催促吴伯丰抓紧编撰礼书，故书信开篇直言："编礼有绪，深以为喜，或有的便，望早寄来。心力日短，目力日昏，及今得之，尚可用力。但朋友星散，不知竟能得见成书与否，深可叹也。"① 可见此书以催促其抓紧编撰礼书为主要目的，而与上文希望吴伯丰能够身体力行之间，看似没关系，实则隐含朱子对吴伯丰说得多做得少的批评意见，因为在前书写给吴伯丰的信札言及编礼书之时，朱子已明确要求了吴伯丰应该实时交稿，其原因有二。

一是看多不仔细，又费工夫修改。《答吴伯丰》第二十二书有言："须得旋寄旋看乃佳，盖看多恐不子细，又免已成复改，费工夫也。"② 二是黄榦编礼甚勤，但是没有遵循写完便寄来，导致了要从头整顿一遍，既费时又耗力。同封信又言："直卿所寄来《丧礼》，用功甚勤，但不合以王侯之礼杂於士礼之中，全然不成片段，又久不送来，至十分都了方寄到，故不免从头再整顿一番，方略成文字。此可以为戒也。"③

又结合朱子《答吴伯丰》最后书文末有言："宝之不及别书，编礼想用功不辍，烦为致意也。"④ 再次催促吴伯丰抓紧编撰礼书。但是无奈，吴伯丰并未遵照朱子意见，最后只能把《祭礼》也交由黄榦编撰。故朱子有言：

> 至于《丧》、《祭》二礼，则尝以规摹、次第属之门人黄榦，俾之类次。它日书成，亦当相从于此，庶几此书始末具备。⑤

吴伯丰编撰的速度不合朱子的计划，其做事方式亦不合朱子的标准。至于其中是否与朱子思想有不符之处，难有确证，但是吴伯丰不符合朱子之编礼标准则可定谳。

与之相反，黄榦做事的态度与方式为朱子所欣赏。单以上引《答吴伯丰》中所言"用功甚勤"的做事方式便可为证，且朱子在黄榦拜入门下八

① 《晦庵先生朱文公文集》，第 2459 页。
② 《晦庵先生朱文公文集》，第 2457 页。
③ 《晦庵先生朱文公文集》，第 2457 页。
④ 《晦庵先生朱文公文集》，第 2459～2460 页。
⑤ 《仪礼经传通解》，第 26 页。

年后才把二女儿嫁给黄榦，① 亦显示朱子对黄榦为人和做事的满意程度了。因为黄榦具有上述特质及行为方式，朱子把丧、祭二礼最后都交给了黄榦。

但是黄榦并未及时完成丧、祭二礼，到晚年才完成《续丧礼》的修改工作，只能把《丧服图式》及《续祭礼》的修改任务又交给了杨复。有关杨复的为人特质，《朱子语类》有载：

> 看文字，不可过于疏，亦不可过于密。如陈德本有过于疏之病，杨志仁有过于密之病。盖太谨密，则少间看道理从那穷处去，更插不入。不若且放下，放开阔看。②

此条由吕焘己未（1199）所记录的内容。此条意在批评杨复对文献的阅读过于吹毛求疵，容易陷入钻牛角尖的困境之中，而导致看不清文献的"道理"。与之相关，另外一条语录涉及看"道理"之事。《朱子语类》载：

> 杨志仁问明道说话。曰："最难看。须是轻轻地挨傍它，描摸它意思，方得。若将来解，解不得。须是看得道理大段熟，方可看。"③

此条为甘节癸丑（1193）所记录的内容。杨复问朱子对程颢的语录如何研读的问题，而朱子认为需要先全部了解程颢的整体思想之后，再仔细琢磨具体内容，不可过分锱铢必较程颢的语录文字。前引一条语录与本条语录，不是同一人所录，且非同一时期，其内容真实性当无可疑。虽然朱子批评杨复治学方法有误，但是我们看到朱子语出批评，却持夸奖之意。这绝非我们主观臆测朱子之语，而是有迹可循，其最为明显的是杨复被选入《通解》的编撰队伍，并成为第三位主编者。虽然目前尚无文献资料直接证实杨复参与编撰《通解》出自朱子之隔代指示，却有诸多证据表明黄榦把《丧服图式》及《续祭礼》交给杨复编撰的趋势从朱子时代就已现端倪。

---

① 《勉斋先生黄文肃公年谱》载："（淳熙）九年壬寅文公以仲女归于先生，馆于紫阳书堂。""案先生《祭文公文》云始授室在潭溪，是时犹在五夫也。先生登文公之门至是八年矣。"参见《勉斋先生黄文肃公年谱》淳熙九年条。//《勉斋先生黄文肃公集》。
② 《朱子语类》，第 3802 页。
③ 《朱子语类》，第 3262 页。

关于杨复参与《续祭礼》编撰工作的原因，从上引杨复《宋绍定辛卯刊仪礼经传通解续修定本序》已能明知其中情形。我们细读上述文献亦发现，杨复在当时并未呈现编撰礼学作品的天赋或者才华，而黄榦直接把《续祭礼》交给杨复，亦未明言其中意图。但是细考朱子对杨复的评价实已隐含了黄榦把《续祭礼》的编撰任务交给杨复的意图了。其证据主要有以下两个方面。

一是朱子评判杨复的治学方法是立足于研究理学典籍的角度。细读前引文献可知，杨复是一个执着于文献的学者，容易陷入锱铢必较钻牛角尖的窘境，而这于理解文献"道理"是不利的。朱子所言之"道理"文字并非泛指所有文献，而是针对宋代理学家的典籍或者他们关注的理学典籍，如四书、宋代理学家作品等。这可获知于朱子有关治学的实际过程。以《四书章句集注》为例，朱子对四书的研读主要着眼于文献整体内容，而非持锱铢必较的态度，即使如《中庸补传》亦是以服从朱子自身的理学思想，并未涉及文献的考证工作。如果说四书是朱子继承前人的研究成果，那么《二程遗书》的编撰则更能检查朱子的文献思想，但是《二程遗书》更多注重版本的对校而已，并无考证辨析内容，此亦显示朱子对理学典籍仅停留于保存文本，更多精力则用于研究其"道理"。《朱子语类》载：

> "凡读书，须有次序。且如一章三句，先理会上一句，待通透；次理会第二句，第三句，待分晓；然后将全章反复纴绎玩味。如未通透，却看前辈讲解，更第二番读过。……"又云："看讲解不可专徇他说，不求是非，便道前贤言语皆的当。如《遗书》中语，岂无过当失实处，亦有说不及处。"又云："初看时便先断以己意，前圣之说皆不可入此。正当今学者之病，不可不知。"①

朱子所言读书方法是要逐字逐句仔细玩味文献内容，而非前文回答杨复问学时所言"轻轻地挨傍它"的方法，两者之间的方法正是孔子"求也退，故进之。由也兼人，故退之"②之意。由此再次证实了杨复"过密"之病

---

① 《朱子语类》，第346~347页。
② （宋）朱熹撰《四书章句集注》，北京：中华书局，1983，第128页。

正是针对理学文献而言。与研治理学典籍方法不同，朱子在编撰《通解》的过程中，并不是着眼于整体来理解道理，而是从文献校勘的工作入手，至于具体情形，留待后文再行详论。另外，处于《通解》编撰同一时期的作品《韩文考异》亦是以基础文献的校勘工作入手，① 而校勘文献所需要的正是"密"工夫。因此，朱子正是站在解读理学文献内在道理的角度来批评杨复的治学方法。

除此之外，杨复与吴伯丰之间的差异更形成鲜明对比，吴伯丰是"明敏有余"而杨复则是"过于密之病"，朱子对二者特质的评价是针对"道理"而言，但是考礼与"道理"文字完全不同，《朱子语类》载：

> 泳曰："考礼无味，故且放下。"先生曰："横渠教人学礼，吕与叔言如嚼木札。今以半日看义理文字，半日类《礼书》，亦不妨。"②

观此语录"考礼无味"当是代表了宋代众多学者的观点，朱子当亦赞同此观点，故引吕与叔评价张载教学之言"如嚼木札"，而此处更为重要的价值在于朱子明确将"义理文字"与"礼书"截然分开，可见在朱子的固有思维中，礼书和义理文字是两种不同的学问。两者之间存在着学科差异，《朱子语类》《文集》中言及思想义理的地方均是针对四书及宋儒理学作品，甚少触及礼学作品，而专门针对礼学作品所发表言论又甚少言及其所蕴含的内在思想。

另外，朱子学术发展过程亦呈现了由义理归于礼书的特征。此可由朱子早年集中精力完成的代表作品，过后逐步修订的《四书章句集注》与晚

---

① 四库馆臣提要《〈原本韩文考异〉十卷》曰："其书因《韩集》诸本互有异同，方崧卿所作《举正》虽参校众本，弃短取长。实则惟以馆阁本为主，多所依违迁就。即《南山有高树》诗之婆娑弄毛衣，傅安道所举为笑端者，亦不敢明言其失。是以覆加考订，勒为十卷。凡方本之合者存之，其不合者一一详为辨证。其体例本但摘正文一二字大书，而所考夹注于其下，如陆德明《经典释文》之例，于《全集》之外别行。至宋末王伯大始取而散附句下以其易于省览，故流布至今，不复知有朱子之原本。其间讹脱窜乱，颇失本来。"四库馆臣以汉学家为主的群体，对宋儒学术以批评为主，但是对朱子本书的考订则持客观态度。我们从上文的描述过程中看到朱子在考异韩文各版本之间差异之时，所用工夫正是版本对校，一一比对之后再进行辨证，所用正是"密"的工夫。参见《四库全书总目》，第 1288 页。

② 《朱子语类》，第 2894 页。

年的作品《韩文考异》及此时编撰的《通解》比较见其真相。①

细考朱子治学的过程可知，《四书章句集注》基本没有校勘用语，而《韩文考异》及《通解》两书围绕文本进行校勘，甚少触及其中的"思想"，这是朱子对待理学与其他文献的不同方式，呈现朱子学术思想体系日益精密的趋势，亦与朱子所言"四书，六经之阶梯"的治学顺序相同，而朱子批评杨复治学方式的时间是 1199 年，正是朱子着力于编撰《通解》工作时期，可见朱子批评杨复实是有为而发，实属似贬实褒情形。事实上，朱子主要把精力放置于四书学，六经的研究除了《周易本义》《诗集传》之外，大都未能如愿，但有一个非常明显的趋势是朱子晚年已经把更多精力放置于经学方面，尤其是《通解》成为朱子晚年所耗心力最多的工程，而其内在原因正是《通解》中所需考订内容庞杂，我们将于朱子按语研究部分再行重点研究，此不赘述。

二是朱子从教人的角度出发，而非单纯从某一学科的学术视角来平定优劣。上述朱子对杨复与陈德本的评价使用了"过犹不及"的评判标准。《论语》载：

> 子贡问："师与商也孰贤？"子曰："师也过，商也不及。"曰："然则师愈欤？"子曰："过犹不及。"

朱子注说：

> 道以中庸为至。贤智之过，虽若胜于愚不肖之不及，然其失中则一也。②

因此，朱子对"过犹不及"的比较方法甚为清楚。朱子虽然遵照《论语》解读史的倾向，两者都否定，但是朱子明显更倾向于否定"愚不肖之不

① 《四书章句集注》正式结集出版是在庚戌年朱子任漳州知府任上，此后虽有不断修订，但是其大体内容并未发生根本变化，尤其是《孟子》《论语》二书更是早成定本。《韩文考异》是庆元三年编撰完成，而《通解》着手编撰时间是庆元二年，均是晚年才完成的作品。参见《朱熹年谱》卷四，第 209、258、262 页。

② 《四书章句集注》，第 126 页。

及"，只是孔子为圣人，朱子难以否定儒学传统，所以采取两者全都否定的做法，但是细读朱子对陈德本与杨复两者的治学方法问题，明显是从一般读书规律出发来谈论，而非针对某一学科的特质来进行，故其更重在学术的一般规律而言，虽不能说朱子是泛泛而谈，但至少不是针对具体学科而论。

因此，朱子对杨复虽有批评之语，却是针对读书者执着于单个学术问题，缺少全局考虑问题，难以掌握其中的"道理"而言。巧合的是《论语》所载是孔子教学用语，而《朱子语类》亦正好是弟子记载其教学语言的内容。与此同时，《论语》重在教弟子为人处世，而非针对专门学术领域，而《朱子语类》亦针对读书的普遍规律，而非针对某一具体学科领域。不同的学科领域，具有不同的治学方法，这看似现代的语言，却早已隐含于朱子的治学过程中了。

事实上，在治学方法上，朱子更加着眼于细密。《朱子语类》载：

> 读书，须痛下工夫，须要细看。心粗性急，终不济事。如看《论语精义》且只将诸说相比并看，自然比得正道理出来。如识高者，初见一条，便能判其是非。如未能，且细看，如看案款相似。虽未能便断得它案，然已是经心尽知其情矣。只管如此，将来粗急之心亦磨砻得细密了。横渠云："文欲密察，心欲洪放。"若不痛做工夫，终是难入。①

此条为廖德明癸巳（1173）以后所记录的内容。读书需要细密工夫是朱子历来所主张的观点，而细密意味着要多用工夫。《朱子语类》载：

> 问："曾子于孔子一贯之道，言下便悟，先来是未晓也。"曰："曾子先于孔子之教者，日用之常，礼文之细，莫不学来，惟未知其本出于一贯耳。故闻一语而悟其他人于用处未曾用许多工夫，岂可遽与语此乎！"大雅云："观《曾子问》一篇，许多变礼皆理会过，直如此细密，想见用工多。"②

---

① 《朱子语类》，第659页。
② 《朱子语类》，第970页。

此处是余大雅戊戌（1178）以后所记录的内容。朱子认为曾子通过日常无所不学，才获得一贯之道，余大雅概括为"细密"，其背后正是"用工多"。可见朱子本就倾向于细密的治学工夫。余大雅仅转述朱子的观点无疑。朱子后学及私淑弟子更是经过系统概括，总结出朱子读书六法。现存最完整内容是程端礼在《集庆路江东书院讲义》中所总结："曰循序渐进，曰熟读精思，曰虚心涵泳，曰切记体察，曰著紧用力，曰居敬持志。"① 虽有具体方法的差异，但是六条的共同基础：从字句开始逐一理解文本基础上掌握大义。

由上述可知，朱子虽对杨复"过于密之病"持批评态度，但是有褒大于贬之意，而且朱子批评杨复的立足点是解读理学文献，且着眼于普遍的治学方法，不是针对专门学科而发出的治学标准，并不代表朱子否定杨复治学方法。

三 编撰者分布情况：经济与学术发达地区

除了在朱子之后的承继主编职责的黄榦、杨复之外，《通解》的编撰团队尚有许多朱门弟子及友人。据白寿彝《仪礼经传通解考证》所言：

> 《通解》底助理编集者姓名，有明文可考者，计有黄直卿、赵恭父、应仁仲、赵致道、吕子约、刘用之、刘履之、廖子晦、潘恭叔九人。黄直卿，名干，是朱熹底女婿而兼高弟者。赵致道名师夏，刘用

---

① 此处有两个地方需要注意，现保存在四库全书中的《朱子读书六法》四卷是四库馆臣从《永乐大典》中辑佚而成，据《四库全书总目》提要可知，其书是张洪和齐熙同编，而其原本是从朱子门人辅广所辑本，后齐王复广续编，洪与熙补订而修订完成，其材料来源是《文集》《语类》。但又据陆心源《仪顾堂题跋》可知，"《宋史艺文志》、《文献通考》皆无其书，明《文渊阁书目》始著于录"，可知此书虽非伪书，而实际上流传并不广。与之相反，程端礼在《送冯彦思序》中说："余自早年受学于甬东果斋史先生，授朱子读书法六条。所谓居敬持志、循序渐进、熟读精思、虚心涵泳、切记体察、著紧用力者……"其顺序与《集庆路江东书院讲义》虽有异，但内容完全相同，实同出一源。程端礼在《集庆路江东书院讲义》中对此六条文献有明确的解释，其所引证据均是出自朱子日常教学所言，即《朱子语类》中的内容。参见《四库全书总目》，第 788 页；（清）陆心源撰《仪顾堂题跋》卷六，清刻潜园总集本；（元）程端礼撰《畏斋集》卷四，民国四明丛书本；（元）程端礼撰《程氏家塾读书分年日程附纲领》卷三，上海：商务印书馆，丛书集成初编本，1935，第 120～122 页。

之名砺，刘履之名砥，廖子晦名德明，潘恭叔名友恭，都是朱熹底弟子。吕子约名祖俭，是朱熹底朋友（注一）。赵恭父应仁仲底本名不详，以朱熹书牍中语气测之，大概也都是朱熹底弟子。第一条所谓"四明一二朋友""江右一二朋友"，第六条所谓"四明永嘉"，其详不可考。当时，《王朝》以前之助理者，要再十人以上，是无疑问的。①

白寿彝只统计《文集》，且局限于朱子主编时代，所以参与编撰者均是作为朱子的助手形式出现的。② 其后钱穆、戴君仁等均对此有详细的考证，而束景南在前人考证的基础上不仅详细考证具体编撰人员，而且进一步考证编撰团队在区域的分布及各地区主要负责人情况，他说：

> 至庆元二年，始全面分委弟子撰修《礼书》。大致先后参加编修《礼书》者有吕祖俭、路德章、潘友恭、余正甫、黄榦、蔡元定、吴必大、李如圭、刘砥、刘砺、赵师夏、赵师恭、应恕、詹体仁、叶贺孙、杨楫、廖德明、杨方、杨简、刘光祖、刘起晦、孙枝、杨复等。闽中以建阳为中心，由黄榦，刘砥、刘砺兄弟负责；江西以庐陵为中心，由吴必大、李如圭负责；浙中又分四路：金华由吕祖俭负责，四明由孙枝负责，永嘉由叶贺孙负责，黄岩由赵师夏负责。此皆从朱熹集中通信书牍中可见。③

束景南对白寿彝的观点展开详细的考证过程，落实到参与编撰者具体分布区域，为我们的研究提供了极为巨大的方便。由白寿彝、束景南的研究成果可知，在朱子主持编撰《通解》时期，参编者主要集中在福建建阳、江西庐陵，以及浙江的金华、四明、永嘉、黄岩四地即浙江中南部地区，而其他参编者地域分布则较为分散。《通解》朱子主编部分的编撰队伍主要集中于上述三个地区，并非偶然，而是朱子面对图书编撰的客观条

---

① 《仪礼经传通解考证》，第 33～34 页。
② "《仪礼经传通解》编集时，朱熹找了他的朋友和弟子作助理编集者，考之《晦庵集》，《王朝》以前各礼的助理姓名和工作，尚约略可见。"参见《仪礼经传通解考证》，第 32 页。
③ 《朱熹年谱长编》，第 1253 页。

件问题而采取的解决方法。

前引《乞修三礼劄子》主要涉及编撰《通解》两个方面的条件：一方面朱子私人典籍不多，需要向秘书省太常寺关借礼乐诸多资料；另一方面，编撰团队分散各地，朱子无足够物质条件召集门徒。这两方面给朱子编撰《通解》工作带来了很大的困难。正如殷慧《朱熹礼学思想研究》所言：

> 朱熹晚岁以拳拳之心编修礼书，遇到的种种困难是常人难以想象的，也许甚至超过了朱熹在《乞修三礼劄子》中所预见的。当时正值庆元党禁，朱熹被灾蒙祸，顶"伪学"之名，很难借到校订编写所用的书籍，而且由于资金不足，人手不够，学徒分散，有通礼者也畏于学禁而难相聚，礼书进展缓慢，导致后来在朱熹易箦之前也未成全篇。即使编好的礼书，也唯恐遭没收焚毁的厄运。[①]

细考殷慧的论证过程，上述结论大体可信。正是庆元党禁的严酷政治形势使得朱子在《乞修三礼劄子》中所预见的困难成倍放大，但是尚未超过朱子原先预见的种类。

首先，朱子遴选处于印刷业较为发达地区的学者参与编撰《通解》，以解决图书资料不足的问题。

面对恶劣的政治形势及物质匮乏问题，朱子采取了分散编撰的形式。虽然朱门弟子遍布南宋各路，[②] 但参撰者主要集中于福建、浙江、江西三

---

① 《朱熹礼学思想研究》，第119页。

② 何佑森的《儒学与思想：何有森先生学术论文集·上》在《两宋学风的地理分布》中依据《宋元学案》《宋史》等史料对各学派的学者在地理上的分布通过制图与制表进行了精确的分析，其中《两宋闽学之地理分布》则主要针对朱子学派的四传弟子数量进行了统计，参照其图表可知，闽学一传遍布地区除了淮南西路外的各地，具体为福建路有86人，两浙路有25人，江南东路25人，江南西路21人，成都府路4人，荆湖北路1人，荆湖南路2人，童川府路1人，夔州路1人，河北路1人。至于再传、三传、四传的学者数量和地区分布正如何有森的按语所言："再传三传的学者都集中在福建和两浙两路。"又据其本章的《序》所言："本文所说的学术中心，是依据他们的讲学地来作统计，而学者的地理分布是选择他们的出生地。"可知，朱子的学徒以福建为最，两浙次之，江南西路又次之，其他地方则零散分布。参见何有森《儒学与思想：何有森先生学术论文集·上》，台北：台大出版中心，2009，第184、196~198页。

省而已，固然有前两个选择编撰者队伍的条件限制，但是前两个条件均是在编撰礼书过程中才逐步确立。事实上，客观条件是当时印刷业发展情况决定了书籍的分布情况。在南宋，印刷业较发达的地区有四川、浙江、福建三地，正如张舜徽《中国文献学》介绍的南宋时期浙江越州（绍兴）、明州（宁波）、婺州（金华），福建建阳，四川成都、眉山的刻书情况，① 也如后来杜泽逊所概括："从刻书地域看，南宋有四川地区刻蜀本、浙江地区刻浙本、福建地区刻建本（或叫闽本）。"②

与之相似，江西是两宋时期的文化重镇，名流辈出，正如袁行需所说："江西在宋朝涌现的诗人特别多，此前和此后都比较少。"而宋诗是以丰富的文化知识为基础的风格，宋诗的典型代表江西诗派就是以丰富的文化知识来形成自身的主体风格，③ 其藏书量的丰富程度亦可见一斑了。无独有偶，《通解》的最初刻本亦为江西南康刊本，虽有朱子曾在此处任职之因，但亦与此处的文化繁荣有关。

除四川外，其他三地均是《通解》编撰者的集散地，其最为重要的目的正是利用各地发达的印刷业伴随而来的藏书较为丰富的条件，便于收集图书资料，有助于解决图书资料不足的问题，成为"就秘书省太常寺关借礼乐诸书"的替代方案。

其次，朱子分散编撰队伍于各地，以解决缺少政府财政支持的经费不足问题。

《乞修三礼劄子》对需要政府支持的重要理由之二是缺少经费导致编撰团队不能够聚集到一起进行协同工作。由此衍生出诸多问题，朱子体会得甚为深刻。单在《答刘季章》的信中已有两封言及此事，分别如下：

---

① 张舜徽《中国文献学》对南宋时期的浙江越州（绍兴）、明州（宁波）、婺州（金华）的重要刻本有举例，而对福建建阳印刷业有更为详细的概括，其兴起时间及所印书籍的特点，其对四川印刷业的兴起过程及印刷中心的转移等均有较详细的介绍。参见张舜徽《中国文献学》，中州书画社，1982，第 70~71 页。

② 杜泽逊：《文献学概要》，北京：中华书局，2001，第 133 页。

③ 莫砺锋《江西诗派研究》便认为江西诗派产生的一个重要原因是"北宋的文化事业比较发达，造纸业和印刷业空前地兴旺……北宋的诗人大多数是读破万卷的学问家，他们做起诗来也就比唐人更喜欢用典故，显学问，并且喜欢在这些方面争奇斗巧"。虽然江西诗派并非均由江西籍学者构成，但是其代表人物黄庭坚是江西人，且以江西来命名其诗派，亦可见宋代江西文化的繁荣程度，在全国当位于前列，而其民间藏书必然不会逊色其他地方。参见莫砺锋《江西诗派研究》，济南：齐鲁书社，1986，第 11 页。

第二十一书曰：

> 《礼书》四散，未得会聚参校。①

第二十二书又言：

> 礼书此数日来方得下手，已整顿得十余篇，但无人抄写为扰，盖可借人处皆畏"伪学"之污染而不肯借，其力可以相助者，又皆在远而不副近急，不免雇人写，但资用不饶，无以奉此费耳。②

第一封言及编撰人员四散而导致"礼书四散，未得会聚参校"的情况，第二封则是除了庆元党禁导致的外在环境恶化的情况在朱子预料之外，编撰人员分散及经费不足均是《乞修三礼劄子》所顾虑之事，他们的根源均是经费不足的问题。

正因经费不足，朱子把编撰团队分散于各地，意味着参与编撰人员需要在日常工作生活之余编撰礼书。以《通解》的第二代主编黄榦为例，他虽然有集中精力编撰《通解》的阶段，但主要在工作之余落实《通解》的编撰任务。朱子对此情形亦是十分清楚，却又因经费不足而颇为无奈。《朱子语类》载：

> 庚申二月既望，先生有书与黄寺丞商伯云：伯量依旧在门馆否？《礼书》近得黄直卿与长乐一朋友在此，方得下手整顿。但疾病昏倦时多，又为人事书尺妨废，不能得就绪。直卿又许了乡人馆，未知如何。若不能留，尤觉失助。甚恨乡时不曾留得伯量相与协力。若渠今年不作书会，则烦为道意，得其一来，为数月留，千万幸也！③

此是胡泳戊午（1198）以后所记录的内容。虽然《文集》未收录此信，但

---

① 《晦庵先生朱文公文集》，第 2502 页。
② 《晦庵先生朱文公文集》，第 2502 页。
③ 《朱子语类》，第 2895 页。

是其前后内容完整，且所言内容正是涉及胡泳本人之事，当属可信。此信内容极其丰富，主要有三层内容。

朱子对黄榦出教私塾之事虽然不舍，却又不得不同意，因为他说"若不能留，尤觉失助"已道尽无边的惆怅，此其一。此时正是朱子编撰礼书的用人之际，因为朱子本人的健康情况是"疾病昏倦时多"，且在此时朱子后悔当年没有留下胡泳一起编撰礼书，而此信又希望黄商伯在不作书会的情况下能来一起编撰礼书，此其二。在朱子急需用人之际，又不舍黄榦离开编撰工作的情况下，黄榦却依然不得不暂离礼书的编撰工作而出教"乡人馆"即私塾，而黄榦不仅是朱子爱徒，又是朱子二女婿，且朱子为黄榦申请了门荫身份，两人的师徒情深可见一斑，此其三。

上述内容呈现三个方面的矛盾：其一，朱子编撰礼书正在用人之际，既非黄榦不能胜任礼书编撰工作，亦非黄榦有重要事宜要处理，且黄榦离开后，又需要烦请黄商伯来编撰礼书，按常情常理言，纯属浪费时间。其二，黄榦在其师编撰礼书急需用人之际，又不得不出教私塾，显然与两人师徒情深且兼丈人女婿关系极不相称。其三，黄榦要离开礼书编撰工作，朱子当有生气之意，但是文中所呈现的却是无可奈何的情绪，实不合常理。这三个方面的矛盾都指向了黄榦不得不暂离《通解》的编撰工作，而其工作既非军国大事，亦非个人家庭紧急事务，而是单纯为谋生出教私塾，其唯一合理的解释只能是朱子与黄榦的经济状况都处于极其糟糕的状态。

据高令印《朱子事迹考》，朱子因担任实职时间短，官禄少，主要依靠官品俸禄和奉祠祠禄，还要依靠为人撰文酬劳金和刻书售书获利金或馈赠来贴补家用，而在编撰礼书之时，朱子先处于闲职阶段，更于庆元党禁时期，落职罢祠，经济状况进一步恶化。[①] 与朱子相比，黄榦的家庭经济

① 高令印统计了朱子一生的主要收入来源：一是官禄。"朱熹从政仅七年，其余大部分时间主要依靠官品俸禄和奉祠祠禄。"二是祠禄。"朱熹一生前后做祠官二十一年十个月"，"祠官禄微，仅做官禄不足时的补充。"三是文字钱。"所谓文字钱，是朱熹为人撰文酬劳金和刻书售书获利金。"四是馈赠。"朱熹的友徒多予馈赠、资助。"高令印结合南宋的物价、官员俸禄数量，认为："文字钱和馈赠两项为非固定收入，不能准确统计，官俸和祠俸两项为官府按时发给，上面已粗略统计，两项合之不过百贯"，"据此年俸即使不贬值，亦仅足全家米粮之用而略有剩余而已"。高令印的统计是朱子平时的经济状况，如果结合庆元党禁时期，朱子遭到落职罢祠，友人担心受牵连，与朱子来往者甚少，其中的官禄、祠禄、文字钱均没有了，而馈赠之钱当亦大减，则朱子的经济情况可想而知了。参见高令印《朱熹事迹考》，上海：上海人民出版社，1987，第28～32页。

状况亦不乐观。《勉斋先生黄文肃公年谱》淳熙九年条有言：

> 时文公声名已盛，公卿名家莫不攀慕，争欲以子弟求昏。公家清贫，门户衰冷，文公独属于公者，以吾道所在，欲有托也。①

虽然"以吾道所在，欲有托也"当属郑陈二氏所臆测，但依据黄榦与朱子之间的学术渊源及黄榦学术成就，虽不中亦不远矣。不只此处所言如此，在宋宁宗庆元三年黄榦葬其母之时，对其家世有更为详细的描述。《勉斋先生黄文肃公年谱》庆元三年七月条载：

> 先生家世清贫，诸兄官满，多无以归。又皇姚卒，先生鬻所跨驴，制衰服，从仲兄徒步以丧归。②

虽然黄榦素称好礼，但是葬母需要卖驴来制作衰服，其家清贫的状况亦可见一斑了。前者为淳熙九年，尚属作郑陈二氏概说，而后者则是庆元三年，又有卖驴葬母的行为，特别是后者仅晚于朱子开始编撰《通解》一年时间，距前文所引《朱子语类》胡泳所载录的书信内容的时间相差亦仅早两年多时间而已，可见黄榦"家清贫，门户衰冷"之经济状况当属可信。正是清贫的经济状况迫使黄榦在朱子编撰礼书的用人之际，不得不出教私塾以补家用。与朱子上述书信所言之内容及情感基调，若合符节。

另外，此封书信尚涉及两人，一是胡泳，一是黄商伯。胡泳的离开原因不得而知，但请黄商伯前来参与《通解》的编撰工作，朱子亦充分考虑到了其中的经济原因，因为他邀请黄商伯前来编撰礼书的前提是黄商伯"今年不作书会"即不公开讲学而有空闲时间。虽然尚未有明确文献资料支撑我们的观点，但是以朱子对黄榦外出教学的无可奈何的情绪而言，虽不中亦不远矣。

因此，朱子虽然迫切想要完成礼书，却又得时时考虑到现实的经济状况，这亦可以从侧面管窥到朱子现实经济状况已经严重恶化的情况。

---

① 《勉斋先生黄文肃公年谱》淳熙九年条∥《勉斋先生黄文肃公集》。
② 《勉斋先生黄文肃公年谱》庆元三年条∥《勉斋先生黄文肃公集》。

从上述内容可知，在朱子生前，因为经费不足的问题，参与编撰任务最重、编撰时间最长的黄榦需要在编撰工作之外为生计奔波，其后果便是难以保证充足的编撰时间。而在朱子去世之后，黄榦更是因为入仕无暇顾及《通解》的编撰修订工作。正如杨复在《宋嘉定癸未刊仪礼经传通解续祭礼后序》所言："初，先生集《丧礼》、《祭礼》粗有成编，嘉定己卯奉祠闲居，始得订定《丧礼》……"①云云。嘉定己卯年（1209）距离朱子过世时的庆元六年（1200）前后已有十年之久，而据杨复序言可知，黄榦在朱子离世之时已经初步完成了《续丧礼》《续祭礼》的草稿，但是十年过去，黄榦直到嘉定己卯年才能抽空编撰礼书，可见黄榦公务之繁忙了。《黄文肃公年谱》亦载有此事，虽然入仕是黄榦本人的主观选择的结果，但是黄榦入仕仍有无奈情况，因为缺少足够的经费，不入仕则意味着陷入困顿，这于黄榦晚年淡泊官场的表现亦可见其一斑了。《宋史》本传载：

> 厥后光、黄、蕲继失，果如其言，遂力辞去，请祠不已。②
> 俄再命知安庆不就，入庐山访其友……未几召赴行在所奏事，除大理丞，不拜。为御史李楠所劾。③

虽然未及朱子屡辞任命之次数，黄榦亦非钻营官场之徒，但他仍旧入仕如此之长的时间，忙于政事，虽有儒家立德、立功、立言之次序的影响，亦当有黄榦自身经济状况不佳原因。此外，黄榦晚年再次主持编撰《通解》实亦由于当年没有获得财政支持而未及修订的部分。可见，黄榦因为需要谋生而教私塾或者入仕，使得《续丧礼》等到其晚年才修订完成，而《丧服图式》以及《续祭礼》亦因黄榦入仕而来不及修订。

黄榦只是《通解》的编撰者之一，其他学者的情况虽有差异，但是大体情形当不离以空余时间修撰《通解》的情况，导致难以全心参与《通解》的编撰工作，正如陈荣捷《朱子门人》的统计，朱子门人以普通的士人为主，虽然职业身份不可以确定参与《通解》编撰者的精力与时间投入

---

① 《宋嘉定癸未刊仪礼经传通解续祭礼后序》//《仪礼经传通解》，第3418页。
② 《宋史》，第12782页。
③ 《宋史》，第12782页。

情况，但是缺少物质与制度保障的编撰工作肯定会因各种事情而耽搁，这可由上述黄榦的情况而类推其他人的情况，虽不中亦不远矣。

第三，《通解》遴选分散于各地具备礼学知识的编撰者，束缚了朱子礼学人才的培养计划，而且严重削弱了《通解》的社会影响力。

前文多处引及《乞修三礼劄子》所言需要政府在政策、物质保障方面给予支持，朱子终生念念不忘此事。《朱子语类》载：

> 或问："《礼书》修得有次第否？"曰："散在诸处，收拾不聚。最苦每日应酬多，工夫不得专一。若得数月闲，更一两朋友相助，则可毕矣。顷在朝，欲乞专创一局，召四方朋友习礼者数人编修。俟书成将上，然后乞朝廷命之以官，以酬其劳，亦以少助朝廷搜用遗才之意。事未及举，而某去国矣。"①

此条沈僩戊午（1198）以后所记录的内容。朱子在回忆其上《乞修三礼劄子》之事前先说其礼书编撰处于"散在诸处，收拾不聚"的现状。与此同时，朱子所言"最苦每日应酬多，工夫不得专一"的对象有两种可能：一是指朱子自身的情况，一是指参编者情况。考之朱子当时情况，他已经奉祠在家，已没有任何实职，而此时朱子面临的最大问题则是自身健康问题，②因为朱子在离开朝廷不久就开始了庆元党禁，实在没有所谓"应酬多"之事，可见朱子所言当是第二种情况，即参编者"应酬多"之事，忙于社会各项事务。正因参与《通解》的编撰团队社会事务缠身，难以获得空闲时间，导致了前文所言"散在诸处，收拾不聚"即礼书编撰进展缓慢的情况。与此同时，朱子在编撰礼书的过程中只能把礼书分解为众多部分，由各个地方长于礼学者来参与编撰工作，并没有达到产生一大批礼学人才的目标，原因是分散编撰的前提是参与者本身已是长于礼学之人

---

① 《朱子语类》，第 2894 页。

② 《答刘季章》曰："熹今年一病狼狈，入夏方粗可支吾，但衰惫殊甚。……"据陈来《朱子书信编年考证》可知，此信写于戊午年即 1198 年，此时《通解》的编撰工作正在紧锣密鼓地进行，而此时亦是朱子晚年多病的时期。参见《晦庵先生朱文公文集》，第 2502 页；陈来：《朱子书信编年考证》（增订本），北京：生活·读书·新知三联书店，2007，第 472 页。

了，无须继续培养，显然难以达到预期效果。

虽然培养礼学人才是编撰《通解》的附属效果，但是《通解》的编撰过程缺少了朝廷的制度保障，诸多学者面临着科举压力及生活压力难以集中精力潜心编撰工作，到庆元党禁时期更是面临严峻的政治风险，由此导致了《通解》的编撰工作始终局限于长于礼学的朱子学派成员范围内，并未见到溢出上述四个地方的情况。即使庆元党禁已经解除的黄榦主编时代亦没有为《通解》的编撰提供更多的人才，而是授予了朱子弟子，即黄榦的亦友亦弟子杨复。在杨复的主编时代，则局限于杨复本人及其子而已，亦未产生涟漪效应，对礼学人才的培养并未起到促进作用。这绝非我们臆测，而是有诸多事实可以佐证上述结论。

一方面是《通解》在宋代的影响仅局限于朱门弟子范围内，即使被朝廷收在学宫，未成为朝廷科举考试的教科书，甚至于到元代《通解》仅被列为科举考试《礼记》科的教学参考用书，与《四书章句集注》的学术地位差异甚大，其重要原因在于《四书章句集注》的社会影响力远大于《通解》。《宋史》朱子本传载：

> 熹没，朝廷以其《大学》、《语》、《孟》、《中庸》训说立于学宫。又有《仪礼经传通解》未脱稿，亦在学宫。①

由此可知，《四书章句集注》与《通解》在南宋末年的朝廷影响力差别不大，但是到元代初年，两者的差距逐步扩大。以元代被官方承认的朱子学教育典范的程端礼《程氏家塾读书分年日程》为例，程端礼把《四书章句集注》列于主修科目，而《通解》则附属于《礼记》一科，且作为学习《礼记》的附属教材，而如此处理《通解》中的材料已属本末倒置了。朱子编撰《通解》之时秉持了"以《仪礼》为经，以《礼记》为传"的观念，虽然没有被贯彻落实到位，但是《仪礼》被列为全书的纲目，且每篇均被收录，而《礼记》则是在《仪礼》所缺载的内容上被列入经的范畴，即使在黄榦、杨复编撰部分，他们亦持与朱子一样的理念，具体参看下章。由此可知程端礼把《通解》作为《礼记》一经的辅助教材，实在是

---

① 《宋史》，第 12759 页。

离《通解》的编撰理念甚为遥远，而更重要的是程端礼《程氏家塾读书分年日程》是为元代参加科举考试的士人服务的学习纲领，其根源当归结到元代科举考试的科目设置。据《元史》可知，科举考试的科目设置到元仁宗才确定，① 细考《元史》可知，元仁宗在元代首开科举考试的政治措施与其老师李孟关系甚大。《元史》李孟本传载：

> 厥后仁宗入清内难，敬事武皇，笃孝母后，端拱以成太平之功，文物典章，号为极盛。尝与群臣语，握拳示之曰："所重乎儒者，为其握持纲常，如此其固也。"其讲学之功如此者，实孟启之也。②

因重视儒者，所以设科举考试，亦因此而设立科目，而《元史》的编撰者把元仁宗重视儒者的功劳归于李孟，实是独具慧眼。这主要归结为两方面：其一，成宗时，李孟教授元仁宗于宫中及怀州、官山，始终秉持儒者的君臣大义，如《元史》载："大德元年，武宗抚军北方，仁宗留宫中，孟日陈善言正道，多所进益。成宗闻而嘉之。"③ "仁宗侍昭献元圣皇后，降居怀州，又如官山，孟常单骑以从，在怀州四年，诚节如一，左右化之，皆有儒雅风，由是上下益亲。"④ 其二，李孟所持儒学观点较为通透，而非腐儒之说。"孟特善论事，忠爱恳恻，言之不厌，而治天下之大经大法，深切明白。"⑤ 正因李孟对元仁宗既有行动上的支持，亦有学理上的教育，元仁宗在即位之后说："卿，朕之旧学，其尽心以辅朕之不及。"⑥ 结合上文所言李孟与元仁宗之交往经历，可见李孟在元仁宗朝的巨大影响力了。现有《元史》实属宋濂等抄纂旧史资料而已，缺漏甚多，未确载宝祐二年的科举廷议过程，但是以李孟担任中书平章政事进阶光禄大夫的职务及其曾为帝师的影响力而言，

---

① 元仁宗开科取士在延祐年间，如《元史》有言"元以科目取士，自延祐至元统凡七科，具见前志。既罢复兴之后，至正二年三月戊寅，延试举人，赐拜住、陈祖仁等进士及第、进士出身有差，凡七十有八人"，但是我们从此条所指之"前志"可知，元仁宗是宝祐二年定下科举的"考试程式"。参见（明）宋濂撰《元史》，北京：中华书局，1976，第2344、2019 页。

② 《元史》，第 4085 页。

③ 《元史》，第 4084 页。

④ 《元史》，第 4084 页。

⑤ 《元史》，第 4085 页。

⑥ 《元史》，第 4087 页。

自不可或缺此项内容的廷议，而元仁宗更是科目设置的最终决定者，其观点受其师李孟影响亦属情理之中了。不管历史具体细节如何，李孟的影响力均是元仁宗朝设置科举考试科目的最为重要力量之一。《元史》本传载：

> 李孟字道复。潞州上党人。曾祖执，金末举进士。祖昌祚，归朝，授金符、潞州宣抚使。父唐，历仕秦、蜀，因徙居汉中。①
>
> 孟生而敏悟，七岁能文，倜傥有大志，博学强记，通贯经史，善论古今治乱，开门授徒，远近争从之，一时名人商挺、王博文皆折行辈与交……至元十四年，随父入蜀，……②

我们通观李孟一生的主要行踪，尤其是年青时期的行踪及其家学渊源均是属于北方的儒学系统，即使青年时期随父入蜀，亦与《通解》没有机会接触，因为我们从前文考察《通解》编撰者的地域范围可知，《通解》的编撰者并未有四川籍的学者，至少目前考察所知如此。③ 又因朱子《四书章句集注》成书较早，且在修订未完成之时已广泛传播，深刻影响了南宋学术界，被南宋朝廷立于学宫仅属锦上添花而已。与之相反，《通解》虽然被南宋朝廷保存于学宫，但是到王佖宝祐年刊本的序言甚至说："曾几何年，字画漫漶，几不可读。识者病之，盖惧此书之无传也。"④ 则《通解》现有刊本状况极差，有散佚之忧。由此可见，《通解》在南宋的学术界影响力远低于《四书章句集注》，甚至还比不上朱子其他作品。此外，《通解》的编撰者甚至都没有四川籍学者，青年时期的李孟对《通解》的接触机会更是微乎其微，由此可知《通解》当时未被列入元代的科举考试教材范畴实属元代高级知识分子依据其知识结构制定出的合乎情理的政策。

---

① 《元史》，第 4084 页。

② 《元史》，第 4084 页。

③ 据何佑森《儒学与思想·两宋闽学之地理分布》统计，在朱子学派的弟子中，来自成都府路的学者一传有 4 人，再传有 1 人。何佑森有按语曰："闽学以一传最盛（见统计表），再传三传的学者都集中在福建和两浙两路。"虽然何佑森的统计中并未把朱子礼学作为一个门类来统计，但是从如此少数的学者，并结合《朱子语类》《文集》等，可见并未有参与《通解》的编撰的四川籍学者。参见《儒学与思想：何佑森先生学术论文集》（上），第 196~198 页。

④ （宋）王佖：《宋宝祐癸丑刊仪礼经传通解序》//《仪礼经传通解》，第 3422 页。

另一方面，在朱门弟子范围内，《四书章句集注》的影响亦大于《通解》。细考《朱子语类》，涉及《四书》的内容有 51 卷，而涉及礼乐的内容仅有 9 卷。这难免有朱子晚年始热衷于礼书的研究与编撰工作的影响，但更重要的是《通解》编撰的时代正是朱子落职的阶段，甚至处于党禁时期，听讲的弟子较少的缘故，正因其少，《通解》在朱门内部的影响力亦小而微了。在朱门弟子中尚有影响不大的问题，更何况于学术界及社会各层面的影响呢？正是朱门弟子已对《通解》不够重视，《通解》的社会影响力较其他朱子作品影响力小亦属情理之中了。

综上所述，《通解》的编撰者队伍既遵循以朱子礼学思想为核心，亦有执着学术、勤恳做事的个人行为特质以及分布于学术较为发达地区的特征。

第三节 《仪礼经传通解》编撰目的衍变过程

朱子编撰《通解》的初衷在前引《乞修三礼劄子》已言之甚明，而黄榦编撰《续丧礼》《续祭礼》则是遵循朱子嘱托而作之事。至于杨复编撰《续祭礼》亦由黄榦所托付，前文已有相关论述。但是我们前文主要关注《通解》的编撰缘起及其编撰团队成员的特质，尚未关注到《通解》三代主编因其所处环境、个人经历等原因而产生的礼学思想的内在差异，而这些差异的最为集中的体现正是《通解》的编撰目的。本节将以朱子、黄榦、杨复在《通解》中呈现的具体编撰体例及具体礼仪见解为研究对象，结合编撰者相关的文献来解读三代学者随着时代的变化而进行礼学体系的建设过程。

一 创始之功：破坏世俗学术偏见的朱子礼学

如前所述，在目前众多研究成果中，存在先入为主的问题，即朱子所持礼学观点均为正确的，其本人礼学言论亦是金科玉律，把朱子礼学当成了中国传统礼学的主流，乃至唯一的礼学权威。但是人为拔高朱子礼学成就只会束缚朱子研究，无助于弄清楚学术发展的真实轨迹。因此，我们需要先分析朱子所处的学术环境，再重新考察朱子编撰《通解》的性质及其意义。

首先，朱子否定当时以《周礼》《礼记》为主流的学术潮流，树立以《仪礼》为经的地位。

由前述《仪礼》被置于冷落地位的原因可知，不管王安石、司马光的政见有何分歧，他们均认为《仪礼》的重要性远低于《周礼》《礼记》，可见《仪礼》在宋代的传播不广的情况，才会有王安石废罢《仪礼》之举。但是朱子批评王安石的废罢《仪礼》的行为绝非简单的个人意气用事，而是有其内在的深刻目的性。我们反观南宋初年，占据科举考试教科书指导思想地位的不是北宋的二程洛学、苏轼蜀学，而正是王安石的新学。① 其他学术流派则处于陪衬地位，由此朱子特地把王安石的科举主张作为重点批判的对象。但是正如前文所言司马光恢复了《仪礼》，但是仅被置于中经的地位而已，与《礼记》《周礼》作为大经的地位不可同日而语。元祐年间的科举制度是司马光改革王安石科举考试而成，但是这个科目设置并不是客观反映当时学术潮流，而是带有司马光本人的学术偏好，因为司马光礼学的代表作品《书仪》，属于《仪礼》类的作品，且司马光本人亦是《仪礼》学专家。《答陆子寿》曰：

> 窃以为众言淆乱，则折诸圣，孔子之言万世不可易矣，尚复何说？况期而神之之意，揆之人情，亦为允惬。但其节文次第，今不可考，而周礼则有《仪礼》之书，自始死以致祥禫，其节文度数详焉。故温公《书仪》虽记孔子之言，而卒从《仪礼》之制。盖其意谨于阙疑，以为既不得其节文之详，则虽孔子之言亦有所不敢从者耳。②

此书作于丁酉年（1177）。③ 由《仪礼》专家的朱子详细论定司马光《书

---

① 余英时的《朱熹的历史世界：宋代士人政治文化研究》认为："南渡以后，通高宗一朝，王学事实上仍执政治文化的牛耳"，"在秦桧的长期执政下，科举取士一方面仍主王氏'新学'，另一方面则一再禁所谓程氏'专门之学'（详见《道命录》卷四）。所以孝宗初年朝臣必多出身王学之人，这种思想空气不是短期内所能改变的。大概从乾道初年起，由于张栻、吕祖谦、朱熹等人的努力，程学才逐渐进占了科举的阵地。淳熙以后'道学'转盛，实与科举有极大的关系"。余英时论述甚为严谨，论据充分，当可成立。参见《朱熹的历史世界：宋代士大夫政治文化的研究》，第 42～43 页。
② 《晦庵先生朱文公文集》，第 1557 页。
③ 陈来《朱子书信编年考证》据《晦庵集》《象山年谱》二书确定了此书作于丁酉年，大体可信。参见《朱子书信编年考证》（增订本），第 154 页。

仪》采用《仪礼》内容，当无可置疑之处了。正是在司马光精通《仪礼》内容的背景下，司马光亦只能把《仪礼》恢复为中经而已。由此可见，《仪礼》被学术界重视的程度远低于《周礼》《礼记》二经。由此亦可反证废除《仪礼》一经的科举考试科目地位，虽是经由王安石之手完成，但事实上却代表了当时学术界的主流观点。

另一方面，如果《周礼》在宋代尚有王安石利用《周官新义》一书广泛传播新党的变革思想，成为熙宁变法的政治性文献，并借助宋代政治斗争而产生巨大影响，那么《礼记》一书则未获得王安石推崇，依旧可以在新旧党争中牢牢占据大经的地位，由此可见当时学术界对《周礼》《礼记》二经的重视程度远超过《仪礼》，当可定谳。

正因当时学术界注重《周礼》《礼记》二经，而忽视了《仪礼》的经学地位，朱子以批判其时代最大权威的经学家王安石入手，扭转时代思潮，意在树立《仪礼》的经学地位，而《通解》正是为其落实《仪礼》为经的手段之一。

其次，朱子否定了宋代疑经的学术思潮，树立尊崇古代文献的学术观念。

与注释《大学》《中庸》《论语》《孟子》不同，朱子在论证《仪礼》的经学地位之时主要依据汉唐经学成果，而改变了《四书章句集注》以北宋五子的观点为主体的注释体系，形成了朱子经学上接汉唐经学的发展成果。在《通解·篇第目录·序题》，朱子首先引用《汉书·艺文志》所载礼古经、礼记的内容，通过梳理三礼之间的文献内容，论证三礼的经传关系。这已具备清代史学家章学诚"辨章学术，考镜源流"的雏形，[①] 形成与以疑经为特色的宋学完全不同的思维方式。当欧阳修怀疑《周易》之时，开启了宋代疑经思潮的大门，而又凭借其所具有的经学大师、学坛与政治领袖的地位树立了宋代学术思潮的主流趋势，但是朱子到晚年意识到了疑经的结果是破坏了经学的立足根基。他说：

> 《书》中可疑诸篇，若一齐不信，恐倒了《六经》。如《金縢》
> 亦有非人情者，"雨，反风，禾尽起"，也是差异。成王如何又恰限去

---

① （清）章学诚撰《校雠通义》卷二，民国刻章氏遗书本。

启《金縢》之书？然当周公纳策于匮中，岂但二公知之？《盘庚》更没道理。从古相传来，如经传所引用，皆此书之文，但不知是何故说得都无头。且如今告谕民间一二事，做得几句如此，他晓得晓不得？只说道要迁，更不说道自家如何要迁，如何不可以不迁，万民因甚不要迁？要得人迁也，须说出利害，今更不说。《吕刑》一篇，如何穆王说得散漫，直从苗民蚩尤为始作乱说起？若说道都是古人元文，如何出于孔氏者多分明易晓，出于伏生者都难理会？①

此为叶贺孙辛亥（1191）以后所记录的内容。朱子的诸多疑问都属于朱子《尚书学》上创造性观点，而且对《金縢》《盘庚》《吕刑》及传说出于孔壁的古文尚书的怀疑，均被清人阎若璩《古文尚书疏证》证实了，但更值得注意的是朱子对怀疑古经"倒了六经"的深重忧虑，而这正是朱子接受汉唐经学过程中挥之不去的阴影，亦可作为朱子主动吸收汉唐经学的进程，而这正是《通解》大量吸收古代经典文献最重要的原因，详见后文。

因此，由中年编撰《二程遗书》形成理学体系，朱子开始了由理学而上接汉唐经学的建设过程。此可获证于朱子对宋代另一学术热点——《周易》学发展潮流的批判性吸收过程。朱子对程颐《易传》有言：

> 传注，惟古注不作文，却好看。只随经句分说，不离经意最好。疏亦然。今人解书，且图要作文，又加辨说，百般生疑。故其文虽可读，而经意殊远。程子《易传》亦成作文，说了又说。故今人观者更不看本经，只读《传》，亦非所以使人思也"②

此为余大雅戊戌（1190）所记录的内容。朱子评价汉唐注疏"不离经意"，而程颐《易传》则非注解《周易》的作品，仅是程颐借《周易》来浇自己块垒。因此，朱子逐步改变程颐等理学前辈学者的治学方法，他说：

---

① 《朱子语类》，第 2718 页。
② 《朱子语类》，第 353 页。

　　程先生《经解》，理在解语内。某集注《论语》，只是发明其辞，使人玩味经文，理皆在经文内。《易传》不看本文，亦是自成一书。杜预《左传解》，不看经文，亦自成一书。郑《笺》不识经大旨，故多随句解。①

此文未知何氏何时所记录的内容。据王懋竑《朱子年谱》，《论语集注》完成于孝宗淳熙四年（1177），时年四十八，正是朱子理学思想进入成熟期，② 此后《论语集注》屡经修订，最后在漳州知州任上刊刻四书，形成了其注解《论语》《孟子》经学特色。他说：

　　某于《论》、《孟》，四十余年理会，中间逐字称等，不教偏些子。学者将注处，宜子细看。③

此段文字亦为王懋竑《朱子年谱》所引用。朱子使用汉唐注疏的模式注解四书学，立足于经文文献，剔除了包括程颐等在内的宋代学者作文意图，充分体现了朱子追求文献本义的内在思想。居于相同原因，朱子把其注解《周易》的作品命名为《周易本义》，后代虽有明儒，尤其是清儒胡渭论定其把易九图置于《周易本义》卷首之误，这丝毫无损于朱子注解《周易》文本的过程中着重于从文字入手，通过易象来解读《周易》内在本义的初衷。

　　由此可见，朱子开始跨过宋代的疑经学统，归正于传统的经学发展潮流，因此朱子的编撰目的正是高举以《仪礼》为经，梳理三礼的经传关系，暗含了朱子以复古为创新的手段纠正宋代经学发展轨迹，引导宋代经学重新回归汉唐经学传统。

　　最后，朱子编撰《通解》具有开创新传统的目的，但因其创新而烙下了宋代经学的深刻印记。

　　前述朱子在对待文献的态度及治学方法方面进行了大胆创新，但是正如钱穆所言："一面极具传统性，另一面又极具开创性，而朱子尤为其代表。"④

---

① 《朱子语类》，第 656 页。
② 《朱熹年谱》，第 72 页。
③ 《朱子语类》，第 655 页。
④ 《朱子学提纲》，第 49～50 页。

故在破坏宋儒治经传统之时，《通解》朱子编撰部分继承了郑注、贾疏的文献内容，① 又始终保有宋代文化烙印。《通解》采纳了《大学》《中庸》二篇正是其证。本书在第三章详细统计了《通解》朱子按语，但是并未纳入《通解》中的《大学》《中庸》中的按语，其主要原因是他们直接采自《四书章句集注》，而与《礼记正义》有显著差异，亦与《通解》"《通解》并未'全录'郑《注》"、"节录《贾疏》"的体例完全不同。② （详见第三章第一节）

但是在学术史上，《大学》《中庸》在北宋已成为学术热点，经朱子的阐述与注解之后，《大学》《中庸》《论语》《孟子》合为四书成为新的儒家经典。《朱子语类》载：

> 读书，且从易晓易解处去读。如《大学》、《中庸》、《语》、《孟》四书，道理粲然。人只是不去看。若理会得此四书，何书不可读，何理不可究，何事不可处。③

此为袭盖卿甲寅（1194）以后所记录的内容。朱子对学生强调四书已经统摄了各书的道理，亦具备了做事的所有道理，因此朱子把四书中所含的道理作为事物衡量标准。他说：

> 今人只为不曾读书，祇是读得粗书。凡读书，先读《语》、《孟》，然后观史，则如明鉴在此，而妍丑不可逃。若未读彻《语》、《孟》、《中庸》、《大学》便去看史，胸中无一个权衡，多为所惑。又有一般人都不曾读书，便言我已悟得道理，如此便是恻隐之心，如此便是羞恶之心，如此便是是非之心，浑是一个私意，如近时祧庙可见。④

---

① 孙致文《朱熹〈仪礼经传通解〉研究》对《通解》引录郑注贾疏的研究甚为全面，主要有 "《通解》并未'全录郑《注》'" "节录贾《疏》"。但是第二部分的标题明显有误。我们细查其研究范围，有引用到孔颖达《礼记正义》的内容，总体而言，孙致文对《通解》引用注疏的内容研究甚为详细，亦符合《通解》的实际情况。参见《朱熹〈仪礼经传通解〉研究》，第 55～60 页。

② 《朱熹〈仪礼经传通解〉研究》，第 55、58 页。

③ 《朱子语类》，第 419 页。

④ 《朱子语类》，第 353～354 页。

四书已然成为其他典籍的衡量标准，而这是朱子以四书作为新的儒家经典。为了上接儒家传统，朱子又把他们放置于经学背景下来看待其作用和价值。《朱子语类》载：

> 浩曰："赵书记云：'自有见后，只是看《六经》、《语》、《孟》，其他史书杂学皆不必看。'其说谓买金须问卖金人，杂卖店中那得金银。不必问也。"曰："如此，即不见古今成败，便是荆公之学。书那有不可读者？只怕无许多心力读得。《六经》是三代以上之书，曾经圣人手，全是天理。三代以下文字有得失，然而天理却在这边自若也。要有主，觑得破皆是学。"①

此为邵浩丙午（1186）所闻记的内容。朱子高度推崇六经，认为其全是天理，而三代以下书虽有得失，但是并不影响天理的存在情况，关键是阅读者要有足够的修养识得其内在天理，而剔除非天理部分。与上引语录相较，朱子潜意识中显然把四书和六经均作为权衡史书的标准了。这是居于"四子，六经之阶梯"②。故《通解》中纳入《大学章句》《中庸章句》，实则纳入儒家学术传统。

正因四书已具有重要的经学功能，朱子在《通解》中全文采纳《大学章句》《中庸章句》，置于《通解》的学礼之中，这亦符合朱子对四书与六经之间的关系所作的论断，其内在意图尤显重要性。《篇第目录·序题》曰：

> 《小戴》第四十二篇，专言古者大学教人之次第，河南程氏以为孔氏之遗书者也。秦汉以来儒者既失其传，故其旧文舛错为甚，而训说亦多不能得其微意。今推本程氏，既绪正之，仍别为之章句。读者宜尽心焉，则圣贤之学可渐而进矣。③
>
> 《小戴》第三十一篇。程氏以为孔门传授心法，而其书成于子思，

---

① 《朱子语类》，第 347 页。
② 《朱子语类》，第 3450 页。
③ 《篇第目录》∥《仪礼经传通解》，第 38 页。

其言大抵与《大学》相发明。故熹闻之先君子，尝以为《大学》者此篇之户庭，而此篇则《大学》之闺奥也。然道既失传，说者类皆不能得其微旨。今亦本程氏别为章句，读者熟复而深味之，则圣贤传付之密旨，庶乎其有以自得之矣。①

前者为朱子对《大学》的提要，后者为《中庸》的提要。两个提要均阐述程朱道统内容，即道已失传，二程为宗。与之相同，两篇被置于《学礼》中，不仅符合二程对《大学》《中庸》"古者大学教人之次第"与"孔门传授心法"的定位，更是凸显了程朱学派的权威性，因为其理由虽如《续题》所言，但是两篇单独置于《通解》中，且采用《四书章句集注》的文本，显然是程朱学派的权威性由理学领域而渗透到传统经学领域，确立了朱子学派以理学思想解读六经的经典地位。

当然，此过程在朱子编撰《周易本义》《诗集传》中实已开始，只是在《周易本义》《诗集传》中尚显隐晦而已。朱子采纳具有宋代理学典型特征的《大学章句》《中庸章句》两文，而非汉唐注疏传统中的小戴《礼记》作品，正是朱子在创立新经学传统过程中所烙下的深刻宋代印记，亦是朱子"绾经学理学为一途"②的学术特征。

二 弘扬朱子礼学传统：黄榦礼学思想的历史定位

黄榦被称为朱子学派中的正宗，学者主要着眼于黄榦对朱子理学的贡献。③但随着朱子学研究的逐步深入，已有学者开始从经学的角度考察黄

---

① 《篇第目录》//《仪礼经传通解》，第38～39页。

② 《朱子学提纲》，第24页。

③ 黄榦思想的研究主要着眼于黄榦的理学思想，如谭柏华《黄榦思想研究》主要从本体论、心性论、认识论、道统论几个方面来论证黄榦的理学思想，而朱广龙《黄榦道统思想研究》则单从黄榦的道统思想来论证黄榦的思想。至于其他涉及黄榦思想的研究性作品基本以黄榦附于宋明理学或者朱子理学思想研究之后，如蔡仁厚《宋明理学·南宋篇》、陈荣捷《朱子门人》，以及高令印、高秀华《朱子学通论》等均是从理学范围来论述黄榦的思想及其影响。参见谭柏华《黄干思想研究》，湘潭：湘潭大学硕士学位论文，2003年5月；朱广龙：《黄榦道统思想研究》，杭州：浙江大学硕士学位论文，2010年6月。蔡仁厚：《宋明理学》，台湾：台湾学术书局，1980。陈荣捷：《朱子门人》，上海：华东师范大学出版社，2007。高令印、高秀华：《朱子学通论》，厦门：厦门大学出版社，2007。

幹在弘扬朱子学传统过程中所作的努力，如何俊认为："在朱学的文本建设上，黄幹另一项重要的工作是《礼书》的诠释。"① 系统研究黄幹礼学思想的是钱莹科《〈仪礼经传通解·丧礼〉整理方法研究》，从文献整理方法入手分析黄幹《续丧礼》，但是其研究方法主要移植孙致文《朱熹〈仪礼经传通解〉研究》的研究方法，② 导致黄幹《续丧礼》成为《通解》朱子编撰部分的附属品，并未揭示黄幹《续丧礼》与朱子礼学的真正关系。我们将以朱子学派礼学传承与发展的角度来考察黄幹在《通解》编撰过程中的地位与贡献。

首先，黄幹参编《通解》的任务由朱子所安排，而《续丧礼》更是受朱子临终所托的任务，黄幹礼学具有全面继承朱子礼学传统的特征。

《通解》的编撰缘起和体例设置是由朱子完成，但是黄幹深度参与其中。《勉斋先生黄文肃公年谱》所载：

> （庆元）二年丙辰自建安归三山，诸生从学于城南。时文公被旨落职罢祠闲居，分异门人编辑礼书，先生实为分经类传，文公删修笔削条例皆与议焉。③

黄幹在朱子生前已经深度参与《通解》的体例制定过程，当属可信，因为《朱子语类》及《晦庵集》已能看到黄幹在沟通朱子与《通解》其他参修人员之间的桥梁作用。若非深度参与体例的创建，亦难做好此项工作。具体详见第四章第二节部分。故黄幹弟子有言：

---

① 何俊：《南宋儒学的建构》，上海：上海人民出版社，2004，第313页。
② 钱莹科仅在文末参考文献列出孙致文《朱熹〈仪礼经传通解〉研究》，而并未在文中体现其引用孙致文的观点，但是我们仔细比较钱莹科与孙致文两篇文献发现，钱莹科《〈仪礼经传通解·丧礼〉整理方法研究》基本是使用了孙致文的研究方法移植到黄幹《续丧礼》的研究，甚至在第五章《〈仪礼经传通解·丧礼〉的整理特点》的各节标题用词都相似，如"博稽群书，纠正错误""博观约取，存疑待考"与孙致文论文的第四章各节标题"博稽群书，触类旁通""博观约取，不知盖阙"意义相同。这样研究黄幹《续丧礼》固然可以看到黄幹《续丧礼》对《通解》朱子研究部分的体例继承的关系，但是并未真正揭示黄幹对朱子礼学的发展部分。参见《〈仪礼经传通解·丧礼〉整理方法研究》，第31~42页。
③ 《勉斋先生黄文肃公年谱》庆元二年条//《勉斋先生黄文肃公集》。

> 初，文公虽以丧祭二礼分畀先生，其实全帙自冠、昏、家、乡、
> 邦国、王朝等类皆与先生平章之。①

其作者所依据的是"其他往复条例文多不能尽载"。② 但因文献不足，现已无法厘清《通解》的具体编撰过程，但是从《朱子语类》《晦庵集》所反映的情况来看，黄榦深度参与了《通解》朱子编撰部分则是不可否认的事实。不论上述文献所载的真实情况与否，此条文献深刻反映了黄榦学术地位提升之状况。在朱子生前，我们并未见过任何文献有记载黄榦与朱子"平章"《通解》之说，而在朱子过世后，撰写黄榦《年谱》的朱子学派学者第一次深入考察黄榦在朱子学派中的地位，确立了黄榦在朱子礼学中的权威地位。这个过程显然不是一蹴而就的，而是有一个逐步提升的过程。理由主要有二：

其一，深度参与《通解》编撰的另一学者杨复亲历朱子、黄榦两人的教学过程，而又主持黄榦《续祭礼》的编次工作，且重修了《续祭礼》，其在朱子学派中有关朱黄编礼之事当有较高的权威，又在黄榦身边有耳濡目染的经历，且据其《宋嘉定癸未刊仪礼经传通解续三礼后序》所言："同门之士以复预闻次辑之略，不可以无言也，复因敬识其始末如此以告来者。"③ 此外，杨复尚有《宋嘉定癸未刊仪礼经传通解续目录后序》《宋嘉定癸未刊仪礼经传通解续祭礼后序》。此三篇序文虽不能完全论定杨复的地位，但至少可证明杨复获得了包括陈宓在内的众多朱子门人的认可，而其言论亦获得当时朱子后学所认可，当可定谳。但杨复却无一言及黄榦可以与朱子平分《通解》前三十七卷之功的表述。

其二，郑元肃、陈义和《勉斋先生黄文肃公年谱》所载之事距离朱子、黄榦去世已有多年，不管与历史真相是否一致，但是目前没有看到朱门弟子存有反对的意见，虽可能有文献遗失的结果，但是从后世有关黄榦是朱门正宗地位的表述亦可佐证郑元肃、陈义和所言当非空穴来风，亦为当时学者所承认。

---

① 《勉斋先生黄文肃公年谱》庆元二年条∥《勉斋先生黄文肃公集》。
② 《勉斋先生黄文肃公年谱》庆元二年条∥《勉斋先生黄文肃公集》。
③ 《宋嘉定癸未刊仪礼经传通解续丧礼后序》∥《仪礼经传通解》，第 3418 页。

因此，我们虽不敢断定《勉斋先生黄文肃公年谱》作者是否有谀师之成分，但至少可以断定黄榦在朱子学派中的地位并非一贯如此，而是逐步实现的情况。

正是黄榦深度参与了《通解》朱子编撰部分的修撰工作，由此确立了黄榦在《通解》中的重要地位。朱子亦把《通解》的续修工作托付于黄榦。《朱子年谱》庆元六年庚申条引旧《谱》载：

> 先生乃作三书：一与子在，令早归收拾遗文；一与黄榦，令收《礼书》底本，补缉而成之。其书界行开具逐项合修条目，且封一卷，往为之式；一与范念德，托写《礼书》。①

此为庆元六年三月癸亥之事，距朱子去世仅一日，属朱子临终托付之事了。正因黄榦与《通解》的渊源，到嘉定癸未年，黄榦已经确立了在朱子学派中的绝对权威地位，至少杨复完全认可黄榦的学术地位。《宋嘉定癸未刊仪礼经传通解续目录后序》载：

> 勉斋先生《祭礼》，自《天神》而下，纂集多年，前《祭法》一篇，晚年始就。暨将修定，始出《特牲》、《少牢》、《有司彻礼》，指授学者，俾分章句、附传注，而未遂，后乃因先生指授之意而成之。附传记一节，惟《特牲礼》本经自有记，中间已逐条附入他书，可互相发明。当附入者，未经先生折衷，不敢妄意增损。②

此中所言仅是说明《祭礼》尚未完全成书之事，亦言其收录未成草稿《祭礼》的重要原因是"当附入者，未经先生折衷，不敢妄意增损"。单看此语，我们无法探知这属于学生对老师尊重客套之语，还是杨复真实承认黄榦的礼学成就，当比照朱在于《通解》嘉定丁丑刊本所作序言，方可确认其内涵。朱在曰：

---

① 《朱熹年谱》，第266页。
② 《宋嘉定癸未刊仪礼经传通解目录后序》//《仪礼经传通解》，第3415页。

惟《书数》一篇阙而未补，而《大射礼》、《聘礼》、《公食大夫礼》、《诸侯相朝礼》八篇，则犹未脱稿也。其曰《集传集注》者，此书之旧名也，凡十四卷，为《王朝礼》，而《卜筮》篇亦阙，余则先君所草定而未暇删改者也。今皆不敢有所增益，悉从稿。①

上引内容是朱在说明收录未定稿《集传集注》及不敢有增益的原因。此序与杨复序文两者之间至少有三个维度的共性。

一是序文作者与文献作者之间是师徒关系。黄榦与杨复是师徒关系，参见本书第四章第三节。朱子与朱在虽是父子兼师徒关系，可见于前文引用王懋竑《朱子年谱》所转载朱子临终三书，第一封书信便是给朱在，让其整理朱子的遗文，而此事之通例一般由门生所承担之任务，此其一。后代学者亦把朱在列入朱子家学中，② 此其二。由此可见朱在传朱子家学当无可疑，亦可视其为朱子亲授门徒。

二是收录未定稿的原因相同，均是因其师所修订之草稿，为尊重其师意见而"不敢有所增益"。朱在对朱子之尊重当无须再辨，而杨复亦可由其用语中看出尊重其师黄榦之思想。但是有一问题则需要我们加以辨明：朱在言及《集传集注》"不敢有所损益"，便不再修订，但是杨复却在此序中言及"不敢妄意增损"，又于绍定辛卯刊《仪礼经传通解续修定本序》中说："窃不自揆，遂据稿本，参以所闻，稍加更定，以续成其书。"③ 可见杨复重修嘉定癸未刊的《续祭礼》，与朱在是完全不同的做法，但这无损于杨复对黄榦的尊重程度，因为杨复重修《续祭礼》与黄榦受朱子所托编撰《续丧礼》《续祭礼》的原因正好相同，即尊重其师所托付的任务。黄榦编撰《续丧礼》《续祭礼》之事可于前文所引王懋竑《朱子年谱》转引之旧谱可知，其编撰工作是受朱子所托，而杨复重修《续祭礼》亦是受黄榦之托而完成，可见前引杨复《宋绍定辛卯刊仪礼经传通解续修定本序》。当然，因文献不足，我们无从证实杨复所言之内容。但至少杨复在心理上是以承担黄榦《续祭礼》修订任务而进行重修工作，而且以迫切的

---

① （宋）朱在：《仪礼经传通解·序》//《仪礼经传通解》，第 26 页。
② 后世各种学术史作品基本都把朱在列入朱子家学中，如黄宗羲《宋元学案·晦翁学案》（下）把朱子收录于晦翁家学中。参见《宋元学案》，第 1591 页。
③ 《宋绍定辛卯刊仪礼经传通解续修定本序》//《仪礼经传通解》，第 3420 页。

心态来完成重修任务，这是尊师的更高表现，与黄榦修撰《续丧礼》《续祭礼》具有相同的性质。

三是两书的写定时间虽有不同，但所属时代学术环境并无本质差别。朱在序言写于嘉定丁丑年，而杨复之文虽未标注具体写作时间，但是此文是附于《宋嘉定癸未刊仪礼经传通解续目录后序》，且杨复于此刊本中的《续丧礼后序》落款时间为嘉定辛巳七月，《续祭礼后序》是嘉定癸未季夏。因此，杨复《宋嘉定癸未刊仪礼经传通解续目录后序》的写作时间当不早于嘉定辛巳，亦不晚于嘉定癸未年，而庆元党禁于庆元六年达到高峰之后，就呈逐步解禁趋势。《宋史》韩侂胄本传载：

> 逮镗死，侂胄亦稍厌前事，张孝伯以为不弛党禁，后恐不免报复之祸。侂胄以为然，追复汝愚、朱熹职名，留正、周必大亦复秩还政，徐谊等皆先后复官。伪党之禁浸解。[1]

京镗死于庆元六年，此处所言当亦为庆元六年之事，而庆元六年三月甲子朱子去世，因此在朱子去世不久，庆元党禁便开始了解禁过程。至嘉定元年韩侂胄被杀，庆元党禁就此结束。由此可见上述朱在、杨复之文均在庆元党禁之后，理学的社会认可度逐步提高，这就是上述两文写作的外在环境。

由上述可知，杨复对黄榦作品不敢修改的内在原因是黄榦此时已经成为朱子学派的新权威了，其地位可以比肩朱子，而黄榦的社会地位事实上可更早由朱子门人推举黄榦撰写《朱文公行状》一事可见一斑了。

其次，黄榦编撰《续祭礼》《续丧礼》大量采用朱子的学术观点来注解《通解》中的礼学问题。

《通解》朱子编撰部分对王肃观点采取了吸收的态度，与魏晋之后尊崇郑玄之学的学术发展趋势不同。朱子尊重郑玄的观点亦可由其主要保留三礼的郑注方面可获确证，但是朱子并非盲目信从郑玄的观点，而是批判性地吸收郑玄的观点。与此相似，其对王肃的礼学观点不是全面的反对，亦非全面的肯定，而是针对具体内容进行具体分析的方法，仅以《通解》

---

① 《宋史》，第 13774 页。

卷四谨始章引自《哀公问》的传文为例即可证明上述观点，兹证如下。

《哀公问》是小戴《礼记》的一篇，但是其内容与《孔子家语》有许多相同之处，这点朱子甚为清楚。他在本文末有按语曰："今按：此一章与《家语》小异，今从其长者"。①此于前文论述甚为详细，我们此处关心的是朱子如何处理小戴《礼记》郑注与《孔子家语》王肃注文之间的关系。细考此段文献可知，朱子吸收了大量的王肃注文的内容具体如下。

> 王肃云："言百姓所法而行。"②
>
> 郑无"大化"二字。王肃云："忾，满。"③
>
> 郑曰："大王居豳，为狄所伐，乃曰：土地所以养人也，君子不以其所养害所养。乃去之岐。是言百姓之身犹吾身也……"王肃云："大王出亦姜女，入亦姜女，国无鳏民……故曰大王之道。"○今按：二说皆通，今两存之。④
>
> 此亦依《家语》。"而能"二字，《戴记》作"其"，非是。○王肃云："不闭常通而能久，言无极。"○今按：《戴》本、郑说皆误，今不取。⑤
>
> "烦"字王肃读属下句，今从郑。⑥

上述五条内容分为三种情形，一种是完全赞同王肃的观点，如第一条、第四条；一种是两存郑玄、王肃的观点，如第二条、第三条；一种是否定王肃观点，而采纳郑玄观点，如第五条。由此三种情形可知，朱子以具体文献内容来判定学者的观点，并不盲从王肃的观点。

与此相同，黄榦亦吸收朱子的治学方法，对王肃的观点采取具体分析的批判性方法。例如：

---

① 《仪礼经传通解》，第 187 页。
② 《仪礼经传通解》，第 185 页。
③ 《仪礼经传通解》，第 186 页。
④ 《仪礼经传通解》，第 186 页。
⑤ 《仪礼经传通解》，第 186 页。
⑥ 《仪礼经传通解》，第 187 页。

马昭答王肃引《杂记》云："大夫为其父母兄弟之未为大夫者之丧，服如士服。"是大夫与士丧服不同，而肃云无等，则是背经说。郑与言礼，张融评云："士与大夫异者，皆是乱世尚轻凉，非王者之达礼。"①

由经学史可知，王肃的观点在孔颖达"礼是郑学，今申郑义"②的疏不破注的原则下被摒弃不用，而黄榦则与之相反，采纳了朱子支持王肃的观点，其理由正是朱子"《仪礼》为经，《礼记》为传"③。由此可见黄榦所持观点亦是由朱子导源，并在更深层次引入了朱子观点作为判别是非的标准。此其一。

对待纬书的态度，从欧阳修力求删除《九经正义》中的纬书内容已可见学术界的端倪，④但是朝廷并未执行欧阳修的建议而删除《九经正义》中的谶纬内容，亦可代表当时学术界的主流思潮。到朱子时代，学术界的主流观点却已然发生了改变，《策问》载：

> 问：夫子称郊祀后稷以配天，宗祀文王于明堂以配上帝。夫天之与上帝，其果有异耶？抑不异也？后世郑康成、王肃之徒各以其所闻为说，甚者至流于谶纬，谲怪不可质究，皆圣贤所不道。其果有可取耶？抑无取也？恭维国家承百王之流弊，稽考礼文之事，既

---

① 《仪礼经传通解》，第 1219 页。

② 《仪礼经传通解》，第 1219 页。

③ 查考《朱子语类》可知，原文曰："德明问：'编丧、祭礼当依先生指授：以《仪礼》为经，《戴记》为传，《周礼》作旁证。'曰：'和《通典》也须看。'"就中却又议论更革处……"虽然仪礼为经，礼记为传并非朱子所言，但是从此对话可知，德明平时已闻此观点，并且朱子也承认其曾言及此观点。可见朱子此言论是朱门的常识。虽然朱子并没有对以上观点的来源进行详细论证，但是我们追述经学史可知班固《汉书·艺文志》把《仪礼》称为《礼古经》等，确实可知朱子是承自传统经学观点，绝非主观臆想之结论，虽然我们在第一章中反对此一观点，但是我们也只是限于《仪礼经传通解》中的编撰过程并非以此为原则，而非反对这个礼学观点，故特做以上说明。参见（宋）黎靖德《朱子语类》卷一百一十三，明成化九年陈炜刻本。《汉书》，第 1709 页。

④ 欧阳修《论删去九经正义中谶纬劄子》有言"然其所载既博，所择不精，多引谶纬之书以相杂乱，怪气诡僻。所谓非圣之书异乎正义之名也。臣欲乞特诏名儒学官悉取九经之疏，删去谶纬之文，使学者不为怪异之言惑乱，然后经义纯一，无所驳杂，其为功至少，其为益则多"云云。欧阳修为北宋一代文宗，政治地位、文学地位、经学地位均罕有其匹，而其观点亦产生了极为巨大的影响。参见（宋）欧阳修撰《欧阳文忠公文集》奏议卷第十六，四部丛刊景元本。

久而后大备。二三子考先儒之论而折中之以圣制，宜有定矣，陈之毋隐。①

此文所言内容当属皇帝咨询朱子有关礼仪的问题，所讨论的内容亦是天与上帝之间的异同问题，而天子虽用咨询口吻，但事实上已对谶纬形成了主观见解，即"怪不可质究，皆圣贤所不道"，否定态度已然溢于言表，而宋代帝王是高度儒学化的群体，其所持观念实非一己之见，且其所论依据正是圣贤无谶纬言论，即孔子、孟子均无谶纬之说，则皇帝的论断甚为充分，亦可由此看到朱子时代的学术界，反对谶纬学说实已占据上风。上文虽无朱子的肯定答语，但是据《朱子年谱》可知，朱子担任侍讲是在光宗绍熙五年甲寅（1194），时年六十五岁，属于朱子四十八岁以后的学术观点，已呈相对稳定状态，故我们可由同一时期的言论来论定其观点。②《朱子语类》载：

> 东坡说话固多不是，就他一套中间又自有精处。如说《易》，说甚性命，全然恶模样。如说《书》，却有好处。如说帝王之兴，受命之祥，如《河图》、《洛书》、《玄鸟》、《生民》之诗，固有是理，然非以是为先。恨学者推之过详，流入谶纬，后人举从而废之，亦过矣。这是他说得好处，公却不记得这般所在，亦是自家本领不明。③

① 《晦庵先生朱文公文集》，第 3574 页。
② 田浩《朱熹的思维世界》把南宋划分为四个时期，分别是第一时期 1127～1162 年，第二时期 1163～1181 年，第三时期 1182～1202 年，第四时期 1202～1279 年，这四个时期的划分兼顾到政治环境及学术环境的变化。其中第二个时期是朱子学术思想方向确立的时间，他说："朱熹在 1163 年所完成的《论语要义》以及在第二时期的其他著作，都显示他的发展方向日渐成熟。……1177 年他完成《论孟集注或问》，书中驳斥许多程学门人的观点，同年完成的另一部著述《周易本义》，更显示他的独立与成熟；……朱熹在编选或诠释各家学说的过程中，显示他从道学的学徒走向道学权威的自信与成熟。"余英时也根据《朱子年谱》统计结果得出结论："淳熙三年（1176）前后几年之中恰好是他在学问上勇猛精进，臻于成熟的阶段。"事实上，查考王懋竑《朱子年谱》可知，朱子作品大量出现的时代亦是 48 岁以前，而 48 岁以后的学术思想逐步推向完善的体系，并未出现突飞猛进的情形。参见〔美〕田浩《朱熹的思维世界》（增订版），南京：江苏人民出版社，2009，第 39～40 页。《朱熹的历史世界：宋代士大夫政治文化的研究》，第 403 页。《朱熹年谱》，第 22～87 页。
③ 《朱子语类》，第 3788 页。

此为叶贺孙辛亥（1191）以后所记录的内容。此中所言虽是剖析苏轼的学术观点，亦涉及朱子对谶纬之学的观点，即否定谶纬之学的观点，但是朱子反对谶纬之学并非简单持全面否定观点，而是着眼于从学术史的角度来看待它。《与郭冲晦》说：

> 《河图》、《洛书》，熹窃以《大传》之文详之，《河图》、《洛书》盖皆圣人所取以为八卦者，而九畴亦并出焉。今以其象观之，则虚其中者，所以为易也；实其中者，所以为《洪范》也。其所以为易者，已见于前段矣；所以为《洪范》，则《河图》九畴之象、《洛书》五行之数有不可诬者，恐不得以其出于纬书而略之也。①

朱子正是从《河图》《洛书》反映了九畴、五行思想出发，追述其内在思想源头为《尚书·洪范》，只是朱子在确定《河图》《洛书》之真实可靠性依据经书来论证，而反对专以纬书为立论依据的思想。《朱子语类》载：

> 汉儒专以灾异谶纬与夫风角鸟占之类为内学，如徐孺子之徒多能此，反以义理之学为外学。且如《钟离意传》所载修孔子庙，事说夫子若会覆射者然，甚怪。②

此中所言之内学与外学之关系实是儒学史上的一个非常重要的命题。朱子反对的是颠倒内学与外学之间的关系，而并无全部反对谶纬之学的观点，这并非我们臆测，而是朱子自己对谶纬之书的判断而得出的结论。《朱子语类》载：

> 元善每相见，便说气数谶纬，此不足凭。只是它由天命，然亦由人事。才有此事，得人去理会便了。③

---

① 《晦庵先生朱文公集》，第 1638 页。
② 《朱子语类》，第 4205 页。
③ 《朱子语类》，第 4273 页。

此为廖德明癸巳（1173）以后所记录的内容，但是从此文献中我们看到朱子并没有完全否定天命，而只是认为谶纬之学难以为证，更需要立足于可知的人事。正是朱子并未全面否定谶纬之学，尤其是认为纬书内容的真伪需要具体分析，而不能一概否定，这或许是当年欧阳修主张废除《九经正义》注疏所含纬书内容，却被学者阻止的内在依据。

正是朱子持具体分析纬书内容而非一概否定的态度，深刻影响了黄榦对纬书的态度，虽然黄榦声称反对纬书内容，如杨复《宋嘉定癸未刊仪礼经传通解续祭礼后序》载：

> 初，先生集《丧礼》、《祭礼》粗有成编，嘉定己卯奉祠闲居，始得订定《丧礼》，俾复预检阅之役，次第将修《祭礼》，故朝夕议论多及之。尝有言曰："《祭礼》已有七分，惟《天神》一门为郑氏谶纬之说所汩，其言最为不经。今存其说于书者，非取之也，存之乎书，使天下后世知其谬，乃所以废之也。"①

此文献虽是转引，但是考之黄榦《续祭礼》可知，上述文献应该可信，②但黄榦虽然反对郑氏引用纬书，却又在文献中照常引用。细观黄榦之语，自述是"惟《天神》一门为郑氏谶纬之说所汩"，所批评的内容是"不经""谬"等内容。黄榦《祭礼·天神》采用谶纬之说的观点非常多，难以全引，兹引一例以见其余：

> 按《春秋纬运斗枢》云："大微宫有五帝座星"，即《春秋纬文耀钩》云："春起青受制，其名灵威仰；夏起赤受制，其名赤熛怒；秋起白受制，其名白招拒，冬起黑受制，其名叶光纪；季夏六月火受制，其名含枢纽。"是五帝之号也。又按《元命包》云："紫微宫为大帝。"又云："天生大列为中宫太极星，其一明者大一，常居傍两星，

---

① 《宋嘉定癸未刊仪礼经传通解续祭礼后序》∥《仪礼经传通解》，第3418～3419页。

② 黄榦《续祭礼·天神》五帝上帝之祀章引用《周礼》贾公彦疏时就保留了纬书的内容，如《春秋纬运斗枢》《春秋纬文耀钩》《元命包》《易纬》，亦保留了《礼记》郑注、孔疏中的纬书内容，如《地统书括地象》《孝经纬》《春秋纬》《易纬乾凿度》等丰富的纬书内容。参见《仪礼经传通解》，第2378～2473页。

巨辰子位，故为北辰，以起节度，亦为紫微宫。紫之言中，此宫之中，天神图法，阴阳开闭，皆在此中。"又《文耀钩》云："中宫大帝，其北极星。下一明者为大一之先，合元气以斗布常。是天皇大帝之号也。"又按《尔雅》云："北极谓之北辰。"郑注云："天皇北辰耀魄宝。"又云："昊天上帝又名大一，常居，以其尊大，故有数名也。"其紫微宫中皇天上帝亦名昊天上帝，得连上帝而言。至于单名皇天，单名上帝亦得，故《尚书君奭》云："公曰：君奭，我闻在昔成汤既受命，时则有若伊尹，格於皇天。"郑注云："皇天，北极大帝。"又《掌次》云："张毡案，设皇邸，以旅上帝。"上帝即大帝，《尧典》云："钦若昊天。"皆是大帝单名之事，《月令》更无祭五帝之文，故季夏云："以供皇天上帝。"郑分之皇天、北辰、耀魄宝、上帝、大微五帝，亦是大帝单号之事。若然，大帝得单称，与五帝同，五帝不得兼称皇天、昊天也。详见《祭法》总要。①

上文虽然仅举一例，但是其中已经涉及三种纬书，分别是《春秋纬运斗枢》《春秋纬文耀钩》《元命包》，此外还有《易纬》《孝经纬》等内容。单以上引内容可知，黄榦采纳这些观点并非如其所言"今存其说于书者，非取之也，存之乎书，使天下后世知其谬，乃所以废之也"，而是上述所言内容涉及五帝命名及其各自蕴含有各种天文学、阴阳五行的思想，虽非圣人之作，但是这些内容在先秦时期实已萌芽，如《尔雅》《尚书·君奭》《掌次》《尧典》《月令》等均有涉及，而且上引纬书观点经过郑司农、郑玄注引之后已经成为《天神》的权威解释。换而言之，谶纬之说经过郑玄的系统采纳之后，已经成为学术史的一个组成部分。黄榦引用上述文献之后，并未反驳贾公彦疏文，造成其认同谶纬之学的客观事实。但是有一个非常重要的事实是黄榦《续祭礼》并未完成修订工作，故我们亦难以上引观点为最终定论。

结合上引杨复转述黄榦观点"今存其说于书者，非取之也，存之乎书，使天下后世知其谬，乃所以废之也"，即黄榦保存纬书观点于《续祭礼》，是为了让后人知其谬，但是黄榦在《续祭礼》中又未作出说明，则

---

① 《仪礼经传通解》，第2380页。

可看到黄榦一方面尊重客观的学术史，另一方面则表现出强烈否定纬书的学术倾向。

由此可见，朱子尚且对纬书进行具体分析，而黄榦则转向于全面否定纬书的态度，但是黄榦依然遵循《通解》追溯学术源流的体例，保存学术史上有影响力的异说便成为黄榦采纳谶纬之学的一个重要动因。此其二。

朱子看到《仪礼》中有众多的重复或者相似内容，并主张把这些内容互相参照，而于《通解》中亦通过索引式按语来实现对《仪礼》内容比照分析，由此形成了朱子学派礼例的雏形，而黄榦则是在朱子礼例思想基础之上，通过总结礼例，并灵活运用于《续丧礼》《续祭礼》中，完成了朱子诸多礼例之间互相参照的礼例思想，详见第四章第二节。此其三。

最后，黄榦受朱子之托编撰《通解》未完稿部分，但是黄榦并未完成任务，而是选中了杨复作为《续祭礼》的编撰者继续完成任务。黄榦开展教育活动是其传承朱子学说的一个最为重要的举措。《宋史》本传载：

> 榦遂归里，弟子日盛，巴蜀江湖之士皆来，编礼著书，日不暇给，夜与之讲论经理，亹亹不倦，借邻寺以处之，朝夕往来，质疑请益如熹时。[1]

上述为正史，虽失之过简，但仍可窥见端倪，如借邻寺安置编书问学之生徒，考之《勉斋先生黄文肃公年谱》嘉定十年条可知，此寺当为法云寺。事实上，黄榦在安庆之任前已经开始了其大规模的教育活动，其情景如下：

> （嘉定）十年丁丑春，朋旧生徒毕集于法云寓居，先生为立《同志规约》以示学者。[2]

编者自注云：

---

[1] 《宋史》，第 12782 页。
[2] 《勉斋先生黄文肃公年谱》//《勉斋先生黄文肃公集》。

　　　　《同志规约》以每日告读一经一子一史，而以《论语》、《周易》、
　　《左传》为之首。日记所读多寡，所疑事目，并疏于簿。在郡者月一
　　集，五十里外者季一集，百里外者岁一集。每集告以所记文字，至与
　　师友讲明而问难之。大要欲明义利之分，谨言行之要，以共保先师遗
　　训之意。①

由此可见，黄榦效仿朱子在白鹿洞书院所作之院规，但其详细程度正如何
俊所言："这个《同志规约》所反映出的信息，说明不仅是黄榦所创设，
为朱熹生前所没有，而且说明黄榦已完全是在组织化建设的层面上来展开
的。"② 虽然何俊把《同志规约》上升为黄榦学术组织的规章制度的高度，
但是其约束力与宋代儒家学者所喜创之《乡约》，当无二致，尚难以上升
到完全组织化的高度。在《规约》中，黄榦持有学术导向是"共保先师遗
训之意"，即以朱子观点为《同志规约》的价值取向。

　　正因黄榦开展大规模教育教学活动，又以弘扬朱子学说为己任，促使
朱子学获得广泛传播，在不久之后成为学术权威观点，被朝廷列入科举考
试之权威教材。在这个过程中，其最直接成果是培养了朱子学术的传承
者。考之《宋元学案·勉斋学案》，黄榦的学术传人有34人之多，其中礼
学的传承者有3人，③ 而杨复当为黄榦最重要的礼学传承人，也是黄榦之
后朱子礼学最重要的传承人。三代学者学术观点的一致性呈现于《通解》
中，正如四库馆臣所言：

　　　　虽编纂不出一手，而端绪相因，规模不异。古礼之梗概节目，亦
　　略备于是矣。④

---

① 《勉斋先生黄文肃公年谱》//《勉斋先生黄文肃公集》。
② 何俊：《南宋儒学建构》，第317页。
③ 以《宋元学案·勉斋学案》勉斋家学、勉斋门人两类为统计范围，参考《北山四先生学
　　案》《双峰学案》《介轩学案》《沧州诸儒学案》《鹤山学案》《水心学案》《西山蔡氏学
　　案》《玉山学案》，其中涉及长于礼学内容的学者有饶鲁、赵师恕、郑鼎新三人而已。另
　　外，《宋元学案》并未把杨复列为黄榦门人，故不在统计范围内。参见《宋元学案》，第
　　2042～2050、2726～2728、2812～2814、2971、2276、2311～2312、2678、1808～1809、
　　2014、1465～1466页。
④ 《四库全书总目》，第179页。

虽然叶纯芳考证四库馆臣已经混淆了黄榦《续祭礼》与杨复《续祭礼》，但是四库馆臣的上述观点依然可以成立，不管从分章节、礼例到材料的使用过程大体是以朱子学术思想为依归，此亦获证于杨复《仪礼图》依据朱子主张把冠昏等礼仪与相关的堂室制度相结合进行考究的观点。①

正是黄榦开展以朱子学术为旨归的教学活动，培养了众多学者，朱子的礼学思想亦得到了传承，由此确立了黄榦在朱子学派中的正宗地位。

三 奠定后世礼学的新传统：杨复礼学新道统

杨复编撰《续祭礼》对《通解》的体例进行了创新与总结，亦实现了融合重经思想与实用礼仪之间两个传统，详见本书第四章第三节。杨复在融合重经思想与实用礼仪的基础上对朱子学派的礼学思想进行了重大创新，成为朱子学派礼学思想成熟的最关键一环，深刻影响了此后七百年的礼学发展轨迹，故我们将对着重考察杨复吸收容纳朱子、黄榦礼学成就而奠定新传统的意义。

首先，杨复首次引入道统思想建构朱子礼学传统，并通过承自朱子、黄榦的学术传统，确立了杨复在朱子学术传统中的正统地位。

宋儒最重视道统的建设，朱子编撰《伊洛渊源录》已有道统思想，并成为宋代道统思想的开山之作，正如四库馆臣所言：

> 盖宋人谈道学宗派，自此书始。而宋人分道学门户，亦自此书始。②

但是细查《伊洛渊源录》可知，其中所列思想以师传之关系，并以理学为评判依据，与经学无关。但是在《通解》中，朱子引用程子的观点尚不及郑注、贾疏、孔疏内容于百分之一。即使考虑到二程等伊洛道统中人没有关于礼学的完整作品的因素，朱子采纳二程等伊洛道统中人的观点亦是偏

---

① 四库馆臣曰："朱子以为更得冠昏图及堂室制度并考之乃佳。复因原本师意，录十七篇经文，节取旧说，疏通其意，各详其仪节陈设之方位，系之以图，凡二百有五。又分宫庙门、冕弁门、牲鼎礼器门，为图二十有五，名《仪礼旁通图》，附于后。"此文对《仪礼图》及《仪礼旁通图》所概括甚为精要，可谓确评。参见《四库全书总目》，第160页。
② 《四库全书总目》，第519页。

少。此外，在其他经学方面，以《周易》为例，朱子亦对程颐《易传》持以否定为主的态度，而非如理学思想方面以二程为权威形态。与之相反，朱子四书学作品，呈现另外一个情景。《书临漳所刊四子后》曰：

> 故今刻四古经，而遂及乎此四书者，以先后之，且考旧闻，为之音训，以便观者。又悉著凡程子之言及于此者，附于其后，以见读之之法，学者得以览焉。①

朱子几乎把程子涉及四书的言论全部引入《四书章句集注》，仅有采纳或者留备一说之别，但是其呈现的思想体系完全立足于二程的思想学说，并吸收汉唐注释之学而形成完整学说体系。与之相反，朱子的经学思想体系则以汉唐注释之学为基础，吸收二程学说而形成新经学体系。此可于《通解》采纳汉唐注疏与二程学说之间分量的差别窥见一斑。另外，在《通解》中，朱子对待二程学说亦只是作为宋代经学体系中的一个流派而已，与陆佃等宋代礼学家观点并无差异。这与道统之学追述至北宋五子之学完全不同。换言之，朱子不承认理学家的道统亦可存在于礼学中。

但是朱子在《通解》的编撰过程中开创分章节体例，首倡以礼例系统解读《仪礼》之学，亦倡导创作符合礼经文本的礼图，开创了礼学的新境界，这在黄榦的努力之下确定了分章节体例的权威性，完成了礼例体系建设，亦开启了遵循朱子礼学思想的礼图创作之门。详见第三章第一节。这些思想进一步扩大了朱子的学术影响力，而黄榦在《同志规约》中制定的"共保先师遗训"的价值判断体系，虽包括了经学内容，但是黄榦本人的经学作品偏少，其被《宋史·艺文志》收录的学术作品有《续仪礼经传通解》二十九卷、《仪礼集传集注》十四卷②、《孝经本

---

① 《晦庵先生朱文公文集》，第 3895 页。
② 据朱在《仪礼经传通解》序文中明确把《仪礼集传集注》的著作权归为朱子，而黄榦弟子郑元肃、陈义和《勉斋先生黄文肃公年谱》庆元二年条仅言及黄榦参与《仪礼经传通解》的体例及编撰过程，并未言及《仪礼集传集注》为黄榦作品，故《宋史·艺文志》明显有误。参见《仪礼经传通解》，第 26 页；《勉斋先生黄文肃公年谱》庆元二年条//《勉斋先生黄文肃公集》；《宋史》，第 5051、5067、5069、5071 页。

旨》一卷、《论语通释》十卷、《论语意圆》一卷、《六经讲义》一卷、《六经疑难》十四卷。① 即使包括被《宋元学案》载录《经解》，那么黄榦的礼学作品也仅有《续仪礼经传通解》二十九卷，而真正完成的作品则仅有其中的《续丧礼》部分。

与黄榦受朱子之托相似，杨复编撰《续祭礼》亦是受黄榦之托，但是杨复与朱子、黄榦最大区别在于杨复是专心于礼学研究的学者，《宋史·艺文志》著录的杨复作品有《仪礼图解十七卷》，② 明人《宋史新编》亦载"杨复《仪礼图解》十七卷"③，而杨复的作品尚有《祭礼》十四卷、《仪礼图》十四帙、《家礼杂说附注》二卷三部书，由此可见杨复生平最重要的作品非礼学莫属。另外，杨复的礼学思想亦非全部源自黄榦，而是熔朱子、黄榦的礼学观点于一炉，形成了朱子礼学新传统。

杨复师从朱子，卒业于黄榦，其学术思想渊源甚为清晰，但是杨复具体作品的创作起源则由于杨复自身论述不详，使后世学者难以全方位把握其作品的学术渊源。杨复《宋嘉定癸未刊仪礼经传通解续丧礼后序》《宋嘉定癸未刊仪礼经传通解续祭礼后序》《宋绍定辛卯刊仪礼经传通解续修定本序》三序讲述了杨复与黄榦之间的学术渊源，尤其是最后序文明确说道："盖欲复通知此书本末，有助纂辑也。"④ 可见杨复《祭礼》是在黄榦指导之下，并受黄榦之托而最终完成的作品，当可定谳。让后代产生混淆的是《仪礼图》的学术渊源。四库馆臣提要《仪礼图》说：

> 《序》称严陵赵彦肃作《特牲》、《少牢》二礼图，质于朱子。朱子以为更得冠昏图及堂室制度并考之乃佳。复因原本师意，录十七篇经文，节取旧说，疏通其意，各详其仪节陈设之方位，系之以图，凡二百有五，又分宫庙门、冕弁门、牲鼎礼器门，为图二十有五，名《仪礼旁通图》，附于后。⑤

---

① 《宋史》，第5051页。
② 《宋史》，第5051页。
③ （明）杜维骐撰《宋史新编》卷四十七志三十三，明嘉靖四十三年杜晴江刻本。
④ 《宋嘉定癸未刊仪礼经传通解续丧礼后序》//《仪礼经传通解》，第3420页。
⑤ 《四库全书总目》，第160页。

四库馆臣依据杨复《仪礼图》序言而下结论，但是杨复序文未言及先师从朱子，最后卒业于黄榦的学术渊源，导致了四库馆臣把杨复的礼学思想直接定为上承朱子而来。朱子认为要把宫殿制度与具体礼仪结合起来，但是在朱子《文集》中只见到《释宫》，是否为朱子所作尚无定论。由此可见，朱子有关礼图思想尚属设想阶段，并未形成学术理论体系，亦未在实践中落实。与此不同，黄榦则初步落实了朱子的礼图思想，如《仪礼丧服图式》。虽然《仪礼丧服图式》最终由杨复写定，但是其中许多观点承接自黄榦则是毋庸置疑。只是杨复在《仪礼图》中隐没了黄榦与自己的学术渊源关系，导致了四库馆臣忽略了朱子、黄榦、杨复三人礼学思想的具体传承关系。兹证如下。

一方面，从创作时间上看，杨复《仪礼图》继承了黄榦《仪礼丧服图式》的思想。

细考《仪礼图》可知，杨复《仪礼图》作于绍定元年戊子（1228），而杨复《续祭礼》完成于绍定四年辛卯（1231），虽然杨复《仪礼图》早于杨复编撰的《续祭礼》，但不代表杨复编撰《仪礼图》与黄榦的礼学思想完全无关。黄榦《续丧礼》第十六卷为《丧服图式目录》，此作品由黄榦编撰，由杨复最终修订完成，其创制体例当归属黄榦。从现有《丧服图式目录》可知，其已具备完整的礼图要素，当为黄榦《续丧礼》的有机组成部分。杨复《宋嘉定癸未刊仪礼经传通解续丧礼后序》曰：

> 既而又念丧礼条目散阔，欲撰《仪礼丧服图式》一卷以提其要，而附古今沿革于其后。草具甫就而先生没矣，呜呼，此千古之遗憾也。[1]

此虽非黄榦《续丧礼》十五卷的内容，但是此序在《仪礼丧服图式》之后完成，并附于黄榦《续丧礼》之末。杨复对《仪礼丧服图式》体例有言："《丧礼》一十五卷前已缮写，《丧服图式》今别为一卷，附于正帙之外，以俟君子，亦先生平日之志云。"[2] 此图的具体创作时间虽难以确定，但是

---

[1] 《宋嘉定癸未刊仪礼经传通解续丧礼后序》//《仪礼经传通解》，第3417页。

[2] 《宋嘉定癸未刊仪礼经传通解续丧礼后序》//《仪礼经传通解》，第3418页。

据同一文献可知，黄榦是在《续丧礼》之后再创作此图，而黄榦《续丧礼》是"庚辰之夏而书成"，参考杨复上述序文的落款时间为"嘉定辛巳七月"，那么黄榦创作《仪礼丧服图式》当于嘉定庚辰至嘉定辛巳之间，远早于绍定元年完成的杨复《仪礼图》，而且从上述杨复《序》文可知，杨复深知《丧服图式》创作的缘由及内在体例，结合杨复与黄榦之间的交往过程，我们可以断定《丧服图式》的创作缘由及体例当是黄榦亲自告诉杨复的，至于《丧服图式》的最终写定者为杨复则无大争议了。①

另一方面，杨复《仪礼图》深受黄榦《丧服图式》的影响。

杨复《仪礼图》是以《仪礼》全书十七篇为作图对象，而黄榦《仪

---

① 叶纯芳《导言》认为："卷十六是杨复补撰《丧服图式》，在黄榦《丧礼》十五卷'正帙之外'，与《祭礼》更无关。"虽然叶纯芳并未详细论证上述结论，但是细考《丧服图式》，其已直接引用黄榦的观点，如无服为位而哭引黄榦观点："勉斋先生尝曰：此两条是一类事，皆是无服为位而哭，又有妇人倡角，与子为主一节与其它条不甚相类，合附合处，拟议未定者久之。今不幸梁木其坏，无从订定。又礼编十五卷系成书，无从附入，姑附於此"，不但说明了《丧服图式》为第十六卷的原因，也说明了"无服为位哭"放置于此处是遵循黄榦的观点，亦证明了《丧服图式》的最后写定者肯定不是黄榦。又据杨复《宋嘉定癸未刊仪礼经传通解续丧礼后序》所言："既而又念丧礼条目散阔，欲撰《仪礼丧服图式》一卷以提其要，而附古今沿革於其后。草具甫就而先生没矣，呜呼，此千古之遗憾也！""《丧礼》一十五卷前已缮写，《丧服图式》又别为一卷，附於正卷帙之外，以俟君子，亦先生平日之志云"，则《丧服图式》为第十六卷，而《丧服图式》在黄榦手里已完成一部分内容，只是尚未完全修订完整而已。又据杨复《宋绍定辛卯刊仪礼经传通解续修定本序》："故四方朋友皆有《祭礼》稿本，未有取其书而修定之者，顾复何人，敢任其责？……窃不自揆，遂据稿本，参以所闻，稍加更定，以续成其书"，则杨复所续修之书仅是黄榦《续祭礼》部分，并且王佖《宋宝祐癸丑刊仪礼经传通解序》言其丧、祭礼所取版本时说："今《丧礼》则用勉斋所纂，《祭礼》则用信斋所修"，那么杨复所续修部分当只有《续祭礼》，《通解》各部分并未被合刊，这亦可从郑逢辰《申尚书省状》"所有先师臣杨复《祭礼》书，八十一门，共十四卷，谨缮写为二十帙，并《仪礼图》十四帙，分为三盝，内各用黄绫夹复封全，随表上进以闻"获证。至于《丧服图式》在现在通行本四库全书本亦不是黄榦原本，而四库全书本的《续祭礼》又是黄榦《续祭礼》，而非杨复《续祭礼》，那么《丧服图式》何时经过杨复修订，虽可据上述资料推定在癸未刊本之后，绍定辛卯定本之前，至于确切时间，因材料不足，无从考证，只能付之阙如。参见《杨复再修仪礼经传通解续卷祭礼导言》//《杨复再修仪礼经传通解》，第16页。黄榦、杨复：《丧服图式》//《仪礼经传通解》，第2090页。《宋嘉定癸未刊仪礼经传通解续丧礼后序》//《仪礼经传通解》，第3417页。杨复：《宋绍定辛卯刊仪礼经传通解续修定本序》//《仪礼经传通解》，第3420页。《宋宝祐癸丑刊仪礼经传通解序》//《仪礼经传通解》，第3422页。郑逢辰：《申尚书省状》//《杨复再修仪礼经传通解续卷祭礼》，第18页。

礼丧服图式》主要针对黄榦《续丧礼》而进行创作的图与表，① 正是两者所针对的范围不同，我们不能够简单地对比二者的内容，而只能是针对两者的相同对象进行观察。比较杨复《仪礼图》和黄榦《仪礼丧服图式》可知，两者之间的异同点如下。

在礼图内容方面，以杨复《仪礼图》卷十一的礼图为例，其顺序为《本宗五服图》②《天子诸侯正统旁期服图》《已为姑姊妹女子女孙适人者服图》③《大夫降服或不降图》《大夫妇人为大宗服图》④《已为母党服图》⑤

---

① 王梓材、冯云濠《宋元学案补遗》卷四十八《晦翁学案补遗》节选了朱子《家礼》，且在《丧礼·禫》之后《祭礼》之前添加了六幅图，分别为《本宗五服制》《嫁女为本宗降服制》《妾为家长服制》《三父八母服制》《妻为父党服制》《母党妻党服制》。但是笔者细考朱子《家礼》的各版本在禫礼之后均无此六幅图，另外，王梓材在文末有按语曰："梓材谨案：《四库全书》著录《家礼》八卷。《提要》引此云：懋竑之学笃于朱子，独于《易本义九图》及是书断断辨论，不肯附会，则是书之不出朱子，灼然无疑。然自元明以来，流俗沿用，故仍著录而存之，亦《记》所谓礼从宜，使从俗也。"王梓材此处所言直接引用了永瑢等撰《四库全书总目》中的观点"家礼八卷"，其所引文献当是殿本《四库全书总目》，后来中华书局影印浙本，则是"《家礼》五卷"。我们细考《四库全书》本《家礼》则仅有五卷，且四库馆臣在《家礼》书前的提要仅云："臣等谨案《家礼》五卷"两者若合符节，当是《四库全书总目》抄撰之时发生笔误。王梓材当受《四库全书总目》殿本所误导，由此亦可证明王梓材当未见过《四库全书》本《家礼》。但是如果王梓材所见《家礼》仅有五卷，以清儒治学之严谨学风，王、冯二氏当会有辨析，不当如此草率下按语，直接抄自《四库全书总目》之语，或是有其他版本？但是我们现如今所见朱子《家礼》的四库全书本为五卷，宋刻本亦是五卷，并无八卷之数，而宋刻本亦无《宋元学案补遗》的上述六图，但是笔者细考《家礼》宋刻本与四库全书本有一个重大区别是《家礼》宋刻本仅有五卷，而四库全书本则在五卷之外额外增加了《家礼附录》，这一附录的内容则是抄撰自黄榦、杨复《仪礼丧服图式》《朱子语类》等内容而成，当是杨复之后的朱子学者所为内容，因资料不足，只能暂时付之阙如。由此可见王梓材、冯云濠《宋元学案补遗》的六幅礼图当非朱子所撰则可确定了。参见（清）王梓材、冯云濠撰《宋元学案补遗》，北京：人民出版社，2012，第1753~1758页；（宋）朱熹撰《家礼》卷四，宋刻本。（宋）朱熹撰《家礼》卷四、附录，清文渊阁四库全书本；《四库全书总目》，第180页。

② 黄榦《丧服图式》的题名为"已为本宗服图"并有按语"详见《丧服》及《补服本章》"。参见《仪礼经传通解》，第2066页。

③ 黄榦《丧服图式》题名为"为姑姊妹女子女孙适人者服图"。参见《仪礼经传通解》，第2077页。

④ 黄榦《丧服图式》为"丈夫妇人为大宗服图"并有索引式按语"详见《齐衰三月》章"。参见《仪礼经传通解》，第2083页。

⑤ 黄榦《丧服图式》"已为母党服图"下有"详见《丧服》"按语。参见《仪礼经传通解》，第2084页。

《母党为己服》①《妻为夫党服图》《己为妻党服图》《妻党为己服图》《臣为君服图》《臣从君服图》《君为臣服图》《妾服图》《公士大夫士为妾服图》②，这些丧服图的内容与黄榦《丧服图式·五服图》基本一致，此为二书的共同点。不同之处则有两点：一是内容的不同。黄榦《丧服图式》在上述礼图之外增加了《为人后者为其本宗服图》《女子子适人者为其本宗服图》；二是两书礼图排序不同。杨复《仪礼图》卷十一的礼图排序如前所述，而黄榦《丧服图式》的排序则是《本宗服图》（附制服轻重之义）《为人后者为其本宗服图》《女子子适人者为其本宗服图》《为姑姊妹女子子适人者服图》《天子诸侯正统旁期服图》《大夫降服或不降服图》《丈夫妇人为大宗服图》《己为母党服图》《母党为己服图》《姑姊妹女子子之子及内外兄弟相报服图》《妻为夫党服图》《己为妻党服图》《妻党为己服图》（附无服为位哭）《臣为君服图》《臣从君服图》《君为臣服图》《妾为君及其党服图》《公卿大夫士为妾服图》。

与上述礼图内容较为简明不同，礼图的注释反而复杂。因数量不同，我们只能以杨复和黄榦二者所编内容相同的礼图作为比较对象，考察二者礼图的内容，具体情况有三种。

其一，注释完全相同的礼图，又可分为两种：一种是均没有注释，如《妻为夫党服图》《己为妻党服图》《妻党为己服图》③；一种是有注释内容且完全相同，如《己为姑姊妹女子女孙适人者服图》《己为母党服图》《母党为己服图》《妾服图》《公卿大夫士为妾服图》。

其二，两者有部分内容相同，亦有部分内容不同者。这种情形又可分

---

① 黄榦《丧服图式》"母党为己服图"下有按语"详见《丧服》"。参见《仪礼经传通解》，第 2085 页。

② 王贻梁《通解》校勘记有言："公卿大夫士为妾服图'卿'原作'士'，据贺本改；'士'字原脱，据贺本补。"则黄榦《丧服图式》亦与杨复《仪礼图》相同。参见王贻梁点校《仪礼经传通解》，第 2190 页。

③ 黄榦《丧服图式》在《妻党为己服图》下另附《无服为位哭》的内容，但是细考此文，其内容主要针对嫂叔二者之间丧服关系，与《妻党为己服图》没有内在的关系。从杨复修订之时引用黄榦的观点："勉斋先生尝曰：此两条是一类事，皆是无服为位而哭，又有妇人倡踊，与子为主一节与其它各条不甚相类，合附何处，拟议未定者久之。今不幸梁木其坏，无从订定。又礼编十五卷系成书，无从附入，姑附于此。"可见此文内容本当是《续丧礼》中的内容，只是《丧礼》十五卷已经成书，不再修订，故附于此处而已，亦可证明我们上文的判断为正确。参见《仪礼经传通解》，第 2089~2090 页。

为两种：一种是杨复的注释内容较黄榦注释部分简略。如《本宗服图》，二者的注释内容相同部分为"姑姊妹女子子在室服并与男子同，适人无主者亦同，嫁反者亦同"①，而黄榦在此之外则又有《制服轻重之义》作为《己为本宗服图》的注释。②《天子诸侯正统旁期服图》《臣从君服图》《君为臣服图》亦是此种情形；另外一种情形则是杨复《仪礼图》的注释内容与黄榦《丧服图式》的注释内容有交集部分，而不同的部分则是来自不同文献内容，如《大夫妇人为大宗服图》。杨复和黄榦在此图下的注释均有"宗子之母在，则不为宗子之妻服。疏云：宗子母年七十已上，则宗子妻得与祭，宗人乃为宗子妻服。"③而不同的内容是杨复在此注释之文下有"记宗子孤为殇，大功衰，小功衰，皆三月。亲，则月算如邦人。详见《齐衰三月》章注疏"④及《朱子语类》卷六十三沈僩所载"问丧祭之礼"条⑤，黄榦《丧礼图式》则把"详见《齐衰三月》章注疏"放置于其礼图名《丈夫妇人为大宗服图》之下，且内在的文献顺序及内容亦完全不同，即先有本经的记文及其注疏之后再有与杨复完全相同的内容。⑥

其三，两者内容完全不同。《大夫降服或不降图》则是杨复无注解，而黄榦则引用了《朱子语类》卷第六十三"问丧祭之礼"条的内容，⑦《臣为君服图》的情形则类似。

由上可知，二书礼图本身内容相同部分甚为明显，达到88.23%，不同的部分仅为11.77%。至于这些礼图内容的注释部分，相同部分仅有47%，其他不同内容则主要有以下两方面的原因。

一方面，杨复《仪礼图》是以《仪礼》十七篇经文为对象进行制图，对《仪礼》的记文虽偶有保留，但未对其进行深入研究，正如四库馆臣

① 本处引文源自《仪礼经传通解》，而杨复《仪礼图》的表述则是"姑姊妹女子子在室服并与男子同，嫁反者适人无主者亦同"，参见《仪礼经传通解》，第2067页，杨复《仪礼图》卷十一，四库全书本，第104册，第201页。

② 《仪礼经传通解》，第2067～2073页。

③ 《仪礼图》，第203页。

④ 《仪礼图》，第203页。

⑤ 《朱子语类》，第2094页。

⑥ 《仪礼经传通解》，第2084页。

⑦ 此一朱子语录的内容就是杨复《仪礼图》在《大夫妇人为大宗服图》中所引用的内容。参见《朱子语类》卷第六十三，第2094页；（宋）杨复：《仪礼图》，第203～204页；《仪礼经传通解》，第2083页。

所言：

> 复因原本师意，录十七篇经文，节取旧说，疏通其意，各详其仪
> 节陈设之方位，系之以图，凡二百有五。

正因杨复《仪礼图》制图过程省略了《仪礼》中的记文，导致了杨复《仪礼图》注释各礼图之时亦直接省略了各记文。如黄榦、杨复《丈夫妇人为大宗服图》的注文如下：

> 本经记：宗子孤为殇，大功衰，小功衰，皆三月。亲，则月算如邦人。注文：与宗子有期之亲者，成人，服之齐衰期，长殇，大功衰九月，中殇，大功衰七月，下殇，小功衰五月。有大功之亲者，成人，服之齐衰三月。卒哭，受以大功衰九月。其长殇、中殇，大功衰五月，下殇，小功衰三月。有小功之亲者，成人服之齐衰三月。卒哭，受以小功衰五月。其殇与绝属者同。有缌麻之亲者，成人及殇，皆与绝属者同。疏云：自大功亲以下，尽小功亲以上，成人月数虽依本服皆服齐衰者，以其绝属者犹齐衰三月，明亲者无问大功、小功、缌麻皆齐衰三月。既葬受服，乃始受大功、小功衰也。宗子之母在，则不为宗子之妻服。疏云：宗子母年七十已上，则宗子妻得与祭，宗人乃为宗子妻服。[①]

本处《丧服图式》引用了《仪礼疏》的两处文献，前者从"本经记：宗子孤为殇"至"乃始受大功、小功衰也"，出自《仪礼疏》卷三十四，为《仪礼·丧服十一》的记文，后者从"宗子之母在"至结束，出自《仪礼疏》卷三十一，是《仪礼·丧服第十一》经文"丈夫妇人为宗子、宗子之母妻"的传文部分。杨复《仪礼图》卷十一删除前者内容，而补充了《朱子语类》卷六十三沈僩所载录的"问丧祭之礼至周公然后备"条，但是杨复深知上引记文的内容，因为杨复《仪礼图》卷十一齐衰三月章"丈夫妇人为宗子、宗子之母妻"下补充了"记宗子孤为殇，大功小功衰，皆三

---

① 《仪礼经传通解》，第 2084 页。

月。亲，则月算如邦人"及郑注的内容，杨复《仪礼图》在《大夫妇人为大宗服图》却特地省略了此记文，虽有前文已引之故，但更重要原因当是杨复《仪礼图》以《仪礼》经文为主要依据来制图，凡是与礼图关系不是非常紧密部分均省略不载。至于其他礼图的情形与此相似，不再赘述。

另一方面，杨复《仪礼图》的体例是以《仪礼》的经文为依据而制作各种礼图，为了化繁为简，把《仪礼》本经的内容集约地体现于《仪礼图》中，黄榦《丧服图式》在执行化繁为简的过程中，依然遵循《续丧礼》本身的体例，即先经文后经义，这便是《本宗服图》之下再次附有制服轻重之义的礼义内容，作为注解《本宗服图》的功能而存在。黄榦《续丧礼》遵循朱子礼书编撰体例，杨复概括其体例说：

> 《礼书》通例，凡说礼之义者，归于后篇。然祭礼纲条宏阔，记博事丛，若以祭义尽归于后篇，则前后断隔，虽相参照，读礼之文不知有其义，读礼之义不知有其文。[①]

虽然杨复针对其重修的《续祭礼》体例变更原因而言，实为总结朱子《礼书》通例而获得的结论。由杨复所言可知，礼义是为了解释礼仪内容，故《本宗服图》下附有制服轻重之义当无可置疑。黄榦《丧服图式》的创作目的正如我们前文所转引杨复《续丧礼》序文所言是以《续丧礼》过于繁杂而创作的，而由此可以确认黄榦是以其《续丧礼》为基本内容创作《仪礼丧服图式》，正如杨复所言：

> 勉斋先生尝曰："此两条是一类事，皆是无服为位而苦，又有妇人倡踊，与子为主一节与其它条不甚相类，合附何处，拟议未定者久之，今不幸梁木其坏，无从订定。又礼编十五卷系成书，无从附入，姑附于此。"[②]

此条文献除了可证明《丧服图式》为杨复所修订及《丧服图式》基本

---

① 《仪礼经传通解祭礼义例》//《杨复再修仪礼经传通解续卷祭礼》，第7页。
② 《丧服图式》//《仪礼经传通解》，第2090页。

为黄榦所创设的结构之外，亦可证明杨复前文所言《丧服图式》创作目的为弥补《续丧礼》不足之处，而其体现于《丧服图式》的内容中就呈现了以概括《续丧礼》及弥补《续丧礼》的双重目的，由此亦可获知黄榦《仪礼丧服图式》较杨复《仪礼图》为详细的内在原因。

其次，杨复集朱子、黄榦礼学思想创新成果，完成了朱子学派礼学的创新过程。

杨复礼学是在继承朱子、黄榦的礼学思想基础上的创新成果，详见本书第四章第三节。本部分仅关注杨复礼学成果的历史评价。

杨复的礼学成果，正如四库馆臣所言，具有创始之功，而其创造礼图的渊源是朱子的礼图思想，但是礼图是礼例的更高层次综合，其最终能够成图的一个关键性环节正是礼例思想。从朱子的索引式礼例到黄榦完成抽绎礼例，到杨复利用礼例制作图表，详见第四章。这个过程可获证于杨复《仪礼图》。杨复《仪礼图》对《仪礼》十七篇经文进行分章，再删减注疏而形成文本，并在此文本基础之上制作了礼图，正如四库馆臣所言：

> （杨复）录十七篇经文，节取旧说，疏通其意，各详其仪节陈设之方位，系之以图，凡二百有五，又分宫庙门、冕弁门、牲鼎礼器门，为图二十有五，名《仪礼旁通图》，附于后。[①]

杨复《仪礼图》及《仪礼旁通图》呈现的制作原则是以经文为依据，据旧说来疏通经文，其制图的最重要前提正是确定文本内容，其方法正是依据礼例的内容来推导完成的内容。至于礼例的发展过程是由朱子从索引式按语的礼例初级形式到黄榦抽绎礼例而发展完成的，详见第四章。

最后，杨复《续祭礼》融合了朱子、黄榦礼学思想中注重文献与实用礼学双轨运行的礼学特质而形成一个完整体系。

不管是传统的史学家、礼学家，或是现代朱子学家，他们对朱子、黄榦的礼学思想的解读，均存有两个不同的向度。一是偏重于朱子、黄榦礼

[①] 《四库全书总目》，第 160 页。

学的实用礼学内容，主要是依据《家礼》《朱子语类》《晦庵集》立论。①一是偏向于朱子、黄榦礼学文献内容方面的建树，他们最重要的依据正是朱子、黄榦编撰的《通解》。② 不管研究者如何解读朱子、黄榦的礼学成就均不离这两方面内容，即使看到了上述情况的学者亦只能分开论述，③ 其最重要原因是朱子、黄榦未能够把实用礼学与礼学文献完全融为一体。这在朱子《乞修三礼劄子》中已经体现得非常明显，亦可于《朱子语类》中关于如何使用《通解》的相关言论了解朱子编撰《通解》的真正目的及其使用说明。

与《通解》朱子、黄榦编撰部分不同，杨复在礼学材料的使用方面进行了大胆的创新，最重要特点是引入了朝廷的奏议及朝廷的具体礼仪实践内容。把礼学制度史引入礼学经学文献之后，使礼学文献成果借助宋朝家法的政治传统来推行《通解》，用经学理论来统摄礼学实践与礼学文献。这两个成果的共同特征是实现了礼学文献与实用礼学的紧密结合目标，并把礼学文献与实用礼学放置于同一平台和谐运行，形成合礼学文本与礼学实践为一体的礼学体系，融合了朱子、黄榦两人始终存在实用礼学与礼学文献双轨运行的礼学思想体系，开创了朱子学派的礼学新传统。正如叶纯

① 殷慧《朱熹礼学思想研究》第四章讨论朱熹《仪礼》学思想，从《家礼》的辨伪及保留于《朱子语类》《晦庵集》等材料来解读《通解》的编撰及其地位，而对《通解》仍属于外围材料的考证而已，并未深入文本来分析朱子的礼学思想。蔡方鹿《朱熹经学与中国经学》考察朱子礼学亦主要从《朱子语类》《晦庵集》来研究《通解》的特点。参见《朱熹礼学思想研究》，第 57~137 页。《朱熹经学与中国经学》，第 434~453 页。

② 依据《通解》来研究朱熹、黄榦的礼学思想主要有两篇文章，一篇是孙致文的博士学位论文《朱熹〈仪礼经传通解〉研究》，一篇是钱莹科硕士学位论文《〈仪礼经传通解·丧礼〉整理方法研究》，其中，钱莹科借用孙致文的研究方法来研究黄榦《续丧礼》。这两篇文章的研究方法相似，均是以《通解》处理篇章结构、传注等的检讨与修正及解经特征。参见孙致文《朱熹〈仪礼经传通解〉研究》，台北：台北大学中国文学研究所博士学位论文，2003 年 7 月。钱莹科：《〈仪礼经传通解·丧礼〉整理方法研究》，上海：华东师范大学硕士学位论文，2010 年 5 月。

③ 何俊的《南宋儒学的建构》称"在朱学的文本建设上，黄榦另一项重要的工作是对《礼书》的诠释。"虽然何俊声称"《仪礼经传通解》的完成，对于朱学而言，不仅有文本建设的意义，而且具有实践的意义"，但是我们细考何俊后文的论述却只字未提黄榦对《续丧礼》进行的推广，而只言其推广《仪礼》成果而已，故何俊又言："如果说文本建设作用的发挥需要长时段来呈现，那么仪礼推广的影响足以迅速地产生教化效用"，而何俊此言亦透露出了其对黄榦推广实用礼仪的贡献的评价更高。参见何俊《南宋儒学的建构》，第 313~316 页。

芳所言：

> 杨复为《经传通解》补撰《祭礼》，立足明确的经学理论，网罗
> 汇聚经传资料，连历代礼制、奏议也在同一经学理论的平台上讨论是
> 非，是史寓于经。杨复另撰《仪礼图》、《家礼》注，努力使《家礼》
> 尽量接近《仪礼》。《仪礼图》、《家礼》注与《祭礼》三部著作，形
> 成一个共同的体系，互相之间有重叠而无矛盾。朱熹所关心的经学、
> 礼议、礼俗等不同方向，可以说在杨复的调和下达到了一种统一。①

叶纯芳针对的是杨复《续祭礼》《仪礼图》《家礼》而言，即使单以杨复
《续祭礼》而言亦可成立。此暂不详述，详见第四章第三节。

综上所述，朱子以扭转世俗风气为目标开创《通解》的编撰工作，黄
榦则是继承并巩固朱子礼学发展新成果，培养礼学的后备人才，完成承上
启下的历史任务，而杨复继承朱子、黄榦的学术传统，把道统思想引入朱
子学派的礼学领域，完成朱子礼学新传统的建构过程。

---

① 《杨复再修仪礼经传通解续卷祭礼导言》∥《杨复再修仪礼经传通解续卷祭礼》，第 42 页。

第三章

《仪礼经传通解》 的文献研究

《通解》在处理各类文献方面做出了许多创新性工作，尤其是《周礼》《仪礼》及大小戴《礼记》之间的关系，礼学文献与诸经的关系，礼学文献与诸子学的关系，礼仪与礼义的关系四个方面均做出了创造性处理，而这四个方面正是朱子生平礼学文献思想的典型体现。

第一节　四礼关系研究

四礼是指《周礼》《仪礼》与大小戴《礼记》，他们构成《通解》最重要的文献来源。他们之间的关系是《通解》编撰工作最先遇到的问题，故我们将以《通解》中有关四礼的直接材料为依据考察朱子关于四礼关系的内在思想理论体系，其他资料均作为佐证。

一　四礼无经传关系

经，指历来被尊崇为典范的著作或宗教的典籍。亦指记载一事一艺的专书。① 而记是"记经不备，兼记经外远古之言"，② 传是"阐述经义的文字"，③ 至于具体论述过程，详见本章第四节。经与传从定名时刻起，具有主从关系，即由传注来解释经文。朱子虽未明确界定经与传之间的关系，但是在长年讲学中，他不断阐述经与传之间的关系，《朱子语类》载：

---

① 《辞海》编撰委员会：《辞海》，上海：上海辞书出版社，1989，第3043页。

② 《仪礼注疏》，第1004页。

③ 夏征农主编《辞海·语词分册：音序本》，上海：上海辞书出版社，2003，第146、1479页。

"《仪礼》是经,《礼记》是解《仪礼》。如《仪礼》有冠礼,《礼记》便有《冠义》;《仪礼》有《昏礼》,《礼记》便有《昏义》,以至燕、射之类,莫不皆然。只是《仪礼》有《士相见礼》,《礼记》却无《士相见义》。后来刘原父补成一篇。"文蔚问:"补得如何?"曰:"他亦学《礼记》下言语,只是解他《仪礼》。"①

本条是陈文蔚戊申（1188）以后所记录的内容。朱子概括了经与传之间的关系,即《仪礼》是经,《礼记》是传,传的功能是用于解释经。而经与传、注之间的关系,朱子《考欧阳文忠公事迹》还说:

李本云:公尝谓:"世之学者,好以新意传注诸经,而常力诋先儒。先儒于经不能无失,而其所得者固多矣。正其失可也,力诋之不可也。"其语在《诗谱后序》。又谓:"前儒注诸经,唯其所得之多,故能独出诸家而行于后世。"②

此文所言的传注并非解经的专有文体,但是据许慎《说文解字》所载:"又文书亦谓之传。《司关》注云:'传,如今移过所文书是也。'引伸传递之义,则凡展转引伸之称皆曰传。而传注、流传皆是也。"③ 朱子所用正是传注的引申义。虽然转引自欧阳修的观点,但他直接引用此文献且无任何补充说明,当可确定朱子赞同此观点,即传注是用于解释经文。经与传注的这种观念成为朱子在《通解》中处理四礼关系的标准。

但是前述陈文蔚所记载内容却被简单处理成《仪礼》与《礼记》关系的定论,并被运用到解释《通解》文献处理的原则,忽视了《通解》的具体编撰情况。与之相似,现有研究作品还引用《乞修三礼劄子》的观点,即"《周官》一书,固为礼之纲领,至其仪法度数,则《仪礼》乃其本经,而《礼记》《郊特牲》《冠义》等篇乃其义说耳"。④ 由此取得了基本

---

① 《朱子语类》,第 2899 页。
② 《晦庵先生朱文公文集》,第 3431 页。
③ （汉）许慎撰,（清）段玉裁注《说文解字注》第八篇上,上海:上海古籍出版社,1988,第 377 页。
④ 《晦庵先生朱文公文集》,第 687 页。

一致的观点，即朱子的礼学思想是以《仪礼》为经，《礼记》为传，《周礼》为纲，^① 也就是两则材料均被用于论证朱子是以《仪礼》为经，《周礼》《礼记》则是辅助《仪礼》的材料，正如叶纯芳所言：

> 他们讨论的主要根据是朱子的《文集》与《语录》，除了有关片面结构的讨论之外，几乎完全看不到对《仪礼经传通解》具体内容的分析，尽管他们众口一词地认为《仪礼经传通解》是朱熹最重要的礼学著作。究其原因，除了学术界向来缺乏分析像《仪礼经传通解》这种经学著作的有效方法，文献本身的问题无疑也形成了一个很大的障碍。^②

叶纯芳概括了当前学术界研究朱子礼学思想的瓶颈，即研究朱子礼学思想主要以《文集》或《语类》等外围材料来论述朱子礼学思想，难以深入朱子礼学思想的核心领域，其原因有两方面：一是缺少分析《通解》的有效研究方法；一是缺乏文献。

在朱子时代，《周礼》《仪礼》与大小戴《礼记》均是官方经学。我们把他们的关系作为重点研究内容，主要居于以下两方面原因：一方面，四礼之间的地位问题，尤其是《仪礼》与大小戴《礼记》之间的关系是朱子时代学术热点问题，也是朱子编撰《通解》所重点关注的问题。另一方面，四礼在《通解》中的地位问题仍是当前学术界重点研究的课题之一，如蔡方鹿《朱熹经学与中国经学》和孙致文《朱熹〈仪礼经传通解〉研究》差异极大，尚未达成共识。^③ 由此，考察四礼之间的关系便成为本书的第一要务。

有关四礼在《通解》中的地位问题，孙致文已有深入研究，现将其重要成果全引如下，一来不掩其成果，二来有助于我们后文的论述。他说：

> 在《通解》所建立新的经、传结构中可发现，为了组成新的篇

---

① 各方观点的具体表述虽有差异，但是他们的核心思想均是如此，如蔡方鹿《朱熹经学与中国经学》、殷慧《朱熹礼学思想研究》等。参见《朱熹经学与中国经学》，第 453 页。《朱熹礼学思想研究》，第 245 页。

② 《杨复再修仪礼经传通解续卷祭礼导言》//《杨复再修仪礼经传通解》，第 2 页。

③ 具体参见《朱熹经学与中国经学》，第 453 页。《朱熹〈仪礼经传通解〉研究》，第 98 页。

章，朱子改变了传统的经传关系。为了组成新的"经"，朱子的作法有：（一）移经补经；（二）升记补经；（三）升注补经；（四）掇拾古籍以补经。为了产生组成的"传"，作法则又有：（一）退经为传；（二）升注、疏补传；（三）掇拾古籍以补传；（四）拟古补传。"拟古补传"则又有：刘敞补传、朱子补传两类①

孙致文具体论述了上述原则，总结朱子编撰《通解》的新成就是"一方面，传统'经、记、传'的功能，被朱子援用至《通解》；但另一方面，朱子又打破传统典籍原有的'经、传、记'的属性。因此，在《仪礼经传通解》一名之下，朱子创造了新的经、传、记篇章"。②孙致文考察了《通解》编排四礼的经传关系，乃至于四礼与其他古籍材料关系的具体方法，却缺少考察朱子有关经传关系的思想，使其论述过程失之于零散与琐碎，丧失了进一步考察朱子礼学思想的机会。因此，本书将重点展开论述四礼关系问题。在孙致文研究成果的基础上，我们以《通解》朱子编撰部分所呈现的四礼关系为依据，解开朱子礼学思想。至于四礼与其他典籍的关系，留待下节再行考论。

居于以上原因，我们不能把《通解》当成朱子礼学思想的唯一载体，但是《通解》代表了朱子礼学思想定型后的产品，则可确定。以《仪礼》与《礼记》之间关系为例，前述朱子观点即《仪礼》为经，《礼记》为传，而在《通解》中，朱子则摒弃这个原则，按照五礼实行过程来编撰材料。为了避免脱离中心论题，我们把《通解》中各条材料的具体组织原则与方法置于后文，本部分重点考察《仪礼》与大小戴《礼记》《周礼》之间是否存在所谓的经与传注之间的主从关系问题。我们将以《通解》对四礼材料的选择及其运用为依据研究朱子的礼学思想，但因《通解》属礼学资料汇编，我们无法把所有资料全部罗列于文章中，兹举数例以论证四礼之间不存在经与传注关系。

一方面，经传关系是由礼学材料本身于《通解》编撰体系中的功能所确立的。

---

① 《朱熹〈仪礼经传通解〉研究》，第98页。
② 《朱熹〈仪礼经传通解〉研究》，第106页。

诸多论者论定《仪礼》被朱子当作礼经来看待，但是在《通解》中的具体情形如何，则因尚未深入研究《通解》而被简单概述，缺少严密论证过程。孙致文说：

> 今日所见《通解》的编排法，虽然仍秉持以《礼记》阐释《仪礼》的理念，并以"《冠义》附于《士冠礼》之后"的类型排纂；但配附时，《礼记》原篇已被拆散。……《通解》中的《冠义》篇，仅次于新编次后的《士冠礼》篇；确实具有"以传配经"的面貌。然而《通解》《冠义》一篇于篇首，先低一字以"传曰"起始，引用《礼记·郊特牲》一段文句，其后正文又由多种典籍相关文句组成。……由此结构看来，《通解》中的《冠义》篇，不但具有《士冠礼》的传得性质；另一方面，《冠义》又自有经、传之分。在引录格式上，新产生的《冠义》篇，与由《仪礼·士冠礼》分章编次而成的《士冠礼》篇，齐头等高。这似乎又模糊了《通解》中《士冠礼》、《冠义》两篇之间经、传的关系。①

孙致文创造性地提出了一个历来被研究者忽视的重大问题，即《通解》的具体编撰过程与朱子对礼书的设想之间存在极其巨大的差异。虽然孙致文只是举《冠义》与《士冠礼》之间的经传关系，但是我们认为孙致文的观点在《通解》中可以找到非常多的证据材料，完全可以成立。只是孙致文受朱子编撰《通解》前与其友人书信或者讲学中所言《通解》有经、传之别的影响，仍然在《通解》中硬划出具有经、传关系的各篇内容，② 其依据是"从《通解》结构看来，'上、下'表示两篇具有'经'、'传'的关系"。③ "凡

---

① 《朱熹〈仪礼经传通解〉研究》，第95页。
② 孙致文《朱熹〈仪礼经传通解〉研究》全列出其所认为具有经、传关系的各篇，我们把其内容转引对照如下：《士冠礼》与《冠义》；《士昏礼》与《昏义》；《士相见礼》与《士相见义》；《乡饮酒礼》与《乡饮酒义》；《乡射礼》与《乡射义》；《学制》与《学义》；《钟律》与《钟律义》；《燕礼》与《燕义》；《大射礼》与《大射义》；《聘礼》与《聘义》；《公食大夫礼》与《公食大夫义》；《诸侯相朝礼》与《诸侯相朝义》；《觐礼》与《朝事义》；《历数》与《卜筮》；《夏小正》与《月令》；《乐制》与《乐记》。按：除了此处的《钟律义》落下一个义字外，本书已全引其经与传关系的各篇篇名，其中前者为经，后者为传。参见《朱熹〈仪礼经传通解〉研究》，第97~98页。
③ 《朱熹〈仪礼经传通解〉研究》，第97页。

于篇次标以'下'字者，即属该篇次'上'的'传'。其他各篇（包括各篇次'上'，及未分上下者）即属于经。"① 孙致文总结说：

> 《通解》自有一套经、传的认定，而非只是简单地以"《仪礼》为经、《礼记》为传"。②

综观其论证过程，非常严密，结论也合理，但是孙致文虽然贯穿了其经传区别的原则，即"原先'传''记'都是记事立论的著作，以区别于周公所著的典章制度。汉代以后为了推尊圣人，因此以'经'称圣人的著作；并称阐述'经'的所见所闻'传'。由此，经、传又具有主从关系。赵翼《陔余丛考》'古人著书，凡发明义理，记载故事，皆谓之传'"。③但是他疏忽了一个重要问题，即《通解》中虽存有通篇内容分为上下之间关系的情况，而更多篇章无此情况，如属于《家礼》的《内则第五》《内治第六》《五宗第七》《亲属记第八》；属于《乡礼》的《投壶礼第十一》；属于《学礼》的《弟子职第十八》《少仪第十九》《曲礼第二十》《臣礼第二十一》《诗乐第二十四》《礼乐记第二十五》《书数第二十六》（今缺）《学记第二十七》《大学第二十八》《中庸第二十九》《保傅第三十》《践阼第三十一》《五学第三十二》共十八篇之多，占到《篇第目录序题》中所提及四十二篇的四成多。据孙致文的标准，这些将近一半的篇目均是经文，而他们又均没有传，与这些篇目中属于讲究礼义内容的篇章如《亲属记第八》《礼乐记第二十五》《学记的二十七》等，和孙致文所言的讲究礼仪的经文之间又形成鲜明的反差。如此多的例外，已然导致孙致文所总结出来的原则形同虚设，不具有普适性功能。

至于经传关系的内容是否完全消失了呢？显然不是。正如前引孙致文观点，《士冠礼》《冠义》中均有经、传。这可推及《通解》全文，亦可求证于由朱子的礼学观念推导而得的结论。这便是时的观念。《朱子语类》载：

---

① 《朱熹〈仪礼经传通解〉研究》，第98页。
② 《朱熹〈仪礼经传通解〉研究》，第98页。
③ 《朱熹〈仪礼经传通解〉研究》，第91页。

> 胡兄问礼。曰："礼，时为大。有圣人者作，必将因今之礼而裁酌其中，取其简易易晓而可行，必不至复取古人繁缛之礼而施之于今也。古礼如此零碎繁冗，今岂可行！亦且得随时裁损尔。孔子从先进，恐已有此意。"①

此条为沈偁戊午（1198）以后所闻录的内容。此处记载了朱子的礼学思想是要随时代变化而更新礼仪。可惜的是诸多学者对此条内容的重要性认识不足，没有深入研究其背后的重要问题，即朱子设想如何来落实礼仪的时时更新问题。事实上，朱子对其方法已有过深思熟虑了，即依据古礼制作的本义来制定新的礼仪。他说：

> 古礼于今实难行。尝谓后世有大圣人者作，与他整理一番，令人苏醒，必不一一尽如古人之繁，但放古之大意。②
>
> 古礼难行。后世苟有作者，必须酌古今之宜。若是古人如此繁缛，如何教今人要行得！古人上下习熟，不待家至户晓，皆如饥食而渴饮，略不见其为难。本朝陆农师之徒，大抵说礼都要先求其义。岂知古人所以讲明其义者，盖缘其仪皆在，其具并存，耳闻目见，无非是礼，所谓"三千三百"者，较然可知，故于此论说其义，皆有据依。若是如今古礼散失，百无一二存者，如何悬空于上面说义！是说得什么义？须是且将散失诸礼错综参考，令节文度数一一着实，方可推明其义。若错综得实，其义亦不待说而自明矣。③

前条为黄义刚癸丑（1193）以后所闻录的内容，后条为叶贺孙辛亥（1191）所闻录的内容。前者说不必尽如古人之礼，只要模仿古代礼仪的大义来整理后世礼仪。后者认为不必在意古代礼仪内在的礼义，而只要专注于古代礼仪就可以了。这两条语录的礼学思想正好相反，但是令人深思的是这两条完全相反的观点却在《朱子语类》中编排在相邻位置，虽无足

---

① 《朱子语类》，第 2877 ~ 2878 页。

② 《朱子语类》，第 2877 页。

③ 《朱子语类》，第 2877 页。

够文献来断定这是宋人对朱子礼学思想的理解结果，但是这两条语录的排列位置客观上帮助我们看清朱子礼学思想的不同侧面，又正好和谐地共存于《通解》当中。前条是重视各种礼义，后者则是重视古代礼仪，两者均服务于《通解》的编撰目的。朱子编撰《通解》的目的完全体现在前引《乞修三礼劄子》中，即一是要恢复《仪礼》的经学地位，二是要扭转因当时不了解礼仪的内在礼义，造成无从得知礼仪根源的困境。与此相对应，《通解》的体例就是前有礼仪，后有礼义。事实上，这两者才构成完整的礼学体系，已非传统经学中的经与传注之间的问题。《通解》中的礼仪内容，体现了朱子尊重古代礼仪而避免空谈礼义思想，而后者则是发明古代礼仪的内在礼义，为现实制定实用礼仪提供理论指导，达到其所要求的"放古之大意"。因此，孙致文所概括的规则之外所存大量例外现象的问题，自然迎刃而解了，而且能够整体看待《通解》的结构，避免人为割裂《通解》内在结构而臆测其中规律。

正是《通解》的经与传关系，已非传统经学的经传关系，而是每篇之内均存有经传关系，具体篇与篇之间的关系也是由依据其礼学的实用目的编排次序，如前述"上、下"篇之间的关系。至于无古代礼仪的篇章，直接以古人说礼而留下的礼义内容构建篇章，服务于制作礼仪的现实目的。关于《通解》中的每篇文章内的经传材料来源问题，留待下文。

另一方面，各种礼学材料因《通解》的编撰目的而确立其具体地位。

前引《乞修三礼劄子》已对《通解》编撰目的言之甚详，其距离《通解》的正式编撰仅一年多的时间，当为可信。这个编撰目的决定了《通解》的编撰体系是以追溯礼仪来源及礼仪内涵为目的，由此决定了各种礼学材料依据其内容而确立各自的经传地位。

首先，《仪礼》的残缺不全使得朱子不得不大量补充大小戴《礼记》《周礼》中的文献进入《通解》的经文范围。

朱子编撰《通解》的一个重要原因是礼乐崩坏。《乞修三礼劄子》曰：

> 六经之道同归，而《礼》、《乐》之用为急。遭秦灭学，《礼》、《乐》先坏。汉晋以来诸儒补辑，竟无全书，其颇存者，三礼而已。[1]

---

[1] 《晦庵先生朱文公文集》，第 687 页。

正因礼乐崩坏，且并无完整的礼书，而三礼仅为"颇存"而已，尚有缺失，由此才使朱子决定编撰《通解》。以《仪礼》为例，朱子念念不忘的是历史上曾经存在过的五十六篇本。《朱子语类》载：

> 先王之礼，今存者无几。汉初自有文字，都无人收拾。河间献王既得雅乐，又有礼书五十六篇，惜乎不见于后世。是当时儒者专门名家，自一经之外，都不暇讲，况在上又无兴礼乐之主。故胡氏说道，使河间献王为君，董仲舒为相，汲黯为御史，则汉之礼乐必兴。这三个差除，岂不甚盛。①

朱子对五十六篇本《礼书》甚为在意，不仅有"惜乎不见于后世"之念，更是因此书之失传，而言及现有《仪礼》之内容的不足问题。《朱子语类》载：

> 上古礼书极多，如河间献王收拾得五十六篇，后来藏在秘府。郑玄辈尚及见之。今注疏中有引援处，后来遂失不传。可惜！可惜！《仪礼》古亦多，今所余十七篇，但多士礼耳。②

此为沈僴戊午（1198）以后所闻的内容。朱子对五十六篇本的礼书的遗失存有强烈的可惜之情，且对现存《仪礼》则仅有十七篇，且多士礼，并不完整，持不满意的态度。与此同时，朱子对《仪礼》的内容性质亦不甚满意。《朱子语类》载：

> 陈振叔亦尽得。其说《仪礼》云："此乃是仪，更须有《礼书》。《仪礼》只载行礼之威仪，所谓'威仪三千'是也。礼书如云'天子七庙，诸侯五，大夫三，士二'之类，是说大经处。这是礼，须自有个文字。"③

---

① 《朱子语类》，第 2898 页。
② 《朱子语类》，第 2899 页。
③ 《朱子语类》，第 2900 页。

此文为叶贺孙辛亥（1191）以后所闻录的内容。朱子完全同意了陈振叔的观点，《仪礼》是仪，只记载行礼的威仪而已，并非完整的礼书。所以非常有必要在《仪礼》基础上对其进行修订，补充"大经处"的文字。清儒皮锡瑞《经学通论》引用上述内容之后注曰：

> 《仪礼经传通解》有《王朝礼》即是说大经之文字。制度虽不可略，然不如冠昏丧祭之礼可以通行。①

皮锡瑞点出了《仪礼》所缺少的内容之一是《王朝礼》中的制度。但是《王朝礼》只是皮锡瑞氏所举的一个例子，还不足以完全概括朱子评议陈振叔的观点，即《仪礼》仅是仪，缺少与仪相配合的大经文字。至于"大经"文字的具体内容，皮锡瑞举《王朝礼》显示其已经看到了朱子编撰《通解》的目的，即补充《仪礼》的不足之处，而皮锡瑞隐含的另一层意思是《通解》在《仪礼》篇目之外的内容均可以当作朱子所要补充的"大经处"，因为前述沈僩所记载内容已显示，朱子可惜现有《仪礼》为士礼，未涉及天子、诸侯、大夫等各层人士的活动内容，而《通解》所补充的内容亦正是吸收了《周礼》与大小戴《礼记》中的此部分内容。另外，我们在《通解》朱子编撰部分亦可看到《仪礼》固有篇目内容很少添加其他内容，主要增加《仪礼》原本所缺少的内容。

与《仪礼》不同，《周礼》与大小戴《礼记》中含有许多皮锡瑞氏所言的"制度"文字，如王朝的礼制主要采纳《周礼》的内容，而小学制度等内容亦可在《礼记》中找到内容，如《大学》《中庸》等篇目。

因此，《仪礼》缺少了《王朝礼》等制度内容促使朱子采纳了《周礼》、大小戴《礼记》等内容，而其内容进入了经的范畴则属水到渠成之事了。

其次，《仪礼》的经记合体的形式决定了《仪礼》与《周礼》《礼记》在具体编撰过程中礼学资料的地位平等性。

《仪礼》原名为《礼记》，后因大小戴《礼记》被命名为《礼记》，故

---

① 中华书局本《经学通论》为"《礼仪经传通解》"当误，现径改。参见《经学通论·三礼》，第13页。

《仪礼》的《礼记》之名为大小戴《礼记》所夺，此为经学史的常识，无须我们置喙。细考《仪礼》亦可发现其有经有记，单《仪礼》已区分经与记，而朱子在编撰《通解》的过程中有拆分《仪礼》的记文，或者提升《仪礼》的记文为经的情况，如前文孙致文所言"升记补经"已涵盖了此种情形。

在上述过程中，朱子已经打破了其本人在《朱子语类》及《乞修三礼劄子》中所说的原则，即打破了《仪礼》整体文献为经的原则了。朱子打破《仪礼》为一整体文献的依据是他认为《仪礼》中的文字并非全是孔子所作。《朱子语类》载：

> 子升问："《仪礼》《传》、《记》是谁作？"曰："《传》是子夏作，《记》是子夏以后人作。"子升云："今《礼书》更附入，后世变礼亦好。"曰："有此意。"①

此条为钱木之丁巳（1197）所闻录的内容。朱子虽未言及所说内容，但是细考《仪礼》可知，《仪礼》经文有传的篇章仅有《丧服》，而记文则是遍布各篇，既然传与记的内容为子夏与子夏以后人所作，则其文献的地位当然与《周礼》《礼记》文献相差无几了。

由此可见，在朱子的思想中，《仪礼》的内容并非均属经文，仅属保存礼学内容的典籍之一而已。因此，《通解》移动《仪礼》的内容构成新的文献，呈现了《周礼》《仪礼》与大小戴《礼记》在实际编撰过程中均是拆分后再次重构的情况，② 由此构成《通解》的礼学资料库。

当然，《仪礼》是"古全书"，③ 所拆分的内容较少，基本保留了现有

---

① 《朱子语类》，第 2899 页。
② 拆分《周礼》一事是朱子早已言之。《朱子语类》卷第八十四有言："《周礼》自是全书。如今礼书欲编入，又恐分拆了。《周礼》殊未有所处。"朱子在此虽担忧拆分了《周礼》，但是我们细考《通解·王朝礼》可见，《周礼》被逐条拆分，成为《通解》各篇的有机构成部分，而对于本非属于一书的《礼记》，朱子更是在《朱子语类》中多处言及可以拆分了。如《朱子语类》卷第八十四云："若《曲礼》、《玉藻》诸篇皆战国士人及汉儒所裒集，《王制》、《月令》、《内则》是成书，要好"云云，则朱子从《礼记》。本书则认为诸多篇章本属战国时人及汉儒汇辑古代礼学资料而成，拆分其内容则无任何障碍了。细考《通解》中的内容亦可佐证我们的判断。参见《朱子语类》，第 2888 页。
③ 《朱子语类》，第 2888 页。

《仪礼》各篇的主体内容，只是移动了其记文的位置而已。虽然少，但是这仅意味着朱子较为认可《仪礼》的固有内容较为适合《通解》礼学体系而已，并不代表《仪礼》为经的地位，因为《周礼》《礼记》经过拆分之后亦构成了《通解》的经文与传文等多处文献的内容，并未与《仪礼》中的材料使用方法有任何实质上的差异。

最后，《周礼》《礼记》文献内容的复杂性决定了其与《仪礼》之间地位的不确定性。

《乞修三礼劄子》所言《仪礼》为经，《礼记》为传的单纯情况并未发生，因为朱子在《乞修三礼劄子》中所言内容均以《仪礼》、《周礼》、大小戴《礼记》为整体来看待，但是我们从上文《仪礼》的情形已经可清晰看到其文本存有经文和传记两部分内容了，而朱子在处理记文时又移动其位置，并有提升为经文的情况，而比《仪礼》更显复杂的是《周礼》《礼记》的文本情况。朱子认为《周礼》的内容并非普通礼学资料，而仅是礼学条目。《朱子语类》载：

> "《周礼》自是全书。如今《礼书》欲编入，又恐分拆了《周礼》，殊未有所处。"因说："《周礼》只是说礼之条目，其间然有文字，如'八法''八则''三易''三兆'之类，须各自别有书。"①

朱子认为《周礼》只是说礼的"条目"，与《乞修三礼劄子》中所言"纲目"大体相同，但是《周礼》中又有其他非礼学的资料，如"八法八则""三易三兆"的内容，亦符合《周礼》的实际情形，而前半部分担忧拆分《周礼》，后半部分言及《周礼》非全部礼学资料，已为后来《通解》采纳《周礼》中的礼学资料的方法埋下了伏笔，即删除《周礼》中与礼学无关的资料，而礼学资料则依据《周礼》各官职务内容进行归类。当然，我们并未从《朱子语类》《晦庵集》中看到朱子有此方法的论述，但是我们在《通解》中随处可见《周礼》的资料以各官的职责为单位进行划分，如《王制之丙王礼》《王制之丁王事》《王制之戊设官》等。

《周礼》尚属全书，而《礼记》则是直到汉代才成书，其内容驳杂程

---

① 《朱子语类》，第 2889 页。

度为三礼学之最，朱子对其情形甚为清楚。《朱子语类》载：

> 问礼书。曰："惟《仪礼》是古全书。若《曲礼》、《玉藻》诸篇皆战国士人及汉儒所裒集。《王制》、《月令》、《内则》是成书。要好，自将说礼物处，如《内则》、《王制》诸篇附《仪礼》成一书，如中间却将《曲礼》、《玉藻》又附在末后；不说礼物处，如《孔子闲居》、《孔子燕居》、《表记》、《缁衣》、《儒行》诸篇，却自成一书。《乐记》文章颇粹，怕不是汉儒做，自与《史记》、《荀子》是一套，怕只是荀子作《家语》中说话犹得……"①

此条为叶贺孙辛亥（1191）以后所闻录的内容。所谓"附《仪礼》成一书""又附在末"仅是概括言之，具有空想成分，因为我们以上述内容按之《通解》朱子编撰部分可知，并无全文附之于后的情形。但是此条文献仍旧具有极高价值，因为朱子在此把《礼记》中的内容分为了三种，其复杂程度已远超过了《周礼》《仪礼》的情况了。由此形成了大小戴《礼记》在《通解》的编撰过程中被分割为经与传记各部分内容均有的情形，而这与《周礼》《仪礼》的情形亦无实质性的差异了。

二 五礼的实行过程：确立文献为经文的根本依据

上文已界定了经与传注之间的关系在朱子礼学观念中的地位，我们由此确定朱子处理四礼关系主要依据《通解》的内在结构。至于每则礼学材料的具体经传定位问题，则是本部分将要重点解决的问题，由此解决四礼关系确定原则的难题。

一方面，四礼均是礼学的重要材料，均是服务于礼学实践。

《通解》是朱子根据其礼学观念所编订的礼书，在其定稿的二十三卷中得到全面执行，而其礼学观念正是确立四礼文献在《通解》中地位的依据。为此，求证四礼文献材料在《通解》体系中的地位问题需要我们从朱子编撰礼书的目的着手，再据其具体礼学观念进行细分。《朱子语类》载：

---

① 《朱子语类》，第2888页。

> 问:"所编礼,今可一一遵行否?"曰:"人不可不知此源流,岂能一一尽行?后世有圣人出,亦须着变。夏、商、周之礼,已自不同,今只得把周之礼文行。"①

此条为叶贺孙辛亥(1191)以后所闻录的内容。朱子在此阐述了他对其所编礼书即《通解》的目的有两方面:一是追述各项礼仪的源流,二是为后人制礼提供基础礼学材料。对于第二个目的,众多研究者已达成共识,② 却遗漏了第一个目的,导致了研究朱子编撰《通解》及其礼学思想的相关成果出现了不少偏颇之处。③

为了弥补现有研究的不足之处,笔者拟从《通解》所载各项具体礼仪源流来重新审视四礼材料的编撰顺序与地位问题,但限于《通解》朱子编撰部分的有关礼仪达到三十大项之多,④ 实难一一求证,只能选取经典礼仪来进行解剖以管窥《通解》的内在体例。本书选取《士冠礼》作为典范来探究《通解》的内在规律,依据如下。

《士冠礼》为《通解》首篇,且朱子在《士冠礼第一》的解题时也直接以冠礼作为诸礼之首,他说:

---

① 《朱子语类》,第 2886 页。

② 蔡方鹿认为朱子礼学的指导思想是"在古礼的基础上加以减杀,以从今世俗之礼,求其可行者而行之。并将此原则运用于所集之《礼》书,指出如果一一尽从古礼,其势也行不得。"(《朱熹经学与中国经学》,第 459 页)束景南则认为"朱熹的《礼》学,一方面是要从学术上以《仪礼》为经,建立一个融汇三《礼》的统一体系;另一方面是要从政治上以《周礼》为纲,建立一个社会政治制度的理想体系,从而把《礼》学业纳入他的理学体系中"。邓艾民也认为:"至于重修礼制,他(朱子——引者注)也主张因时制宜。")我们认为以上学者的表述虽有差异,其论述的中心也各有差异,但均认为朱子礼学思想是礼要根据时代变化而发展,并服务于其时代需要。参见《朱熹经学与中国经学》,第 459 页;束景南:《朱熹研究》,北京:人民出版社,2008,第 322 页;邓艾民《朱熹与朱子语类》∥(宋)黎靖德编,王兴贤点校《朱子语类》,北京:中华书局,1994,第 17 页。

③ 过分强调《通解》一书的现实政治意义和世俗意义,而没有对其中的内容进行细读,难以真正进入原文的解读环节,如:殷慧认为《通解》的编撰处于两个层面:一是学术层面对宋代礼学研究的反思与纠偏,一是现实层面是礼制论争中屡屡受挫后的学术反思;或者是像孙致文以《通解》一书细节来解读而忽视整体性研究的弊端。参见《朱熹礼学思想研究》,第 92～107 页;《朱熹〈仪礼经传通解〉研究》,第 27～105 页。

④ 据《仪礼经传通解·篇第目录》所载,《通解》朱子编撰部分的各项礼仪有家礼六大项、乡礼四大项、学礼十五大项、邦国礼五大项。参考《仪礼经传通解》,第 30～40 页。

传曰：夫礼始于冠，本于昏，重于丧、祭，尊于朝、聘，和于射、乡，此礼之大体也。①

此为《通解》的文首。朱子特意选择《礼记·昏义》的内容来表明其对冠礼的重视程度。又此文所言的顺序为五礼顺序，与《通解》的家、乡、邦国、王朝之礼的排序不同，两者却均以冠礼为首。可见冠礼为诸礼之始，是朱子所确信的礼学思想，这绝对不是我们强加于朱子的礼学观念，而是朱子礼学观念的一个重要体现，因为他对冠礼的重要性有过详细说明：

广因言《书仪》中冠礼最简易可行，曰："不独《书仪》，古冠礼亦自简易。顷年见钦夫刊行所编礼，止有婚、丧、祭三礼，因问之。曰：'冠礼觉难行。'某云：'岂可以难行故阙之。'兼四礼中冠礼最易行，又是自家事，由己而已。若婚礼，便关涉两家，自家要行，它家又不要行，便自掣肘。又如丧祭之礼，皆繁细之甚。且如人遭丧，方哀苦中，那得工夫去讲行许多礼数。祭礼亦然，行时且是用人多。昨见某人硬自去行，自家固自晓得，而所用执事之人皆不曾讲习。观之者笑且莫管，至于执事者亦皆忍笑不得。似恁行礼，济得甚事！此皆是情文不相称处，不如不行之为愈。"②

此条为辅广甲寅（1194）以后所闻录的内容。朱子本是针对礼要顺人情，要和世俗的情文相称，却无意中透露了冠礼在冠昏丧祭四礼中的特殊之处，即第一，冠礼为四礼之首，是行礼者主观能否实行诸礼的重要基础，不可或缺；第二，冠礼是诸礼中最易实行的礼仪，只取决于行礼之人的礼学信念，与他人无关。可见冠礼在朱子的礼学思想体系中占据着极其重要的位置。更为重要的是，在编撰《通解》过程中，《冠礼》的编纂体例被朱子作为《通解》全书的凡例范本来使用的，《答黄直卿》有言：

① 《仪礼经传通解》，第 41 页。
② 《朱子语类》，第 821~822 页。

《礼》书如何？此已了得《王朝礼》，通前几三十卷矣。但欲将《冠礼》一篇附疏，以为诸篇之式，分与四明永嘉并子约与刘用之诸人，依式附之，庶几易了。适已报与子约，或就令编此一篇，或直卿自为编定此一篇，并以见寄，当择其精者用之。此本已定，即伯丰宝之辈皆可分委也。①

据陈来《朱子书信编年考证》，此信写于庆元三年（1197），②《通解》已着手编撰两年之久，而此信所言"得王朝礼通前几三十卷矣"且"分与四明、永嘉并子约与刘用之诸人"亦表明此信当是作于《通解》原始材料收集完毕之后，而尚未正式确立全书具体体例之时。在落实《通解》全书编撰体例的前夕，朱子确定以《通解·士冠礼》为全书的编撰凡例。朱子把《通解·士冠礼》置于《通解》体例的模板地位，作为全书的编撰规则范本，由此《士冠礼》获得《通解》的事实凡例地位。由此可见，不管从传统的礼学体系，或者朱子的礼学思想还是其编撰《通解》的体例而言，《士冠礼》均具有十分重要的地位，故本书将以《士冠礼》作为剖解四礼材料地位关系的范本以期解开四礼关系问题。

《士冠礼》是《通解》首篇，其内在的结构正如《通解》书名，是经传通解的体例。通检全文，笔者比对《通解·士冠礼》与《仪礼·士冠礼》发现，除了"分章定句""定章名"外，③还发现了以下差异：《通解》的《士冠礼》经文已非《仪礼》本来面目，而是经过朱子剪裁，形成了一个新的经学体系，其经文主要由三部分构成，一是来源于《仪礼》的《士冠礼第一》的经文部分；二是来源于《仪礼》的"记"部分；三是来源于小戴《礼记》的内容。此外，《通解·士冠礼》的内容排序亦非《仪礼·士冠礼》的经文顺序，而是进行了重大调整。为了便于下文比较《通解·士冠礼》与《仪礼·士冠礼》，现先将其差异全部列出如下。

来源于《仪礼·士冠礼》的内容占据了《通解·士冠礼》的绝大多数

---

① （宋）朱熹撰《晦庵先生朱文公续集》，上海：上海古籍出版社；合肥：安徽教育出版社，2002，第 3625～3653 页。

② 《朱子书信编年考证：增订本》，第 451～452 页。

③ 孙致文对《仪礼经传通解》的分章定句体例的起源、《仪礼经传通解》的分章定句的具体实践及定章名有十分具体的分析。详见《朱熹〈仪礼经传通解〉研究》，第 74～82 页。

篇幅，但是存有两个重要差异：一是《通解·士冠礼》调整了《仪礼·士冠礼》"经"的内容，具体内容如下：

> 屦，夏用葛，玄端黑屦，青絇、繶、纯，纯博寸。素积白屦，以魁柎之，緇絇、繶、纯，纯博寸。爵弁纁屦，黑絇、繶、纯，纯博寸。冬，皮屦可也。不屦繐屦。①

另一个则是由《礼记·杂记》的内容补充《仪礼·士冠礼》而成《通解·士冠礼》女子笄章。具体内容如下：

> 女子十有五年许嫁，笄而字。虽未许嫁，年二十而笄，礼之，妇人执其礼。燕则鬈首。②

为了下文行文方便，我们以"屦"条和"女子"条来分别指称以上两则材料。按照前引孙致文的标准当属"移经补经"和"升记补经"，③ 但是仅指出其经文组合的手段，仍属停留于文献的来源阶段而已，有待深入分析其背后的礼学思想，否则无助于通过《通解》研究朱子的礼学思想。④

孙致文博士学位论文的局限性不是第一个呈现出来的，也不是孤立的现象，而是由其思想方法的局限性所决定的，正如王贻梁所言：

> 在《仪礼经传通解》中，略有一些具体条文的注释按语。其中朱熹的按语极少，据我们初步通解，共有二百四十六条，属于校勘说明类的四十八条，属于释义类的一百九十八条。在如此庞大的巨著中仅

---

① 《仪礼经传通解》，第 52 ~ 53 页。
② 《仪礼经传通解》，第 70 页。
③ 孙致文虽没有对"移经补经""升记补经"做具体的解释，但是从其所举例子和其对经、记的定义可以知道以上二者类型。参见《朱熹〈仪礼经传通解〉研究》，第 90 ~ 91、99 ~ 100 页。
④ 孙致文《朱熹〈仪礼经传通解〉研究》对朱子修订经传的方式方法也只是局限于文献方面的成就，如第二章就命名为"《通解》的文献学意义"。但是其也只是停留于此，错过了朱子编撰方法背后所透露出的思想体系。参见《朱熹〈仪礼经传通解〉研究》，第98 ~ 105 页。

有一百九十八条释义类按语，当然只能说是极少的。因此，本书在研究朱熹具体礼学见解上的作用确实不是很大，而这也就造成了以往人们忽视此书价值的一个重要原因，但我们既然已经明白了《通解》的真正价值在于整体礼学思想体系，那么也就并不遗憾了。①

王氏虽是针对《通解》被学术界忽视的一个重要原因即朱子按语偏少而发的，但是作为《通解》点校者却仍旧认为"本书在研究朱熹具体礼学见解上的作用确实不是很大"，则令我们非常吃惊，而孙致文《朱熹〈仪礼经传通解〉研究》显然是受到王氏的影响，② 忽视了《通解》编撰过程中所呈现的具体礼学思想，而着重于关注《通解》的文献学意义。基于以上原因，我们需要针对以上的两则材料进入经文的原因及其文献排序的内在礼学思想进行探讨，由此获得《通解》中具有规律性原则。兹论如下。

第一则"屦"条材料是由《仪礼·士冠礼》的经文之末移动而成，细读文献可知，这则材料是专门记载服饰中的鞋类。但是这则材料之所以重要不仅是移动经文而造成原经文的行文顺序发生了变化，更重要的是朱子在明知前代经师如贾公彦等对此文位置的特地说明的情况下，仍旧作出了与前代经师完全相反的决定。我们有必要对此进行详细说明，以便看出朱子的内在礼学逻辑。贾公彦《仪礼注疏》在解释此段文辞与前文的冠礼服饰不同位置时说道：

> 自此至"缁屦"论三服之屦。不于上与服同陈者，一则屦用皮葛，冬夏不同，二则屦在下，不宜与服同列，故退在于此。③

① 《〈仪礼经传通解〉与朱熹的礼学思想体系》，∥《迈入 21 世纪的朱子学：纪念朱熹诞辰 870 周年、逝世 800 周年论文集》，第 291 页。

② 孙致文受到王氏观点影响，证据主要有两点：一是孙致文在其参考文献"相关论著"中名列了王贻梁的《〈仪礼经传通解〉与朱熹的礼学思想体系》（收入朱杰人主编《迈入 21 世纪的朱子学——纪念朱熹诞辰 870 周年、逝世 800 周年论文集》，上海：华东师范大学出版社，2001。）二是在孙致文《朱熹〈仪礼经传通解〉研究》"凡例"第二条明确讲"本文引用朱子《仪礼经传通解》，以文渊阁《四库全书》影本为据，并参考今人朱杰人等主编《朱子全书》中所收录王贻梁之点校成果"。参见《朱熹〈仪礼经传通解〉研究》，第 239、3 页。

③ （汉）郑玄注；（唐）贾公彦疏；王辉整理《仪礼注疏》，上海：上海古籍出版社，2008，第 74 页。

贾公彦解释了此条文献放置于此处的原因主要有两个：一是屦的材质因冬夏季节差异而分为皮和葛，二是屦穿于脚上，与服装穿着位置不同。应该说，贾公彦充分展示了汉唐经师的良好经学传统，即注重礼仪服饰与器物等名物制度。虽未明言"与服同陈者"所指何物，但是通观《仪礼·士冠礼》全文，只有一处涉及陈列服装之事，即"陈服于房中西墉下，东领北上"至"宾升则东面"。因为贾公彦在注解"陈服"至"北上"时明确指出"自此至'东面'论陈设衣服、器物之等，以待冠者"。① 并于疏解"宾升则东面"时再次说道"据终言之也"。② 我们认为朱子十分清楚贾公彦的上述观点，因为除了孙致文深入细读《通解》，比较《通解》与郑、贾注疏之后得到"《通解》对注疏的检讨与修正"的结论外，③ 还有一个更明确的证据是《通解》把"屦"条文献恰好调整到经文"宾升则东面"的后面。④ 如果朱子对贾公彦的观点没有深入细致的研究，是绝对不可能作出如此恰当的调整，因为"宾升则东面"是对前文服饰的结束语，如果按照正常的礼仪事件发生发展顺序，则应该置于"宾升则东面"的前面，方能够和前文的服饰陈列的内容形成按照事件发生顺序排列的整体，而不会形成《通解》现有排列顺序。上述结论亦可于朱子在调整完"屦"条文献顺序后所作的按语中获得充分的证据，他说：

> 今按：此三屦以下本在辞后记前，今移附此。然经既不言屦所陈处，注疏亦无明文，疑亦在房中，故既加冠而适房改服，即得并易屦而出也。但不知的在何处，疑服既北上，则或各在其裳之南也。⑤

此处所言注疏是指郑玄注贾公彦疏。此条文献不仅反映了朱子对郑注贾疏均做过详细研究，且事关此文献的原始出处，并解释了我们上文的一个重大疑问，即"屦"条文献不被放置于"宾升则东面"的前面，而是置于后面的重要原因是：在"宾升则东面"的时间里，此处所陈述的屦的作

---

① 《仪礼注疏》，第 25 页。
② 《仪礼注疏》，第 33 页。
③ 《朱熹〈仪礼经传通解〉研究》，第 109~129 页。
④ 《仪礼经传通解》，第 52~53 页。
⑤ 《仪礼经传通解》，第 54 页。

用是为了加冠礼之人在加冠礼结束之后，便于离开举行冠礼的房中，到内房改换普通衣服。所谓"附此"的内涵是编撰者不想打乱经文的原始顺序而随意改变经文内容，而做此标志意在提示读者此处文献的原始出处，而不至于混淆经文原貌。据《说文解字》"附"字条段注曰"玉裁谓：土部坿，益也。增益之义宜用之，相近之义亦宜用之。今则尽用附。而附之本义废矣"①，则"附"当是"增益之义"，即与主体相对的额外增加之义。落实到本处文献，则是针对贾公彦所指出的"与服同陈者"所涵盖的内容。更为重要的是本处按语为朱子作出如此调整进行了重要的说明，即"故既加冠而适房改服，即得并易屦而出也"。这表明朱子调整文献顺序的内在逻辑是在冠礼进行过程中，事件的发展顺序必定涉及"屦"条文献内容。这和我们前文所言正好一致（详见本节第一部分），朱子编撰《通解》的目的是将顺礼仪实践过程的内容。与贾公彦所代表的汉唐经学传统不同，朱子更加注重礼仪的完整性和礼仪顺序的合理性，而这正是我们前文所言，朱子注重礼的实用性的确凿证据，也是朱子平生礼学观念的重要体现之一。

另一则"女子"条材料是由《礼记·杂记》中抽取出来补充《仪礼·士冠礼》，成为《通解·士冠礼》的一个重要组成部分。但是与上一则材料有详细论证过程不同的是，朱子于此仅注"《杂记》补"。朱子仅指出其文献来源，并未下按语，但是并不意味着本部分内容无足轻重，因为细考《礼记疏》可知，《通解》抽取《礼记·杂记》中的三处文献构成了此条内容：第一处是《曲礼上》"女子许嫁，笄而字"②，第二处是《内则》"女子十有五年而笄"③，第三处是《杂记下》"女虽未许嫁，年二十而笄，礼之，妇人执其礼"。④ 特别是前两处改写成"女子十有五年，笄而字"，使其合成一条完整的礼仪文献。此外，朱子补充此条文献亦是为了使《通解》的文本具有比《仪礼》更广泛的应用范围，避免《仪礼》被学术界边缘化的尴尬处境。

上文着重考察了《通解·士冠礼》在《仪礼·士冠礼》基础上添加的

① 《说文解字注》，第 734 页。
② 《礼记正义》，第 69 页。
③ 《礼记正义》，第 1171 页。
④ 《礼记正义》，第 1689 页。

部分，但《通解》对《仪礼·士冠礼》的改动并非简单添加而已。如果不符合五礼的实行过程原则的材料，朱子还会采用"退经补传"的方法缩减经文。① 这主要是改变《仪礼·士冠礼》经文中的相关言辞内容的地位，而以整个士冠礼流程为依据，调整经文中的言辞作成士冠礼的传，附于相应经文后面以便习礼者使用相应言辞。这些内容主要包括以下八方面：一是戒宾辞；二是宿宾辞；三是始加辞；四是再加辞；五是三加辞；六是醴冠者辞；七是字冠者辞；八是醮辞。②

朱子在调整上述文献过程中持有明确的礼学目的。他在戒宾辞后下按语曰：

> 今按：诸辞本总见经后，故疏云尔。今悉分附本章之左，以便简便。③

此处按语有多处内容需要我们加以说明，否则非常容易引起误解。"诸辞本总见经后"按照经传合体的正常形式来理解，诸辞本不是经文的组成部分，而是附在经文后面的"记"的内容，但是我们查找《仪礼注疏》发现，上述八处的行礼辞属于经文的组成部分，在《仪礼注疏》中处于"记：冠义"内容的前面，被置于经文的末尾部分。朱子按语所言"故疏云尔"指的是贾疏所言："周公设经，直见行事，恐失次第，不言其辞。今行事既终，乃总见之也。"④ 值得注意的是朱子在此处并非全部采纳贾公彦疏，而是删除了"戒宾、醮及为字之辞也"。⑤ 朱子这样处理的目的是为了行文"简便"，因为全书对经文中的言辞已作了统一的处理，其体例已十分清晰，无须再做具体说明了。

---

① "退经补传"是孙致文于《朱熹〈仪礼经传通解〉研究》中提出的朱子构建新"传"的重要方法。但是孙致文在具体例子中所言并无《士冠礼》中的经文，而主要是涉及礼经以外的其他四部典籍，本处是借用孙氏所立名词来进行解说，以免掩盖其发明之功。参见《朱熹〈仪礼经传通解〉研究》，第 102 页。

② 《通解》中本无戒宾辞，但是为了行文方便，本书所涉及的言辞均是以其相应的章名来命名其言辞，以下皆同，不再进行说明。此八处的言辞分别见《仪礼经传通解》第 46、48、58、58、59、60、61、67 页。

③ 《仪礼经传通解》，第 46 页。

④ 《仪礼经传通解》，第 46 页。

⑤ 《仪礼注疏》，第 68 页。

此外，更能够体现朱子礼学思想的部分是朱子把言辞全都分附到各章礼仪行为之后，其目的是"简便"，但是这显然超过删除贾疏的字词行文方便的目的，而是与贾疏，乃至于《仪礼》的作者持有完全不同的思想。《仪礼》的经文结构顺序所蕴含的思想大体正如贾公彦所言"直见行事，恐失次第"，目的在于使士行冠礼过程能够达到行云流水的效果，而朱子则不仅为了行文简便，更是为了便于习礼者学习和研究士冠礼行礼过程所涉及的各个环节。这与前文所言朱子对经文的增加部分的思想是完全一致的，不再赘述。

综上所述，朱子对四礼所包含的礼学材料均是以实用为目标，而非真正如其在《文集》或者《朱子语类》中所言经传关系。

另一方面，四礼材料的合成过程是以化整为零的方式来处理材料，以礼仪的实际情况重新编排材料的顺序，而未涉及《仪礼》、大小戴《礼记》、《周礼》、四书之间的地位问题。

上文已详细论证了四礼材料在《通解》中的地位问题，但是四礼作为《通解》礼学材料的主要来源，朱子如何利用四礼材料建构《通解》的文献体系则是需要继续探讨的问题。四礼作为《通解》的主要礼学材料，其作用是为礼学实践服务。这涉及礼仪的实行过程，关乎《通解》编撰体系如何进行组织架构的宏观问题。但是现有研究成果均是从《通解》编撰前或者编撰过程中朱子的相关论述来论证《通解》中的各项文献关系，严重脱离了《通解》的真实情况，虽可以获得部分朱子礼学思想，但终究没有"见相轮"，无法触及《通解》所承载的朱子礼学理论体系。①因此，在上文精细分析《士冠礼》的基础上，我们仍需分析《通解》的宏观结构，避免一叶障目。关于《通解》的编撰思想，王贻梁说：

> 朱熹生活的时代，儒家思想形成了"修身、齐家、治国、平天下"这样较为完整的思想体系，朱熹深得此理，并将之用来整理礼学

---

① 从《文集》《朱子语类》等文献论述朱子礼学思想的研究者大有人在，我们前文已经举出许多例子，此处不再具体罗列，而至于"直入相轮"的提法，本是程颢与王安石之间关于道的争论。余英时对此有详细的考述，他引《二程遗书》卷一《二先生语一》与晁说之《答袁季高先辈书》比较之后，说程颢认为王安石并未见道。参见《朱熹的历史世界：宋代士大夫政治文化的研究》，第40~41页。

思想。《通解》以家、乡、学、邦国、王朝、丧、祭顺序整理的礼学体系，正是这种思想指导的产物，同时也是朱熹道德人本主义理学文化精神的反映，是将儒学内以修身的道德自律与对外行事的礼制规范相结合统一的结晶，从而建立其一条内外兼修兼济的道路。①

王贻梁把《通解》的篇目安排即家、乡、学、邦国、王朝、丧、祭顺序和儒家的修齐平治思想联系起来，这是符合儒家传统的具有创造性的想法，可惜限于单篇论文的篇幅，王氏仅提出设想，并未展开系统论证过程，难免存在诸多问题，如修身、齐家、治国、平天下是以修身为始，那么《通解》应该把学礼放置于第一位，至少不应该把家、乡置于学礼的前面。因此，我们将就《通解》的篇目安排问题展开论述，以求弥补王贻梁的问题。

在论述《通解》篇目问题之前，我们先考察朱子对修齐平治思想的理解。此外，由于《通解》经过朱子、黄榦、杨复三代学者主持编撰工作才得以完成，我们需要确认《通解》全书篇目顺序的编订者。

修齐平治来源于《大学》篇，《四书章句集注》载：

> 物格而后知至，知至而后意诚，意诚而后心正，心正而后身修，身修而后家齐，家齐而后国治，国治而后天下平。②

这当中蕴含了儒家道问学的修身顺序，朱子对此深表认同，他注解云："物格者，物理之极处无不到也。知至者，吾心之所知无不尽也。知既尽，则意可得而实矣，意既实，则心可得而正矣。修身以上，明明德之事也。齐家以下，新民之事也。物格知至，则知所止矣。意诚以下，则皆得所止之序也。"③ 对自身与外在世界的关系，朱子补充道："正心以上，皆所以修身也。齐家以下，则举此而措之耳。"④

---

① 《〈仪礼经传通解〉与朱熹的礼学思想体系》//《迈入 21 世纪的朱子学：纪念朱熹诞辰 870 周年、逝世 800 周年论文集》，第 293 页。
② 《四书章句集注》，第 4 页。
③ 《四书章句集注》，第 4 页。
④ 《四书章句集注》，第 4 页。

可见，朱子对个体的内在修养与外在事功关系有深刻的认识，绝对不可能出现前文所言学礼放置于家、乡二礼之后的错误。由此反证，王贻梁对《通解》的内在礼学思想体系的结论有所偏差。这些偏差到底是如何产生的？这正是我们本篇深入讨论的基础。因为四礼之间如何构成《通解》，其具体编排顺序的基础正是《通解》的整体架构体系。

虽然朱子与其友朋的书信与讲学资料清楚显示《通解》有明确的结构设计规划，并且在编撰的过程中逐步修正其设想而完成《通解》的结构，[1]但是《通解》并非由朱子单独主持完成，而是经过了朱子、黄榦、杨复三代学者的接力棒式的编撰工作，为此我们在进入文献分析之前，有必要先考察《通解》的宏观体系的创立者，从而有助于我们后文论述的展开。

在《通解》的首刊本宋嘉定本的卷首，朱在就《通解》各礼卷数、命名过程及丧、祭二礼的编撰等问题做了详细说明：

> 先君所著《家礼》五卷，《乡礼》三卷、《学礼》十一卷、《邦国礼》四卷、《王朝礼》十四卷，今刊于南康道院。其曰《经传通解》者凡二十三卷，盖先君晚岁之所亲定，是为绝笔之书，次第具见于目录。惟《书数》一篇阙而未补，而《大射礼》、《觐礼》、《公食大夫之礼》、《诸侯相朝礼》八篇，则犹未脱稿也。其曰《集传集注》者，此书之旧名也。凡十四卷，为《王朝礼》，而《卜筮》篇亦阙，余则先君所草定而未暇删改者也。今皆不敢有所增益，悉从其稿。至于丧、祭二礼，则尝以规摹、次第属之门人黄榦，卑之类次。它日书成，亦当相从于此，庶几此书始末具备。[2]

朱在已将《通解》全书的篇目结构及其成书状况，乃至丧、祭二礼未成书而指定黄榦完成之事也加以说明。只有一个事项出乎朱子和朱在的意料之外，即黄榦只完成《丧礼》，而《祭礼》则由黄榦编撰，杨复修订完成，且杨复后来又重修了《续祭礼》，这可见于杨复《丧礼后序》所言：

---

[1] 此处可见《朱子文集》《朱子语类》中相关资料，而对此内容，现代研究者多有考证，可以参见《朱熹经学与中国经学》，第 434～450 页。《朱熹礼学思想研究》，第 107～126 页。

[2] 《仪礼经传通解》，第 26 页。

　　昔文公朱先生既修《家》、《乡》、《邦国》、《王朝礼》，以《丧》、《祭》二礼属勉斋黄先生编之。迨文公属纩之前，所与手书尤拳拳以修正礼书为言。……嘉定己卯，先生归自建业，奉祠家居。先取向来《丧礼》稿本精专修改，至庚辰之夏而书成，凡十五卷。……既而又念《丧礼》条目散阔，欲撰《仪礼丧服图式》一卷以提其要，而附古今严格于其后。草具甫就而先生没矣，呜呼，此千古之遗憾也！……而《丧服图式》、《祭礼》遗稿尚未及订定之遗恨，后之君子有能继先生之志者出而成之，是先生之所望也。①

　　黄榦编撰丧、祭礼是受朱子所托，而"《丧礼》稿本"亦证实了朱在所言"丧、祭二礼尝以规模、次第属之门人黄榦，俾之类次"。也证实其言不虚。据郑元肃、陈义和《勉斋先生黄文肃公年谱》所言："（嘉定十四年辛巳）三月壬寅终于所居之正寝"，② 黄榦是宋宁宗嘉定十三年夏完成《续丧礼》一书，而《丧服图式》《祭礼》仅存稿本而未及修订。

　　结合前述朱在和杨复两序文，我们可知《通解》全书的组织架构由朱子设计修改完成当无异议。③ 这样的礼书体例与传统的吉凶宾军嘉五礼不同，也非冠昏丧祭四礼所能概括，也和王贻梁所认为的修齐治平的排序不完全一致。那么朱子这样编排的依据又是什么呢？这不仅关乎《通解》全书的结构，也关乎四礼在《通解》中各种礼学材料的具体组织方式，我们有必要确定其安排的礼学思想。

---

① （宋）杨复撰《丧礼后序》//《仪礼经传通解》，第 2185 ~ 2186 页。
② 《勉斋先生黄文肃公年谱》（嘉定）十四年条，//（宋）黄榦撰《勉斋先生黄文肃公集》。
③ 关于《通解》的编撰体例，朱在、黄榦、杨复并无异议，但是到郑元肃、陈义和撰写《勉斋先生黄文肃公年谱》时则产生了不同的意见，《勉斋先生黄文肃公年谱》曰："（宋宁宗庆元二年）先生（指黄榦——笔者按）实为分经类传，文公删修笔削。条例皆与议焉。"其下有注曰："初文公虽以丧祭二礼分界先生，其实全帙自冠、昏、家乡、邦国、王朝等类皆与先生平章之。"由此可见，黄榦弟子认为黄榦对《通解》的贡献不仅体现于《续丧礼》《续祭礼》，对《通解》全书体例亦有贡献，这虽可以成立，但是《通解》的全书体例仍当归于朱子名下较为合适，原因有二：一是在礼学方面，黄榦并未如蔡元定在乐律方面的家学渊源，故其礼学思想亦传自朱子，故对《通解》的体例有贡献，亦当是朱子所传授无疑；二是《通解》为编撰之书，朱子主持其事期间，《通解》的各项事宜虽有参编者的贡献，但只起到参谋作用，最终的体例仍由朱子所确定。此可于余正甫参编礼书却因与朱子礼学思想不合最终分道扬镳一事可见其端倪。参见《勉斋先生黄文肃公年谱》庆元二年条//《勉斋先生黄文肃公集》。

孙致文深刻考察了礼书编撰体例的历史沿革过程，并梳理了清人江永、方观承、邵懿辰等人对《通解》体例的看法，[①] 但是孙致文关注的是《通解》的文献学成就，尚未分析《通解》的内在体例及其指导思想问题，他说：

> 朱子不采用具有"家礼"性质的"四礼"编纂法，自然是因为所编文献不限于"冠昏丧祭"等生命礼仪。一方面，朱子却又不采"五礼"的分法，则可能有两种考虑：朱子此书以"仪礼"为本，原是为了使学者便于研读《仪礼》，因此具有强烈的学术企图，自然与"一时之制"不同。另一方面，朱子曾数度因自己的身份，而产生"不议礼"、"不考礼"的顾虑；或许因此不敢采用与当时官修礼典相同的分类法。[②]

孙致文的观点包含两个方面的内容，一是《通解》没有采用"冠婚丧祭"四礼的编纂方法，也不采用吉凶宾军嘉五礼的排序顺序；二是设想朱子不采用以上两种传统编礼方法的内在原因是朱子顾忌自身的身份问题。但是孙致文并未对其观点展开论述。这样的处理方法或许有助于孙氏引入清人的观点，却无助于研究《通解》内在的编撰体例及其指导思想。

通过以上考察，我们看到王贻梁对《通解》的篇章结构顺序的见解最有创造性，也是最切合《通解》家、乡、学、邦国、王朝、丧、祭的顺序，只是缺少严密论证过程。我们认为学礼是《通解》编撰体系的中心环节，并以此为线索，考察朱子按照修齐治平思想构建家、乡、邦国、王朝、丧、祭诸礼的编排体系。

既然《通解》全书的编撰体系是以学礼为中心，贯穿于家、乡、邦国、王朝、丧、祭六礼当中，那么《仪礼》、大小戴《礼记》、《周礼》如何来组织形成《通解》的组织架构呢？这当中所遵循的又是什么原则呢？前者为具体组织形态，后者则是前者的内部指导思想，两者是紧密相关的姊妹问题。为了回答这两个问题，我们以综合运用四礼材料于一篇的《臣

---

① 《仪礼经传通解》，第88~90页。
② 《仪礼经传通解》，第89~90页。

礼》为例来解决上述两个问题。

经笔者统计，《臣礼》共引用了《仪礼》中的《士相见礼》，小戴《礼记》中《玉藻》《曲礼上》《曲礼下》《少仪》《郊特牲》《檀弓》，《周礼》中的《调人》等材料，但是这些材料的构成过程并未如《朱子语类》所言《周礼》《仪礼》《礼记》的关系，而是依据《通解》编撰者对《臣礼》所应该包括的内容安排顺序。细考《臣礼》可知，其篇章内容主要由将朝礼、始见礼、朝礼、侍坐赐食礼、恭敬礼、谏诤礼、死节礼、复仇礼八章构成，而单由上述八章的篇名就可粗见其涉及臣子事君的八件事情，其排序正是依照臣子处理与君主交往过程中的顺序。前三者是以臣朝见君主之事为次序，将朝礼为臣将要朝见君主之时所需遵守之礼仪，由此选用了《玉藻》的内容。始见章则是士始见于君，而原则是所有贵族的最初身份都是士，包括君主亦不例外，正如《礼记·郊特牲》所载："天子之元子，士也。天下无生而贵者也。"①故有始见君之礼。朝礼则是为人臣者每次面君所需遵守之礼，其行礼之频繁程度当为各礼之首，而侍坐赐食礼则仅次于朝礼，因为侍坐赐食礼并非简单的饮食礼，正如贾公彦疏《仪礼·燕礼第六》所言："案上下经注：燕有四等，《目录》云：'诸侯无事而燕，一也。'卿大夫有王事之劳，二也。卿大夫又有聘而来还与之燕，三也。四方聘客与之燕，四也。"②可见其行礼范围之广，内容之多了。与此相关的则是处处需要遵守恭敬之礼，故设有恭敬之礼。在此之后，则是臣子对待君主的三件大事：一是谏诤，二是死节，三是复仇。三件大事虽非臣子日常事君的行为，却是考验臣子气节之重要事项，呈现逐层升级之顺序。在上述八礼中，朱子既有选用《礼记》，亦有《仪礼》与《周礼》，且在使用具体材料时，并无所谓一定属于经或者传的内容，此以《礼记》最为明显，有置于经文者，如将朝章以《玉藻》的内容为经文，而在复仇章则又把《檀弓》的内容置于传文当中。

由上可知，朱子拆卸了礼学材料本身的组织架构，依据《臣礼》的设计框架重新编排四礼原有的礼学材料。朱子对拆卸四礼材料有明确的理论自觉，他在《篇第目录》的《臣礼》序题中说：

① 《礼记正义》，第 1087 页。
② 《仪礼注疏》，第 389 页。

古无此篇。今案：事亲事长、隆师亲友、治家居室之法各有成篇，独臣事君三纲之大，其法尤严，乃独无所聚而散出于诸书，学者无所考焉。今掇其语，创为此篇。①

朱子说明了此篇的性质是编撰者自创，其创作缘起则有见于为臣之礼虽是三纲之首，具体资料散佚于诸多典籍中，缺少完整的文献资料，导致学礼之人缺少现成的文献依据。朱子目标是改变事君之礼没有完整礼学典籍的现状，有助于学礼之人掌握相关礼学资料。此文亦再次佐证前文所述内容，即朱子把诸书的有关礼仪材料均作为原始材料，并没有任何预设的经传关系，其目的也正如《臣礼》的序题所言是要改变"学者无所考"的现状，最终目的正是为学者提供学习事君之礼的经典教材。

当然，四礼中的大戴《礼记》由于缺失篇目过多，并未被《臣礼》篇所采纳，但是这并不否定我们上述所言的观点，因为大戴《礼记》所固有篇目亦多处被《通解》所采纳，如《投壶礼》《保傅》《践阼》等。②

三 解释礼仪名物制度：确立传记地位及组织传记的依据

据前文所述，四礼在《通解》中的位置并无固定的经传之分，而是根据五礼的施行情况来安排礼学材料。除了《通解》自设的篇章之外，《仪礼》、大小戴《礼记》、《周礼》的固有篇章均是把相关的传、记内容附于相对应的经文章节之后。他在《通解·士昏礼》中对此体例做了明确的交代，他说：

记文本附全经之后，今依辞例分以附于本章之左。③

朱子把《通解》有关《仪礼》记文的内容全都附于各章之末，一旦进入《通解》文本研究的学者都会注意到这点，如孙致文所言：

---

① 《篇第目录》//《仪礼经传通解》，第37页。
② 朱子在《篇第目录》中针对《投壶礼第十一》有言"今取《大戴》及《少仪》合之，以继《士相见礼》之后"；针对《保傅第三十》有言"今在《大戴礼》为第四十八篇，其词与谊本传疏语正合"；针对《践阼第三十一》则言："此《大戴》第五十九篇。"参见《篇第目录》//《仪礼经传通解》，第34、39、39页。
③ 《仪礼经注按通解》，第85页。

朱子在编纂《通解》时，便择取出解释、补充经文的记、传，一一附在相应的经文之后。记中关于各仪节所用的"辞"，朱子也将它们附在该项仪节之后。①

确如孙致文所言，《通解》的传、记内容主要作为解释、补充经文不足的内容，而这仅是用现代语言解释传统传、记的功能而已，其文献来源则是朱子在《通解·士昏礼》中转引贾公彦的疏说：

> 凡言"记"者，皆是记经不备，兼记经外远古之言。郑注《燕礼》云："后世衰微，幽厉尤甚，礼乐之书，稍稍废弃。"盖自尔之后有记乎，未知定谁所录也。②

此处虽是《通解·士昏礼》对记的疏解，但是其疏文并非《仪礼·士昏礼》有关"记"的疏文，而是贾公彦在《仪礼·士冠礼》中所作的疏解，这比《仪礼·士昏礼》的疏文"凡言'记'者，皆经不备者也"③ 要详细得多。由此已可窥见朱子在《通解》中追求详细说明各项礼仪制度的设计目标。在《通解》中，其"记"的内容也是由解说礼仪制度详备程度为选择材料的出发点和归宿，而非简单按照以《仪礼》为经，《礼记》为传，《周礼》为纲的原则编撰礼学材料。再证如下。

在《通解》中，采用《仪礼》固有篇目"记"的内容，前文所引孙致文的成果已就此作了充分说明，但是他仅停留在文献研究方面，缺乏深入分析《通解》的传、记成分的具体情况，尚未深入探究朱子礼学思想。为了便于比较论述，我们也以孙致文所引的《通解·士昏礼》为例，仔细考察《通解·士昏礼》的传、记构成内容及其组合方式，获得朱子有关四礼之间关系的礼学思想。

《通解·士昏礼》中"记"的大部分内容，正如前引孙致文所言是来自经文末的"记"文，但是细读《通解·士昏礼》时，可见多处的"记"

---

① 《朱熹〈仪礼经传通解〉研究》，第93页。
② 《仪礼经传通解》，第85页。
③ 《仪礼注疏》，第140页。

文并非源自《仪礼·士昏礼》，而是源自《礼记·杂记》。因下文有多处需要用到此处文献，现全文引录如下。

> 纳币一束，束五两，两五寻。①
>
> 妇见舅姑，兄弟姑姊妹皆立于堂下，西面北上，是见已。见诸父各就其寝。②

第一则是解释纳征中所用之物的规格，第二则是说明新妇拜见舅姑时，丈夫的兄弟姑姊妹的站位及新妇拜见夫家成员的顺序，本不是此处必需的内容，③朱子却把这两处"记"的内容从《礼记·杂记》中抽取出来置于此处，因为这两处内容对《通解·士昏礼》中纳征和妇见两个环节的礼仪具有十分重要的阐释意义，即前者重在解释礼仪中所涉名物"币"的规格，后者则是解释礼仪的流程顺序，对两处礼仪的实行过程所涉细节具有十分重要的注解功能。因此，朱子特地把其穿插进《士昏礼》的"记"文部分。由此可见朱子采纳《礼记·杂记》的两条内容旨在为经文中的相关名物、礼仪制度做一个补充说明，带引学者考证名物制度，有助于后人学习礼仪制度。

如果说《礼记·杂记》本身就属于"记"的范畴，在《通解》中作为"记"而出现，本无足怪，那么《仪礼》中的"记"作为《通解》中"记"的原始材料则更属正常的情况，看似承袭多于创新的编书工作，朱子却利用《仪礼》中"记"的材料，在遵循"记"的原始经学功能的基础上，以解释礼仪名物制度为线索，重新编排各"记"所含的具体礼学材料，帮助学者掌握相关制度的产生和嬗变，以及具体使用情况。

在《仪礼注疏》中，贾公彦已细分了《仪礼》中的各条记文内容，④

---

① 《仪礼经传通解》，第 92 页。
② 《仪礼经传通解》，第 107 页。
③ 由前文所引的贾公彦疏对"记"的疏解可知道"记"的功用，而《礼记·杂记》也是属于记的内容，《仪礼》并没有把此处两文写进经里面，而是后代礼学家根据自己的实践来补充的礼仪制度。参见《仪礼注疏》，第 85 页。
④ 这点可以由《仪礼注疏》中的"记"的部分的疏解体例可以清楚看到，贾公彦已经把各条"记"的内容进行了区别而作疏。这是延续郑玄等汉代经学家的礼学传统而作出的细分工作。参见《仪礼注疏》，第 140～161 页。

但是仅做到细分每条"记"文,对利用这些记文来解读《仪礼》或者学习礼仪的学者而言,仍旧是困难重重。《答应仁仲》曰:

> 前贤常患《仪礼》难读,以今观之,只是经不分章,记不随经,而注疏各为一书。故使读者不能遽晓。今定此本,尽去此诸弊,恨不得令韩文公见之也。①

据陈来《朱子书信编年考证》可知,此书写于丁巳年(1197)。② 韩愈感慨《仪礼》一书难读是在《读仪礼》一文。他说:

> 余尝苦《仪礼》难读,又其行于今者,盖寡公袭不同,复之,无由考于今,诚无所用之。然文王周公之法制粗在于是防……。③

韩愈所言《仪礼》难读的原因是《仪礼》内容在其时代已经失去了礼俗的基础,很少被落实到生活实践,即脱离了当时的社会风俗了,而朱子则认为其难度在于《仪礼》文本存在着"经不分章,记不随经,而注疏各为一本",不便学习者理解。两者显然是针对相同的问题,却从不同方面来解答。从《朱文公校昌黎先生文集》可知,朱子对韩文有深入的研究,④但是朱子与《韩文考异》的见解完全不同。他在《答应仁仲》中说:"礼书方了得《聘礼》已前,已送致道,令与四明一二朋友抄节疏义附入,计必转呈。有未安者,幸早见教,尚及改也。《觐礼》以后,黄婿携去庐陵,与江右一二朋友成之,尚未送来,计亦就草稿矣。"⑤ 可见此时朱子对

---

① 《晦庵先生朱文公文集》,第2550页。
② 《朱子书信编年考证》(增订本),第439页。
③ (唐)韩愈:《昌黎先生文集》卷第十二,宋蜀本。
④ 在《朱文公校韩昌黎先生集》中,朱子第《读仪礼》一文并无深入的解说,而是对其版本的差异进行了详细的校勘,其校勘语共有六处:一是"其,方作且","之或作云"。一是"方无之字","家,或作说。""方无有字","方无学字"可见朱子对《昌黎先生集》做过各版本的对校,虽然无清儒校勘的精密工夫,但是其对韩文的各版本内容当是极为熟悉。另据《朱子语类》中所言读书的熟读的工夫可以推知朱子对韩文的熟悉程度了,虽不中亦当不远矣。参见(宋)朱熹考异,曾抗美点校《韩昌黎先生集考异》,上海:上海古籍出版社;合肥:安徽教育出版社,2002,第454页。
⑤ 《晦庵朱文公先生文集》,第3550页。

《通解》的体例已经确定以上三部分了，即经已分章，记已随经，注疏已合为一本。但是解决这些问题并非朱子的最重要动机，其深层目标是希望通过编撰礼书实现自己的政治理想，实现外王之业。[①] 为了解决固有礼书难读、实现外王之业的理想，朱子对"记"的内容进行了改造，方法有二：一个是如前文所述，即把记移到各章经文后面；另一个是朱子移动"记"的内容之后，按照"记"的内容与经文之间的紧密程度，以及这些"记"之间的相关性进行了重新排序，甚至不惜对记的材料进行主观增加、重复使用以便使"记"能够更加完整地补充经文的内容。

为了能够集中讨论《通解》所用的方法，笔者仍旧以前文所引的两则《杂记》中的"记"文为例，以便通过一个典型来透视《通解》记的通则。第一则"纳币一束，束五两，两五寻"是属于"纳征"的记。其内容共有五则，我们按照《通解》原文的排序列于下：

（1）纳征，执皮，摄之，内文，兼执足，左首。随入，西上，三分庭一在南。宾致命，释外足见文。主人受币，士受皮者，自东出于后，自左受，遂做摄皮，逆退，适东壁。

（2）皮帛必可制。

（3）纳币一束，束五两，两五寻。

---

① 朱子解决《仪礼》难读的问题并非单纯为了解读《仪礼》，而是为了更长远的政治目标，如王贻梁《〈仪礼经传通解〉与朱熹的礼学思想体系》说："朱熹生活的时代，儒家思想形成了'修身、齐家、治国、平天下'这样较为完整的思想体系，朱熹深得此理，并将之用来整理礼学思想。《通解》以家、乡、学、邦国、王朝、丧、祭顺序整理的礼学体系，正是这种思想指导的产物，同时也是朱熹道德人本义理学文化精神的反映，是将儒学内心修身的道德自律与对外行事的礼制规范相结合统一的结晶，从而建立起一条内外兼修兼济的道路。"（第293页）又据余英时《朱熹的历史世界——宋代士大夫政治文化的研究》考察宋代士人的创造后得出结论："重建一个理想的人间秩序。"其中"以天下为己任"为朱子概括范仲淹的特征，亦是可以用来概括"宋代士大夫的基本特征"。"重建一个理想的人间秩序"与"以天下为己任"都是"外王之事"的典型特征。事实上，朱子编撰《仪礼经传通解》的目的在《乞修三礼劄子》中亦说："使士知实学，异时可为圣朝制作之助，则斯文幸甚，天下幸甚。"即朱子用心整理文献的最终目的依旧是着眼于建设他所认为的良好的社会制度。参见《〈仪礼经传通解〉与朱熹的礼学思想体系》//《迈入21世纪的朱子学：纪念朱熹诞辰870周年、逝世800周年论文集》，第293页。《朱熹的历史世界——宋代士大夫政治文化的研究》，第5~6页；《晦庵先生朱文公文集》，第688页。

（4）辞：纳征曰："吾子有嘉命，贶室某也。某有先人之礼，俪皮束帛，使某也请纳征。"致命曰："某敢纳征。"对曰："吾子顺先典，贶某重礼，某不敢辞，敢不承命。"

（5）女子许嫁，笄而醴之，称字。祖庙未毁，则教于公宫。祖庙已毁，则教于宗室。①

以上材料在《仪礼·士昏礼》和《礼记·杂记》中既没有直接的关系，也并非排列在一起，各自内容也不完整，在源文献中显得凌乱而复杂。为了便于下文的论证，我们先对其内涵进行简要说明。第一条资料是记录纳征过程，包括纳征的场地及宾主之间相应礼仪。第二条资料则是规定皮帛的规格即"可制为衣物，此亦是教妇以诚信之义也"。② 第三条资料则是重在说明"币"的规制，即"十个为束，贵成数。两两者合其卷，是谓五两。八尺曰寻。一两五寻，则每卷二丈也，合之则四十尺。今谓之匹，犹匹偶之云欤？"③ 第四条是记录纳征过程中宾主的语词。第五条是女子"已受纳征礼也。笄女之礼犹冠男也，使主妇、女宾执其礼"。在高祖之庙或者大宗之家教以妇德、妇言、妇容、妇功。④ 其中，第三条材料来自《礼记·杂记》，第一、二、四、五条材料均来自《仪礼·士昏礼》，他们在《仪礼·士昏礼》中的原始排序为第二条、第五条、第一条、第四条。⑤《仪礼·士昏礼》的作记者的意图已无从考证，⑥ 但是朱子重新排序这四则材料则是充分考虑到了他们在礼仪实行过程中所涉及的场地、道具、礼辞

---

① 《仪礼经传通解》，第 91～93 页。

② 《仪礼注疏》，第 141 页。

③ 《礼记正义》，第 1689 页。

④ 《仪礼注疏》，第 141～142 页。

⑤ 《仪礼注疏》，第 140、141、143～144、152 页。

⑥ 对于记的内容及作者的情形，贾公彦有系统的论述："凡言记者，皆是记经不备，兼记经外远古之言。郑注《燕礼》云：'后世衰微，幽厉尤甚，礼乐之书稍稍废弃。盖自尔之后，有记乎？'又案《丧服记》子夏为之作传，不应自造，还自解之。记当在子夏之前，孔子之时，未知定谁所录。云《冠义》者记士冠中之义者，记时不同，故有二记，此则在子夏前。其《周礼·考工记》，六国时所记，故遭秦燔灭典籍，有韦氏、雕氏阙，其记则在秦汉之际，儒者加之，故《王制》有正听之、棘木之下，异时所记，故其言亦殊也。"则《仪礼》的作记者不是同一时期，甚至同一篇经文的各条记文都存在不同时代的不同作者的情况，那么作记者的身份只能确定为研习《仪礼》的儒者，记文则是他们在研习过程中不断补充《仪礼》经文所无内容而完成的。参见《仪礼注疏》，第 76 页。

及其结束后女子装束变化及接续仪式，不仅强化了原有"记"的功能，而且这四则材料亦形成了关于礼仪的一篇完整文献。至于上文中源自《礼记·杂记》的第三则文献材料则是因其涉及"币"的规格内容，既是对经文中"币"的解释，也是对第一则材料"币"的解释，并且依据第一则材料中币出现在皮帛之后，朱子甚至依据经传的体例，把第三则材料放置于第二则材料之后，从而使整篇的记文形成具有内在结构体系的有机整体。

至于"妇见舅姑，兄弟姑姊妹皆立于堂下，西面北上，是见已。见诸父各就其寝"①，则与上文采自《礼记·杂记》属于解释物品不同，当属于解释礼仪制度的内容，其功能是补充说明妇见章的行礼流程，与同为妇见章的"记"文"笲，缁被纁里，加于桥。舅答拜，宰徹笲"②存在着内容上的承上启下的关系。与"纳币一束"条具有相同的解经效果，并与其他"记"文形成一篇新的礼学文献。

与此同时，为了使"记"文更加清晰以便减少学习的难度，朱子甚至在记文中不惜重复引用《仪礼》"记"的内容。这在《士昏礼》一文中也得到了体现。

《通解士昏礼》飨妇章第一条记：

> 妇席荐馔于房，飨妇，姑荐焉。……妇酢舅，更爵自荐。③

朱子注解第一句话"注、疏已见醴妇"。④其所言醴妇是同一篇的醴妇章。在醴妇章中，"妇席荐馔于房"单独成为一条记文，其作用是补充说明醴妇章实行礼仪的具体场所。据《仪礼注疏》可知，郑玄注："醴妇、飨妇之席荐也。"贾公彦疏："此亦于经不见，故记之。但醴妇时，唯席与荐，无俎。其飨妇非直有席、荐，并有俎。俎则不馔于房，从鼎升于俎，入设于席前。今据醴妇时同有席与荐馔于房中者而言也。"⑤朱子在醴妇章全引郑注，而引用贾疏的大部分内容，而于最后一句修改为"今据醴妇时

---

① 《仪礼经传通解》，第107页。
② 《仪礼经传通解》，第106页。
③ 《仪礼经传通解》，第110页。
④ 《仪礼经传通解》，第110页。
⑤ 《仪礼注疏》，第147页。

而言也"。① 贾公彦依据《乡饮酒礼》《乡射礼》《公食大夫之礼》中有俎的制度来判定飨妇章不适用此"记"文，实质是否定郑注的内容。单论礼仪制度，贾公彦的观点是正确的。朱子非常清楚这个学术问题而采取了折中于郑贾二家的意见，因此朱子在醴妇章的记文几乎全引贾公彦疏，却在具体应用时遵从了郑注，即"妇席荐馔于房"适用于醴妇章与飨妇章，而忽略了贾疏提出飨妇时俎的措置问题，其原因正是朱子在飨妇章引用此记的目的并非说明飨妇时所用的席、荐及俎的问题，而是重在说明飨妇的地点，即房中。这可于朱子把此记文和其他条的记文"飨妇，姑荐焉。……妇酢舅，更爵自荐"合成一条记来说明飨妇时的具体房中礼仪，而此地点"房"则是飨妇章的记所必需的内容。至于飨妇章的俎的使用问题，朱子则采信了郑注，忽略了贾疏所提问题，其最为重要的原因是采纳了郑注，有助于习礼者理解并接受飨妇的相关制度，而有关荐俎的相关制度则在《乡饮酒礼》《乡射礼》《公食大夫礼》中另有详细说明。

令我们困惑的是，朱子在飨妇章的记文中直接标注"注、疏已见醴妇"，这表明朱子也采纳了贾疏，而飨妇章本不应该使用此记文，但事实是朱子在飨妇章、醴妇章均使用了。这造成了事实上的相互矛盾了，可能是朱子审定之时没有详细厘清郑注、贾疏之间的差异问题，至于具体原因，因材料缺失，我们只能付之阙如了。

既然有重复使用同一材料作为不同处经文的"记"的情况，那么朱子会不会为了更好发挥"记"文补充解释经文制度的功能，而删除重复出现的礼文材料呢？

查证《通解》与《仪礼注疏》，笔者发现了至少一例，即，《仪礼注疏》中《乡射礼》《燕礼》二篇中均有"其牲，狗也"②，但是朱子在《通解》中的《乡射礼》《燕礼》中于《乡射礼》的速宾章引用"其牲，狗也，享于堂东北"③ 作为记文以解释迎宾之宴所用之物。而《燕礼》中，朱子则省略了《仪礼注疏》中的"其牲，狗也，享于门外东方"④ 中的"其牲，狗也"的提示语，而唯独保留了"享于门外东方"。而"其牲，

---

① 《仪礼经传通解》，第 108 页。
② 《仪礼注疏》，第 362、449 页。
③ 《仪礼经传通解》，第 318 页。
④ 《仪礼注疏》，第 449 页。

狗也"也有不删除的地方，如朱子在《通解·乡饮酒礼》中也全文采用了"其牲狗也，享于堂东北"。①

在这些看似矛盾重重的"记"文的取舍情况中，比照了以上文献在《通解》和《仪礼注疏》中的差异，笔者发现了两者之间的差异原因，即这些差异是由朱子与汉唐经师持不同的经学态度所决定的，兹述如下。

贾公彦注重礼仪制度的完整性，而朱子则在礼仪制度的完整性基础之上追求礼例的通用性原则，并且把礼例运用于《通解》中，至于具体原因，我们后文再做深入研究，以免使本处过于驳杂。朱子之所以在《通解》的《乡饮酒礼》《乡射礼》两处都保留了"其牲，狗也，享于堂东北"的原文，而于《燕礼》中却删除了"其牲，狗也"，这是由于前两处虽是完全相同的文字，却没有形成通用的礼例，至少郑玄、贾公彦没有明确提出其遵守的礼例，所以朱子不能够随意删除其内容，而贾公彦在《仪礼注疏·乡射礼》中提出了此处所遵守的礼例。这可于贾公彦《仪礼注疏·乡射礼》疏解经文"其牲，狗也"及郑玄注"狗取择人"中获得答案。贾公彦说：

> 《乡饮酒》、《乡射》义取择贤士为宾。天子已下燕亦用狗，亦取择人可与燕者。②

贾公彦明确说明了《乡饮酒》《乡射》取狗为牲的原因正如郑玄所注"狗取择人"，但是并没有标出其为通例，而《燕礼》中用狗作为食材则有明确说明，即"天子已下燕亦用狗"，表明这是从天子到庶人均是用狗为燕礼之牲，与上文结论若合符节。当然，朱子使用了贾公彦所总结的礼例，却一字都不采用上文贾疏内容，其中原因涉及朱子对礼例的运用原则，留待后文详证了。

前文仅就《通解》选取《仪礼》、小戴《礼记》材料作为记文内容的礼学思想展开了详细的论证过程。事实上，大戴《礼记》、《周礼》所含礼学材料使用的规律亦与《仪礼》、小戴《礼记》相同，但为了弥补

---

① 《仪礼经传通解》，第267页。
② 《仪礼注疏》，第362页。

上述论证过程的局限性，笔者将运用前文所获得的规律来考察《通解》采用大戴《礼记》、《周礼》礼学材料进入记文的情况，以便节省篇幅。兹述如下。

前文已言，朱子运用郑玄、贾公彦对记文功能的定位来展开记文材料的组织和选择的工作，这对《周礼》、大戴《礼记》所包含的材料作为记文的地方仍旧完全适用。现各举一例如下。

在《通解·聘礼》的受命于朝章的记文共有七条。这七条记文不仅涉及前文所述的移植《礼记》中的经文来当记文，亦涉及调整《仪礼》的记文内容，① 前文已经对此有详细论证，本部分主要关注涉及《周礼》的三条记文，他们在《通解》中的顺序依次为《司常》《典瑞》《玉人》，据《周礼》经文可知，司常主管各种旗帜，即郑玄注"司常主王旌旗"②，而此处引用了"通帛为旜，孤卿建旜"。③ 典瑞的职责是"掌玉瑞玉器之藏，辨其名物与其用事，设其服饰"。④ 此处则是引入"璪、圭、璋、璧、琮、缫皆二采一就，以覜聘"。⑤ 玉人则是"人造玉瑞玉器之事"⑥，此处所引则是"璪圭璋八寸，璧琮八寸，以覜聘"。⑦ 由此可见，朱子在选取《周礼》中的文献作为记文时并非全文引用，而是选取有助于解释本处经文的相关名物制度的部分，而这三处引文在《通解》受命于朝章记文中的排序也是根据受命于朝章的内容记叙顺序。受命于朝章先述"使者载旜"，再述"贾人……取圭，垂缫，不起而受宰"，最后才涉及使者"受享束帛加璧，受夫人之聘璋，享玄纁束帛加琮，皆如初"。⑧ 正是此中所涉及名物，

---

① 《通解·聘礼》受命于朝章记文出处共有七条，分为三种：第一种是择取《周礼》的经文，共三条，分别来自《司常》《典瑞》《玉人》的经文；第二种是择取《仪礼》中的三条记文，分别是"所以朝天子至玄纁系，长尺，绚组"，"凡四器者，唯其所宝以聘可也"，"凡执玉，无藉者袭"；第三种是择取小戴《礼记》的一条经文，这条经文来自小戴《礼记》的《曲礼》篇。本处的引文句读参照《仪礼注疏》。《仪礼经传通解》，第729～732页；《仪礼注疏》第726～728、732、738页。

② （汉）郑玄注，（唐）贾公彦疏《周礼注疏》，上海：上海古籍出版社，2010，第643页。

③ 《仪礼经传通解》，第729页。

④ 《周礼注疏》，第765页。

⑤ 《仪礼经传通解》，第729页。

⑥ 《周礼注疏》，第1621页。

⑦ 《仪礼经传通解》，第729页。

⑧ 《仪礼经注按通解》，第727～728页。

经文并未给出具体规格，而这些出自《周礼》经文的记文内容正好解释了经文的旗帜、玉器的材质、规格，其先后顺序就是此三条源自《周礼》经文的记文排列顺序。

大戴《礼记》文献缺损较为严重，但是《通解》亦引用其中的相关资料来充当记文，如《王制之乙制国》只有一处记文，此处记文由三条文献构成，分别是《大戴礼记·明堂》《礼记·明堂位》《周礼·内宰》。其中《大戴礼记·明堂》选择的内容是明堂的外形、建设规模，而《礼记·明堂位》则是选择周公在明堂会见诸侯的场景，至于《周礼·内宰》则是选择内宰的负责管理包括明堂在内的职责。这三者的内容都与其选自《周礼》大司徒、量人、匠人等涉及王国建设的经文内容紧密相关，特别是补充了《周礼》匠人条明堂的内容。此处虽仅有一条大戴《礼记》的内容，但仍旧可以看到《大戴礼记·明堂》起到补充经文的功能之外，还有依照正常的事物逻辑来安排记文的内在顺序。其记文顺序的安排逻辑如下。

经文的最后部分是《周礼》匠人条记载夏商周三代的最高统治者办公处所，而《大戴礼记·明堂》则补充说明明堂的古代规制及其路寝的功能，而有了完整的天子路寝，需要有路寝的运用规则，故采纳了《礼记·明堂位》，而明堂的位次及日常管理的职责便归于内宰，故选择《周礼》内宰条。

由上述内容可知，《通解》选取《周礼》、大戴《礼记》经文作为记文及其排序均与《仪礼》原有记文、小戴《礼记》经文遵循相同礼学思想，即按照记文的功能来择取适当的礼学材料，并依据记文所服务的经文顺序来排序。

综上所述，《通解》对记的内容重在以解释补充经文的礼仪名物制度为择取相关礼学材料的标准，而不是关注具体礼学材料的来源。在选择记文材料的过程中，朱子主要采纳《仪礼》《礼记》等的材料来说明经文的礼仪制度，并根据礼仪材料的内容，按照礼仪的内在事理逻辑重新排序形成一连串有序的证据链，力求做到记的内容也成为一个有机整体，改变《仪礼》等记文的无序状况，甚至为了使记的内容更为清晰以便减少习礼者的困难，不惜重复使用及删除同一则礼学材料以说明礼仪制度。

第二节　礼与诸经关系研究

礼是指礼学，诸经是指儒家十三经，但因前文已经涉及四礼之间的关系，故在展开具体研究前，我们先澄清两个问题。

一是本节的研究对象。因为本章第一节已就《通解》所呈现的《仪礼》与大小戴《礼记》、《周礼》之间的关系展开了全面的论述，本节所论述的诸经范畴剔除了《仪礼》、大小戴《礼记》、《周礼》之后的十经，即《周易》《尚书》《诗经》《春秋左氏传》《春秋公羊传》《春秋谷梁传》《论语》《孝经》《尔雅》《孟子》。① 为了避免枝蔓，我们以《通解》朱子编撰部分引用文献数量及各文献之间的关系分为两类，一类是《春秋三传》，一类是其他七经。

二是各经材料的经传关系问题。上一节已针对四礼关系问题，系统论述了《通解》处理各礼学材料的经传地位问题，而诸经与《仪礼》的关系问题亦与上述四礼关系相似，理由主要有两方面：一方面，在朱子的意识中《礼记》与诸经所涉及的礼学材料是处于相同地位，因为《乞修三礼劄子》把《礼记》与诸经涉及礼学的资料均是作为传来处理。二是《通解》的经传中均存在源自诸经涉及礼学的资料。

因此，我们将以《通解》中源自除四礼之外的儒家诸经的材料为依据，研究《通解》如何处理礼学与诸经的关系。

一　朱子实用礼学思想：诸经进入《通解》体系的原因及标准问题

上节考察了朱子编撰《通解》时对诸多礼学材料的整理原则主要有两项：一是保存古代礼仪，一是保存古代礼仪的内在礼义。这两项构成了朱子实用礼学的基础。但是上文主要放置于四礼之间关系问题中，为了更为深入探析诸经进入《通解》编撰体系的原因及其标准问题，我们先简要概

---

① 唐代"开成石经"共有十二经，即《周易》《尚书》《诗经》《周礼》《仪礼》《礼记》《春秋左传》《春秋公羊传》《春秋谷梁传》《论语》《孝经》《尔雅》，至北宋立《孟子》为经，合称"十三经"。宋光宗绍熙年间（1190～1194 年），合刻注疏本"十三经"问世，这是首部关于经学十三经的丛书。参见《朱熹经学与中国经学》，第 18～19 页。

括朱子实用礼学思想。

朱子持实用礼学观念，但其实用礼学观念并非如早年作品《家礼》纯粹为现实生活服务的实用礼仪，而是兼顾现用礼仪和为后代礼仪改革提供礼学资料范本的功能。这在朱子编撰《通解》的设想时已有明确的表述：

> "礼，时为大。"使圣贤有作，必不一切从古之礼。疑只是以古礼减杀，今世俗之礼，令稍有防范节文，不致太简而已。观孔子欲从先进，又曰"行夏之时，乘殷之辂"，便是有意于损周之文，从古之朴矣。今所集《礼书》，也只是略存古之制度，使后人自去减杀，求其可行者而已。"若必欲一一尽如古人衣服冠屦之纤悉毕备，其势也行不得。"问："温公所集礼如何？"曰："早是详了。又，丧服一节也太详。"为人子者方遭丧祸，使其一一欲纤悉尽如古人制度，有甚么心情去理会！古人此等衣服冠屦，每日接熟于耳目，所以一旦丧祸，不待讲究，便可以如礼。今却闲时不曾理会，一旦荒迷之际，欲旋讲究，势必难行。必不得已，且得从俗之礼而已。若有识礼者，相之可以。①

此条为沈侗戊午（1198）以后所闻录的内容。此文属于朱子晚年编撰礼书时所持的礼学观念。笔者不厌其烦地引述全文，是因为此文关系朱子礼学思想中"时为大"的观念，而且涉及朱子对礼义功能的理解，及其年青时代与年老时代之间礼学观念的关系。上文涉及两方面内容，一方面是使用古礼的原则，即以古礼减杀，令稍有防范的原则；另一方面是制作《通解》的目的是保存古代的礼仪制度。前者是使用古礼的具体方法，后者则是保存古代礼仪制度，两者缺一不可。他们又蕴含着另外一层关系，即不管以古礼减杀今世俗之礼，还是保存古代的礼仪制度，都是为了能够正确地掌握礼仪所隐含的礼义，为制作新礼仪提供依据。在提出上述原则后，朱子又以丧服为例评价司马光《书仪》，赞赏其详细，又嫌其不便使用的问题，可视为朱子晚年对《书仪》定评。

---

① 《朱子语类》，第 2886 页。

但是朱子对司马光《书仪》的评价有一个动态变化过程，与朱子自身礼学观念的变化过程同步，因此我们有必要考察朱子对《书仪》评价的变化过程，兹论如下。

四库馆臣提要《书仪》时说：

> 《朱子语录》："胡叔器问四先生礼，朱子谓：'二程与横渠多是古礼，温公则大概本《仪礼》而参以今之所可行者。要之温公较稳，其中与古不甚远，是七分好。'"又《与蔡元定书》曰"《祭仪》只是于温公《书仪》内少增损之"云云。则朱子固甚重此书。后朱子所修《祭仪》，为人窃去，其稿不传。则此书为礼家之典型矣。①

朱子为人所窃之书是《祭仪》还是《家礼》已是一件无头公案，② 难得确解，四库馆臣依据朱子有关礼学的言论及修撰礼书的实践认为《书仪》是"礼家之典型"，这是渊源于陈淳等朱门弟子的学术观点。

陈淳《北溪大全集》共有三篇对各版《家礼》的跋，除了《代郑寺丞跋家礼》只言《家礼》一书有益教化外，另外两书均关涉《家礼》创作的缘起。其中写得最早的是《代陈宪跋家礼》，其文曰：

> 既而，绍熙庚戌于临漳郡斋，尝以冠昏丧祭礼请诸先生。先生曰："温公有成仪，罕见于世者，只为闲词繁冗，长篇浩瀚，令人难读，往往未及习性而已畏惮退缩，盖尝深病之，欲为之裁订增损，举纲张目别为一书，令人易晓而易行。旧略有成编矣。在僧寺为行童窃去，遂亡。……惜其书既亡而复处，不出于先生无恙之前而出于先生既没之后，不幸而不能垂为一定之成仪以幸万世，而反为未成之缺定。至贻后世千古无穷之恨，甚可痛也。"③

陈淳所言是《家礼》成书的始末及其失而复得的经过。后来的《家礼

---

① 《四库全书总目》，第 180 页。
② 殷慧《朱熹礼学思想研究》在绪论部分系统总结了从元代开始各代学者对《家礼》真伪问题的辨伪工作，甚为翔实，值得参考。参见《朱熹礼学思想研究》，第 2~3 页。
③ 《北溪大全集》卷十四。

跋》再次强调了上述观点，仅字句稍异而已。至于版本，他在《家礼跋》中说"五羊本先出，最多讹舛，某尝以语曲江陈宪而识诸编末矣。余杭本再就五羊本为之考订"。①

由上可知，陈淳和沈俪均有听过朱子对司马光《书仪》的评价，认为司马光《书仪》存在过于繁杂难读的问题，而其《家礼》则是为了纠正其弊端而编撰的作品。虽然我们难以断定现存《家礼》是否朱子原作，但是进入礼学史的《家礼》则是在朱子过世后出现的版本，则可定谳。据陈淳的两篇书跋，陈淳认定此书当属朱子亲订，但仅属草稿而已。作为朱子晚年最得意的弟子之一，陈淳认定其为朱子作品的言中之意，至少是符合纠正司马光《书仪》缺陷的特征。但是《通解》的规模和现存《家礼》可谓天壤之别，两者的差异正是由朱子年青时代与年老时代的礼学思想之间的差异所产生的结果。《家礼》只是纠正了《书仪》过于繁杂难读的问题，简化礼仪，而《通解》则是在《家礼》的基础上深化拓展了礼仪与礼义内容。由此可见，朱子礼学观念是从具体礼仪扩展到礼仪与礼义合为一体的过程。朱子把礼仪与礼义合而为一正是为了解决《乞修三礼劄子》所概括的问题，即"其间亦有因仪法度数之实而立文者，则咸幽冥而莫知其源。一有大议，率用耳学臆断而已"。② 至于从具体礼仪范本《家礼》到礼仪与礼义结合体的《通解》转变期间的人生经历，不在本书研究范围内，不再赘述。

因此，朱子"礼，时为大"的问题已经有了一个重要答案，即古圣贤在学习古礼之后，明白其内在礼义，按照古礼的礼义精神改造或制定礼仪，由此形成了与时合一的实用礼仪。至于实用礼仪落实的两个重要方面，一是古代具体礼仪，即礼仪范本；一是整理挖掘古代礼仪的内在礼义。不论古代礼仪的保留与传播，还是遵照古代礼义来改良世俗礼仪，都需要有执行者来落实。这涉及学习礼仪者内在的主观礼学修养问题。《朱子语类》载：

> 杨通老问《礼书》。曰："看《礼书》，见古人极为精密处，事无微细，各有义理。然又须自家工夫到，方看得古人意思出。若自家工

---

① 《北溪大全集》卷十四。
② 《晦庵先生朱文公文集》，第 687 页。

夫未到，只见得度数、文为之末，如此岂能识得深意？如将一碗干硬底饭来吃，有甚滋味？若白地将自家所见揣摸他本来意思不如此，也不济事。兼自家工夫未到，只去理会这个，下梢溺于器数，一齐都昏倒了。如今度得未可尽晓其意，且要识得大纲。"①

此条为叶贺孙辛亥（1191）以后所闻录的内容。古人制作礼仪时必然含有内在的义理，习礼者看礼书要有自家工夫才能透过礼仪明白古人的意思即礼义。如果习礼者迷惑于具体的礼仪，沉溺于具体的礼仪器数，必然无从认识礼仪与礼义的内容。因此，礼仪与礼义的内容均占据朱子实用礼学的重要位置，但是现存礼书并没有完整保存礼仪与礼义，导致了礼学在朱子时代难以获得广泛推广，这也是《通解》编撰缘起的广阔学术背景之一。因此，朱子编撰礼书的第一道门槛便是查阅与礼学有关的典籍，《乞修三礼劄子》说道：

> 私家无书检阅无人抄写……而钟律之制，则士友间亦有得其遗意者。窃欲更加参考，别为一书，以补六艺之阙，而亦为能具也。欲望圣明特诏有司，许臣就秘书省太常寺关借礼乐诸书……②

朱子系大儒，而且在撰写上文之时已经是学界领袖，③ 尚且难以获得完备的礼学资料，其他普通士人则更难获得完整礼学资料了。正是礼学书

---

① 《朱子语类》，第 2887 页。
② 《晦庵集先生朱文公文集》，第 688 页。
③ 余英时《朱熹的历史世界》对朱熹在当时学界的地位有较详细的考证，其最重要的是孝宗内禅前后，政治上发生大量推荐理学人士进入政府的活动，如叶适《上执政荐士书》、周必大《徽荐士奏》等，余英时得出结论"这里说的是政治上的朱熹，而理学各派在政治上则都奉他为精神领袖"。此时为淳熙十五年，显然余英时从政治事件来解读朱子的地位。但是孝宗淳熙十五年，朱子所担任的官职最高不过淳熙六年到淳熙八年任满知南康军，淳熙八年改任江南西路常平茶盐公事，当年八月改除提举两浙东路常平茶盐公事，至于有机会进入朝廷的淳熙八年除直秘阁和淳熙九年直徽猷阁均被朱子请辞，并未真正入中央朝廷为官，其之所以被当成是政治上的精神领袖，更多的是学术成就被其他各派学者所接受，如著名理学家吕祖谦、张栻，成为理学家中的代表人物，由此被政治上推举为领袖。当先为学界领袖再有政治领袖之影响力。参见《朱熹的历史世界：宋代士大夫政治文化的研究》，第 601 页。《朱熹年谱》，第 87～197 页。

籍内容缺损严重，导致礼学的礼仪与礼义均不完整。这样的礼学资料保存现状迫使朱子把目光转向礼经之外的古代经典作品——儒家十经。符合上述朱子实用礼学思想的儒家经典才成为朱子选择礼学材料的原因，这也正是其选择材料的标准。

二 《春秋》三传与礼学的关系

礼与《左传》的关系问题，在经学史上研究得最透彻的当属清代刘文淇家族，他们着眼于用礼来解读《左传》，刘文淇在《注例》中云：

> 一、释《春秋》必以周礼明之。周礼者，文王基之。武王作之。周公成之。周礼明，而后乱臣贼子乃始知惧。若不用周礼，而专用从殷。公羊家言："春秋，变周之文，从殷之质。"殊误。则乱臣贼子皆具曰："予圣"，而借口于春秋之改制矣。郑志曰："《春秋》经所讥所善，皆于礼难明者也。"其事著明，但如事书之。当按礼以正之。所谓礼，即指周礼。
>
> 二、春秋有事，有文，有义。义虽孔子所窃取。然必依文与事言之。左氏亲见策书所记事。文多可依据。若公、谷之作当战国时，其所述事文，未能尽确，则其义所优，亦恐有郢书燕说之患。
>
> 三、褒讳抑损之义，三传所传《春秋》皆有之。注《左氏》者，惟贾君尚存梗概。后人议其杂入公、谷之说为自清家法。实则左氏本有其义，而贾君传之。非贾君好为合并也。①

刘文淇提出了三个主要原则：一是解读《春秋》需要依靠周代礼仪；二是《左传》记事准确，虽然《公羊传》《谷梁传》解说义理较《左传》好，但是因其所载之事不可信，导致了其所言义理失去了坚实基础而不具有可靠性；三是《左传》贾逵注保存了《左传》本有褒贬之说而非混淆公、谷二传家法。由此可见，刘文淇的《左传》学思想主要着眼于《左传》的历史事实的真实性，而其解读《左传》的主要工具是周代礼仪。刘

---

① （清）刘文淇：《注例》，//（清）刘文淇撰《春秋左氏传旧注疏证》，北京：科学出版社，1959。

文淇使用周代礼仪来解读《左传》，并非独创，而是遵照《左传》学传统，① 但却是明确提出以周代礼学作为解读《左传》第一人，代表了清代《左传》学最高成就，但是刘文淇在《注例》中只字不提其学术来源，明显有违"辨章学术，考镜源流"的清代学术传统，正如钱穆所说：

> 清儒则重限断。先则限断以注疏，宋以下皆弃置不理会。继则限断以东汉，又继则限断以西汉，更复限断于家法。极其所至，成为争门户，不复辨是非。……清儒于其自立限断之外，全不阑入……以引述朱子语为戒。……朱子说经，极多理据明备创辟之见，清儒亦不理会。②

正是上述风气使刘文淇对其学术渊源讳莫如深，反而着眼于《左传》的两汉古注，看似上承两汉学术，而事实上，刘文淇是从朱子手里接过了《左传》与礼学之间关系的研究成果。为了能够更全面了解他们之间的关系，我们先看朱子比较《春秋》三传的论述。

> 国秀问《三传》优劣。曰："左氏曾见国史，考事颇精，只是不知大义，专去小处理会，往往不曾讲学。《公》、《谷》考事甚疏，然义理却精。二人乃是经生，传得许多说话，往往都不曾见国史。"③
>
> 《左传》是后来人做，为见陈氏有齐，所以言"八世之后，莫之与京"；见三家分晋，所以言"公侯子孙，必复其始"。以《三传》言之，《左氏》是史学，《公》、《谷》是经学。史学者记得事却详，于道理上便差；经学者于义理上有功，然记事多误。如迁、固之史，大概只是计较利害。范晔更低，只主张做贼底，后来他自做却败。温公

---

① 杜预《春秋释例》曰："释例曰：邱明之传，有称周礼以正常者，诸称凡以发例是也。有明经所立新意者，诸显义例而不称凡者是也。称凡者五十，其别四十九。"据清武英殿本刻者所注"［案］此篇《永乐大典》全阙。其篇目则见孔颖达《集解序正义》"。据现存史料可知，杜预是第一位对《左传》进行释例的学者。而其释例的标准主要依据两个：一是周代礼仪，一是《春秋》经新立的范例。这可谓是以礼解《左传》的源头所在。参见（晋）杜预《春秋释例附校勘记》卷十五，丛书集成初编本，上海：商务印书馆，1936，第661页。

② 此处是根据钱穆《朱子学提纲》"朱子之经学"比较朱子与清儒经学之间差异部分整理而成。参见《朱子学提纲》，第182页。

③ 《朱子语类》，第2240页。

《通鉴》，凡涉智数险诈底事，往往不载，却不见得当时风俗……①

前者为潘时举癸丑（1193）所闻录的内容，后者为黄㽦戊申（1188）所闻录的内容。朱子认为《左传》是史书，《公羊传》《谷梁传》是经学。两者在记事与义理方面各有长短，《左传》是以国史为底，长于考核历史事实，短于评论道理，而公、谷二传长于义理，其所记载的史实则显粗疏不实。从上述内容可知，朱子对《左传》《公羊传》《谷梁传》的比较与刘文淇《注例》第二条如出一辙，只是朱子用较客观的学术眼光比较评价《春秋》三传的优劣，而刘文淇则因其汉学经师的身份对《左传》采取了全面肯定的评价，因门户之见而否定公、谷二传的优长之处而已，但其所持论据并未超出朱子的观察成果。由此可见，刘文淇对朱子的学说，特别是《朱子语类》当有深入研究。刘文淇《戴静斋先生传》曰：

先生天资颖异，自出就外傅，性耽典籍，凡有关实学者，勤加采录，异同疑似，尤所究心。著《四书典故考辨》十二卷，《自序》云："汉人谈经最详典故，宋大儒视典故为粗迹。空疏者未必不有所借口。我朝文教章敷，名儒辈出，即四子书考据者不下数十家，浏览之下，勤加采录，垂二十载得千有余条……"颜之曰《四书典故考辨》，为朱子诤臣，不为朱子谀臣，实事求是，前人固言之矣。②

戴清重视"实学"，用二十年的时间采录"四子书考据"相关材料，则其治学纯属乾嘉汉学学风，可见戴清对朱子四书学的高度重视，深入研究过朱子四书学，而刘文淇叙述与戴清的关系"余应童试时，先生为认保，余以师礼事之。先生顾折节下交。凡所著书属余校定，偶有诤议，先生必改而从之。余每悐悐付梓，顾以家贫，力不能刻。今墓木已拱。文超等宝藏其书。余故详述先生著书大指，俾后之人有所考见焉"③，可见刘文淇与戴清是师生关系，而且校订戴清的作品，对《四书典故考辨》当有深

---

① 《朱子语类》，第2241页。
② （清）刘文淇：《清溪旧屋文集》卷八，清光绪九年刻本。
③ 《清溪旧屋文集》卷八。

入研究，亦当熟知朱子作品无疑。况且刘文淇应童生试，最后为"岁贡，候选训导"，[①] 其时科举教材正是《四书章句集注》，他亦熟读《朱子语类》，虽不中亦不远矣。可见刘文淇熟知前引朱子论述《春秋》三传的观点，当可定谳。

但是《左传》与礼学之间的关系，刘文淇是以乾嘉汉学经师的身份来论述，认为《左传》当以周礼来解读，确认《左传》是周代礼仪的实践记录，又因经师的门户之见使得他高度信任《左传》所载之事之外，也高度认可《左传》的经义。朱子却以史学作品来看待《左传》，从未把《左传》当作经学作品，这可获证于上引《朱子语类》。正是立场不同，导致了刘文淇与朱子之间有关《春秋》三传和礼学之间关系的观点分道扬镳，其差异有三端。

一是朱子视《左传》为史学，刘文淇视《左传》为经学。朱子客观评价《左传》所载之事，特别是客观评价《左传》与礼学之间的关系。

二是朱子视公、谷二传为经学，高度肯定两经的经义，而刘文淇是清代乾嘉汉学，推崇经古文学派，否定公、谷的经学成就，对其经义亦采取否定态度，具有强烈的门户之见。

三是朱子综合采用三传的内容，利用三传的内容来补充礼学材料的不足之处，而刘文淇则是立足于乾嘉汉学，以公谷二经的史实有误为由，摒弃公谷二传的经义，而忽视了公、谷解经实际情况。

以上三点是朱子与刘文淇之间的学术差异，对我们理解朱子关于《春秋》三传与礼学关系的思想甚为重要，成为我们后文考论的基础。

（1）取材标准：肯定《左传》文献，否定其礼义标准

朱子把《左传》当成史书，客观评价其所载有关史实，这在《通解·昏义》中有非常典型的体现。《通解·昏义》载：

> 郑公子忽如陈逆妇妫，陈鍼子送女，先配而后祖。鍼子曰："是不为夫妇。诬其祖矣，非礼也，何以能育？"[②]

---

① （清）刘锦藻撰《清续文献通考》卷二百五十八经籍考二，民国影十通本。
② 《仪礼经传通解》，第127页。

此是《左传》隐公八年之事，但是上述内容并非《左传》的原始文献，而是经过了删节。为了便于下文论述，我们先补足此文献，兹引如下：

> 四月，甲辰，郑公子忽如陈，逆妇妫。辛亥，以妫氏归。甲寅，入于郑。陈鍼子送女。先配而后祖。鍼子曰："是不为夫妇，诬其祖矣，非礼也，何以能育？"①

由此可见，朱子在引用《左传》文献时没有严格遵守文献原貌，而是省略了其中的时间以便行文更简洁，但是此处文献事关婚礼中的一个重要问题即"先配而后祖"的问题，需要从时间先后问题加以考察，故我们补齐全文如上。《左传》作者借陈鍼子之口讥贬郑公子忽迎娶妫的婚礼实行先配后告祖不合礼仪。朱子取杜预注、孔颖达疏也着重说明"先配后祖"的礼仪问题，但是朱子并未完全采信杜注、孔疏，特下按语：

> 今按：此说与《仪礼》及《白虎通义》不同，疑《左氏》不足信，或所据者当时之俗礼而言，非先王之正法也。②

朱子此条按语，到底是说《左传》所载历史史实不足信，还是陈鍼子所作判断的结论有误，何者为是，着实模糊，难以索解。为了求证朱子的真实意思，我们有必要先厘清朱子上述判断依据。朱子对《左传》记载存疑的判断依据主要是《仪礼》和《白虎通义》。

上引《左传》所载之事主要是在隐公八年（前715）四月，从甲辰日到陈迎妇，辛亥日迎娶妫氏离开陈，甲寅日至郑。据杜预《春秋释例》可知，隐公八年"四月己亥小"，则四月甲辰日为四月初六。又据《春秋左传正义》可知，隐公三年（前720）时"周郑交质，王子狐为质于郑，郑公子忽为质于周"，③而隐公七年（前714）时"郑公子忽在王所，故陈侯请妻之，郑伯许之，乃成昏"。④此为上文公子忽娶于陈之事的发端，而其内在的政治

---

① 《春秋左传正义》，第 31 页。
② 《仪礼经传通解》，第 128 页。
③ 《春秋左传正义》，第 21 页。
④ 《春秋左传正义》，第 30 页。

动因则如杜注所言"以忽为王宠故",即郑公子忽娶于陈的事件背后还牵涉到周王的因素,此时刚进入春秋时期,周王实力虽有所下降,但重要地位仍然十分显赫,故陈侯因周王因素而与公子忽联姻。由此可知,公子忽娶妻于陈获得了当时主要政治势力周王、春秋初期强大诸侯郑国的支持。另外,从地理位置上言,周王的直属地与郑土壤相接,而郑与陈又是相接壤的邻国,在得到周王支持与郑伯同意的情况下于周地、郑地、陈国肯定畅通无阻,而从春秋隐公时期周王定都洛邑(即洛阳),陈国定都淮阳县,两地现均在河南省内。① 至于隐公八年的行程速度,我们由上文"辛亥,以妫氏归。甲寅入于郑"则公子忽一行人从陈国首府即现在淮阳县进入郑国首府新郑只要前后四天时间,因此行之前,公子忽为郑国在周王朝的人质,其出发地当为洛阳,而从洛阳到淮阳县的行程距离正好是从淮阳县到新郑路途的大致两倍距离。考之上述时间,从甲辰到辛亥前后共有八天时间,而从辛亥到甲寅则共有四天时间,扣除在淮阳举行迎娶礼仪的时间,则前者大体为七天时间,后者为三天多的时间,前者大体为后者的两倍,由此可知,上文所言"甲寅入于郑",则当是鲁隐公八年四月十六日,公子忽的整个行程前后共计十一日。

由上述论证可知,《左传》所记载内容当符合当时的历史真实情况,否则郑公子忽先回到郑国,拜见郑伯,而据《礼记》可知,大夫告祖庙需要事先卜日等,扣除此中所耽搁的时间,则与前述时间不符,可见朱子前文所言当是针对陈鍼子所言之内容,而非否定《左传》所载的历史事实。

另外,考之《仪礼》,公子忽迎娶陈妫氏的时间里所做的事情应该就是《通解·士昏礼》的婚礼次序,即陈器馔章、亲迎章、妇至章的内容,但是这三章经文并无祭祖之事。由此亦佐证前述朱子否定的内容不是《左传》所载郑公子忽娶于陈的历史事实,而是陈鍼子对"先配后祖"之事所表达的观点。

据上引文献可知,陈鍼子批评"先配而后祖"之事,而据《左传》原文可知,陈鍼子所言置于"入郑"之后,正如孔颖达疏所言:

---

① 谭其骧主编《中国历史地图集第一册:原始社会、夏、商、西周、春秋、战国时期》,北京:中国地图出版社,1982,第24~25页。

案《昏礼》，妇既入门即设同牢之馔，其间无祭祀之事，先祭乃食，礼无此文。是郑之妄也。郑玄以祖为较道之祭也，先为匹配而后祖道，言未去而行配。案传既言入于郑乃云先配而后祖，宁是未去之事也？若未去先配，则鍼子在陈讥之，何须云："送女也。"此三说皆滞，故杜引楚公子围告庙之事，言郑忽先逆妇而后告庙。故曰："先配而后祖。"①

此中所言情况，解释杜预注"礼，逆妇必先告祖庙而后行。故楚公子围称告庄、共之庙。郑忽先逆妇而后告庙，故曰：'先配而后祖。'"② 而朱子在《通解·士昏义》中全引了杜注，大部分引用了孔疏。因此，朱子当完全清楚前引文献，但是朱子又举《仪礼》来证《左传》为误。朱子据此证明《左传》不足信的另外一个文献是《白虎通义》，而事实上，朱子在《通解·昏义》就引了涉及娶妻与告祖孰先孰后的内容。《通解》卷二《昏义》篇载：

> 娶妻不先告庙者，示不必安也。昏礼请期，不敢必也。妇入三月然后祭行，舅姑既没，亦妇入三月奠菜于庙。三月一时，物有成者，人之善恶可得知也，然后可得事宗庙之礼。未庙见而死，归葬于女氏之党，示未成妇也。③

此节是朱子引自《白虎通义》卷九《嫁娶》篇。④ 这篇文献已经具体解释了《仪礼》经、记文中先成婚，三月后再行祭祖之礼。朱子在《通解·昏义》中没有对此做注解，但是从班固所言内容已可看到娶妻不先告庙在汉代也是如此，清人陈立《白虎通疏证》就直接把此章命名为《论不先告庙》，陈立在处理上述公子忽先配后祭之事，认为"贾、服等皆以大夫以上当夕不成昏"。⑤ 但是为了证实此条礼仪的正当性，他并没有回避杜预注的楚公子围娶于郑之事，他说：

---

① 《春秋左传正义》，第 31 页。
② 《春秋左传正义》，第 31 页。
③ 《仪礼经传通解》，第 124 页。
④ （汉）班固撰《白虎通德论》卷九，四部丛刊景元大德覆宋监本。
⑤ （清）陈立撰，吴则虞点校《白虎通疏证》，北京：中华书局，1994，第 465 页。

《文王世子》云："五庙之孙，祖庙未毁，虽为庶人，冠、娶妻必告。"《士昏礼》记纳采纳征之词，两言某有先人之礼，则六礼皆告庙可知，但为妇者必三月乃谒告庙耳。[1]

陈立对于《左传》昭公元年"楚公子围聘于郑"之事作了如上的解释，否定了《左传》礼仪的可信性。此外，陈立又引用了《韩诗外传》和《毛诗注疏》毛传、郑笺注解《诗经葛屦》"掺掺女手"[2] 等多方面史料证实《左氏传》的礼仪仅是孤例，与其他古籍均不同，证明《左传》之礼当不成立。

综上所述，朱子对《左传》隐公八年公子忽娶妻之事的按语应该是针对《左传》的陈鍼子判断的内在依据而作的论断，因为《左传》中昭公元年公子围娶妻和隐公八年公子忽娶妻两者行礼顺序正好相反，《左传》讥公子忽，而没有讥公子围，[3] 由此可见《左传》的作者是赞同先祭祖再婚配，而非先配而后祖的婚礼仪式。但是朱子于"郑公子忽娶于陈"的按文中明确提出了其自己的看法，即不赞同《左传》的礼仪标准。

虽然朱子不赞同《左传》的"先祭后配"的礼仪标准问题，但是朱子编撰礼书时为何又选择隐公八年郑公子忽娶于陈之事而不选择昭公元年楚公子围娶于郑之事呢？这便涉及朱子对文献的遴选原则了。朱子以《仪礼》《白虎通义》来证实《左传》礼仪标准之误，并说"疑《左氏》不足信，或所据者当时之俗礼而言，非先王之正法也"，这在朱子编撰礼书之前已经持有此种观点。《朱子语类》载：

> 正淳问："三年之丧，父母之丧，吕氏却作两般。"曰："吕氏所以如此说者，盖见《左氏》载周穆后薨，太子寿卒，谓周'一岁而有三年

---

① 《白虎通疏证》，第 466 页。

② 《白虎通疏证》，第 466 页。

③ 《春秋左传正义》卷九："围布几筵，告于庄、共之庙而来。"但是《左传》载其事则是没有任何的否定之词，而隐公八年公子忽娶于陈则有陈鍼子之讥，显示了《左传》作者的态度。虽然杜预《春秋释例·内外君臣逆女例第十》并没有关于隐公八年和昭公元年之礼例，但是杜预在《终篇第四十七》对其释例原则有一个非常明确的概括："《释例》曰：邱明之传，有称周礼以正常者，诸称凡以发例是也。有明经所立新意者，诸显义例而不称凡者是也。"由此可见杜预是因为有"礼，逆妇必先告祖庙而后行"这一"经"为依据，所以不再对其进行发凡释例。参见《春秋左传正义》，第 317 页；（晋）杜预《春秋释例附校勘记》卷二、卷十五，第 35～47、661 页。

之丧二焉'。《左氏》说礼，皆是周末衰乱不经之礼。方子录云：'《左氏》定礼皆当时鄙野之谈，据不得。'无足取者。君举所以说礼多错者，缘其多本《左氏》也。"贺孙云："如陈鍼子送女先配后祖一段，更是没分晓，古者那曾有这般礼数？"曰："便是他记礼皆差。某尝言：'左氏不是儒者，只是个晓事该博、会做文章之人。若公、谷二子却是个不晓事底儒者，故其说道理及礼制处不甚差，下得语怎地郑重。'……"①

此处文献含有两层内容：一是《左传》所说的礼仪是周代末期世衰乱离时期的礼俗，不是正统的周代礼仪。二是换一个角度重新阐述他在"国秀问三礼优劣"章所言的内容。朱子的看法和他在《通解·昏义》"郑公子忽娶于陈"章如出一辙，且此处文献直接涉及陈鍼子送女先配后祖一事，朱子直接表态《左传》"记礼皆差"。又肯定了左氏记事的特征，由此亦可见朱子注重其所记载史实，却对其所作的礼学评价持否定态度。

因此，朱子选择引用隐公八年"郑公子忽娶于陈"章而放弃昭公元年楚公子围娶于郑之事，当有两方面原因。

一是两者所呈现的礼学内涵均是《左传》的婚礼应该先祖后配的思想，而两者之间的主人公行为正好呈现了相反的现象，只取其一，有助于更好地服务于《通解·昏义》整篇文献的宗旨。至于《左传》文献如何在《通解》中排序，从而融入《通解》经学体系中的问题，详见下文。

二是前者的完整性超过后者。从前引《左传》"郑公子忽娶于陈"所载史实时间、历史过程等文献内容完整，且专门针对迎妇一事，正好符合《昏义》补撰内容的取材标准，并且此条文献所载内容正好符合正统礼仪，由此符合朱子编撰《通解》为现实和后代礼学立典范的目标。"楚公子围娶于郑"虽亦完整，但较公子忽娶于陈之事完整性略显不足，且其所载史实却正好和正统礼仪相反，违背了传统礼仪规则，因此未被选入《通解·昏义》。

综上所述：朱子重视《左传》所载历史事实，却高度警惕其礼学观念，而在遴选文献的过程中，始终以四礼为标准的框架来择取文献资料，而非简单的以文献的完整度为目标。

（2）以事传礼：依靠《左传》史实完善礼学资料

朱子学派并无《左传》研究专书，但从前述内容可知《朱子语类》保

---

① 《朱子语类》，第2095页。

存有朱子的大量相关言论，只是这些言论虽然精要，却不成系统，难以形成《左传》学研究体系。与《朱子语类》不同，《通解》以礼学为线索，把《左传》与礼学有关的史料串联成篇，完成了朱子《左传》学思想体系。本部分将重点考察《通解》联结诸多《左传》史料而形成的左传学思想。

笔者据《通解》朱子编撰部分引用的材料统计，其有 56 条涉及《左传》的资料。① 我们将以这些资料在《通解》中的存在状况及其与礼学的关系展开研究，并结合朱子在《语类》《文集》中的相关论述考察朱子的《左传》学成就。

第一，朱子充分重视《左传》所载有关历史事实，利用《左传》长于记载历史事实的特质，选取与礼学有关的资料来弥补四礼所缺资料。

《冠义》全文均在阐发《士冠礼》的礼义，或者通过史实补充《士冠礼》的礼仪内容。《通解》采纳《左传》来弥补《士冠礼》所缺少的国君冠礼内容，如选取鲁襄公冠礼之事：

> 鲁襄公九年十二月，晋悼公以诸侯之师伐郑而还，公送晋侯，晋侯以公宴于河上，问公年。季武子对曰："会于沙随之岁，寡君以生。"晋侯曰："十二年矣，是谓一终，一星终也。国君十五而生子，冠而生子，礼也。君可以冠矣。大夫盍为冠具？"武子对曰："君冠，必以裸享之礼行之，以金石之乐节之，以先君之祧处之。今寡君在行，未可具也，请及兄弟之国而假备焉。"晋侯曰："诺。"公还，及卫，冠于成公之庙，假钟磬焉，礼也。②

---

① 笔者据《仪礼经传通解》朱子编撰部分统计，各卷所含条数，分别是：卷一有 1 条，卷二有 2 条，卷三有 2 条，卷四有 4 条，卷五有 4 条，卷九有 1 条，卷十一有 3 条，卷十二有 6 条，卷二十二有 2 条，卷二十五有 1 条，卷二十八有 3 条，卷二十九有 1 条，卷三十一有 4 条，卷三十二有 2 条，卷三十三有 5 条，卷三十五有 1 条，卷三十六有 9 条，卷三十七有 3 条。参见《仪礼经传通解》，第 79、126、127、127～128、128、163、164～168、194、1194～195、197～198、199、223～225、225～226、226～227、227、401、455、455～456、457～458、462、462～463、474～475、478、478～479、479～480、808～810、810～811、900～903、1006、1014、1015、1036～1037、1069、1069、1069～1070、1070、1072～1073、1073、1094～1096、1101～1102、1102～1103、1104～1105、1105、1146、1170、1175～1176、1176～1177、1179、1179～1180、1180、1180～1181、1181～1182、1182～1183、1201～1202、1202～1203、1203～1204 页。

② 《仪礼经传通解》，第 79 页。

此文引自《左传》襄公九年，内容涉及冠礼中的行冠礼时间、冠礼的地位问题、冠礼的地点、具体仪节以及实行变礼的原因。这是以《左传》所擅长记载的历史事实来说明《士冠礼》的礼义，而且说明了变礼问题，即冠于卫成公之庙，且借用卫国的礼器，这是一则具体翔实且完整的礼学实践资料。《通解》引用此条资料表明了朱子对礼仪变动内容的关注，而这也正是礼学家所共同关注的问题。朱子充分注意到了此条《左传》资料对《士冠礼》的补充功能。

除了简单补充四礼资料的功能之外，《通解》在具体使用《左传》的文献资料时按照礼学原则来进行排序，以便与原有的礼学资料形成有机联系的新文献。

《通解》卷二引用了《左传》襄公十二年"周灵王求后于齐"之事以证求婚于异姓之事，而同一卷更引《左传》桓公三年"凡公女嫁于敌国"之事。紧接着朱子引用了《左传》成公八年"凡诸侯嫁女，同姓媵之，异姓则否"，[1] 以上三处资料安排的位置极其耐人寻味。而《通解》是汇聚诸多与礼学有关资料而成的礼书，其体现编者思想的方式不外乎两项，一是编者按语，一是资料编排的顺序。编者按语，我们将于下章再行研究，此处我们主要关注上述三处资料的编排顺序与方式。

第一条资料是天子之事，而第二条、第三条资料则是诸侯国之间的婚姻之事，但是在第一条与第二、三条资料之间却恰好穿插了摘自《礼记·祭统》的文献，其言曰：

> 国君取夫人之辞曰："请君之玉女与寡人共有敝邑，事宗庙社稷。"此求助之本也。[2]

单以此处三条文献而言，第一条与第二、三条之间穿插这条文献，让人难以理解编撰者的意图，但是我们把这三条文献置于《通解·昏义》中，便可清晰呈现其内在的编撰思想。第一条文献所指对象是天子，记载婚娶过程中所涉及的礼辞问题，而其紧邻的前条文献源自《说苑》，[3] 所载

---

① 《仪礼经传通解》，第 127 页。

② 《仪礼经传通解》，第 126～127 页。

③ 《说苑》条："刘向曰：亲迎，其礼奈何？……母曰：'有草茅之产，未习于织纴纺绩之事，得奉箕帚之事，敢不敬拜。'"参见《仪礼经传通解》，第 126 页。

资料是关于诸侯、大夫、士、庶人亲迎妇的通用礼仪，而上文引自《祭统》的文献则是国君娶妻的语词。"周幽王求后于齐"的史料则起到两个作用，一是补充《说苑》所缺少的天子婚礼的问题，二是与上述《祭统》资料形成按尊卑排列的次序。第三条资料主要涉及诸侯嫁女伴随而来的"媵女"之事，这已经不是诸侯嫁女的核心环节，而是其嫁女风俗的伴生礼仪。

这三条资料在《通解》中的排序与其原文献记载时间已无任何关系，主要围绕他们所载录的相关礼仪内容来排序，因为朱子引用《左传》中涉及礼仪的内容是为了弥补现有礼学文献不足的问题，这并非我们从《乞修三礼劄子》等《文集》或《朱子语类》等外围资料而获得的结论，而是朱子在《通解·昏义》中所明言的内容，即"以下系补"。①

第二，《通解》注重选择能够补充各种礼仪遗文或者能够证实各种礼仪的行为准则及相关言论的资料，而不是只要涉及礼学的文献全部置放于《通解》的经、传、记文中。

《通解》排序涉及礼学资料的《左传》文献的问题已详述于上，但是《左传》记载长达二百四十多年的历史，资料丰富，涉及礼仪的内容并非只有45条，单以郑玄注、贾公彦疏的《仪礼注疏》引及《左传》的资料数量已远超出此中数字，但是《通解》为何只引这些《左传》资料，其内在的标准便是值得我们深思的问题。换言之，我们需要再次深入比较《通解》所用资料与所弃资料之间的关系问题，即选择材料的标准问题。《通解》仍处于设想阶段时，已经被其定位为提供礼仪标准的功能，② 这已限定了《通解》选择材料的标准，即注重礼仪与礼义之间相结合的关系。这种相结合的实用礼学思想决定了《通解》择取资料的方式。

在《通解》中，礼学资料进入其内在结构体系不外乎两个途径：一是进入经文，一是进入传文或者记文。在这两个途径中，我们于《通解·昏义》看到补充部分是作为《昏义》的经文而存在的，而为了更全面反映《通解》利用《左传》以史传礼的功能，我们将着重讨论第二个途径，即考察《左传》文献在《通解》的传文或者记文中作用。

---

① 《仪礼经传通解》，第120页。
② 朱子在《乞修三礼劄子》中谈及编撰《通解》的原因甚多，其对应的正是《通解》的编撰目的，而归根结底是为社会提供礼仪范本。参见《晦庵先生朱文公文集》，第687~688页。

《通解·内则第五》属于"家礼三"。朱子在《通解·篇第目录》说：

> 此《小戴》第十二篇，盖古经也。郑氏以为记男女居事父母、舅姑之法，以闺门之内礼仪可则，故曰《内则》。今案：此必古者学校教民之书，宜以次于《昏礼》，故取以补经而附以传记之说云。①

我们从上文"补经"二字可获知《内则》在《通解》中属于经的地位，孙致文将其定为"升记补经"②，其所言"记"按照朱子《通解》体例设计时的观念而命名。至于孙致文所言《通解》中存在着整篇为经，整篇为传的问题，③ 我们认为《通解》并不存在篇与篇之间的经传关系，而是每一篇《通解》文献内部均存在经与传关系，详见本章第一节。为了便于下文的论述，我们再补充一点：《内则》每章之后需要补充的资料，均冠以"记"或者"传"。

另外，《通解·篇第目录》现存的《践阼三十一》的解题"此《大戴》第五十九篇"下有注文："自此以下序题并阙"④，查检原文可知《通解·篇第目录》所缺的具体篇目是《五学第三十二》《燕礼第三十三》《燕义第三十四》《大射仪第三十五》《大射义第三十六》《聘礼第三十七》《聘义第三十八》《公食大夫礼第三十九》《公食大夫义第四十》《诸侯相朝礼第四十一》《诸侯相朝义第四十二》共十一篇。而据朱在于《通解》卷首所言："惟《书数》一篇阙而未补，而《大射礼》、《聘礼》、《公食大夫礼》、《诸侯相朝礼》八篇，则犹未脱稿也。"⑤ 两者相较可知，《书数》一篇缺而未补，但是在《篇第目录》中仍旧保留有提要的内容，依照朱在所言之义当是修撰完成而因某种原因而遗失，故有"未补"之说法。至于具体的原因，因资料不足，现已无从查考，但是有一点可以肯定，即《篇第目录》与《通解》各篇并非同时成书，我们在考察《通解》内在体例时

---

① 《仪礼经传通解》，第 32 页。
② 《朱熹〈仪礼经传通解〉研究》，第 99 页。
③ 孙致文认为《通解》朱子编撰部分存在着篇与篇之间的经、传关系。具体参看《朱熹〈仪礼经传通解〉研究》，第 97～98 页。
④ 《仪礼经传通解》，第 39 页。
⑤ 《仪礼经传通解》，第 26 页。

不能够仅依据《篇第目录》，而应该以《通解》具体编撰体例为准。况且《篇第目录》属于目录学作品，虽能起到序题的作用，但更多的是反映《篇第目录》作者的阅读后的思想而已，实难与《通解》完全一致。因此，我们当以《通解》各篇的具体编撰内容及体例为准，不能片面依据《篇第目录》。

从以上的补充内容可知，《通解》各篇均存在经与传、记的关系当可定谳。查证各篇，笔者可以确定《通解》各篇均有表明传、记的文献而与经文相区别。为了不使本部分脱离全文中心议题太远，我们就把剩余的经、传、记关系问题置于本书其他部分再行论述。

据笔者统计，在《内则》中共有两处《左传》文献进入"传"的部分用于补充、解释经文，分别是处于夫妇之别章和御妻妾章的传文部分，其作用兹述如下。

其一，夫妇之别章的传文只有一条，即引自《左传》僖公三十三年的文献，兹引如下：

> 臼季使，过冀，见冀缺耨，其妻馌之。敬，相待如宾。与之归，言诸文公曰："敬，德之聚也。能敬必有德，德以治民，君请用之。臣闻之，出门如宾，承事如祭，仁之则也。"①

《左传》原文有以"初"字领起上文，② 表明这是《左传》作者在追述郤缺能够在僖公三十三年"获白狄子"③ 的原因。《左传》记载上述事件涉及臼季即胥臣大量举荐郤缺的言论，④ 但是朱子剔除了《左传》的各种标示辞以及与《内则》无关的材料，使行文简洁。从上引内容可知，臼季是通过冀缺（即郤缺）耕地，而其妻馈食，两者相敬如宾的家庭生活，论定冀缺具有良好的内在道德修养，足以担任官职。这是臼季对家庭生活

---

① 《仪礼经传通解》，第 163 页。
② 《春秋左传正义》卷十七，第 131 页。
③ 《左传》原文为"狄伐晋，及箕。八月，戊子，晋侯败狄于箕，郤缺获白狄子"，参见《春秋左传正义》，第 131 页。
④ 《左传》下文为："公曰：'其父有罪，可乎？'对曰：'舜之罪也，殛鲧。其举也，兴禹。管敬仲，桓之贼也，实相以济。康诰曰：父不慈，子不祗，兄不友，弟不恭，不相及也。《诗》曰：采葑采菲，无以下体。君取节焉，可也。'文公以为下军大夫。"参见《春秋左传正义》，第 131～132 页。

的重视，而其内在逻辑正是儒家"齐家"才能"治国"。朱子引用此段的目的在于阐释"夫妇之别"章的经文：

> 礼始于谨夫妇。不敢县于夫之楎椸，不敢藏于夫之篋笥，不敢共湢浴。夫不在，敛枕篋簟席，襡器而藏之。少事长，贱事贵，咸如之。[1]

从经文内容可知处理夫妇关系的禁忌，但是经文未阐明"礼始于谨夫妇"与"少事长，贱事贵，咸如之"的内在关系，让经文的阅读者难以正确把握，即使借助郑注和贾疏，习礼者也只能理解其中的禁忌而已，至于这些禁忌如何上升到礼的原则及如何推广到"少事长，贱事贵"方面具有极大的困难，容易使习礼者陷于礼学迷雾，也难以在实践中做到举一反三。我们反观朱子引用臼季的言论正好阐释了夫妇之间相敬如宾的内在精神实质，并且发展了"少事长，贱事贵"需要遵守的具体原则为"敬"。这不仅阐释了夫妇之间"谨"的原则，而且丰富了经文的内涵，使得习礼者能够清晰地获知内在礼义，有助于灵活运用此条礼仪。

其二，御妻妾章的传文。此条传文出于《左传》昭公元年"晋平公有疾，叔向问于子产。……晋侯求医于秦，秦伯使医和视之……"[2]。原文献甚长，为免烦琐，我们只转引出相关事件及其言论之人，至于子产与医和的言论则省略不引，他们均认为晋平公是御妻妾过度，导致阳气不足而生病，其篇幅远远大于"御妻妾"章的经文，而御妻妾章的经文只提及夫妇相处之道，两者之间的关系与上一则不同，并无解释关系，而是起到补充御妻妾章经文所无的御妻妾的程度和强度的作用。我们细查御妻妾章的另外一条传文则是出自《荀子》，其文曰："霜降逆女，冰泮杀内，十日一御。"[3] 这条传文反而与《左传》文献之间具有更为密切的关系，因为违反《荀子》言"十日一御"的频率，其结果正如《左传》所记载的情形。两者正构成一对相反相成的证据链，形成了具有完整解释链条的传文。

由以上两条《左传》文献在《通解》中的作用，我们看到《左传》

---

① 《仪礼经传通解》，第 163 页。
② 《仪礼经传通解》，第 164～168 页。
③ 《仪礼经传通解》，第 164 页。

所记载具体历史事件为《内则》的经文提供了至少两方面的作用：一是通过历史事件解释了经文礼仪的内在礼义，有助于实现具体礼仪的实用功能；二是通过历史事件补充了经文礼仪的不足，有助于完善经文文献，提高经文礼仪的可行性。

（3）文献功能：《左传》优于公谷二传

前文所述，朱子把《春秋》三传分为史学和经学，而《春秋》三传在《汉书·艺文志》中，均列入"《春秋》二十三家"。① 由此可见，在朱子观念中，经、史已经分家。正是观念的差异导致了朱子处理材料的原则发生了变化。与此观念相对应，礼书的材料之间形成了重要程度的差异。《通解》是礼书，则必然决定了礼学的现存典籍，即四礼成为《通解》最先吸纳的无可争议的礼学材料。不论是朱子在《通解》设想阶段的"以《仪礼》为经，《礼记》为传，《周礼》为纲"还是在《通解》编撰过程中，朱子对各篇所属礼学内容的分类"家礼五卷、乡礼三卷、学礼十一卷、邦国礼四卷、王朝礼十四卷"② 均反映了朱子编撰《通解》所据第一手材料是现有礼学资料，即四礼。据本章第一节考证结果，《通解》每篇内容均有经传体系，而细考《通解》朱子新立篇目，③ 经文的内容虽有来

① 《汉书》，第 1714 页。

② 此文是朱在于《通解》嘉定丁丑刊本卷首《乞修三礼劄子》文下所做的刊刻说明。参见《仪礼经传通解》，第 26 页。

③ 孙致文《朱熹〈仪礼经传通解〉研究》依据《通解》朱子定稿部分统计，《通解》新立篇目有"卷四《内治》，卷五《五宗》、《亲属》，卷六《士相见义》，卷九《学义》，卷十《弟子职》，卷十二《臣礼》，卷十三《钟律》、《钟律义》，卷十四《诗乐》、《礼乐记》，卷十八《保傅》、《践阼》，卷十九《五学》，卷二三《公食大夫义》、《公侯相朝礼》、《公侯相朝义》，卷二四《朝事义》，卷二五《历数》，卷二六《夏小正》"。这个统计结果至少有两个问题：一是统计对象和统计结果有矛盾。如孙致文的统计对象是："经朱子审订的二十三卷"，但是卷二十四、卷二十五、卷二十六均已属《仪礼集传集注》的内容，并非朱子所审订的部分。二是《保傅》《夏小正》是大戴礼的篇名，变成是新立篇目。如果《夏小正》是新立篇目，那么从卷二十八到卷三十七即《王制之甲分土》到《王制之癸刑辟》肯定是新立篇目。从这两点可知孙氏统计对象不明，统计标准不严谨。事实上，我们以《仪礼》所无的篇目都确认为朱子新立篇目就可以了，因为《通解》是以《仪礼》为主体结构，吸收合并其他礼学资料而形成的礼书。朱子《乞修三礼劄子》和杨复《宋绍定辛卯刊仪礼经传通解续修定本序》可知是"以《仪礼》为经"，虽然第二章已经辨明上述结论不准确，但是以《仪礼》为主体框架结构大体仍可成立。参见《朱熹〈仪礼经传通解〉研究》，第 96~97 页。《晦庵先生朱文公文集》，第 687 页；（宋）杨复：《宋绍定辛卯刊仪礼经传通解续修定本序》//《仪礼经传通解，》第 3419 页；（汉）戴德撰《大戴礼记》卷第二，四部丛刊景明袁氏嘉趣堂本。

自其他诸经史的资料，但是所占比例最大的仍旧是四礼材料。由此形成了朱子在资料选择时立足于四礼，而源自其他典籍的资料则属于补充的材料。由此形成了四礼为经，其他材料为辅助的《通解》主体结构体系。如《周礼》对《通解》的文献价值明显高于《国语》。《朱子语类》载：

> "余正甫欲用《国语》而不用《周礼》，然《周礼》岂可不入？《国语》辞多理寡，乃衰世之书，支离蔓衍，大不及《左传》。看此时文章若此，如何会兴起国家？"坐间朋友问是谁做，曰："见说是左丘明做。"

此条为叶贺孙辛亥（1191）以后所闻录的内容。此中所涉及的文献有三，一是《国语》，一是《周礼》，一是《左传》。它们有资料均被《通解》所采纳。朱子在此处强烈反对不采纳《周礼》，反而吸纳《国语》一书，其比较的中介物就是《左传》。由此处可知，朱子认为它们在《通解》中的重要性排序当是《周礼》《左传》《国语》①，由此可见朱子以四礼为中心来判定各文献资料的价值。

因此，"礼失而求诸野"则变成了礼经缺失求诸各典籍。

与此相关的是公、谷二传为经学，与礼经均是儒家作品，其所持观点与四礼相同者为多，对《通解》的补充作用却小，因为朱子认为公、谷二传所载历史资料"事则多出揣度"②、"皆得于传闻，多讹谬"③。与此相似，《礼记》正是以礼义见长，但朱子编撰《通解》的出发点正如《乞修三礼劄子》所言反对王安石"废罢《仪礼》，而独存《礼记》之科"④，又据前文考证，《仪礼》被废弃是因学术潮流的变化所导致的结果，而朱子编撰《通解》仅是提出《仪礼》被废的典型例子以示学风变化情形而已，其目的在于提倡以《仪礼》为代表的古代仪礼文献，结合礼义文献形成真正的实用礼学，而非仅据礼义文献制定礼仪。

---

① 前已统计《仪礼经传通解》朱子编撰部分引《左传》有 56 条，现依上述方法统计则《国语》有 18 条，至于《周礼》，单以《仪礼集传集注》的王制之戊"设官"部分已远超除《仪礼》、大小戴《礼记》外的其他文献资料。参见《仪礼经传通解》，第 1~3413 页。
② 《朱子语类》，第 2840 页。
③ 《朱子语类》，第 2840 页。
④ 《晦庵先生朱文公文集》，第 687 页。

与《礼记》相同，公、谷二传的特色正是以保存礼义见长，所载史实则属粗疏，乃至较多错误。这必然使其所言礼义失去坚实的史实基础。《左传》则是"史学者记得事却详，于道理上便差"。① 虽有道理出错，但是历史事实被原本记载，即使保存有非先王之礼的资料，但毕竟保存了朱子时代最为缺乏的礼源资料，对以保存礼仪真实性及古礼源流而为现实礼学服务的《通解》而言更具文献价值。正是保存历史事实的真实性，使得《左传》的文献价值远高于公、谷二传。

与礼失求诸野相关，《通解》的礼书性质导致《左传》资料与四礼具有互补性，而公、谷二传资料的使用价值因史实错误较多而有所削弱。《通解》朱子编撰部分引用了《左传》文献有45条，《公羊传》和《谷梁传》则分别只有五条与三条，② 当然，引用数量的差异难免因《左传》的篇幅远大于公谷二传的关系，③ 但是数量悬殊的背后，已经可以看到朱子对《左传》《公羊传》《谷梁传》三传资料的重视程度了。前文已就《通解》使用《左传》的内在原则作了详细考证，为免重复，我们将从《通解》使用公、谷二传的实际情况入手，比较三传在礼学视角下的重要程度的差异。

因公、谷二传在《通解》中只有八条资料，为了便于后文的比较分析，我们按照其出现在《通解》中的顺序，兹引如下。

1. 公羊子曰："诸侯娶一国，则二国往媵之，以姪娣从。姪者何？兄之子也。娣者何？女弟也。诸侯一聘九女，诸侯不再娶。"（庄公十九年《春秋公羊传》)④

---

① 《朱子语类》，第2241页。

② 《通解》朱子编撰部分引用《公羊传》的文献，分布情况是卷二有1条，卷十二有2条，卷二十八有1条，卷二十九有1条。而《谷梁传》在《通解》朱子编撰部分的分布情况是卷三十一有3条资料。参见《仪礼经传通解》，第127、476、476、1014、1031～1033页。

③ 《黄侃手批白文十三经》对春秋三传进行了字数统计，分别是：《春秋左传》"郑畊老曰《春秋左氏传》一十九万六千八百四十五字。欧阳公读书法同"。《春秋公羊传》"阎若璩曰四万四千七十五字"。《春秋谷梁传》"阎若璩曰四万一千五百十二字"。参见黄侃校点《黄侃手批白文十三经·春秋左传》影印本，上海：上海古籍出版社，2008，第498页；黄侃校点《黄侃手批白文十三经·春秋公羊传》，第120页；黄侃校点《黄侃手批白文十三经·春秋谷梁传》，第112页。

④ 《仪礼经传通解》，第127页。

2. 宋督将弑殇公……孔父可谓义形于色矣。(《公羊》桓二年)①

3. 宋万尝与鲁庄公战，获乎庄公。……仇牧可谓不畏强御矣。(《公羊》庄十二年)②

4. 公羊子曰："自陕而东者，周公主之；自陕而西者，召公主之，一相处乎内。"(《公羊》隐公五年)③

5. 公羊子曰：什一者，天下之中正也。多乎什一，大桀小桀；寡乎什一，大貉小貉。什一者，天下之中正也，什一行而颂声作矣。何休曰：……(宣公十五年《公羊传》)④

6. 古者税什一，丰年补败，不外求而上下皆足也，虽累凶年，民弗病也。(庄公二十八年《谷梁传》)⑤

7. 古之君人者，必时视民之所勤。民勤于力，则功筑罕。民勤于财，则贡赋少。民勤于食，则百事废矣。冬筑微，春新延厩，以其用民力为已悉矣。(庄公二十八年《谷梁传》)⑥

8. 五谷不升为大饥，一谷不升谓之嗛，二谷不升谓之饥，，三谷不升之馑，四谷不升谓之康，五谷不升谓之大侵，大侵之礼，君食不兼味，台榭不涂，弛侯，廷道不除，百官布而不制，鬼神祷而不祀，此大侵之礼也。(襄公二十四年《谷梁传》)⑦

细查上述八条文献可知，公、谷二传被《通解》所引用的内容基本属于经义范畴，而公、谷二传所载的历史内容则被忽略，即使如第2、3条文献中含有历史内容，朱子主要着眼于公羊高对孔父、仇牧的评语，仅概述其史实而已，正体现了朱子对公、谷二传的定位为经学，且不信任其所载历史事件的学术观点。

因此，公、谷二传进入《通解》中存在两种尴尬情境：一是作为解说《春秋》的传，其缺乏《左传》历史资料的可信度；一是作为经学，《通

---

① 《仪礼经传通解》，第476页。
② 《仪礼经传通解》，第476页。
③ 《仪礼经传通解》，第1014页。
④ 《仪礼经传通解》，第1030～1033页。
⑤ 《仪礼经传通解》，第1066页。
⑥ 《仪礼经传通解》，第1066页。
⑦ 《仪礼经传通解》，第1067～1068页。

解》是以四礼为组织架构的礼书,所据资料以四礼为核心资料,[1] 而公谷二传退处于四礼之下,其起到补充四礼资料作用的仅是前述的经义内容,而与四礼相同的经义内容亦被忽略。

由此可见,《通解》所选用的公、谷二传的资料仅有八条亦属正常情形了。

三 其他诸经学文献与礼学的关系

与《春秋》三传被采纳的文献量相比,其他经学文献则相对较少,为免碎片化,我们将这些文献作为整体进行综合观察。在检讨《通解》所呈现的经学与礼学之间的关系前,我们需要先对《通解》保存经学文献的现状作一个梳理。

在正式编撰《通解》前,朱子已对《通解》的材料来源圈定了一个大概的范围,即《乞修三礼劄子》说:"欲以《仪礼》为经,而取《礼记》及诸经史杂书所载有及于礼者,皆以附于本经之下,具列注疏诸儒之说,略有端绪。"[2] 《通解》所用的的礼学材料源于《仪礼》《礼记》及诸经、史、杂书。结合前文可知,我们尚未述及的经学典籍主要有《诗经》《周易》《论语》《孟子》《尚书》《孝经》《尔雅》共七经。

此处需要说明的是朱子在《乞修三礼劄子》所言的"具列注疏诸儒之说",这些注疏的裁剪与择用本身就是朱子经学思想的重要组成部分,但是其内在的选择情况,现有作品已经做过深入研究,[3] 为免拾人牙慧,我们不再重复研究。至于这些注疏本身涉及众多的经学资料,则是由注疏所

---

① 朱子《乞修三礼劄子》说:"欲以《仪礼》为经,而取《礼记》及诸经史杂书所载有及于礼者,皆以附于本经之下,具列注疏诸儒之说,略有端绪。"此虽是朱子编撰《通解》前的设计的体例而已,且此中只言及《仪礼》《礼记》而已,但是从此中资料排序可知朱子把二礼置于其他资料前面。另外,《通解》编撰的原因在《乞修三礼劄子》也明言是"遭秦灭学,《礼》、《乐》先坏。汉晋以来,诸儒补绵,竟无全书。其颇存者,《三礼》而已"。而考之《通解》,此中篇目基本是以礼为名,如以家礼、乡礼、学礼、邦国礼、王朝礼归类,则可知包括大戴《礼记》在内的四礼是优先于其他诸经。参见《晦庵先生朱文公文集》,第687页。

② 《晦庵先生朱文公文集》,第687~688页。

③ 孙致文《朱熹〈仪礼经传通解〉研究》第二章《〈通解〉的文献学意义》第二节"经、注、疏合刊"从注疏附经的起源开始到《通解》引用注疏的具体情况均有较为深入分析。参看《朱熹〈仪礼经传通解〉研究》,第52~69页。

附带的内容，不是朱子主观选择的结果，但因朱子对注疏均是采取剪裁之法删去其认为不合适的地方，而保留下来的文献则属被朱子承认的文献。虽不是《通解》正文，但是亦属朱子礼学思想的一部分，故涉及注文的资料亦须研究。

在这七经中，《诗经》《周易》最为特殊。《通解》采纳《诗经》《周易》的内容主要分为两部分：一是存在于注疏中，二是存在于编者所引的其他文献内容中。唯独缺少单独引用《诗经》《周易》经文用于组成《通解》各部分内容。居于上文所列通例，我们将不予讨论《诗经》《周易》与礼学之关系。

因此，本书将讨论的对象限定为《论语》《孟子》《尚书》《孝经》《尔雅》五经。

（一）经传不固定的材料体系：诸经起到践行礼仪的作用

《论语》《孟子》《尚书》《孝经》《尔雅》被列入儒家十三经，本身拥有自己的学术体系，尤其是经过汉唐经师的努力，各自体系更趋完备。但是在《通解》中，朱子打破他们各自相对独立的知识体系，乃至于拆散了各经的内在结构，而成为《通解》的建构材料。其要有三。

源于同一文献的同一则资料在《通解》中可以处于经的地位，也可以处于传的地位，乃至于在注疏中仍旧保留此则材料。经与传、记本是相对立的概念，成为经就不应该是传，不可能自己解释自己形成一个圆形论证系统，但是在《通解》中却恰好存在着这种状况。

同一文献在《通解》中既是传，又处于经的地位，如《孟子·滕文公上》曰：

> 夏后氏五十而贡，殷人七十而助，周人百亩而彻，其实皆什一也。彻者，彻也，助者，藉也。龙子曰："治地莫善于助，莫不善于贡。贡者校数岁之中以为常。乐岁，粒米狼戾，多取之而不为虐，则寡取之；凶年，粪其田而不足，则必取盈焉。"为民父母，使民盼盼然，将终岁勤动，不得以养其父母，又称贷而益之，使老稚转乎沟壑，恶在其为民父母也。《诗》云："雨我公田，遂及我私。"惟助为有公田。由此观之，虽周亦助也。设为庠序学校以教之。庠者，养也。校者，教也。序者，射也。夏曰校，殷曰序，周曰庠。学则三代

共之，皆所以明人伦也。……方里而井，井九百亩，其中为公田。八家皆私百亩，同养公田。公事毕，然后敢治私事，所以别野人也。①

此条文献甚长，略引如上。这则资料，我们引自朱子《四书章句集注》本，朱子对上引资料有过详细的疏解，其熟知程度毋庸置疑。这则资料的特殊之处不是其本身，而是在《通解》卷二十九《王制之乙制国》篇中同时出现在两个位置，一是作为"传"文，一是作为"注"文。虽然出现于传文的位置时，编者删除了"设为庠序学校以教之……选择而使子，子必免之！"但是此处传和注都使用相同文献，再次佐证孙致文所言"升注补传"② 的概括并不完全符合《通解》使用文献的实际情况。

另外，上引资料也被《通解》卷九《学义》的经文采纳用于解释学校教学内容的"明人伦之义"。③ 除了细微差异之外，作为"传"和作为"经"的文献主体内容完全一致。④ 这是同一文献用于不同的地方起到的不同作用，如果单纯从文献学角度来看待则"传"、"注"与"经"明显重复，难以厘清《通解》使用文献的真正原则。

当然，上文所举之例涉及《王制之乙制国》和《学义》两部分，前者已属于《通解》的《仪礼集传集注》部分，未经朱子本人最后修订，这也是被研究者轻视的重要原因，未免有强词夺理之嫌，兹于《通解》前二十三卷中再举一例：

使公卿之太子，大夫元士之适子，十有三年始入小学，见小节焉，践小义焉。二十入大学，见大节焉，践大义焉。故入小学知父子之道、长幼之序，入大学知君臣之义，上下之位。故为君则君，为臣

---

① 《四书章句集注》，第 254～256 页。
② 孙致文对《通解》的新的经传关系有过讨论，参见《朱熹〈仪礼经传通解〉研究》，第 98～104 页。
③ 《仪礼经传通解》，第 401 页。
④ 作为"注"的部分多了"文公又问井田""又曰"等及对原始文献"《诗》云：'雨我公田，遂及我私。'惟助为有公田。由此观之，虽周亦助也。"调整至文末，这是为了行文方便，不足以影响整个文献的意义与内涵。参见《仪礼经传通解》，第 1026 页。

则臣，为父则父，为子则子。①

　　此段是《尚书大传·周传》的资料。《通解·学制》置上引文献于经文位置，而《通解·保傅》则作为"注"文，虽省略了"故入小学知父子之道、长幼之序，入大学知君臣之义，上下之位。故为君则君，为臣则臣，为父则父，为子则子"，但是因为小学学小义践小节、大学学大义践大节的内涵正是处理父子、长幼之事与君臣之事的差异，且"故"字已表明上下文之间存在因果关系，由此可以看到这两处所引材料的完整程度有差异，但两者的主体意义完全相同。这与孙致文所言"升注补经"不完全一样，其理由如前所述，不再赘述。

　　前者是"注""经""传"三处位置使用同一文献，后者是"注"与"经"重复使用同一文献，因"注"文是原注疏者注解文献时引用此处材料作为解释礼学的资料，而朱子保留了其原注文，代表了朱子认同原注文具备解释礼学的作用，但是这样毕竟难以说明朱子的主观思想，为免瓜田李下的嫌疑，再引一例以兹证明：

　　　　曾子曰："若夫慈爱、恭敬、安亲、扬名，则闻命矣。敢问子从父之令可谓孝乎？"子曰："是何言与？昔者天子有争臣七人，虽无道，不失其天下。诸侯有争臣五人，虽无道，不失其国。大夫有争臣三人，虽无道，不失其家。士有争友，则身不离于令名。父有争子，则身不陷于不义。故当不义，则子不可以不争于父，臣不可以不争于君，故当不义则争之。从父之令，又焉得为孝乎？"②

　　此文出自《孝经·谏诤章》。《通解·王制丙（王礼）》删改"曾子曰：'若夫慈爱、恭敬、安亲、扬名，则闻命矣'"，为"曾子问于夫子曰"，其他内容相同，放在经文位置。而《通解》卷三十三则只引用其文"诸侯有争臣五人，虽无道，不失其国"作为其经文。这两处文献都是作

---

① （汉）伏胜撰，（汉）郑玄注，（清）陈寿祺辑校《尚书大传》卷四，四部丛刊影清刻左海文集本。
② （唐）玄宗注，（宋）邢昺疏《孝经注疏》卷七，清嘉庆二十年南昌府学重刊宋本十三经注疏本。

为各自篇章经文的有机组成部分，其中《王朝礼》属未定稿，证据力稍显不足，但是其仍属朱子主持的作品，《王朝礼》已有经、传之别，① 而且朱子已确定这些篇章的位置是"集补经"，② 可见朱子高度重视源自《孝经·谏净章》的资料。虽然两处文献的完整程度相差极大，但是同一文献资料依据补经文的需要而被自由安排，正是另一形态的同一文献起到不同作用的范例，可见朱子更关注文献所载内容对礼学的作用问题。

由此可见，不管是《通解》朱子未定稿或者朱子编订部分，又甚是在《通解》的经文中均存在着重复使用同一则文献之处。若以文献学角度考量，显属纯粹重复，有啰唆与冗长之嫌。但是细观上引三则文献资料的具体使用过程，又完全表明朱子在编撰《通解》时重复使用相同文献已属一种自觉的学术行为，而非偶一为之的编撰失误。两者之间的矛盾说明单纯从文献学解释朱子编撰《通解》的编撰体例并不符合《通解》的实际情况。

如果从文献学的角度不能够完全解决重复使用同一文献资料的情况，那么我们只能从编者的主观目的入手进行分析了，无奈的是，《通解·篇第目的》对其编撰提要只写到学礼十四即《践阼第三十一》而已，未及完成所有篇目。但这并不是说朱子没有体例上的统一安排，他在《篇第目录》的"乡射礼第十四"条下了明确的按语：

> 此篇与上篇戒宿饮宴之节略同，它经之注似此者多不重出，而郑于此注各详具之，是后诸篇亦复放此，盖恐后人因事检阅者，不能一

---

① 《通解》王制部分的传、记部分的文献明显少于其他礼学部分，甚至没有传、记部分的文献，如《通解》卷三十《王制丙（王礼）》、《通解》卷三十一《王制之丁（王事）》、《王制之癸（刑辟）》。其他有传或者记文的统计如下：《王制之甲（分土）》有一处传文；《王制之乙制国》有一处记文、一处传文；《王制之戊》有三处传文；《王制之己（建侯）》标明"传"的有三处，其中一处是在"记"文里，如果此处不计在内，则表明"传"的有两处，标明"记"的有一处；《王制之庚（名器上）》有两处传文；《王制之辛（名器下）》有两处传文；《王制之壬（师田）》有一处传文。参见《仪礼经传通解》第 1012～1015、1019～1020、1029～1037、1073、1074、1076、1094～1096、1098、1105～1106、1097～1098、1118、1120～1121、1134，1141～1146、1177～1183 页。

② "集补经"是朱子在《通解》的《仪礼集传集注》第三十五卷下标注，虽然《王制》在小戴《礼记》中有此篇名，但是我们从《通解·王制》从甲到壬篇均没有看到完整的由小戴礼记《王制》的资料所构成的经文，而是来自各古文献的资料汇编而成的经文，由此可见"集补经"应该适用于《通解·王制》各篇。参见《仪礼经传通解》，第 1123 页。

一通贯，故不惮其繁复耳。至于疏家复详言之，则为冗长，故今独存注文。而疏无异义者，不复载也。①

此处所言郑玄注解乡射礼中的饮酒情节特别详细，而这些内容在乡饮酒礼中已经被详细标注了，不避讳重出情况，但他在其他经学的注释体例中一般是省略注释。这是朱子对郑玄注解礼学典籍规律的概括，且朱子持完全支持的态度。他猜测郑玄的目的是"盖恐后人因事检阅者，不能一一通贯，故不惮其繁复耳"。这已非单纯文献学的意义，而是为了便于读者的阅读与习礼的目的。郑玄注解三礼如此详细而周密，其目的是否如朱子所言，因文献不足，无从得知，但是反观前述《通解》的编撰目的正是为了解决礼学资料不足及礼仪难以获得通行的问题，朱子充分肯定郑玄的做法的原因已不言自明了。事实上，我们上文所引《尚书大传·周传》分别出现于《通解》的卷九《学制》和卷十八《保傅》，确实达到了方便后人因事检阅的目的。

因此，我们把《篇第目录》"乡射礼"条的按语作为本处多次重复使用同一文献的内在目的，虽不一定完全符合朱子编撰《通解》时的学术思想，但也应相离不甚远了。

（二）六经皆史：诸经保存礼学资料的文献地位相同

"六经皆史"语出章学诚，朱子虽无此提法，但是在《通解》编撰过程中，朱子却始终秉持着诸经皆是史料的观念，并以此观念来作为择取经学资料的依据。前文《春秋》三传与礼学的关系部分已有提及，但是尚未系统论证朱子以经学资料为史料来编撰《通解》的具体过程。这不仅关系朱子编撰《通解》过程中对资料的挖掘与组织的具体思路，而且关系朱子有关礼学渗透到社会生活的深度与广度的观念。

前文已就朱子对《春秋》三传的史学与经学性质及其在《通解》中的资料地位问题进行了详细考述，但是朱子对三个文献库的资料的使用标准主要是依据三传史料的准确程度，而非其资料源的经与史的差异程度。与之相似，《通解》所引《尚书》《孝经》《孟子》文献亦是采纳其制度史内容。我们以诸经中最为特殊的两经作为论述的典型以见朱子皆以史的角度

---

① 《篇第目录》//《仪礼经传通解》，第35页。

来使用经学资料，一经为《论语》，一经为《尔雅》，其原因有两方面。

一方面，前者为圣人言行实录，后者为世代儒家学者创作累积而成的词典，而二者皆可为礼学资料库。《汉书·艺文志》有言：

> 《论语》者，孔子应答弟子时人及弟子相与言而接闻于夫子之语也。当时弟子各有所记。夫子既卒，门人相与辑而论篹，故谓之《论语》。①

由此可见，《论语》是由孔子弟子记载与孔子有关之事的典籍，其性质为孔门实录，可谓是孔门的学习生活史。正因如此，司马迁《孔子世家》及《仲尼弟子列传》正是《论语》而创作完成。② 到北宋，孔子及其弟子早已配享文庙，③ 朱子在南康军和漳州任职期间均有祭孔的情形，④ 也于《文集》中屡次提到"孔孟"之道，并以自己上接孔孟道统，这些均表明朱子十分尊重孔子。《论语》中的圣人言行被列入礼学资料本属情理之中，但是数量却比四礼或者《左传》少得多，这正是朱子处理《论语》文献的一个极重要的特点，至于具体情形，留待下文再详述。

与此相反，《汉书·艺文志》著录"《尔雅》三卷二十篇"，⑤ 于六艺之内附属《孝经》，但班固未详言具体情形，宋代王应麟则考证颇详，有

---

① 《汉书》，第 1717 页。

② 《孔子世家》是司马迁采纳《论语》而成，这早已为史学家所注意，如《史通》曰："太史公撰《孔子世家》多采《论语》旧说。"至于《仲尼弟子列传》则更是主要依靠《论语》所提供的材料，司马迁于《仲尼弟子列传》的赞语曰："余以弟子名姓文字悉取《论语》、《弟子问》并次为篇，疑者阙焉。"参见（西汉）司马迁撰《史记》，北京：中华书局，1982，第 1928、2226 页；（唐）刘知几撰《史通》卷第十六《外篇》"史记八条"，四部丛刊景明万历本。

③ 据《宋史》卷一百五礼志第五十八《礼八》"文宣王庙"载："周显德二年，别营国子监，置学舍。宋因增修之，塑先圣、亚圣、十哲像，画七十二贤及先儒二十一人像于东西庑之木壁，太祖亲撰《先圣、亚圣赞》，十哲以下命文臣分赞之。建隆中，凡三幸国子监，谒文宣王庙。太宗亦三谒庙。诏绘三礼器物、制度于国学讲论堂木壁。"因家法制度，宋朝历代帝王对孔子及其弟子的祭祀礼仪不断增隆。参见《宋史》，第 2547 页。

④ 在南康任职期间，朱子撰有《辞先圣文》《南康谒先圣文》《白鹿洞成告先圣文》等均显示朱子多次拜谒孔子庙。在漳州任职期间，朱子一到任就撰《漳州谒先圣文》，同年十月《四书章句集注》刊刻完成，又写有《刊四经成告先圣文》，则可见朱子在漳州的短短一年时间内至少有两次拜谒孔庙。参见《晦庵先生朱文公文集》，第 4036~4037、4045~4046 页。

⑤ 《汉书》，第 1718 页。

助于我们认清此书性质，兹引如下：

> 《礼三朝记》：“公曰：‘寡人欲学小辩以观于政，其可乎？’孔子曰：‘《尔雅》以观于古，足以辩言矣。’”《释诂》一篇盖周公所作，旧说此书始于周公以教成王。《释言》以下或言仲尼所增，子夏所定，叔孙通所益，梁文所补，汉郭威谓：“《尔雅》周公所制而有张仲孝友等语。”疑之，以问扬雄，雄曰：“记有孔子教鲁哀公学《尔雅》，《尔雅》之出远矣。自古学者皆云周公作，当有所据，其后孔子弟子游夏之侪又有所记以解释六艺，故有张仲孝友等语。”刘向谓：“史佚教其子以《尔雅》。”艾轩林氏曰：“《尔雅》一书，六籍之户牖，学者之要津也。古人之学必先通《尔雅》，则六籍百家之言，皆可以类求也，及散裂《尔雅》而投诸笺注说，随意迁文从义，变说或拘泥则文亦牵合。学者始以训诂之学为不足学也。《释诂》、《释言》、《释训》犹《诗》之有六义，小学之有六书。”止斋陈氏曰：“古者重小学。汉尝置博士。如毛氏《诗训》、许氏《说文》、杨氏《方言》之类，皆有所本。隋唐以来科目取士，此书浸废，韩退之尚以注虫鱼为不切，则知诵习者寡矣。”晁氏曰：“《尔雅》小学之类，附《孝经》，非是。”①

此文甚长，但关系甚大，我们全文引用如上。王应麟未下结论，但是其所搜集资料跨度汉宋，内容完整且丰富，主要有两层内容：《尔雅》非一人之作，属历代学者世代累积型作品，其中包括周公、孔子、子夏、叔孙通、梁文等，此其一。《尔雅》是六艺的入门典籍，当属小学类，此其二。由此可知，《尔雅》是历代有关训诂等小学资料的汇总作品，当属词典性质的字书。《尔雅》在宋代被列入十三经，属宋代科举考试的重要科目之一。②

---

① （宋）王应麟撰《汉艺文志考证》卷四，清文渊阁四库全书本。
② 宋代科举考试分为两个阶段，一是神宗之前分科考试，一是神宗时期王安石改革科举实行“罢诸科而分经义诗赋”之后一直沿用至宋末。在神宗之前，《尔雅》列入科举考试，“《尔雅》《孝经》共十条”，而在神宗之后，《尔雅》虽没有再被列入科举必考科目，但是当时选举的另外一条途径学校则依然把《尔雅》列为书学、画学二科学生的必修科目。参见《宋史》，第 3620、3688 页。

《论语》是记载孔门生活的实录，而《尔雅》却为疏解六经百家典籍的字书，两者之间的内容相差甚远，但是在《通解》中却组成一个和谐的整体。

另一方面，《论语》为朱子治学重镇，而《尔雅》不仅朱子未有著述，且在讲学中亦只有寥寥数语，然两者之间在《通解》的文献资料库的地位不分轩轾，甚至《尔雅》略胜一筹。

在朱子治学过程中，四书学占据了绝对的主体地位，而《论语》研究又是朱子四书学作品中最先成书的作品。① 与此相反，朱子未有《尔雅》专论作品，甚至《朱子语类》中仅出现四条资料。② 但是两者在《通解》朱子编撰部分中的文献数量与价值差异不大，甚至是《尔雅》的文献价值略胜一筹。主要依据有两方面。

在引用文献方面，两者数量相等。我们据《通解》朱子编撰部分统计可知，《论语》中的文献被《通解》引用的共有五处，③ 而《尔雅》中的文献被《通解》引用的也恰好五处，④ 此其一。

在《通解》中，文献的重要性主要体现于其所处的位置是经文还是传注，而依据传统经学的惯例，经文中的文献远高于传注中的文献。细考《通解》引用《尔雅》《论语》文献的具体情况，源于《尔雅》的文献在《通解》中均是处于经文的地位，而源于《论语》的文献在《通解》中则

① 据王懋竑《朱子年谱》载，孝宗隆兴元年（1163）朱子时年 34 岁，撰成《论语要义》《论语训蒙口义》。这两部是朱子从学李侗之后最先完成的作品，则这两部作品当是朱子尊从二程学说的最初两部作品，标志朱子思想进入了二程学派的理学体系中。参见《朱熹年谱》，第 22～24 页。

② 《朱子语类》共有四处言及《尔雅》一书，卷三十七"唐棣之花章"引用《尔雅》："棣，栘，似白杨，江东呼夫栘。常棣，棣，子如樱桃，可食"条；卷八十七《丧服记》："据《尔雅》，亦有'少姑'之文"；卷一百三十八"杂类"有两处分别是："《尔雅》是取传注以作，后人却以《尔雅》证传注。""《尔雅》并非只是据诸处训释所作。赵歧说《孟子》、《尔雅》皆置博士，在《汉书》亦无可考。"第一处是用《尔雅》来训解《诗经·唐棣之花章》，第二处是据《尔雅》来训释礼仪上的称呼问题，第三、四两处则是对《尔雅》一书性质的看法。参见《朱子语类》，第 1385、2967、4264 页。

③ 此五处引文中，两处处于《通解》卷十一，两处是《通解》卷十二，一处是《通解》卷三十三。另外，前两处为《通解》的经文，中间两处为传文，最后一处为经文。参见《仪礼经传通解》，第 434、448、465、465、1105 页。

④ 此五处文献，分处于两个位置，《通解·亲属记》有四处，正好构成《亲属记》的经文，另一处则是在《通解》卷二十七《乐制》篇的经文部分，第 230～231、231、231～232、232～233、972～974 页。

是三处为经文，两处为传文。此其二。

从《论语》《尔雅》的文献资料处理情况可知，朱子不因文献资料的来源而产生偏好倾向，而是以各条文献资料对《通解》的价值与意义而确定其经传注的地位。

综上所述，除四礼之外的儒家诸经依据朱子的实用礼学标准进入《通解》的编撰资料库，并因各经学文本的特征从礼仪的文献内容到践行礼仪的实例丰富和完善四礼文献所缺的内容，服务于《通解》的编撰目的。

第三节　礼与诸子学关系研究

所谓诸子学，语出班固《汉书·艺文志》，其文曰：

> 昔仲尼没而微言绝，七十子丧而大义乖，故《春秋》分为五，《诗》分为四，《易》有数家之传，战国从横，真伪纷争，诸子之言纷然淆乱。至秦患之，乃燔灭文章，以愚黔首。汉兴，改秦之败，大收篇籍，广开献书之路。迄孝武世，书缺简脱，礼坏乐崩，圣上喟然而称曰："朕甚闵焉！"于是建藏书之策，置写书之官，下及诸子传说，皆充秘府。至成帝时，以书颇散亡，使谒者陈农求遗书于天下。诏光禄大夫刘向校经传诸子诗赋，步兵校尉任宏校兵书，太史令尹咸校数术，侍医李柱国校方技。每一书已，向辄条其篇目，撮其指意，录而奏之。会向卒，哀帝复使向子侍中奉车都尉歆卒父业。歆于是总群书而奏其《七略》。故有《辑略》，有《六艺略》，有《诸子略》，有《诗赋略》，有《兵书略》，有《术数略》，有《方技略》。今删其要，以备篇籍。[①]

班固已对"诸子"一词的内涵有明确的界定，主要有两方面，一是"诸子之言纷然淆乱"中之"诸子"当是先秦各学派；二是"诸子略"之"诸子"当指各学派的典籍。由此可知，所谓诸子之学当是指儒家六经之外的内容。随着时代的发展，儒家六经到南宋时代已经扩充为十三经，故

---

① 《汉书》，第 1701 页。

诸子学当指除儒家十三经及其注疏以外的所有文献作品。这也符合朱子时代的诸子学观念，如检阅《朱子语类》卷一百三十七可知，我们并未发现任何涉及经师及其作品的内容被归纳入诸子学中，由此亦可佐证《十三经》及其注释的作品并不在诸子之列。

综上所述，朱子的"诸子"概念是指在学术上有所成就的各时代学者及其非注释经学的作品。换言之，凡是十三经及大戴《礼记》及其注释之外的作品均属诸子学。因此，以《通解》朱子编订部分为统计范围，涉及非注释经学的典籍如下。

《孔子家语》《国语》《白虎通义》《说苑》《新序》《前汉书》《新书》《孔丛子》《管子》《史记》《淮南子》《后汉书》《通典》《开元十二诗谱》《荀子》《战国策》《士相见义》《列女传》《吕氏春秋》《资治通鉴》。

一 礼失求诸野：《通解》采纳诸子学的依据

朱子编撰《通解》的原因，研究者已从多角度加以研究，无须赘述，而《通解》的编撰资料情况则会对《通解》的编撰方法产生直接影响。

礼学资料的匮乏，朱子早已注意。《朱子语类》载：

> 先王之礼，今存者无几。汉初自有文字，都无人收拾。河间献王既得雅乐，又有《礼书》五十六篇，惜乎不见于后世。是当时儒者专门名家，自一经之外，都不暇讲，况在上又无兴礼乐之主，故胡氏说道，使河间献王为君，董仲舒为相，汲黯为御史，则汉之礼乐必兴。这三个差除，岂不甚盛！[①]

此条为叶贺孙辛亥（1191）以后所闻录的内容。朱子在此明言当时礼书保存现状是"今存者无几"，而其归因于汉初儒者重专门之学，礼家较少，且缺少重视礼乐之当政者。至于礼书的具体情况，他说：

> 今《仪礼》多是士礼，天子诸侯丧祭之礼皆不存，其中不过有些小朝聘燕飨之礼。自汉以来，凡天子之礼，皆是将士礼来增加为之。

---

① 《朱子语类》，第2898页。

> 河间献王所得礼五十六篇，却有天子诸侯之礼，故班固谓："愈于推士礼以为天子诸侯之礼者。"班固作《汉书》时，此礼犹在，不知何代何年失了。可惜可惜！①

此条为辅广甲寅（1194）以后所闻录的内容，而据黎靖德自注"贺孙录略"则叶贺孙亦有抄录，只是简略而已，则此条资料当属可信。此处只言及《仪礼》等古礼内容，而从汉以来礼学史情况，朱子概括道：

> 今日百事无人理会。姑以礼言之，古礼既无之考，至于后世之沿革因袭者，亦浸失其意而莫之知矣。非止浸失其意，以至名物度数亦莫有晓者。差舛讹谬，不堪着眼。三代之礼，今固难以尽见，其略幸散见于他书，如《仪礼》十七篇多是士礼，邦国人君者仅存一二。遭秦人焚灭之后，至河间献王始得邦国礼五十六篇献之，惜乎不行。至唐，此书尚在，诸儒注疏犹时有引为说者。及后来无人说着，则书亡矣，岂不大可惜！叔孙通所制汉仪，及曹褒所修，固已非古，然今亦不存。唐有《开元》、《显庆》二礼，《显庆》已亡，《开元》袭隋旧为之。本朝修《开宝礼》，多本《开元》，而颇加详备。及政和间修五礼，一时奸邪以私智损益，疏略抵牾，更没理会，又不如《开宝礼》。②

此条为沈僩戊午（1198）以后所闻录的内容。从上述内容可知，古礼散佚，而汉代以来诸礼作品不尽如人意，因此朱子此时已有修礼之心了。此外，朱子依据《仪礼》"多是士礼，邦国人君者，仅存一二"而断定"三代之礼，今固难见，其略幸散见于他书"。但是《仪礼》却已是朱子时代所见最为完备之书了，即"礼书如《仪礼》，尚完备如他书"③，这些已经较全面地呈现了《通解》编撰时所面对礼学资料匮乏情况。当朱子下定决心编撰《通解》时，也是着力于挖掘"散见于他书"的礼学资料。他在《乞修三礼劄子》中概括此方法说：

---

① 《朱子语类》，第2898页。
② 《朱子语类》，第2882页。
③ 《朱子语类》，第2898页。

欲以《仪礼》为经，而取《礼记》及诸经史杂书所载有及于礼者，皆以附于本经之下，具列注疏诸儒之说，略有端绪。①

据王懋竑《朱子年谱》所载，此文作于绍熙五年甲寅朱子六十五岁，② 此时《通解》仍处试编撰阶段。《答李季章》说：

所编礼传已略见端绪而未能卒就，若更得年余间未死，且与了却，亦可以瞑目矣。其书大要以《仪礼》为本，分章附疏，而以《小戴》诸义各缀其后。其见于它篇或它书可相发明者，或附于经，或附于义。又其外如《弟子职》、《保傅传》之属，又自别为篇，以附其类。其目有家礼、有乡礼、有学礼、有邦国礼、有王朝礼、有丧礼、有祭礼、有大传、有外传。今其大体已具者盖十七八矣。③

据陈来《朱子书信编年考证》，此书写于庆元四年戊午之冬（即 1198 年冬），时年六十九。④ 此时《通解》的编撰工作已经进行了两年时间，此文无异于《通解》编撰工程的中期报告。细考《朱子语类》《晦庵集》，笔者发现此文已是朱子生前最后一次论及《通解》编撰体例，其所言编撰体例是"大要以《仪礼》为本，分章附疏，而以《小戴》诸义各缀其后，其见于它篇或它书，可相发明者，或附于经或附于义。又其外如《弟子职》、《保傅传》之属又自别为篇以附其类"，可见朱子再次明确了挖掘存在于他篇或他书的礼学文献来补充《仪礼》等礼学典籍所缺资料。

由上述可知，朱子并未系统论述其搜索礼学资料的方法，但是从其零星的言论中，我们仍可获悉其补救方法正是"礼失而求诸野"。

在《晦庵集》《朱子语类》中，虽没有看到朱子对"礼失求诸野"的

---

① 《晦庵先生朱文公文集》，第 687～688 页。
② 王懋竑《朱子年谱》全文引用了《乞修三礼劄子》，并曰"会去国不及上"，据《朱子年谱》可知，朱子于绍熙五年甲寅（1194）"除焕章阁待制兼侍讲"辛丑月"兼差实录院同修撰""丙子晚讲。是日御批除宫冠，戊寅付下，附奏谢申省乞放谢辞，遂行。"可见《乞修三礼劄子》当成为绍熙五年甲寅即 1194 年，65 岁。参见《朱熹年谱》，第 231～249 页。
③ 《晦庵先生朱文公文集》，第 1709 页。
④ 《朱子书信编年考证》（增订本），第 468 页。

看法或者其编撰《通解》的方法来源，但是有资料可证明朱子深知"礼失而求诸野"并有自己深刻的认识。兹论如下。

"礼失而求诸野"语出《汉书·艺文志》，其文曰：

> 诸子十家，其可观者九家而已。皆起于王道既微，诸侯力政，时君世主，好恶殊方，是以九家之术蜂出并作，各引一端，崇其所善，以此驰说，取合诸侯。其言虽殊，辟犹水火，相灭亦相生也。仁之与义，敬之与和，相反而皆相成也。《易》曰："天下同归而殊途，一致而百虑。"今异家者各推所长，穷知究虑，以明其指，虽有蔽短，合其要归，亦《六经》之支与流裔。使其人遭明主圣王，得其所折中，皆股肱之材已。仲尼有言："礼失而求诸野。"方今去圣久远，道术缺废，无所更索，彼九家者，不犹瘉于野乎？若能修六艺之术，而观此九家之言，舍短取长，则可以通万方之略矣。①

这是班固引用刘向、刘歆父子的《七略》而来的观点，班固肯定赞同上述观点。"礼失而求诸野"的内涵正如颜师古所注"言都邑失礼，则于野求之，亦将有获"②，但是刘向、刘歆、班固并未局限于这个狭义内涵，而是拓展了其内涵，即九家的诸子学说有补于王道，且六艺与九家均不可或缺。虽然班固仍然重视六艺，而诸子学术需"舍短取长"，但这已是学术史第一次把六艺和九家置于相同平台，由此奠定了九家的学术地位。

司马光《资治通鉴》全书引用上述文献，而朱子《通鉴纲目》则在《资治通鉴》的基础上修订完成，朱子于《通鉴纲目》卷七"诏刘秀典领五经"保留上文的观点，但剔除了上文的冗词"以此驰说，取合诸侯。其言虽殊，辟犹水火，相灭亦相生也。仁之与义，敬之与和，相反而皆相成也。《易》曰：'天下同归而殊途，一致而百虑。'今异家者各推所长，穷知究虑，以明其指。"而增加了胡寅观点：

---

① 《汉书》，第 1746 页。
② 《汉书》，第 1746 页。

若《六经》则固儒者之所修也。今列儒于九家，而日修六艺之术，以观九家之言，则修六艺者为谁氏邪？歆之言多舛如此，方之董相，岂直什百之相远哉！①

董相指董仲舒，因其在《天人三策》中提出"独尊儒术，罢黜百家"的观点而成为儒家学说官方地位的奠基人。我们无意检讨刘歆与董仲舒观点的优劣，此处全文引用《汉书·艺文志》《通鉴纲目》中的观点，仅是为了说明朱子是十分清楚儒家的经学传统，尤其是"礼失而求诸野"的观点。

虽然《汉书·艺文志》《通鉴纲目》均着力探讨"道"的内容，并未涉及礼经与诸子学说的关系，但是探寻王道的方法需要借助诸子学，而在编撰《通解》的过程中，面对礼仪、礼义的资料不足情况，朱子正是从礼经以外的诸多典籍寻找，其方法如出一辙。

因此，朱子采用源自诸子学中保留的礼学资料来编撰《通解》正是采纳源自"礼失而求诸野"的方法。

二 透视礼学全貌：诸子学多维度丰富礼学内容

上文已解决了《通解》采用源自诸子学的资料的理论问题，但是检讨诸子学资料如何为《通解》来服务则仍需继续研究。在以上所列诸子学作品，正史类作品如《史记》《前汉书》《后汉书》等所记载的内容本属重大历史事件，已属历代礼仪实践的记录，且朱子高度信任汉代以前的历史传记类作品，把这些资料采纳入《通解》亦属情理之中。但是诸子学中有伪书及质量较差的文献，有的甚至被朱子否定却又被采纳入《通解》中。《朱子语类》载：

问礼书，日："惟仪礼是古全书，若《曲礼》、《玉藻》诸篇皆战国士人及汉儒所裒集。《王制》、《月令》则是成书。要好，自将礼物处如内则、王制、月令诸篇附仪礼成一书，如中间却将曲礼、玉藻又附在末后。不说礼物处如孔子闲居、孔子燕居、表记、缁衣、儒行诸

---

① （宋）朱熹撰《通鉴纲目》，上海：上海古籍出版社；合肥：安徽教育出版社，2002，第455 页。

篇却自成一书，《乐记》文章颇粹。怕不是汉儒做，自与史记、荀子是一套。怕只是荀子作《家语》中说话犹得，《孔丛子》分明是后来文字，弱甚。天下多少是伪书，开眼看得透，自无多书可读。"①

此条为叶贺孙辛亥（1191）以后所闻录的内容。朱子虽未对上述资料进行深入考证，但是上述被列为伪书的典籍基本已成为现当代学界的共识。朱子历来坚决反对伪书，如《答余正甫》说：

> 恐所取太杂，其间杂有伪书，如《孔丛子》之类。又如《国语》、《家语》虽非伪书，然其词繁冗，恐反为正书之累。②

朱子又重申反对余正甫把属于伪书的《孔丛子》以及"繁冗"的《国语》《家语》编入《通解》，言外之意当是摒弃这三部著作，乃至摒弃所有伪书。朱子此信写于1197年，《通解》已着手编撰一年多的时间了。③但是现在所见《通解》却又采用《孔丛子》《国语》《家语》中的礼学资料，正如孙致文所言：

> 杂入《孔子家语》等书而"反为正书之累"，是朱子对余正甫所编礼书的看法；其后不知为何，朱子不但没有落实"外传"的分类概念，反而援用余正甫的作法。其间原因，恐已无法确考。④

孙致文立足《通解》的文本，通过比较研究发现此问题，推动《通解》研究前进了一大步，⑤但是孙致文并未继续深入研究，轻易地以"无

---

① 《朱子语类》，第2888页。

② 《晦庵先生朱文公文集》，第3079页。

③ 据陈来《朱子书信编年考证》，此信写于丁巳年即1197年。而据王懋竑《朱子年谱》，《通解》的正式着手编撰的时间庆元二年丙辰，即1196年。参见《朱子书信编年考证》（增订本），第449页。《朱熹年谱》，第258页。

④ 《朱熹〈仪礼经传通解〉研究》，第87页。

⑤ 殷慧《朱熹礼学思想研究》也看到了朱子对余正甫所编礼书的态度，全部引用了孙致文所引的各条文献，就完善程度而言，高孙致文一筹，但是殷慧对此问题熟视无睹，其原因正是殷慧所用研究方法是围绕着文集、语类来研究《通解》的编撰过程，脱离了《通解》的文献实况。参见《朱熹礼学思想研究》，第119～122页。

法确考"放过此问题。我们细读孙致文的论述过程可知，他的研究过程仍旧以《晦庵集》《朱子语类》为主，反而把《通解》的文本实况置于次要地位。这样本末倒置的处理方法，使孙致文错估了上述问题。因此，本部分以《通解》中源自《家语》《国语》《孔丛子》三书的资料为研究对象，运用文本细读法，考察研究资料的特征，分析朱子采纳源自三书文献的内在原因。

在《家语》方面，据《通解》前三十七卷统计，朱子共使用了源自《家语》的资料有 23 处。① 在《通解》中，除前文所言诸经以单一文献构成《通解》的一条礼学资料外，《家语》的文献形式还有四种情况：一是在《家语》与别的典籍重复时，朱子采纳源自其他典籍的资料，而于此文献中又部分采用《家语》文献，如《通解》卷四的两条《家语》文献本是与《礼记·哀公问》重复，但是由于《家语》较优，故采用《家语》；二是《家语》与别的典籍重复，但《家语》文献内容并未较优的情况下，朱子采纳其他典籍的资料，仅于按语中体现《家语》的部分内容，如卷八并无实质引用《家语》文献，而是在按语中说："《家语》两处并无'不'字，亦非"来说明不采用《家语》文献的原因。三是在《家语》与别的文献重复时，主要文献出处标注为《家语》，而在文献中间又采用源于其他文献的资料，如卷一的 1 条完整文献的末尾标注其源自《家语》，却在文献中间标注《大戴记·公冠篇》、《仪礼》后记、《礼记·郊特牲》；四是《家语》与其他文献载有同一内容的资料，又各有优劣，朱子则采用通修多种文献的方式而构成《通解》的礼学资料。如卷十八有 3 条，前两条均是由《家语》与《礼记·文王世子》通修，第 3 条由《家语》《荀子·哀公篇》《新序》共同形成。卷三十六第 1 条则由《家语·子贡问》与《礼记·檀弓》共同完成；卷三十七第 3 条则由《家语》与《荀子》共同组成。

---

① 《仪礼经传通解》引用源自《家语》的文献共有 23 处，分别如下：卷一有 1 条，卷二有 3 条，卷三有 1 条，卷四有 2 条，卷五有 2 条，卷八有 1 条，卷十八有 3 条，卷十九有 1 条，卷二十七有 2 条，卷二十九有 1 条，卷三十一有 2 条，卷三十六有 1 条，卷三十七有 3 条。参见《仪礼经传通解》第 72～76、120～121、123～124、134、162、186、187、222～223、228、374、592～593、593～594、598～5999、618～620、997、1001～1002、1029、1068～1069、1070、1170～1171、1193～1194、1194～1196、1196～1197 页。

由以上文献资料存在形式可知，朱子采纳源自《家语》的资料的方式并非如四礼、诸经中的单一方式，而是采用后世校勘学对校、理校的方法进行资料的加工整理。仅举数例，以见其余。

第一种类型是朱子单独采纳《家语》的资料构成《通解》的一条文献。以《通解》卷二为例，其有三条文献是源自《家语》。兹引如下。

第一条：

> 鲁哀公问于孔子曰："礼，男必三十而有室，女必二十而有夫也，岂不晚哉？"……凡此，圣人所以顺男女之际，重婚姻之始也。①

第二条：

> 卫公使其大夫求婚于季氏，桓子问礼于孔子，子曰："同姓为宗，有合族之义，故系之以姓而弗别，缀之以食而弗殊，虽百世婚姻不得通，周道然也。"桓子曰："鲁、卫之先，虽寡兄弟，今已绝远矣，可乎？"孔子曰："固非礼也。夫上治祖祢，以尊尊也；下治子孙，以亲亲也；旁治昆弟，所以敦睦也：此先王之教也。"②

第三条：

> 曾参后母遇之无恩，而供养不衰，及其妻以藜烝不熟，因出之。人曰："非七出也。"参曰："藜烝小物耳，吾欲使熟而不用吾命，况大事乎？"遂出之，终身不娶妻。其子元请焉，参告其子曰："高宗以后妻杀孝己。尹吉甫以后妻放伯奇，吾上不及高宗，中不比吉甫，庸知其得免于非乎？"③

第一条资料过长，为省篇幅，未能全引，被我们省略的内容有五层：

---

① 《仪礼经传通解》，第 120～121 页。
② 《仪礼经传通解》，第 123～124 页。
③ 《仪礼经传通解》，第 134 页。

一是男女嫁娶时间限度所含的意义；二是嫁娶的具体季节；三是男女婚姻生活中的行为准则；四是五不娶的内容；五是七出之条。这些内容涉及婚姻生活中的各项重要原则，正属现存四礼及其他典籍所缺的婚礼内容。第二条则是解释同姓不通婚之礼俗的内在礼义，即亲疏关系之外维护尊尊、亲亲、敦睦关系，亦属现有典籍中所见唯一涉及同姓不婚的内容。第三条是记载曾参解释出妻的原则及不再娶妻的原因，亦是现存典籍罕见的内容。他们的共同特征是其所载内容是现存可见典籍中属最早资料，且有唯一性。

由此可见，上引三条文献之所以被《通解》采纳的原因正是其所载内容的最早时间及唯一性。这当是朱子采纳《孔子家语》所载文献的重要原因之一。

第二种类型是《家语》与别的文献重复时，文献末尾标注为其他文献，而于文中某处又吸收部分《家语》内容。如《通解》卷四载：

> 孔子侍坐于哀公，哀公曰："敢问人道谁为大？"……公曰："敢问何谓成身？"孔子对曰："夫其行己不过乎物，谓之成身。不过乎物，合天道也。"公曰："君子何贵乎天道也？"孔子对曰："贵其不已也。如日月东西相从而不已也，是天道也；不闭而能久，是天道也；无为而物成，是天道也；已成而明之，是天道也。"……孔子对曰："君之及此言，是臣之福也。"①

此文甚长，所引部分仅是我们论述所需的内容而已。此条文献末尾标明源自《礼记·哀公问》。但其中间有两处注明出自《家语》。具体如下。

第一处，在"夫其行己不过乎物，谓之成身。不过乎物，合天道也"下注有"此依《家语》。《戴记》唯有'不过乎物'四字。以下句推之，《家语》为是"。②此条注释虽无"今案"等提示语，但当属《通解》编撰者所下按语无疑。我们理由有二：考之《礼记·哀公问》《家语》，原文献

---

① 《仪礼经传通解》，第184~187页。
② 《仪礼经传通解》，第186页。

并无此语，此其一；此条注文的口吻明显属于《通解》编撰者依据对校和理校而得出的校勘结论，此其二。

第二处，"如日月东西相从而不已也，是天道也；不闭而能久，是天道也；无为而物成，是天道也；已成而明之，是天道也。"下有按语"此亦依家语。'而能'二字，戴记作'其'，非是"，其亦属《通解》编撰者的按语，具体理由与上一条所述相同。

由此可见，《孔子家语》所载内容更加符合礼仪逻辑，详细记载相应礼仪内容，符合情理。此可谓朱子采纳《孔子家语》所载文献的重要原因之二。

第三种类型是标注出处为《家语》，但是在所用文献中间却又采纳源自其他典籍的资料，如上文所言《通解》卷一《冠义》采纳源自《家语·冠颂》篇。其文献极其详细，具体如下。

> 邾隐公既即位，将冠……孔子曰："周弁、殷冔、夏收，一也。三王共皮弁、素积，委冒，周道也；章甫，殷道也；毋追，夏后氏之道也。"①

此文甚长，为省篇幅，我们只节选上述内容。此文献的主要内容是借孔子之言谈天子诸侯之冠礼及夏商周三代之冠的差异。此条资料并非全部源自《孔子家语·冠颂》，有多处采纳源自其他典籍的资料，正如朱子在本条文献末尾按语所言："此篇与《仪礼》后记、《郊特牲》《公冠》篇多同，今从其长者。"②并于此条资料的中间有两处下按语言及此事，具体如下。

1. 本篇作"达而未幼"，今从《大戴记》③。
2. 今按：此一节见于《大戴记》者，与此文小异，今从其长者。"无介"乃飨时事，本篇在"卿为宾"之下，又无"无乐皆玄端"五

---

① 《仪礼经传通解》，第72~76页。
② 此处王贻梁并没有标注《公冠篇》为一书，笔者查阅文献，此篇正是《大戴礼记·公冠篇》。参见《仪礼经传通解》，第76页。
③ 《仪礼经传通解》，第73页。

字及注"又天子以下"至"冠皆"十二字，本篇作"王太子庶子之冠拟焉皆天子"，今悉从《大戴》。盖如此即略与上文天子之冠相应，但亦非懿子所问为可疑耳。①

上文所言《大戴记》是指《大戴记·公冠篇》。第一条资料虽未明确标注"今案"或"今按"等提示语，但仍可视为《通解》编撰者所下按语，其理由一仍是上文所述。上引两处按语可证朱子虽然采纳自《孔子家语》的文献，但是文献资料经过多种文献版本对校，择善而从。因此，《通解》在采纳《家语·冠颂》的资料时，亦兼采用源自其他典籍较《家语》为佳的资料，当可定谳。至于此条文献主要采纳源自《家语》文献的原因则是《家语·冠颂篇》对天子诸侯世子之冠礼及夏商周三代冠的差异最为详细。《通解·士冠礼》载：

此篇之末本有记一章，今考之，皆见于《家语·邾隐公篇》，而彼详此略，故今于此删去，而取彼文修润以附《冠义》。记，说见《昏礼》篇。②

本条文献有三方面内容值得关注：其一，这条按语附于《通解·士冠礼》之末，虽没有"今案"等提示语，但据其内容当属编撰者关于调整文献原因的按语无疑。其二，此条按语所言"《家语·邾隐公篇》"当属编撰

---

① 《仪礼经传通解》，第 75 页。

② 王贻梁对此处的最后一句断句为"而取彼文修润以附《冠义》记，说见《昏礼》篇"，但这明显是没有理解此文的内在涵义。其证如下：查考《通解·冠义》，全文并无所谓标注为"记"的内容，此其一；考之《仪礼注疏》可知，此处所删内容当是"记。冠义：始冠，缁布之冠也。……死而谥，今也。古者生无爵，死无谥。"其中所言均是三代之冠差别及天子诸侯冠礼之事，并没有出现于《通解·昏礼》篇中。此其二。由此两方面可证，王贻梁此处断句当属误读，并未清楚此中文献之义。笔者改为"而取彼文修润以附《冠义》。记，说见《昏礼》篇"。此处如此断句可以避免上文所言的两大问题之外，查考《通解·昏礼》第一次出现"记"一词是在纳采章，朱子引用贾公彦的疏："凡言'记'者，皆是记经不备，兼记经外远古之言。郑注《燕礼》云：'后世衰微，幽厉尤甚，礼乐之书，稍稍废弃。'盖自尔之后有记乎，未知定谁所录也。"此处正好完整解释了"记，说见《昏礼》篇。"中的"记"内容，是为确证无疑。参见《仪礼经传通解》，第 70、85 页。

者误记，笔者查阅《孔子家语》并无"邾隐公篇"，而是在《孔子家语·冠颂》中，其原文以"邾隐公"开篇。其三，此条文献具体解释了编撰者采纳《孔子家语》的原因，即《仪礼·士冠礼》文末的记文全部可见于《孔子家语》，而《孔子家语》的内容更为完整且详细合理。

因此，在礼学资料极度匮乏的时代，记载礼学资料较为详细的《孔子家语》就呈现了其不可或缺的礼学文献价值。这是朱子采纳《孔子家语》的重要原因之三。

由前文可知，与《孔子家语》一样，《国语》被朱子认定为伪书，但亦进入《通解》所用的文献之列。细考《通解》朱子编撰部分可知，《国语》被《通解》采纳资料的使用类型与上述《孔子家语》的第一类型相似，即《国语》中的资料单独成一条文献，其原因亦无特殊之处，即《国语》载有其他典籍所缺的礼学资料，无须赘述。

如果说《孔子家语》《国语》所载文献资料被《通解》采纳，尚属情理之中，因为朱子认为这两种典籍虽属伪书，却均属真实文献，其反对余正甫礼书的理由主要是"其词繁冗"，而在礼学资料匮乏的情况下，其所持的这条理由显然难以成立，因为"其词繁冗"的问题可以经过本校、对校等校勘方法来解决，这可获证于上文《孔子家语》被采纳的第二、三种情况。但是《孔丛子》则被朱子定为连内容都假的"伪书"，其所载资料却又被朱子纳入《通解》中。因此我们将以《通解》所使用的《孔丛子》资料的类型及价值来分析朱子的内在思想。

经笔者统计，《通解》朱子编撰部分使用源自《孔丛子》的礼学资料，共有19条。① 这些被采纳的礼学资料均是以《孔丛子》的资料单独形成《通解》的各条文献资料，并未出现《孔子家语》的复杂情形，但是《通解》采纳源自《孔丛子》的资料的情况依旧十分复杂，因为存在另外一种特殊情形，即19条源自《孔丛子》的资料在《通解》中分布情形如下。

在家礼中有2条，分别是《内治》篇立世子章的传文《五宗》的传文，而其余17则都出现于王朝礼部分，并且分布于卷二十八《王制之

---

① 《仪礼经传通解》卷四有1条，卷五有1条，卷二十八有1条，卷三十六有9条，卷三十七共有7条，参见《仪礼经传通解》，第194、222、1014、1163、1163、1163~1164、1164、1165、1165~1166、1166、1166、1166、1197~1198、1198~1199、1199、1199~1200、1200、1200~1201、1201页。

甲·分土》篇传文部分，其他地方均处于经文位置。

细考上述资料可知，他们均是属于天子诸侯的礼仪，即使如家礼类的两条资料亦非普通家庭的生活礼仪，而是属于天子诸侯的家庭生活礼仪。因此，朱子主要采纳了《孔丛子》所保留与天子诸侯有关的礼学资料，而这些内容正属朱子时代保存最少的礼学资料。《朱子语类》载：

> 问"'夏礼吾能言之'，所谓礼，是说制度文章，不是说三纲、五常，如前答子张所问者否？"曰："这也只是说三纲、五常。"问："'吾能言之'，是言甚事？"曰："圣人也只说得大纲。须是有所证，方端的是'则吾欲证之'。证之，须是杞宋文献足，方可证。然又须是圣人，方能取之以证其言。古礼今不复存。如《周礼》，自是记载许多事。当时别自有个礼书，如云'宗伯掌邦礼'，这分明自有礼书、乐书，今亦不可见。"①

此条为叶贺孙辛亥（1191）以后所闻录的内容。上引内容虽未直言王朝礼，但"宗伯掌邦礼"则是由《周礼·春官宗伯》"乃立春官宗伯，使帅其属而掌邦礼，以佐王和邦国"②，所以此处的"邦礼"，非《通解》分类中的"邦国礼"，当属王朝礼的内容。③ 由此可知，朱子认为保存周代礼学资料的礼书、乐书遗失严重，而《仪礼》虽号称完整，但所保存的资料主要是士礼，有关天子诸侯的礼学资料的匮乏程度亦可见一斑了。因此，《通解》采纳《孔丛子》中涉及天子诸侯的礼学资料，实属无奈。

至于《孔丛子》中被《通解》所采纳的资料主要的作用亦不出补充四礼中礼学资料不足的范围，与《孔子家语》的情形相差无几，则无须赘述。

综上所述，诸子学资料在《通解》中起到的作用主要有两方面：一方面，利用诸子学资料补充完善四礼所缺资料，建构完善的礼学体系。另一

---

① 《朱子语类》，第890~891页。

② 《周礼注疏》，第619页。

③ 虽然天子设六卿，有专门掌礼之卿宗伯。而据《礼记正义》孔颖达引崔灵恩所言："诸侯三卿：司徒兼冢宰，司马兼宗伯，司空兼司寇。"可知诸侯只设三卿，其掌礼之职务由司马兼任，并无宗伯之官名。参见《礼记正义》，第213页。

方面，诸子学的资料既有担任经的作用，更有担任传、记的解释功能，由此构成了多层次的解读礼仪的作用，有助于完备《通解》的礼学体系。

三 规范礼学的核心价值：诸子学说遴选的标准

前文主要着眼于诸子学资料对《通解》文献资料库的贡献，以及各诸子学资料多维度丰富《通解》的礼学内容。但是从先秦到朱子时代，典籍多如牛毛，但被朱子纳入《通解》的资料总量却极少，[①] 而这不仅关系朱子运用典籍资料的标准，而且涉及《通解》的编撰体例问题，是朱子礼学思想的直接表现。在研究朱子礼学思想时，许多学者都以《朱子语类》的"礼，时为大"的观念来作为理论的依据，并判断《通解》的旨趣。[②] 虽然以实用礼仪作为《通解》的编撰目的并不为过，但是仅以《朱子语类》的内容来判断《通解》的编撰旨趣，则与朱子编撰《通解》的具体方法和学术意义始终隔了一层。因此，我们从现有学界研究出现偏差之处开始，并结合《通解》的编撰实际情况来重新考察朱子编撰《通解》的具体方法和学术目的。

"礼，时为大"的观念在《朱子语类》中总共出现三次，但卷八十九"论丧礼"已把"礼，时为大"作为结论了，因此真正讨论"礼，时为大"的具体内涵当只有两处，兹引如下。

---

① 我们以《仪礼经传通解》朱子编撰部分即前三十七卷为统计范围，其中所采纳的史、子、集资料有：《国语》《史记》《汉书》《后汉书》《资治通鉴》《战国策》《新书》《荀子》《白虎通义》《新序》《说苑》《列女传》《管子》《孔丛子》《孔子家语》《淮南子》《通典》《说文解字》《九章算经》及刘敞补《士相见义》共二十种，其中扣除《书数》一篇亡佚，而导致我们无法查阅《说文解字》《九章算经》两书被采纳情况。事实上，我们在《通解》中所能见到的史、子、集的作品只有十八种。这十八种典籍固然不少，但与朱子在《乞修三礼劄子》中所言"取《礼记》及诸经史杂书所载有及于礼者，皆以附于本经之下，具列注疏诸儒之说，略有端绪"相差甚远。最为典型的是史书类涉及各代礼仪的资料的数量极为巨大，如《新唐书》《旧唐书》中有大量礼制方面的内容就全部被忽略，更不用言及其他专门史了。参见《仪礼经传通解》，第41~1204页。《晦庵先生朱文公文集》，第687~688页。

② 殷慧《朱熹礼学思想研究》虽然不是以"礼时为大"为论据，但是《朱子语类》中的资料基本都是以此为观念来展开具体礼学资料的论述，为此，殷慧以《朱子语类》中的相关资料来论证《仪礼经传通解》的编撰目的为"非考礼、议礼之书""并非强调要人践履古礼，而是重在让学者识礼。""《通解》的精神主旨应着眼于'定大纲'，最终目的在于能使礼治之工夫和义理适得其所，达到安邦定国的大治境界。"参见《朱熹礼学思想研究》，第126~128页。

胡兄问礼。曰：礼，时为大。有圣人者作，必将因今之礼而裁酌其中，取其简易易晓而可行，必不至复取古人繁缛之礼而施之于今也，古礼如此零碎繁冗，今岂可行！亦且得随时裁损尔。……①

又：

"礼，时为大。"使圣贤用礼必不一切从古之礼。疑只是以古礼减杀，从今世俗之礼，令稍有防范节文，不至太简而已。……②

此两条文献同为沈㑞戊午（1198）以后所记录的内容。在上引两条文献中，朱子谈及圣人因时代变化而改造礼仪。但是细考文献可知，朱子改造了传统经学中"时"的概念。"礼，时为大"源自小戴《礼记》第十《礼器》篇，其原文曰："礼，时为大，顺次之，体次之，宜次之，称次之。"郑玄注"言圣人制礼所先后也"。③朱子引用此文献时显然已把时节或时间问题替换为时代。单以朱子注释内容而言，并未有太大问题，但是这正好与《通解》的编撰目的完全相反，前引《乞修三礼劄子》言之甚明。朱子所言其编撰礼书时所要改变的现状有二：一是王安石罢黜《仪礼》科考试导致经生不读《仪礼》，只读《礼记》；二是制定礼仪者依据仪法度数来制定礼仪，却不知道各项礼仪的来源，遇到礼学难题，只能单凭礼义来确定礼仪。由此可见，朱子在编撰《通解》时不再以现行礼仪作为编撰礼书的标准，而是强调探究各项礼仪的来源，即礼仪的文献依据。这纠正了《朱子语类》所言的礼学观念，而对"时"的观念采取了折中的方法，即顺应时代风俗，又需遵守古代礼仪的核心礼义。

由上可知，朱子编撰《通解》的目的固然是为了解决王安石罢黜《仪礼》而《礼记》成为经典依据的礼学风气问题，但是更深层原因则是为现实的仪法度数提供礼学文献的经典依据。这就决定了《通解》的编撰方法是"以《仪礼》为经，而取《礼记》及诸经史杂书所载有及于礼者，皆

---

① 《朱子语类》，第 2877～2878 页。
② 《朱子语类》，第 2886 页。
③ 《礼记正义》，第 960 页。

以附于本经之下，具列注疏诸儒之说"。① 虽然《乞修三礼劄子》不完全符合《通解》的具体情况，② 但是仍大致概括了编撰《通解》的核心理念，即《仪礼》与其他礼学资料构成一部记载礼学资料翔实的典籍。由此确立了《通解》编撰过程极其注重文献的权威性。

正是注重文献的权威性促使朱子采取了极为严格的遴选标准，并由此汰除了大量有关礼学的典籍。《通解》编撰者遴选文献的具体标准如下。

首先，以古为优成为遴选典籍的优先标准，即《通解》编撰者遴选源自诸子学资料时偏向于以古为优的标准。从前文统计可知，《通解》所引诸子学资料最晚的当属刘敞补编的作品及司马光《资治通鉴》两书，唐代的作品亦只有杜佑《通典》《开元十二诗谱》，而大多数是属于先唐时期的作品。前文已言，朱子对《孔丛子》持强烈的反对意见，其依据是《孔丛子》是伪书，而其成书年代，朱子判定为六朝或者东汉时期的作品。《朱子语类》载：

> 《尚书》孔安国传，此恐是魏、晋间人所作，托安国为名，与毛公《诗传》大段不同。今观《序》文亦不类汉文章。汉时文字粗，魏晋间文字细。如《孔丛子》亦然，皆是那一时人所为。③

又载：

> 孔安国《尚书序》，只是唐人文字。前汉文字甚次第！司马迁亦不曾从安国受《尚书》。不应有一文字软郎当地。后汉人作《孔丛子》者，好作伪书。然此序亦非后汉时文字，后汉文字亦好。④

又载：

---

① 《晦庵先生朱文公文集》，第 687～688 页。
② 在《通解》中有许多篇的经文并非出自《仪礼》，如《内则》《投壶礼》源自《礼记》，《内治》则是综合诸多礼学资料而构成一篇新的经文，而王朝礼更是全部由其他礼学资料所构成。参见《篇第目录》//《仪礼经传通解》，第 32、34、32 页。
③ 《朱子语类》，第 2634 页。
④ 《朱子语类》，第 2634 页。

此出在《孔丛子》，其他说话又不如此。此书必是后汉时人撰者。若是古书，前汉时人又都不见说是如何。其中所载，孔安国书之类，其气象萎蕤，都不似西京时文章。①

以上三则资料论定了《孔丛子》的写作时间为魏晋或者东汉时期。②但是不管魏晋人也好，东汉人也罢，相对朱子时代则已属古代作品。朱子虽对其内容持异议的成分多于赞成的态度，甚至在《通解》正式编撰的时期，仍旧强烈反对余正甫采纳其所载资料，在迫于天子诸侯相关礼仪资料缺失严重的情况，不得不采纳源自《孔丛子》资料的情况之外，另外一个重要原因当是《孔丛子》的写定时间已在魏晋或者东汉时期，实亦属古人作品。

另外，朱子亦反对《通解》采纳源自《国语》的资料，但是其比较对象则是《周礼》《左传》等经学著作。《朱子语类》载：

"余正父欲用《国语》而不用《周礼》，然《周礼》岂可不入！《国语》辞多理寡，乃衰世之书，支离蔓衍，大不及《左传》。看此时文章若此，如何会兴起国家！"坐间朋友问是谁做。曰："见说是左丘明做"。③

此条为叶贺孙辛亥（1191）以后所闻录的内容。朱子不满《国语》《家语》④ 的枝蔓，但未否定其所保留战国时期史料的真实性问题，则反对的强烈程度明显弱于成书于魏晋时期的《孔丛子》。反之，成书越晚的典籍则越被严格检查，除非如《孔丛子》《开元十二诗谱》等属于其他典籍所无的礼学资料方因其资料的稀缺性而被采纳入《通解》。

---

① 《朱子语类》，第 3902 页。
② 朱子认为《孔丛子》的写定时间是东汉时期，除上引两条资料，还有一处在卷一百二十五"只《孔丛子》说话多类东汉人文"，可见此两说大抵相当。参见《朱子语类》，第 3903 页。
③ 《朱子语类》，第 2889 页。
④ 《家语》虽是成于王肃之手，但是其所用资料均是战国时期资料，而非伪书，至少朱子不认为其为伪书。朱子有言："《家语》只是王肃编古录杂记，其书虽多疵，然非肃所作。"参见《朱子语类》，第 4233 页。

由此可见，朱子在遴选资料时，以古为优则是其秉持的一个重要的准则。

其次，优先采纳史料兼顾礼学示范作用。

在选择礼学资料时，朱子依据资料的价值划分为经与传、记。虽然朱子最终确定资料的经、传地位时并非由其资料来源做最后的衡量标准，但是《通解》的编撰目的正是利用其他来源的资料补充现有四礼所缺的内容，那么源自其他典籍的礼学资料若要进入经文，则必是因为他们当属现有四礼所缺的礼学资料。通观《通解》朱子定稿部分，其中不属于四礼原有篇目的资料有《内治》《五宗》《亲属记》《学制》《学义》《弟子职》《臣礼》《钟律》《钟律义》《诗乐》《礼乐记》《书数》《五学》共13篇，只占三成左右。在这些非原有篇目中，尚有大量源自四礼的资料，尤其是大小戴《礼记》《周礼》的资料。由此可见《通解》朱子编订部分的经文是以四礼为主，而《通解》朱子编撰未定稿部分的经文采纳了更多源自其他非四礼典籍的资料，但是四礼中的大小戴《礼记》《周礼》仍占了大部分篇幅。① 正是这样的实况，提醒我们看到朱子在遴选资料时以解释经的

---

① 《通解》朱子编撰未定稿有十四卷，属于王朝礼部分，由诸篇统计可知，《觐礼》的经文都出自《礼记》《周礼》，《朝事义》由王贻梁校勘文"贺本有小字注文'大戴礼记'四字"则全篇选自《大戴礼记》无疑。《历数》经文则有《大戴礼记》《史记》《尚书》《周礼》《左传》，当是源自其他典籍的内容占主体，但是其经文篇幅较少，绝对数量并不大。《夏小正》经文则均来自《大戴礼记》。《月令》经文则来自《小戴礼记》。《乐制》经文则来自《周礼》《尔雅》《左传》《荀子》《白虎通》《国语》《史记》，但是来自《周礼》的文献应该与来自其他文献的内容篇幅相当。《乐记》经文来自《礼记》《三略》《左传》《尚书》《家语》《吕氏春秋》，但是来自《礼记》的文献占了一半左右。《王制之甲分土》经文来自《尚书》《周礼》而《周礼》文献占绝对多数的篇幅。《王制之乙制国》经文均来自《周礼》《礼记》。《王制之丙王礼》经文来自《礼记》《周礼》《尚书》《孝经》等，但是源自《礼记》《周礼》的文献占了绝对多数。《王事之丁王事》经文来自《尚书》《礼记》《周礼》《孟子》《谷梁传》《孔子家语》，而《礼记》《周礼》的文献占了经文的绝对多数。《王制之戊设官》经文来自《左传》《吕氏春秋》《周礼》《礼记》，其中《周礼》《礼记》占了绝对多数。《王制之己建侯》经文来自《周礼》《尚书》《礼记》《左传》《孝经》，其中《周礼》《礼记》占了多数篇幅。《王制之庚名器上》经文均来自《礼记》《周礼》。《王制之辛名器下》经文来自《周礼》《礼记》《荀子》，其中《周礼》《礼记》的内容占了绝对多数。《王制之壬师田》经文来自《周礼》《礼记》《孔丛子》《司马法》《战阵图》《风后握机》《左传》，其中《周礼》《礼记》的文献仅占三分之一左右。《王制之癸刑辟》经文来自《周礼》《国语》《家语》《荀子》《尚书》《孔丛子》《左传》，其中《周礼》占三分之一左右。由上述统计可知，除了《历数》《王制之壬师田》《王制之癸刑辟》三篇是源自其他文献占据经文的主要部分外，其他篇都是源自四礼的文献占经文的绝大多数。参见《仪礼经传通解》，第 860~1204 页。

史料为优先择取的原则。事实上，在前文的《春秋》三传与礼学部分，我们已经详细研究了朱子在选择资料时倾向于《左传》，其最重要原因正是朱子认为三传中的《左传》属史学，史料可信度高，而公、谷二传是经学，史料较为粗疏。

因此，我们可以确定朱子选择非经部分的资料时实行以史料为优先采纳的原则。既然以史料为优先选择内容，而史料又浩如烟海，朱子又是如何确定哪些具体史料具备构成《通解》的传、记部分。

在朱子时代，正史虽未达到现代的二十五史之多，但是《史记》《汉书》《后汉书》《三国志》《晋书》《宋书》《齐书》《梁书》《陈书》《南史》《北史》《新唐书》《旧唐书》《五代史》等已有二十史，可是朱子在《通解》中仅采纳了《史记》《汉书》《后汉书》，其他史书的资料一概忽略了，反而选择《资治通鉴》这本编年史与《史记》通修，这不仅涉及朱子对史料的态度，而且反映了朱子特殊的史学观念。

统计《通解》朱子编订部分，笔者发现其所采用的史料主要是以三代及春秋战国时期的史料为主。综观朱子所采纳的史料，呈现了一个极为重要的特征：属于先秦时期的史料被详细转载，汉代的历史事迹很少，而汉代以后的史料基本绝迹，只有一个例外，兹引文如下。

> 宋文帝太子劭、次子始兴王濬并多过失，数为上所诘责，因相与共为巫蛊咒诅上。事闻上，验问得实，尚未忍诛，但遣使切责之，劭、濬不悛。上乃欲废劭而诛濬，议久不决。侍中王僧绰言于上曰："当断不断，反受其乱，愿以义割恩，略小不忍，毋使难生意表，取笑千载。"上不能用。劭、濬遂共谋逆，弑帝于合殿，仗主卜天，欲死之。荆州刺史武陵王骏骑兵赴难，诛劭及濬，遂即帝位，是为孝武帝。①

此条文献出自《资治通鉴》宋文帝元嘉三十年。这条史料是朱子所引史书中最晚近之事迹。单从此条史料甚难获知其被采用的原因，但是结合其上下文资料可知，此处资料是附于《内治》篇齐家章。《篇第目录》提

---

① 《仪礼经传通解》，第 197 页。

要《内治》篇曰：

> 古无此篇，今取小戴《昏义》、《哀公问》、《文王世子》、《内则》篇及《周礼》、《大戴礼》、《春秋》内外传、《孟子》、《书大传》、《新序》、《列女传》、《前汉书》、贾谊《新书》、《孔丛子》之言人君内治之法者，创为此记，以补经阙。①

上文中明确说《内则》当属"记"文，其创作的目的是"补经阙"，但是此中所言之"记"并非《通解》内部的记文之义，而是与《礼记》之"记"的内涵一致，即补充经文。我们理由有二：其一，《内治》单独成篇亦属于《礼记》之类型。考之《内治》篇，我们看到《内治》篇由内职章、谨始章、后夫人侍君章、胎教章、生子章、立世子章、世子之记章、齐家章共八章的经文所组成，而每章下又均有传文。反之，如果《篇第目录》所言"记"与《通解》内的记一致，则《内治》全篇属于记文，而记文本属解释或补充经文的内容，则不当还有传文来解释记文内容，因为在传统经学中，记与传均是针对经文而言，均属于解释和服务于经文的内容，尚未发现针对记文来作传的先例。其二，在现有文献中，朱子只谈到经分章，并无一言谈到记分章。②

此外，《篇第目录》对《内治》所采纳的资料记载颇为详细，唯独漏

---

① 《仪礼经传通解》，第32页。

② 细考《朱子语类》《晦庵先生朱文公文集》，《朱子语类》中有两处涉及分章的内容，一处关于《周易·上系上》的内容，编撰《朱子语类》者于"第四章"下注有"分章今依本义"，我们考之《周易本义》则知《系辞上》确有分章，而《系辞》属于十翼，当为《周易》的传文部分。另外一则是卷八十的《诗一》部分针对《诗经》的经文分章问题，他说："前辈分章都晓不得。某细读，方知是欠了一句。"而《晦庵先生朱文公文集》则有六处，分别为卷六《抄二南寄平父因题此诗》，卷三十八《答李季章》，卷五十四《答应仁仲》，卷五十九《答赵恭父》，卷七十五《周子太极通书后序》，卷七十五《中庸集解序》，卷八十二《跋胡澹庵所作李承之论语说序》，其中第一处是针对《诗经·二南》经文分章而言；第二、三、四则是针对《仪礼》的经文分章问题而言；第五则针对《太极通书》的正文而言；第六则是针对《中庸》的正文而言，但是《中庸》虽被编入《礼记》，但北宋学者早以其为经文，而非记文了；第七则是针对通礼而言分章，则分章亦是针对经文而言。参见《朱子语类》，第2515、2735页；《晦庵先生朱文公文集》，第449、1707、2550、2629、3640、3872页；（宋）朱熹撰，廖明春点校《周易本义》，北京：中华书局，2009，第221、260页。

掉《资治通鉴》，我们虽不能由此断定《篇第目录》是在《通解》朱子定稿部分各篇定稿后再撰写提要，却显示《篇第目录》所呈现的内容不完全符合《通解》的实际情况，至少提醒我们上引宋文帝元嘉三十年之事有其特殊之处。

在内容方面，上引宋文帝元嘉三十年之事也确有其特殊之处。我们结合《篇第目录》和《通解·内治》可知，《内治》是专门针对人君治理家庭内部之事的礼仪规范而修撰的文献。关于人君治理家庭内部之事的文献甚多，如同为《内治》齐家章的晋献公杀太子申生之事、汉高祖欲废太子之事，但纵观中国历史，君王一般处于主动权一方，而此条史料却正好是一个例外，君王了解家庭内部之事，却又因妇人之仁导致内乱。此事之特殊在于它是君王治家的一个反面典型案例。细考《资治通鉴·太祖文皇帝下之下》即宋文帝元嘉三十年之事，我们发现朱子所引资料并非原文，而是缩编了元嘉三十年之事，仅保留了史实中核心的内容，重点在于展示治家之原则如王僧绰所言："当断不断，反受其乱。愿以义割恩，略小不忍，毋使难生意表，取笑千载。"而这也是人君治家需要吸取的一个重要教训。在历史上载有如此深刻见解者唯此文献而已。正是史实的独特性有补于人君治家之原则，成为唯一进入《通解》的魏晋以下之史实。

最后，遴选典籍资料的准则是资料具有权威性、典范性与孤本的特征。

汉代的典籍因其成书之古而天生具备了典范与权威的作用，而魏晋以来的作品，如《孔丛子》的成书年代尚未被朱子确定，不在本部分的考察之列。本部分主要考察成书于唐代的杜佑《通典》、宋代刘敞《士相见义》和《公食大夫义》及《开元十二诗谱》，他们均成书于唐宋时期，被朱子所采纳的原因并非古老和史实的真实性，而是他们文献本身的经典地位。

杜佑《通典》被《通解》所采纳的部分是其钟律部分，其特殊之处在于保存唐代乐律。《朱子语类》载：

> 自唐以前，乐律尚有制度可考；唐以后，都无可考。如杜佑《通典》所算分数极精。但《通典》用十分为寸作算法颇难算。蔡季通只以九分算。本朝范马诸公非惟不识古制，自是于唐制亦不曾详看，《通典》又不是隐僻底书，不知当时诸公何故皆不看。只如沈存中博

览，《笔谈》所考器数甚精，亦不曾看此。使其见此，则所论过于范、马远甚。吕伯恭不喜《笔谈》，以为皆是乱说。某与言："未可恁地说，恐老兄欺他未得在，只是他做人不甚好耳。"因令将五音、十二律写作图子，云："且须晓得这个，其他却又商量。"①

此为杨道夫己酉（1189）以后所闻录的作品。此中所言范马二人指范祖禹和司马光。②此条语录所含信息有三：《通典》算法极其高明，此其一；《通典》并不为范祖禹与司马光等长于考察典章制度的学者所重视，此其二；《通典》的学术成就可与沈括《梦溪笔谈》相比肩，此其三。正因《通典》在音律方面的成就，使其获得了朱子的高度认可。《朱子语类》载：

"《通典》，好一般书。向来朝廷理会制度，某道却是一件事，后来只恁休了。"又曰："《通典》亦自好设一科。"又曰："《通典》中间数卷，议亦好。"③

此为黄义刚癸丑（1193）以后所闻录的内容。此条资料当为可信，因为朱子在《学校贡举私议》中自注"策则诸史，时务亦然。"云："诸史则《左传》、《国语》、《史记》、《两汉》为一科，《三国》、《晋书》、《南北史》为一科，新、旧《唐书》、《五代史》为一科，《通鉴》为一科。时务则律历、地理为一科，《通礼》、《新仪》为一科，兵法、刑统、敕令为一科，《通典》为一科，以次分年，如经子之法，策各二道。"④那么《通典》成为时务一科当是朱子主要的科举主张之一，正与上引语录相同。因此，朱子推崇《通典》的内在原因正是杜佑《通典》收集资料的齐全与完备。晁公武《郡斋读书志》"《通典》二百卷"条曰："世推该洽"。⑤这绝

---

① 《朱子语类》，第3087页。
② 朱子并未明言此处范、马为何人，但是《朱子语类》同卷有载"古声只是和，后来多以悲恨为佳。温公与范蜀公，胡安定与阮逸、李照争辩，其实都自理会不得，却不曾去看《通典》"。参见《朱子语类》，第3087页。
③ 《朱子语类》，第2882页。
④ 《晦庵先生朱文公文集》，第3359页。
⑤ （宋）晁公武：《郡斋读书志》卷第三下，四部丛刊三编影宋淳祐本。

非晁氏主观臆断之结论，而是采自当时的公论。《新唐书·杜佑传》所载时人评价："优诏嘉美，儒者服其书约而详。"① 而更早的《旧唐书·杜佑传》则说："优诏嘉之，命藏书府。其书大传于时，礼乐刑政之源，千载如指诸掌，大为士君子所称。"② 由此可见晁公武和欧阳修的评价当来源于《旧唐书》中所言"士君子"的评价，故不论是"该洽"或者"约而详"正与《旧唐书》"礼乐刑政之源如指诸掌"高度一致。由此可见《通典》从成书时代开始，其所记载礼乐刑政制度之完备程度已深得唐人赞许，甚至延续到欧阳修时代，尔后才衰落下去，以至于出现范祖禹、司马光等博学通儒之辈未读《通典》的情况，这也引起朱子"不知当时诸公何故皆不看"的感慨。由此可见，朱子推崇《通典》，并吸收《通典》资料进入《通解》中，是上接北宋学术传统，正是以资料权威性作为选择礼学资料的重要标准的体现。

刘敞，字原甫，《宋史》有传，但本传所载仅有行迹，未言及经学成就。朱子生平多次言及刘敞的经学成就，③ 而朱子把刘敞的经学成就推崇至无以复加之地的当属《学校贡举私议》，他说：

> 今欲正之，莫若讨论诸经之说，各立家法而皆以注疏为主。如《易》则兼取胡瑗、石介、欧阳修、王安石、邵雍、程颐、张载、吕大临、杨时，《书》则兼取刘敞、王安石、苏轼、程颐、杨时、晁说之、叶梦得、吴棫、薛季宣、吕祖谦，《诗》则兼取欧阳修、苏轼、程颐、张载、王安石、吕大临、杨时、吕祖谦，《周礼》则刘敞、王安石、杨时，《仪礼》则刘敞，《二戴礼记》则刘敞、程颐、张载、吕大临，《春秋》则谈助、赵正、陆淳、孙明复、刘敞、程颐、胡安国，

---

① （宋）欧阳修，宋祁撰《新唐书》，北京：中华书局，1975，第 5090 页。
② （后晋）刘昫等撰《旧唐书》，北京：中华书局，1975，第 3983 页。
③ 《朱子语类》中多次言及刘敞的经学成就，如卷十六说："刘原父却会效古人为文，其集中有数篇论，全似《礼记》。"《礼记》在宋代为十三经之一，可见朱子对刘敞的《论》的推崇程度可见一斑了，另外无评论刘敞之言论，《晦庵集》亦无评价刘敞的直接言论。卷八十三云："刘原父《春秋》亦好。"又如卷第一百三十九云："刘原父才思极多，涌将出来，每作文多法古，绝相似。有几件文字学《礼记》、《春秋》，《说》学公、谷文，胜贡父。"上述文字虽非成于一时，但对刘敞的经学成就赞不绝口则是相同的。参见《朱子语类》，第 514、2842、4307 页。

《大学》、《论语》、《中庸》、《孟子》则又皆有《集解》等书，而苏轼、王雱、吴棫、胡寅等说亦可采，以上诸家更加考订增损，如刘彝等说，恐亦可取。①

朱子主要谈及学校科举诸经教育所应采用的教材，其中《书》《诗》《周礼》《仪礼》《二戴礼记》《春秋》等经均提及刘敞的注疏可为学校科举之教材，尤其是《仪礼》一经更是只定下刘敞一家注疏，可见朱子高度赞赏刘敞《仪礼》学的程度了，而这正是《通解》采纳刘敞《士相见义》一文的思想基础。这不仅是朱子个人观点，更是代表了当时学术风气。与朱子同时而稍早的晁公武《郡斋读书志》"七经小传五卷"条有提要曰：

> 皇朝刘敞原甫撰。所谓七经者，《毛诗》、《尚书》、《公羊》、《周礼》、《仪礼》、《礼记》《论语》也。元祐史官谓："庆历前，学者尚文辞多守章句注疏之学，至敞始异诸儒之说。后王安石修《经义》，盖本于敞。"予观原甫《伊尹相汤伐桀升自陑之说》之类，《经义》多剿取之，史官之言良不诬也。②

晁公武所言之元祐史官可证晁氏所见文献当为元祐朝实录。其所引之史料亦被吴曾《能改斋漫录》卷二《事始》所记载，其言曰：

> 国史云："庆历以前，学者尚文辞，多守章句注疏之学。至刘原父为《七经小传》，始异诸儒之说。王荆公修《经义》，盖本于原父云。"英宗尝语及原父，韩魏公对以"有文学"，欧阳文忠公曰："刘敞文章未甚佳，然博学可称也。"③

两人同时，而吴曾比晁公武年辈更早，晁公武言元祐史官，吴曾言国史，可见吴曾与晁公武所言内容当出自同一史源，即北宋实录，而史官作

① 《晦庵先生朱文公文集》，第 3360 页。
② 《郡斋读书志》卷一下。
③ （宋）吴曾：《能改斋漫录》卷二，清文渊阁四库全书本。

此评价，尤其是吴曾把刘敞所引起的经学变革作为"事始"之一，可见刘敞的经学成就在当时学术界堪称引领一时学术风尚。只是晁公武注重学术传承，吴曾侧重制度变革的史实，但两者均证实了刘敞经学思想深刻影响了王安石的《三经新义》，而王安石的《三经新义》等被列入科举教材系列，直至南宋孝宗初年仍旧为学术界所推崇的学术经典。① 即使朱子，也对王安石的经学成就称赞有加，如上引的经学文献中，《周易》《尚书》《诗经》《周礼》四经均建议采纳王安石的经解，其数量之多仅次于程颐，而与杨时数量一致。②

由上所述，刘敞的经学成就引领两宋经学风气，实为一代经学之典范。因此，朱子采纳刘敞《士相见义》和《投壶义》承袭当时学界主流思想而做的合乎时代的选择，凸显了《通解》的选材标准之一是选择经学典范。

与上述两者不同，唐《开元十二诗谱》被《通解》全文载录，并非因其为学术权威或者典范，而是因为它已为孤本文献。《通解·篇第目录》明言：

> 古亦无此篇。而大乐遗声，其绝久矣。今取世传唐开元十二诗谱补之，以粗见其仿佛，然以未知其果有以合于古之遗声否也。③

---

① 余英时《朱熹的历史世界》对于王学在南宋的影响有较为系统的论述。他说"南渡以后，通高宗一朝，王学事实上仍执政治文化的牛耳……"余英时对上述现象归因为："在秦桧长期执政下，科举取士一方面仍主王氏'新学'，另一方面则一再禁所谓程氏'专门之学'（详见《道命录》卷四）。所以孝宗初年朝臣必多出身王学之人，这种思想空气不是短期内所能改变的。大概从乾道初年起，由于张栻、吕祖谦、朱熹等人的努力，程学才逐渐进占了科举的阵地。淳熙以后'道学'转盛，实与科举有极大的关系。"参见《朱熹的历史世界：宋代士大夫政治文化的研究》，第 42～43 页。
② 《伊洛渊源录》述及朱子的道南学派的传承中以周敦颐为首，而以二程为学术正宗，杨时则是程颐高足，是伊洛学术渊源的重要成员，朱子对自身学术渊源所自的程颐、杨时的经学的推崇与王安石大致相当，可以想见朱子对王安石的经学成就推崇有加，而这并非是朱子本人异想天开的新创见，而是渊源于二程开始的道学家对王安石新学的重视。二程、杨时等理学大师都是精通王安石新学，并在此基础上创新发展理学的相关理论，余英时对此有详细的考证，他说："《三经新义》与《易义》在有宋一代儒者口中始终是誉多于毁，虽政敌也不例外。他把经学推上了一个'义理'阶段，这是无可否认的事实。"参见《朱熹的历史世界：宋代士大夫政治文化的研究》，第 47～56 页。
③ 《仪礼经传通解》，第 37 页。

此条提要已经明确言及《开元十二诗谱》被载录的原因是古代乐谱遗失无存的客观历史事实。事实上，朱子对《开元十二诗谱》文献本身内容的真实性持保留态度，而这在《通解·诗乐》篇文末的按语对此有详细的阐述，其言曰：

> 《大戴礼》颇有缺误，其篇目都数皆不可考。至汉末年止存三篇，而加《文王》，又不知其何自来也。其后改作新辞，旧曲遂废。至唐开元，《乡饮酒礼》其所奏乐乃有此十二篇之目，而其声今亦莫得闻矣。此谱乃赵彦肃所传，云即开元遗声也。古声亡灭已久，不知当时工师何所考而为此也。窃疑古乐有唱有叹，唱者发歌句也，和者继其声也。诗词之外，应更有叠字散声以叹发其趣，故汉晋之间，旧曲既失其传，则其词虽存而世莫能补，为此故也。若但如此谱直以一声叶一字，则古诗篇篇可歌，无复乐崩之叹矣，夫岂然哉！又其以清声为调，似亦非古法。然古声既不可考，则姑存此以见声歌之仿佛，俟知乐者考其得失云。①

朱子此处按语所言有三层含义：古乐遗失严重，《大戴礼》所载乐篇几无可考，此谱有十二篇之目，甚为珍贵，此其一；朱子畅论其所想象的古乐特征，此其二；概说十二谱的文献特征，说明其保留此谱的目的仅是为了保存珍贵资料，至于文献内容的真假问题则留待后世学者考证，此其三。由此可见朱子明辨文献真伪之功，治学严谨之风格，而在存疑情况下，朱子又以保存礼乐资料为要务，显其改变当时礼学家"咸幽冥而莫知其源"之《通解》编撰目的。

正因为《开元十二诗谱》具有保存珍贵礼学资料文献内容的孤本性质，使其史料价值在既非权威亦非典范的情况下，被《通解》全文载录。可见，保存珍贵礼学资料的孤本文献也是朱子选择诸子学所载礼乐资料重要标准之一。

我们上述论证过程中主要以后世的资料为研究对象，但是这丝毫不影响上述三条选材标准对《通解》选择诸子学资料的适用性。因为汉代以前

---

① 《仪礼经传通解》，第 526～527 页。

的礼学资料本身就是记载周代的礼学资料，即使所载资料为汉代礼俗，亦因其离周代不远，当保存有流风遗韵，天然具备了权威的性质。又因其近古，其礼学资料大多为上古所传之资料，虽仅有一鳞半爪，但因其接近后代礼仪产生之"源"而具有了典范的作用，还因其近古，许多资料具有孤本性质，展示孤本特征，所以被朱子所采纳，以便探究各项礼仪之"源"。

第四节 礼仪与礼义关系研究

前文已在四礼之间、礼与诸经之间、礼与诸子学之间三个部分对《通解》的经与传、记的结构有所考述，但因主要关注各文献之间的关系，并未全面考察《通解》的经与传、记的结构问题。因此，我们再次对各文献之间的关系进行系统考察，全面剖析《通解》的新型经传记结构。

一 《通解》的新型经传关系：礼仪与礼义的结构体系

经传关系是《通解》研究的基础问题，至今尚未获得满意的答案，其原因正如前文所言，研究者要么围绕《通解》成书过程，要么围绕文集、语类，缺少切入《通解》的文本研究，而深入《通解》文本的研究者，如孙致文，则尚属尝试阶段。孙致文说："《通解》自有一套经、传的认定，而非只是简单地以'《仪礼》为经、《礼记》为传'"[①] 结论完全正确，但是细读其分析过程则存有诸多主观臆断之处，如他在罗列了具有"上下"关系各篇之后，说：

> 其中，具有"传"的性质的《冠义》篇，篇首又有"传"，其余属"传"的各篇，都没有"记"或"传"。至于其他没有以"上下"标示经、传关系的各篇，则于正文之后章名之下，又往往有"传"或"记"。据此可推知，凡于篇次标以"下"字者，即属该篇次"上"的"传"。其他各篇（包括各篇次"上"，及未分上下者），即属经。[②]

---

① 《朱熹〈仪礼经传通解〉研究》，第98页。
② 《朱熹〈仪礼经传通解〉研究》，第98页。

笔者逐一考察了孙致文所言各篇文献，其所列证据亦属真实有效，但是其论证过程没有考察属于经文的各篇文献的经传结构。如果孙氏的结论能够成立，那么标有各类礼的"上"或者没有标注的各篇文献均属经文，那么这些经文中的传或者记文属于什么性质的文献呢？他们是属于经文部分还是属于传文部分呢？因此，孙氏的论证过程虽然严密，却未考察其所谓的经文的各篇具体内容，使其以整篇文献为经或者传文的结论有如海市蜃楼，失去了立论的依据。

通观孙致文的论证过程，其最大失误在于迷失了研究的立足点——《通解》的文本，被当下《通解》研究的惯性思维所误导。《通解》现有研究成果立足于《朱子语类》与《文集》，而非《通解》的文本实况。通检《朱子语类》《文集》关于《仪礼》《礼记》经传关系的相关内容，我们发现朱子在编撰《通解》之前的所有观点均是针对《仪礼》《礼记》或者整篇文献而立论。这种以《仪礼》《礼记》等文献的整体内容为研究对象，虽符合朱子平生追求文章简洁的审美标准，但具有浓厚的空想成分，与《通解》文本实况相差甚远。因此，孙致文以《通解》各篇文献的整体内容来研究《通解》，获得了一定成就，一旦落实到《通解》的具体文本，就出现左支右绌情况，漏洞百出。在《通解》的编撰过程中，朱子先把各典籍中涉及礼学的资料按照内容分类进行拆解，再按照《通解》结构安排各种礼学资料，形成我们目前所见的《通解》文本实况。事实上，孙致文也清楚我们所言的特点，他说：

> 为了组成新的"经"，朱子的作法有：（一）移经补经；（二）升记补经；（三）升注补经；（四）掇拾古籍以补经。为了产生组成的"传"，作法则又有：（一）退经补传；（二）升注、疏补传；（三）掇拾古籍以补传；（四）拟古补传。"疑古补传"则又有：刘敞补传、朱子补传两类。①

所谓新的经与传的形成方法正好从反面证实了孙致文所言的各篇之间存在经传关系的结论难以成立。我们佩服于孙致文严谨的研究态度，惜其

---

① 《朱熹〈仪礼经传通解〉研究》，第98页。

论述《通解》全书的经传结构时仍旧以整篇为单位，没有深入研究各篇内部的具体结构，产生了不该有的失误。为了纠正孙氏的失误，我们在四礼之间的关系部分已经阐明了主要观点，只是言之未详而已。《通解》中的经传关系，并非单纯以各种礼类中具有"上下"关系的篇章所构成，而是各篇文献自身构成一个自足的经传体系。

既然以整篇文献来划分经传关系不合文献实际情况，那么我们如何解释《通解》部分篇与篇之间所具有的"上"与"下"关系和没有"上下"关系共存的两种情况，以及《通解》大多数篇章的经文均存在的记文或者传文内容的情况？细读《朱子语类》，我们发现朱子所言的《仪礼》与《礼记》等文献之间的关系不仅存在传统经学所谓的经与传的关系，还存在另外一种观点，即《礼记》载录礼义，是解释《仪礼》之书。《朱子语类》载：

> 《礼记》乃秦汉上下诸儒解释《仪礼》之书，又有他说附益于其间。[①]

此条语录是郑可学（1191）辛亥所闻录的内容。朱子认为《礼记》是解释《仪礼》著作的总集，并夹杂其他与《仪礼》无关的内容，不再简单地把《礼记》作为《仪礼》的传文，而是切入到《礼记》的具体内容，更符合《礼记》的文本实情，即《礼记》一部分为《仪礼》的传，一部分并非《仪礼》的传，即"他说附于其间"。至于其间的他说为何物？朱子没有明讲。这并非是朱子突发奇想，而是其长期思考的结果。同书有载：

> 《礼记》要兼《仪礼》读，如冠礼、丧礼、乡饮酒礼之类，《仪礼》皆载其事，《礼记》只发明其理。读《礼记》而不读《仪礼》，许多理皆无安著处。[②]

此条语录看似与《仪礼》为经、《礼记》为传的内容差别不大，但是细读之后，我们发现此条文献也隐含了《礼记》并非全部是《仪礼》的

[①] 《朱子语类》，第 2888 页。

[②] 《朱子语类》，第 2940 页。

传。朱子认为《仪礼》记载礼事，即礼仪过程，而《礼记》是发明礼仪的理，即礼义。此外，朱子明言"许多理皆无安著处"，并非全部没安著处。由此显示朱子已注意到《礼记》与《仪礼》并非一一对应关系。我们据此语境亦可确证朱子认为礼仪与礼义当是存有一一对应关系。朱子所言内容有两层：一是《礼记》尚存有礼仪与礼义相结合之处，即《礼记》有部分礼仪内容。二是《礼记》部分内容并非用于解释《仪礼》的内容，而是用于解释已经散佚的礼仪内容。

因此，我们可以确证朱子认为《礼记》含有礼仪与礼义内容。但是上述论证过程只是单凭《朱子语类》的内容，未免陷入现有朱子礼学思想的研究窠状，我们再证以《通解》本身的内在结构。兹证如下。

在《通解》中，《礼记》并非仅存在解释《仪礼》的单纯情况，而且有许多可以单独成立的文献，如《学制》教学之通法章单独采自《礼记·王制》篇。事实上，上述用法并非个案。《篇第目录（序文）》的提要非常多处明确言及此事，如《少仪》篇"此《小戴记》之第十七篇，言少者事长之节，注疏以为细小威仪，非也"。① 《曲礼》篇"此《小戴记》之第一篇，言委屈礼仪之事，所谓'曲礼三千'者也。其可随事而见者，已包在经礼三百篇之内矣。此篇乃其杂碎首尾出入诸篇，不可随事而见者，故合而记之，自为一篇"。② 这两篇文献本出自《礼记》，均不是作为《仪礼》的传文而存在，而是处于与《仪礼》一样的地位。

由上所述，《礼记》有许多内容被用于构成《通解》的礼仪部分，当可定谳。由此亦可证明：以《礼记》为单纯解释《仪礼》，并不符合《通解》所呈现的文本实况。当然也可由此获知，以《礼记》为全部礼义也难以成立。

因此，不仅《礼记》中被提升为与《仪礼》一样地位的文献属于礼仪内容，而且具有相似情况的其他文献也均属于礼仪内容。与之相反，属于解释《仪礼》之书或者发明礼仪内在之理即礼义的内容在《通解》中均属于朱子直接标明的"传"内容或者孙致文所言的"传"部分。③ 那么礼仪

---

① 《篇第目录（序文）》，//《仪礼经传通解》，第36页。
② 《篇第目录（序文）》，//《仪礼经传通解》，第36页。
③ 孙致文《朱熹〈仪礼经传通解〉研究》中"传"部分是以篇来看待的，其特征是朱子《通解》中标有礼类之"下"部分的篇章。参见《朱熹〈仪礼经传通解〉研究》，第98页。

与礼义两部分内容正好构成了《通解》的内在结构，未有例外情况。

那么，《通解》或者《仪礼集传集注》书名的经与传又从何而来呢？我们上引两处《朱子语类》文献亦可以解决此问题。在上文分析中，我们已经言及《仪礼》是记载其事即礼仪，《礼记》的部分内容正是发明礼的内在之理即礼义，而《礼记》的部分内容则被朱子提升到与《仪礼》一样的地位，其原因也正是其所记载内容属于礼仪，至于《礼记》中的"他说"部分所载内容为礼仪者则亦被归入礼仪部分。因此，礼仪与礼义两部分内容正好构成全书的经与传的关系。至于《通解》中源自其他文献的内容也属于礼仪与礼义两部分内容。由此可见，所谓经与传正是指礼仪与礼义而言，而非传统的所谓因作者地位不同而划分。[①]

综上所述，《通解》是以礼仪与礼义两部分共同构成全书礼学体系，并由此形成《通解》全书经传结构体系。

二 《通解》具体结构模式：礼仪与礼义平等组合

《通解》由朱子带领其弟子、友人共同编撰而成，其编撰前经过长期的准备阶段，在编撰过程中也不断调整编撰体例，如《乞修三礼劄子》所言：

> 以《仪礼》为经，而取《礼记》及诸经史杂书所载有及于礼者，皆以附于本经之下，具列注疏诸儒之说，略有端绪。[②]

又《答李季章》中说：

> 其书大要意以《仪礼》为本，分章附疏，而以小戴诸义各缀其后。其见于他篇或他书可相发明者，或附于经，或附于义。又其外如《弟子职》、《保傅传》之属，又自别为篇以附其类。[③]

《乞修三礼劄子》写于绍熙五年甲寅（1194），而《答李季章》则在

---

① 孙致文《朱熹〈仪礼经传通解〉研究》对此问题有详细概述，其所持观点也是据作者不同而划分。参见《朱熹〈仪礼经传通解〉研究》，第 90～91 页。
② 《晦庵先生朱文公文集》，第 687～688 页。
③ 《晦庵先生朱文公文集》，第 1709 页。

庆元四年戊午年即 1198 年冬,^① 一前一后正好是始编《通解》的前一年和后二年,而朱子对礼仪与礼义的重视程度如出一辙:对《仪礼》高度重视,认为其为经,为本,而对礼义部分虽不再如《朱子语类》中所言"枝叶"^②,但仍旧认为其为"附""缀"部分而持轻视态度。上引内容不管是《乞修三礼劄子》还是《答李季章》均属于《通解》尚未定型阶段,空想成分远大于实际编撰体例,我们的证据如下:一是《通解》的编撰时间。据王懋竑《朱子年谱》可知,《通解》的始修时间为庆元二年丙辰(1196),^③《乞修三礼劄子》尚属设想阶段,而《答李季章》则属于编修过程中的草稿部分而已,虽然朱子说"今大体已具者盖十七八矣",但是现有的《通解》中并无"大传""外传"两类,且在《朱子语类》中也无一言涉及此两类,甚至参与《通解》编撰、修订、出版的黄榦、杨复、朱在皆无一言谈及此事,可见《答李季章》所载内容仍属朱子的设想而已,并非最终体例。二是从《通解》的具体编撰内容来看,上引两篇文献均属于尚未定型的观点,具体论述详见本章第一节。三是从文献的篇幅来看,《通解》中涉及礼仪与礼义内容的篇幅相差无几。前两点确可成立,而启人疑窦之处则是第三点,因为从篇幅方面言及此事,必通过数据方可说明,但是《通解》大多数存有经、记、传三者之间的关系,且据上文所言,每一篇均有经文,这就必然涉及经文中何者属于礼仪,何者属于礼义的判断标准问题,正是由这两大方面问题,即一是记与传的定义与功能问题;二是经文中礼仪与礼义的划分问题,使得我们需要在统计工作开始前先加以解决,依次论述如下。

关于记的定义与功能,朱子在《通解》中引贾公彦疏曰:

> 凡言"记"者,皆是记经不备,兼记经外远古之言。郑注《燕礼》云:"后世衰微,幽、厉尤甚,礼乐之书,稍稍废弃。"盖自尔之后有记乎,未知定谁所录也。^④

---

① 此处据陈来《朱子书信编年考证》研究成果。参见陈来《朱子书信编年考证》(增订本),第 467~468 页。
② "《仪礼》,礼之根本,而《礼记》乃其枝叶。"参见《朱子语类》,第 2888 页。
③ 《朱熹年谱》,第 258 页。
④ 《仪礼经传通解》,第 85 页。

此中所言是对"记"的概念、内容、功能的界定，前文虽已讨论过此文献，但是尚未对"记"的具体作用作深入讨论，所以再次详引如上。细考原文可知，朱子此处所引之文献并不全面，其"盖自尔之后有记乎"之后省略了下文：

> 又案《丧服》记子夏为之作传，不应自造，还自解之，记当在子夏之前，孔子之时，未知定谁所录。云"冠义"者，记士冠中之义者，记时不同，故有二记，此则在子夏前。其《周礼·考工记》六国时所录，故遭秦火燔灭典籍，有韦氏、雕氏缺其"记"，则在秦、汉之际，儒者加之。故《王制》有正"听之棘木之下"，异时所记，故其言亦殊也。①

由于朱子把《仪礼·士冠礼》的记文单独成篇，且其遵循简洁的原则，故省略了上引文献，但是上引文献却涉及了"记""传"之间的具体功能的差异内容，需要我们对此加以分析，方见记、传之完整功能。贾公彦疏文仅于此处言及"记"的功能，但以贾公彦疏之行文习惯可知，此处当是提炼概括了《仪礼》中的所有"记"的功能，但是此"记"的功能却又仅限于《仪礼》而已，不能够扩大到所有经学文献。换言之，贾公彦对"记"的疏解仅限于《仪礼》。上述结论可由贾公彦在别处记文所作的注解获证，他说：

> 《仪礼》诸篇有记者，皆是记经不备者也。作记之人，其疏已在《士冠礼》篇。②

此处疏文除了证实前文所言的"记"的功能仅限于《仪礼》之外，还从另外一方面证实了"记"文不仅有"记经不备，兼记经外远古之言"的功能。我们考之同时代的孔颖达《礼记正义》，其言"记"的功能有"或录旧礼之义，或录变礼所由，或兼记体履，或杂序得失，故编而录之，以

---

① 《仪礼注疏》，第76页。
② 《仪礼注疏》，第1004页。

为记也"。① 孔颖达统计共有四种之多，其中所言的"兼记体履"则可据同一文献获知其所指内容，即"是《周礼》、《仪礼》有体、履之别也"。② 那么《礼记》中也有记载礼仪之类的文献，只是仅属四种类之一而已，而非全部内容。

综合以上文献可知：《仪礼》中的文末"记"文主要是记载礼仪，而非礼义，但是《礼记》中的文献除本节前文所引载录礼义外，还兼记礼仪。《朱子语类》载：

> 《礼记》，圣人说礼及学者问答处多是说礼之变。③

此条为沈僩戊午以后所闻（1198）。由此可知，朱子对《礼记》中"记"的内容所持的观点与孔颖达相差无几。那么《礼记》中的内容的性质在孔颖达与朱子的礼学观念中并无实质性差异。

我们再按之《通解》中"记"的内容，"记"所承担的任务正是孔颖达所言的类型。如《通解》所言"记"的内容最多之处是《仪礼》原有篇目，朱子直接把《仪礼》各篇文末的"记"移至各章的相应位置之下，以达到补充经文不足之处；另外也正因为此种类型的"记"属于记载经文所缺的礼仪内容，所以有由"记"补经的情形，如《通解·士昏礼》祭行章、奠菜章、婿见妇之父母章均标示为"记补"。如果说以上两种情形仍属于《仪礼》文末"记"的文献，难以完整呈现"记"属于记载经文所无的礼仪类型的话，那么《通解·内则》篇事亲事长章的记文全部由大小戴《礼记》所构成，具体文献的来源为《曲礼》《玉藻》《檀弓》《祭义》《大戴》。由此可见在所谓礼仪篇中的记文基本属于记载经文所缺的礼仪的内容，当可定谳。与属于《仪礼》篇的记文内容不同，在属于礼义的篇章中的"记"文则属于孔颖达所言的其他类型，这种情况当以《仪礼·士冠礼》中的"冠义"部分最为典型。朱子于此处特地下一按语"此篇之末，本有《记》一章，今考之，皆见于《家语·邾隐公篇》，而彼详此略，故

---

① 《礼记正义》，第 4 页。
② 《礼记正义》，第 3 页。
③ 《朱子语类》，第 2899 页。

今于此删去，而取彼文修润以附《冠义》，记说见《昏礼》篇"。① 由此可知，朱子对此记文内容的判断与贾公彦有异，而与孔颖达对"记"文功能的判断正好一致，可见，《通解》的记文放置于礼仪的篇章中的部分当属记载经文所无之内容的类型。

关于传的定义与功能，朱子并未有如"记"一样有系统论述。因此，我们只能以"传"的普通定义，并结合朱子时代的经学观念对其定义与功能的论述来研究朱子在《通解》中的具体界定标准。考述如下。

"传"的意义，《说文解字》段注曰：

> 辵部曰："遽，传也。"与此为互训。此二篆之本义也。《周礼·行夫》"掌邦国传遽"注云："传遽，若今时乘传骑驿而使者也。"《玉藻》："士曰传遽之臣。"注云："传遽以车马给使者也。"《左传》、《国语》皆曰："以传召宗伯。"注皆云："传，驿也。"汉有置传、驰传、乘传之不同。按传者如今之驿马，驿必有舍，故曰传舍。又文书亦谓之传。《司关》注云："传，如今移过所文书是也。"引伸传递之义，则凡展转引伸之称皆曰传。而传注、流传皆是也。后儒分别为知恋、直恋、直挛三切，实一语之转。②

在此注文中，段玉裁对传的本义及其历史衍变过程进行了系统的阐述，并指出了 chuán 与 zhuàn 两音之间并无实质性差异，但是行文过程略显复杂。今人苏宝荣《〈说文解字〉今注》对此两音的意义有更为简洁明了的注释：

> 遽，驿车。传本指驿车，即古代传达命令的马车。《韩非子·喻老》："遽传不用。"也指驿舍、客舍。《后汉书·陈忠传》："缮理亭传。"引申为传达、传递之义。古书注释称"传"（zhuàn），唐孔颖达曰："传（zhuàn）者，传（chuán）通其义也。"也从"传达"得义。③

① 此中的标点问题已经在前文进行了考证，具体见前面的论述。参见《仪礼经传通解》，第70页。
② 《说文解字注》，第377页。
③ 苏宝荣：《〈说文解字〉今注》，西安：陕西人民出版社，2000，第286～287页。

由此可见"传"的古书注释之义是由"驿车"之义引申而来。但是仅仅有字义上的证据,尚不足以明了"传"的具体功能。清人赵翼《陔余丛考》在字义基础上对"传"之内涵有非常完整的总结,他说:

> 古人著书,凡发明义理,记载故事,皆谓之传。孟子曰:"于传有之",谓古书也。左公谷作《春秋》传,所以传《春秋》之旨也。伏生弟子作《尚书大传》,孔安国作《尚书传》,所以传《尚书》之义也。《大学》分经传,《韩非子》亦分经传,皆所以传经之意也。故孔颖达云:"大率秦汉之际解书者多名为传",又汉世称《论语》、《孝经》并谓之传,汉武谓东方朔云:"传曰,时然后言,人不厌其言。"东平王与其太师策书云:"传曰:'陈力就列,不能者止。'"成帝赐翟方进书云:"传曰:'高而不危,所以长守贵也。'"是汉时所谓传,凡古书及说经皆名之,非专以叙一人之事也。其专以之叙事而人各一传则自史迁始,而班固以后皆因之。①

孙致文博士也节引了上述文献的"古人著书,凡发明义理,记载故事,皆谓之传"以说明传的内涵,并采纳了清人章学诚《文史通义》的观点,简单抹杀了经、传、记的文献区别,② 其原因正是孙致文并未对传文的具体内在涵义展开详细论述,导致传文的具体功能仍然不明,也难以深入《通解》的各篇章中细考其经与传的关系。

事实上,细考中国经学的概念范畴可知,经、传、记的分工甚为明确。前文已就记的功能进行了详细考述,无须赘述,我们此处需要辨析的是"传"的文献功能。赵翼在上引文献中概括传的功能为"古人著书,凡发明义理,记载故事,皆谓之传"。"是汉时所谓传,凡古书及说经皆名之,非专以叙一人之事也。"那么传的具体功能当分两种:一种是发明经义的说经之作,一种是记载故事,当然此处所言之故事当指古书记载的史实内容。但是为了解释《史记》中载人事迹文体名为"传"的历史缘起,

---

① （清）赵翼:《陔余丛考》,卷五,清乾隆五十五年湛贻堂刻本。

② 孙致文认为"经、传、记之所以不同,全然是由于作者身份的尊卑",而没有从其内容来区分。参见《朱熹〈仪礼经传通解〉研究》,第90~91页。

赵翼主要针对"传"的内容作说明，却未明确对"传"在说经中的作用展开详细说明，反而是唐人贾公彦对"传"在经学中的功能有言简意赅的概括。他在疏解《仪礼·丧服》说：

> "传曰"不知是谁人所作，人皆云孔子弟子卜商字子夏所为。……《仪礼》见在一十七篇，余不为传，独为《丧服》作传者，但《丧服》一篇总包天子已下五服差降，六术精粗，变除之数，既繁出入，正殇交互，恐读者不能悉解其义，是以特为传解。……云"注"者，注义于经传之下，辨其义意。……或云注，或云传，出注述者意耳。或有解云前汉以前云传，后汉以后云注。若然，王弼、王肃之等后汉之人云传，此说非也。①

此文献原文过长，难以全引，其中省略了贾公彦对《丧服》传作者的考证过程、郑玄信息和郑玄注的体例。与赵瓯北是历史学家不同，贾公彦则是一位经学家。他对传的关注不是着眼于其演变过程，而是着眼于"传"文在《丧服》中的作用，并对作传的原因作了翔实说明，更为重要的是贾公彦还反驳了经学家如孔颖达等对"传"的使用时间的限定的观点。由贾公彦的论述可知，传与注的功能是一致的，其命名是由"注述者"意愿所定，而其功能就是注解经文。宋儒对"传"的功能则有更为简洁明了的解释。邢昺疏解《尔雅》"郭璞注"时曰：

> 注者，著也，解释经指，使义理著明也，亦言己注意以释此书也，《诗》、《书》谓之传者。传，传也。博识经意，传示后人也，此皆其人自题，故或言传，或言注，无义例也。②

邢昺的观点与贾公彦对传与注"注述者意耳"如出一辙，即传与注均是解释经义的文字。朱子所持观念与贾公彦、邢昺当相差无几。他在《大

---

① 《仪礼注疏》，第 861 ~ 862 页。
② （晋）郭璞注，（宋）邢昺疏《尔雅疏》卷一，中华书局影印阮元校刻《十三经注疏》本，1980，第 2 页。

学章句》中亦对传文来源有完整的概括，他说：

> 右经一章，盖孔子之言，而曾子述之。其传十章，则曾子之意而门人记之也。①

此一章指《大学》首章。上引文献所言之"传"是指门人记载曾子之意而成的文献。结合上文的注释可知，朱子认为首章为经，是曾子记述孔子之言，而十章传文则是门人记载曾子解释首章经文之文献。由此可见此处"传"的功能正是解释经文。至于传文的构成内容也正好可以从另一方面获知，即朱子在《通解》与《四书章句集注》中秉持着相同的"传"文观念。他注上文处曰：

> 凡传文，杂引经传，若无统纪，然文理接续，血脉贯通，深浅始终，至为精密。熟读详味，久当见之，今不尽释也。②

朱子认为传文的内容源于"杂引经传"，而其采纳具体资料作为传文的依据是"文理接续"意义，即围绕经文内容来遴选传文。《通解》的传文内容虽然在经传之外多了诸子类文献，但是其构成方法正与此处所言完全一致（详见本章第一节四礼关系部分）。由此可见朱子在《通解》编撰中仍旧采用传文是解释经文内容的含义，即朱子把解释经文的文献命名为"传"。

由上述可知，朱子在《通解》中使用"传"文来解释经文，即表达礼义。不过朱子在《通解》中并非简单使用自己语言文字来解释经文，而是采用各种文献的原文或者缩写原文来达到解释经文的目的。（参见前文四礼之关系、礼与诸经关系、礼与诸子学关系）厘清《通解》的记、传内涵，我们便可以进行具体的统计工作了。

关于《通解》的传记数量，最早提出统计标准的亦是孙致文，他说："凡于篇次标以'下'字者，即属该篇次'上'的'传'。其他各篇（包

---

① 《四书章句集注》，第 4 页。
② 《四书章句集注》，第 4 页。

括各篇次'上',及未分上下者),即属经。"① 虽然孙致文博士未明言经、传文献的数量,但是我们依据其标准,核对《通解》的文本可知:具有"上、下"关系的文献共有 16 对,那其所含篇目则有 32 篇之多,而其余没有标注上下之间的关系虽被孙致文定义为"经",那么在《通解》朱子编撰部分和未定稿两部分的篇目中,属于礼仪的篇目有 42 篇,而属于礼义的则有 16 篇而已。但事实上,属于礼义的 16 篇固然没有问题,而划分为礼仪的有 42 篇之多,则显然是把复杂问题简单化了。虽然孙致文也发现了上述数据不符合《通解》的真实情况,所以又对被其界定为"经"的文献内容补充说:"又往往有'传'或'记'",② 但是孙致文并未对其以篇目为单位的结论进行修正,导致其结论不符合《通解》的实际情况。

综上所述,《通解》朱子编撰部分扣除有目无文的《卜筮》之外,尚有 58 篇文献存世,其中单纯属于礼仪类的篇目依据前文所言属于《仪礼》的固有篇目均属于礼仪类的标准可知有 10 篇,而单纯属于礼义的文献依据孙致文的界定传文的标准可知有 16 篇,剩余的 32 篇文献则无法适用上述的两个标准,需要依据《通解》的文本具体情况加以切割清点其属于礼仪或礼义的内容。我们具体统计如下。

《内则》13%,③《内治》70%,《五宗》50%,《亲属记》20%,《投壶礼》、《学制》、《弟子职》、《少仪》均无传文,《曲礼》10%,《臣礼》50%,《钟律》10%,《诗乐》10%,《学记》无传文,《大学》90%,④《中庸》基本无传文,⑤《保傅》30%,《践阼》无传文,《五学》25%,《诸侯相朝礼》无传文,《历数》无传文,《夏小正》80%,《乐制》无传文,《王制之甲》30% 强,《王制之乙》40%,《王制之丙》无传文,《王制之丁》无传文,《王制之戊》基本无专文,《王制之己》15%,《王制之

---

① 《朱熹〈仪礼经传通解〉研究》,第 98 页。
② 《朱熹〈仪礼经传通解〉研究》,第 98 页。
③ 此处文献的内涵是《内则》中的传文占整篇文献篇幅的 13%。以下各篇比例均用此简称。
④ 朱子并未在《通解·大学》一篇中标注传或者记,但是我们细考《大学》的内容可知,其内容被朱子分为一经十传,其经的内容仅占了 10%。参见《仪礼经传通解》,第 544~556 页。
⑤ 《中庸》虽无标明传的内容,但是我们细考《通解·中庸》的内容,其开篇引程颐之言和文末朱子自己的概括均可看作传,其篇幅仅占全文的 3% 左右,少于 10%,故认为其基本属于礼仪。参见《仪礼经传通解》,第 558~585 页。

庚》13%，《王制之辛》50%，《王制之壬》14% 左右；《王制之癸》无传文。①

由上统计可知，纯属于礼仪的当有 14 篇，外加源自《仪礼》的 10 篇，那么《通解》全部计入礼仪内容的总共 24 篇之多。在礼义方面，占比 90% 以上内容的篇目有《大学》，占五成以上内容的篇目有《内治》《五宗》《臣礼》《夏小正》《王制之辛》，占四成以下、一成以上的篇目是《亲属记》《曲礼》《钟律》《诗乐》《保傅》《五学》《王制之甲》《王制之乙》《王制之己》《王制之庚》《王制之壬》共 11 篇，外加全部属于礼义的 16 篇，则属于礼义的篇幅占四成多。

虽然礼仪占了五成多，礼义占了四成多，但是《通解》朱子编撰部分有三十七卷，则两者之间的篇幅差距实可忽略不计。另外，我们从上述统计中亦可以看到，除了单独成篇的有 16 篇礼义外，而更多的则是楔入礼仪的内容之下，并与礼仪内容构成无法分割的部分，我们将于下文再详细论述这部分文献的功能。

三 《通解》编撰目的：礼仪与礼义平等组合的依据

朱子编撰《通解》的主要目的是否定当时以《周礼》《礼记》为主流的学术潮流，树立《仪礼》为经、尊崇古代文献的学术观念，具有颠覆旧传统、开创新传统的目的，而其具体目的则是为了保存礼乐资料的经典文本，为现实生活提供可遵循的礼学依据的典籍，并最终实现"以补六艺之缺"，即补充朱子时代六艺所缺之资料。（详见第二章第三节）

为实现上述目的，朱子在《通解》的编撰过程中做到了两点：一是《通解》所载礼仪具有覆盖面广与权威性；二是确保礼学资料被正确理解，并在礼学实践中具有指导功能，实现服务现实的目标。兹证如下。

一方面，朱子千方百计地提高《通解》中礼仪部分的权威性。为了提高《通解》中礼仪内容的权威性，朱子分别从礼仪的篇数及来源、礼学分

---

① 本处统计遵照上文传、记的概念及内涵确立了以下几条原则：一是传文为礼义，记文礼仪；二是所占比例是先统计各篇文献中的礼义数量，再把各条礼义内容的篇幅以页为单位进行求和，最后求其与整篇文献篇幅的百分比。至于礼义内容的篇幅少于 5% 的篇目不再进行精确计算，因为我们的统计数据的误差当在 10% 以上，故忽略占比 5% 以下的篇目内容。

类、篇章结构即阅读接受方面来丰富礼仪的内容，提高礼仪的生活覆盖面。兹证如下。

从篇数来看，《通解》朱子定稿部分与未定稿现存篇目有 58 篇，《仪礼》固有篇目只有十篇，而剩余的 48 篇文献扣除纯属礼义的 16 篇之后，也仍旧有额外增加的 32 篇之多的礼仪类篇目，其数量远大于《仪礼》固有篇目，而在这 32 篇文献中，其经文有选自《礼记》，如《投壶礼》《学记》《曲礼》等，也有利用古代典籍涉及礼学资料而编写的新礼仪篇目，如《内则》《内治》《学制》等，也有直接从其他典籍中抽出文献，如选自《管子》篇中的《弟子职》，由此可见，以《仪礼》为经纯属设想而已，完全不能够成立。正因源自其他文献的篇目达到《仪礼》固有篇目的三倍多，不仅与保存于《朱子语类》中大量言及《通解》的礼学材料处理方法有巨大出入，也与《文集》中写于《通解》着手编撰前后的书信或其他文献有异，如《乞修三礼劄子》及庆元四年戊午年即 1198 年冬的《答李季章》。①

我们依据上述《仪礼》篇目的数量与源自其他文献的篇目数量对比可知，朱子选择了大量源自其他典籍的文献来补充《仪礼》资料的不足问题，其目的正是为了追求《乞修三礼劄子》所言的经典礼学文本的目标。此其一。

从礼学分类来看，现有《通解》分为学礼、乡礼、家礼、邦国礼、王朝礼、丧礼、祭礼。在《通解》朱子编撰部分，学礼补充的内容有《内则》《内治》《五宗》《亲属记》，而乡礼有《投壶礼》，学礼更无一篇为《仪礼》所固有篇目，王朝礼除《觐礼》外也皆非《仪礼》所固有篇目。从以上统计可知，朱子在《通解》的礼学分类中增加了学礼一大类别，补充完善了家礼、乡礼、王朝礼等内容，外加托付给黄榦，最后由黄榦、杨复完成的丧祭二礼，从而构成了与传统的吉凶宾军嘉五礼或者冠昏丧祭四礼分类不同的七礼，由此概括了当时社会生活各方面的礼仪类别，考虑到了从天子到庶人的用礼需求的层次差异，构筑了一套前所未有的完整体系。此其二。

---

① 此处据陈来《朱子书信编年考证》研究成果。参见《朱子书信编年考证》（增订本），第 467～468 页。

从篇章结构来看，《通解》力求解决《仪礼》难读的学术难题，力求促进礼仪文献的普及，扩大受众面。《仪礼》难读，不只是普通人有此感受，即使是唐代大儒韩愈也有此感慨，他在《读仪礼》中说："余尝苦《仪礼》难读。"[①] 朱子编撰《通解》的工作直接目的就是为了解决"《仪礼》难读"的问题。朱子《答应仁仲》说：

> 前贤常患《仪礼》难读，以今观之，只是经不分章，记不随经，而注疏各为一书，故使读者不能遽晓，今定此本尽去此诸弊，恨不得令韩文公见之也。[②]

我们证之《通解》可知：第一，朱子把《通解》各篇经文均按照经文之内容划分章节，并添加足以概括章节内容的标题；第二，朱子把《仪礼》文末的记文，依据其内容，提前置于各章节之下；第三，把郑玄注、贾公彦疏分别置于经文之下。值得一提的是，此处所言的方法是针对《仪礼》，但是在《通解》的实际编撰过程中，朱子把《通解》正文（包括经、传、记）所引文献的各代经典注释及唐宋人注疏均置于相应正文之下。

因此，在编撰《通解》之时，朱子肯定把"《仪礼》难读"作为重点解决的问题之一，因为经典文献失去了学者，也就失去了其经典地位。[③]朱子由此破解《仪礼》难读，甚至礼学难读的问题，从而使礼仪文献获得了权威性地位。此其三。

另一方面，朱子利用各种资料建构《通解》的礼义部分，确保《通解》具有指导礼仪实践的功能。

---

① （唐）韩愈撰，（宋）朱熹考异《朱文公校韩昌黎先生集》卷十一，四部丛刊影元刊本。
② 《晦庵先生朱文公文集》，第 2550 页。
③ 朱子对文献的传播与经典地位之间的关系有明确的认识，他在前面所引《乞修三礼劄子》中已言及王安石废罢《仪礼》而博士诸子又"诵其虚文，以供应举"导致了《仪礼》无人阅读，尽管《仪礼》"先儒以《仪礼》为经礼"其所言先儒正是班固及之前儒者所言，其据当以《汉书·艺文志》为例。因为同卷有"河间献王所得礼五十六篇"，这可以看到朱子言《仪礼》为经是承自汉志观点，但是到朱子之前的唐中期大儒韩愈已有难读之言，其读者当极少，才有王安石等废弃《仪礼》之举。参见《朱子语类》，第 2899、2898 页。

礼仪经典文本是树立礼仪权威的基础，但其本身并不能普及礼学，因为礼仪文本追求典范作用，但礼仪实践却随着时代而变化，这必然导致礼仪典范被时代所抛弃，如《仪礼》。结合参与朝廷论争的失败经历，① 朱子明确了推广礼仪文本的社会接受基础是礼义内容，其重要性不亚于礼仪的原则之后，他才找到了解决从世俗之礼的办法。

《通解》呈现朱子重视礼义的内容主要有三方面，兹论如下。

从文献来源看，礼义的文献来源数量和种类与礼仪类文献来源数量相差无几。笔者据《通解》朱子编订部分与未定稿统计：

在经学方面，礼仪与礼义部分均有《仪礼》《礼记》《周礼》《左传》《公羊传》《谷梁传》《论语》《孟子》《尚书》。在诸子学方面，礼仪与礼义部分均有《淮南子》《国语》《白虎通义》《说苑》《新序》《新书》《管子》《通典》《荀子》《战国策》《吕氏春秋》《列女传》《资治通鉴》《孔丛子》《孔子家语》《史记》《汉书》。

虽然礼仪部分多了《开元十二诗谱》《尔雅》，但是礼义部分则有刘敞所补两篇文献，即《士相见义》《公食大夫义》。因此，《通解》的编撰者对礼仪与礼义构成部分的重视程度相差无几，不分轩轾。此其一。

在文献的构成上，礼义部分的内容与礼仪部分的构成方法一致，甚至礼义部分稍显复杂。

在《通解》朱子编撰部分，礼仪的内容主要由三种方式构成，一是《仪礼》固有篇目调整形成，即《通解·篇第目录（序文）》所言："今仍其次，而于其文颇有所厘析""今颇厘析之"②；一是从其他文献中抽取原始篇目，并补充其他来源的资料，构成新的礼仪篇目。如《篇第目录（序文）》在《内则》篇下按语曰："此必古者学校教民之书，宜以次于昏礼，

---

① 殷慧《朱熹礼学思想研究》"现实层面：礼制论争中屡屡受挫后的学术反思"部分归因于"缺乏经典依据"，但是朱子则直接归因于礼学文献传播不广所致。如《朱子语类》所言："当时若写此文字出去，谁人敢争，此亦讲学不熟之咎。"《答李季章》："康成与其门人答问，盖已及之，具于贾疏，其义甚备，若已预知后世当有此事者。今吾党亦未之讲……"云云，可知朱子对自身论争失败归因于自己对礼学典籍不熟及礼学典籍普及不广。参见《朱熹礼学思想研究》，第100～107页；《朱子语类》，第3489页；《晦庵先生朱文公文集》，第1709页。

② 此文出自朱子提要《士冠礼》《士昏礼》两篇之时，而朱子在《士昏礼》之下更有自注曰："后皆方此，不复重出"，可以看到当时朱子调整《仪礼》固有篇目之定例。参见《篇第目录》//《仪礼经传通解》，第31、32页。

故取以补经而附以传记之说云。"① 而核之《内则》全文，其所载录传文只有 3 处，篇幅极少，基本全属礼仪。《弟子职》出自《管子》更属"补其注文"而已。②《少仪》则本属小戴《礼记》，"今厘其杂乱，而别取他篇及诸书以补之"。③ 此外，尚有《冠义》《内治》《亲属记》《投壶礼》《曲礼》《学记》《中庸》《保傅》《践阼》《夏小正》；三是朱子自拟篇名，再收集各种礼学资料而完成的新篇目。如《臣礼》《诗乐》《王制》（从甲到癸）等。

礼义的内容也有以上三种类型，第一种有《冠义》《昏义》等；第二种有刘敞补传《士相见义》《公食大夫义》；第三种则有《学义》《钟律义》等。此外，在以上三种情况之外，礼义方面还有一种情况是以传的形式附着于《通解》的礼仪篇。

由此可见，《通解》编撰者对礼义与礼仪一视同仁，并未轻视礼义部分的内容，甚至为了能够正确解读礼仪内容，采纳了比礼仪部分更多的方法来建构礼义内容。此其二。

在篇章结构方面，礼义与礼仪共同构成了《通解》的不可分割部分。如前文所言，以礼仪和礼义来考察《通解》，适用于《通解》的各个部分，能够把《通解》的篇章结构一分为二。当然，以礼仪和礼义来划分《通解》的朱子编撰部分存有一种特例，即只有礼仪而无礼义篇章，如《投壶礼》《弟子职》《少仪》《学记》《践阼》《王制之丙》《王制之丁》《王制之癸》共 8 篇，但是这 8 篇没有礼义内容的原因并不一样，主要有两种：一是本身由历史故事构成经文，其礼义已然明了，无须再有礼义篇，如《践阼》《王制之丁》《王制之癸》；二是本身已属极简单的礼仪，无须再有礼义部分，如《投壶礼》《弟子职》《少仪》《学记》《王制之丙》。但是这些只有礼仪而无礼义的篇章仍未出礼仪的范畴。因此，《通解》按照礼仪与礼义内容两部分来划分，恰好构成礼仪之后紧跟相应礼义内容。如果礼义内容过于简单，则礼义内容紧随具体礼仪之后而存在于礼仪篇中，甚至没有礼义内容。此其三。

---

① 《篇第目录》∥《仪礼经传通解》，第 32 页。
② 《篇第目录》∥《仪礼经传通解》，第 36 页。
③ 《篇第目录》∥《仪礼经传通解》，第 36 页。

综上所述，《通解》朱子编撰部分创造性地利用礼仪与礼义构成新型的经传关系，而其具体结构模式则由礼仪与礼义平等共存组合而成，共同服务于《通解》的编撰。

第五节 余论

前面四节已就《通解》的朱子编撰部分系统考察了礼学与诸多文献的关系，但是仍有一个问题需要我们注意，即前文所研究内容的范围问题。因为前文研究对象均是取材于朱子编订与未定稿部分，并未涉及黄榦《续丧礼》，黄榦编撰、杨复编次《续祭礼》及杨复重修的《续祭礼》三部分，但是这些内容均属于《通解》的有机组成部分。正如四库馆臣所言：

> 虽编撰不出一手，而端绪相因，规模不异，古礼之梗概节目亦略备于是矣。①

虽然《四库全书》所收录的《通解》版本仅包括《通解》朱子编撰部分，即定稿、未定稿两部分，黄榦《续丧礼》《续祭礼》，并未包括杨复重修《续祭礼》，亦不知道有杨复重修《续祭礼》，但四库馆臣的观察结果依然适用于《通解》全书。因为其所言内涵主要包括了两方面内容：一方面，"端绪相因"是指《通解》各部分虽然经历了三代主编者，但是他们的编撰起因是由前代主编托付给下一代主编而完成的编撰工作；另一方面，"规模不异"则是指《通解》各部分的编撰体例亦前后相似，具有继承关系。细考四库馆臣的论述，因其主要关注前一方面问题，论述甚为翔实，但是因其混淆了黄榦撰、杨复编次《续祭礼》与杨复《续祭礼》的关系，对后一方面问题则并未涉及。我们补充如下。

杨复在为《通解》作序之时，亦对《通解》各部分的编撰体例有较为详细的介绍，主要是朱子、黄榦、杨复三部分体例大体相似。杨复《宋嘉定癸未刊仪礼经传通解续祭礼后序》又曰：

---

① 《四库全书总目》，第 179 页。

> 勉斋黄先生编纂《祭礼》，用先师朱文公礼书之通例，先正经而
> 后补编。①

由此可知，杨复认为黄榦编撰《续祭礼》采用的体例是朱子在《仪礼经传通解》前二十三卷所用之通例，即"先正经而后补编"，但是经我们在本章前四节的论述可知，朱子并未真正落实先《仪礼》，后其他补撰材料。因此我们只可把杨复所言"先正经而后补编"作为朱子后学理解朱子编撰体例之时，各礼类优先采用《仪礼》，若《仪礼》没有相应篇章，再采纳其他礼学资料。这并非我们臆断杨复的观点，而是杨复重修《续祭礼》时所作的《仪礼经传通解祭礼义例》可资证明。他说：

> 《仪礼》十七篇，祭礼惟《特牲馈食》、《少牢馈食》、《有司彻》
> 三篇……今所编次，专是祭礼一门，又正经在前，补编在后，故以
> 《特牲馈食》为经第一，《少牢馈食》为经第二。《郑目录》云："《有
> 司彻》，《少牢》之下篇也"，故并而合之，以为一篇。②

由此可知，杨复把《特牲馈食》《少牢馈食礼》放置于第一篇和第二篇的位置正是遵循了正经在前、补编在后的"通例"，正符合其在《宋嘉定癸未刊仪礼经传通解续祭礼后序》所言的观点。除此之外，杨复在《仪礼经传通解祭礼义例》中还提出了另外一个通例，如下：

> 《礼书》通例，凡说礼之义者，归于后篇。然祭礼纲条宏阔，记
> 博事丛，若以祭义尽归于后篇，则前后断隔，虽相参照，读礼之文不
> 知其义，读礼之义不知有其文。按先师《礼书》，《冠礼》后有《冠
> 义》，《昏礼》后有《昏义》，《乡饮》、《乡射礼》后有《乡饮》、《乡
> 射义》。今亦随类分之，凡传记论郊之义者附于郊，论社之义者附于
> 社，论蜡之义者附于蜡。③

---

① 《宋嘉定癸未刊仪礼经传通解续祭礼后序》//《仪礼经传通解》，第 3418 页。
② 《仪礼经传通解祭礼义例》//《杨复再修仪礼经传通解》，第 7~8 页。
③ 《仪礼经传通解祭礼义例》//《杨复再修仪礼经传通解续卷祭礼》，第 7 页。

此条文献所言"通例"是礼仪在前，礼义在后，但是杨复马上否定了其所概括"通例"的可行性了。杨复之言虽然提出了"通例"所用是《礼书》之称呼，正是《朱子语类》《文集》中所用之称呼，而非《仪礼经传通解》或《仪礼集传集注》之名，当是出于朱子在《通解》尚未定名之前的设想的观念而已，难以成立。反之，其否定"通例"的观点正合杨复自身所言"正经在前，补编在后"的观点，亦与我们本章第一节所言观点《仪礼》为主体，其他材料为补充的观点。

由上述可知，黄榦撰、杨复编次《续祭礼》与杨复《续祭礼》正合"先正经后补编"的通例，即各礼类优先先采用《仪礼》，若《仪礼》没有相应篇章，再采纳其他礼学资料补充完整。因此，黄榦撰、杨复编次《续祭礼》与杨复《续祭礼》亦遵循《通解》朱子编撰部分的体例。

综上所述，三代学者主持编撰《通解》都遵循朱子所订体例，而本章所考察的各种礼学材料之间的关系，正属《通解》编撰体例的主要内容，当可适用于《通解》的非朱子编撰部分。

至于杨复《续祭礼》对朝廷奏议具体处理方式，我们放置于《通解》按语与杨复的礼学思想部分再行详细论述。

第四章

《仪礼经传通解》的按语研究

  《通解》是朱子带领弟子、友人等构成的编撰团队集《仪礼》《礼记》《周礼》及其他礼学资料而编撰完成的大型礼书，属通礼类，正如四库馆臣所言：

>   通礼所陈，亦兼"三礼"。其不得并于"三礼"者，注"三礼"则发明经义。辑通礼则历代之制皆备焉。为例不同，故弗能合为一类也。①

正因通礼是编撰之书，除了前文所述编撰过程、文献思想之外，更直接体现编者思想的是编者按语。又因《通解》的编撰历经朱子、黄榦、杨复三代学者的主编过程，《通解》各部分按语虽非主编者亲自撰写，但是由主编者最后审定则可确定。因此，依据主编者的不同情况，本章分《通解》按语为三个部分，研究各代主编者的学术思想的异同之处。

第一节 朱子按语研究

  目前《通解》的编者按语的专文研究尚处于空白，其主要原因是研究者因自身陈旧观念而未充分重视《通解》的编者按语，可以王贻梁所持观点最为典型。他说：

---

  ① 《四库全书总目》，第 179~180 页。

在《仪礼经传通解》中，略有一些具体条文的注释按语。其中朱熹的按语极少，据我们初步统计，共有二百四十六条，属于校勘说明类的四十八条，属于释义类的一百九十八条。在如此庞大的巨著中仅有一百九十八条释义类按语，当然只能说是极少的。因此，本书在研究朱熹具体礼学见解上的作用确实不是很大，而这也就造成了以往人们忽视此书价值的一个重要原因。但我们既然已经明白了《通解》的真正价值在于整体礼学思想体系，那么也就并不遗憾了。①

王贻梁是上海古籍出版社与安徽教育出版社合作出版的《朱子全书》中《通解》的点校者，使他成为《通解》研究的权威专家，上述观点的影响力甚大。细考其言，王贻梁观点值得商榷，原因有三：其一，《通解》中朱子按语的数量并非只有二百四十六条。据笔者统计，《通解》朱子定稿部分与未定稿部分按语至少达到 1013 条，具体统计依据详见后文。其二，《通解》按语的数量与《通解》篇幅之间的比例关系存在明显疏漏。以上古版《通解》为统计对象，朱子编订稿 23 卷，未定稿 14 卷，总共 37 卷，而《通解》全书 66 卷，看似《通解》朱子定稿与未定稿部分之和占了一半以上，但是据上古版《通解》的实际篇幅可知，《通解》共有四大册，而朱子定稿与未定稿的篇幅才占 34.78%。② 可见朱子按语数量与篇幅的关系并非如王贻梁所言如此少，显示他立论根据存有重大疏漏，而结论"确实不是很大"自然难以成立。其三，王贻梁仅以《通解》按语数量少而论定其不具有研究朱子具体礼仪思想的价值显然属于王氏的主观臆测而已，因为在第二章所用的几条按语的证据力已可证明其礼学价值。

与王贻梁等相反，没有深入《通解》文本研究的学者，却反而高度评价《通解》在朱子礼学思想研究方面的作用及价值，但正如叶纯芳所言："他们讨论的主要根据是朱子的《文集》与《语录》，除了有关篇目结构

---

① 《〈仪礼经传通解〉与朱熹的礼学思想体系》// 《迈入 21 世纪的朱子学：纪念朱熹诞辰 870 周年、逝世 800 周年论文集》，第 291 页。

② 《通解》全书内容部分（包括《篇第目录（序文）》，但扣除非《通解》的固有组成部分，如卷首的《乞修三礼劄子》与朱在跋语及卷末王贻梁整理的附录部分）共有 3387 页，而与朱子有关部分占了 1178 页，当然由于点校者的编排内容的字体大小、校勘语的多寡差异使得精确统计很难做到，我们此处只是据其大体数据而已。参见《仪礼经传通解》，第 11～23 页。

的讨论之外，几乎完全看不到对《仪礼经传通解》具体内容的分析，尽管他们众口一词地认为《仪礼经传通解》是朱熹最重要的礼学著作。"① 正因没有深入研究《通解》的文本导致他们的研究结论虽言之凿凿，却难免有主观臆测之嫌，亦无法改变停滞不前的《通解》研究现状。

正是以上的研究现状迫使我们需要先统计《通解》的编者按语，依据《通解》的文本情况具体研究编者按语，获得朱子的礼学思想。

一 辨析编者按语的统计标准及数量

在统计《通解》按语的数量之前，我们需要先界定《通解》按语的标准。诚然，在《通解》中最具体的编者按语的标志是"今按"或者"今案"，但是在辨认编者具体按语之时却远比其复杂，因为《通解》编撰者并未如现代学者一样逐一标明上述编者按语的标志，而且《通解》成于众手，再加上手民疏误，导致《通解》未标明编者按语标志的词条或语句内容并非少数。并且这些内容往往在《通解》的编撰体系及朱子礼学思想的研究过程中扮演着极其重要的角色，如第二章多次言及的《通解·士冠礼》文末的按语，他们对研究《通解》处理文献的方法及其篇章结构方面均有重要价值。而这条重要按语却偏偏缺少了编者按语的提示词"今案"或"今按"，但是据其内容又可确定其属于编者按语。此条按语内容简单，容易辨认，而《通解》更多复杂之处则需要深入分析方能确定其的性质，这当是王贻梁在统计编者按语时使用"初步统计"的重要原因，显示其用词颇为斟酌，亦可见其结论虽有偏差，但其治学谨严的学风可见一斑。但是正因未做到精细统计的程度，导致他对《通解》编者按语的价值给予过低评价，形成目前学术界忽视《通解》研究的重要原因。要正确评估《通解》按语的价值，我们需要确定哪些内容为编撰者按语，并对其进行精确统计，因此，我们先确定适用于编者按语的标准，主要有两条：一是明确编者按语的标志；二是明确编者按语的内容特征。兹证如下。

明确编者按语的标志是统计《通解》编者按语数量最需要解决的基础课题。但是对于编者按语的标准，我们在《文集》《朱子语类》中未见到朱子的相关论述。因此，我们只能求之于传统的经学或者古典文献对编者

---

① 《杨复再修仪礼经传通解续卷祭礼导言》//《杨复再修仪礼经传通解续卷祭礼》，第 2 页。

按语的解释。《说文解字》段注"按，下也"曰：

> 以手抑之使下也。印部曰："抑者，按也。"①

由此可见"按"一词当由"抑"的意义引申而来。段玉裁注"抑，按也"曰：

> 按当作按印也。浅人删去印字耳。按者，下也。用印必向下按之，故字从反印。《淮南齐俗训》曰："若玺之抑埴，正与之正，倾与之倾。"玺之抑埴即今俗云："以印印泥也。"此抑之本义也。引申之为凡按之称。《内则》："而敬抑搔之。"注曰："抑，按也。"又引申之为凡谦下之称。《宾筵传》曰："抑抑，慎密也。"《假乐传》曰："抑抑，美也。"《抑传》曰："抑抑，密也。"《猗嗟传》曰："抑，美色。"《论语》三用抑字皆转语词，于按下之意相近。……②

由段注可知，"抑，按也"当是"抑，按印也"被错删印字所致，由此导致"抑"与"按"在意义上完全等同，而"抑"之引申义"凡按"也被用于"按"字的引申义上，因此"凡按"之语实乃由"抑"引申而来，也同时表示有"凡谦下"之称。另据《说文解字》段注"案，几属"并无一语涉及其引申之义，且段注"从木，安声"为"乌旰切，十四部"③，而段注"按……从手安声"为"乌旰切，十四部"。④《辞海》对两者的关系更于"案"字条明言："通'按'。手抚；用力压下。"⑤可见"案"与"按"是声韵均同的字，而"凡按之称"则由"抑"之"以印印泥"本义引申而来。

由以上的分析可知，"今按"或者"今案"之意表明：现在凡"按"以下为编撰者或著作者表明自己观点，并有谦虚之意。而《辞海》"按语"

---

① 《说文解字注》，第 598 页。
② 《说文解字注》，第 431 页。
③ 《说文解字注》，第 260~261 页。
④ 《说文解字注》，第 598 页。
⑤ 《辞海·语词分册：音序本》，第 8 页。

条则更为明确其功能："亦作'案语'。编者或作者对文章、词句所添加的评论、说明或考证的话。"① 而此处之"案语"之义正是"案"字的语义之一即"考察；考据；查究"。② 至于在正常的校勘用语中不需要有"今"字，而《通解》中标示编撰者按语的标志用"今"字加以标识，这是因为《通解》引用贾疏或者其他疏语本身就有注疏者的按语。如《冠义》篇引用源自《家语·冠颂》篇"见于母，母拜之；……遂以挚见于乡大夫、乡先生，以成人见也"。孔疏曰："按《仪礼》，庙中冠子，以酒脯奠庙讫……"为了与孔疏加以区分，朱子下按语曰："今按：疏说非，本文正意恐不然也。"③ 正是为了达到区分编撰者按语与原文献注疏者按语的目的，朱子在需要下按语之处基本上均用"今按""今案"。

由以上的辨析可知，编撰者使用"今案"或者"今按"只是为了提示下文观点为编撰者的观点，但不是编撰者按语的必要条件，这可获证于郑玄注三礼的成果。换言之，属于编撰者意见就是按语，但并不仅限于有外在标志之文献。尽管经学史已经表明，有按语外在标志已经属于学术规范，尤其是唐宋时期的经学史业已显示重视外在体例的统一性。因此，朱子当也不例外。

细考《通解》文本，我们看到编撰者的按语大多数有其外在标志，其标志主要有"今按"或"今案"。此外，《通解》还有一个外在标志是"今详"。④ 这三者均是表明编撰者意见的提示词。

但是在确定了其编撰者按语外在标志之后，我们依然无法正常展开准确统计，因为有大量按语由于种种原因而未标明上述三种按语标志，正如本节开头所言《士冠礼》文末编撰者按语虽无外在提示标志，但却在此处显示出编撰者思想。由此言之，单从按语外在标志是难以辨析和统计按语

---

① 《辞海·语词分册：音序本》，第 8 页。
② 《辞海》虽没有"案语"词条，但是在"案"字语义项"考察；考据；查究"所举范例正是"案验；案语"。参见《辞海·语词分册：音序本》，第 8 页。
③ 《仪礼经传通解》，第 72 页。
④ 我们把"今详"部分作为编撰者按语的主要依据是有二：一是《说文解字》的"详"字条"详，审议也。从言，羊声。"段注曰："审，悉也。经传多假借为祥字。又音羊，为详狂字。"由此可知，"详"之字义当为审议、全备之义，由此可知，"今详"则表示"现在审议之后的结论如下"。二是标有"今详"的内容均非原有文献的内容，亦非原文献注疏的固有内容，其内容又主要针对其标注之处原文献的内容或者注疏发表相应看法的内容。参见《说文解字注》，第 92 页。

数量的。因此，我们需要在分析有明确外在提示标志的按语内容基础上，总结编者按语的类型与共同特征，并逐一确定各条内容是否属于编者按语。虽有过于烦琐之嫌，但是鉴于确立编者按语的标准的重要性及《通解》的文本实际情况，我们需要从《通解》体例与内容两方面着手加以辨别以总结按语的普适标准。

通观《通解》全书，其编者按语的外在标志除了以上的"今按""今案""今详"三者之外，尚有处于疏语之后必为编撰者按语的情况。此种情况基本是出现属于《仪礼》固有的篇目中。在《通解》的编撰体例中，先列注文后注音再疏文。但是由于《通解》的文献不仅来源于《仪礼》，还源自《周礼》《礼记》《荀子》《孟子》《史记》《汉书》等多种文献，即使在《仪礼注疏》中贾公彦也不是每处均使用陆德明《经典释文》，其中有陆德明没有注音或者释义之处，而且众多经典文献也并非均有注文或者注音作品，正是这样的缘故，在《通解》中文献没有注文、释音是正常的现象。为此，这一外在标志亦不具有普遍的应用价值。

与此同时，前文已言"按语"是"编者或作者对文章、词句所添加的评论、说明或考证的话"。而我们核实于具有《通解》外在提示标志的按语内容，可知按语当属于编撰者自身对文章、词句所作的评论、说明或考证的内容。即只要属于编撰者自身观点即可归入按语内容。除了上文具有提示词"今按""今案""今详"标志的众多按语内容外，还可于同一类型用法中有提示词与无提示词内容之间的比较入手获证。兹补证如下。

在《仪礼》中，可以按照先注正文音，再注文，再注释注文里的音，再疏文，最后为编者按语。而源自其他文献的典籍则不再如此简单，而是需要加以区分为多种情况，比如文本的考订。《冠义》中对源自《孔子家语·冠颂》篇的文献与《仪礼》文末记文，以及《礼记·郊特牲》《大戴礼·公冠》有考订文本情况，编者于此文末下按语曰："今按：此章与《仪礼》后记、《郊特牲》、《公冠》篇多同，今从其长者。"[1]而在实际的文本校订过程中，朱子非常完善地做了对校工作，并在各异文之下均有按语，并明确标示"今按"。但是与《冠义》有相同情况的是《保傅》篇。

---

① 此处王贻梁点校时没有在《公冠》下加篇名标示号，书名号为笔者添加。参见《仪礼经传通解》，第 76 页。

朱子在《篇第目录（序文）》中说：

> 汉昭帝诏曰："通保傅传"，文颖以为贾谊所作，即此篇也。今在《大戴礼》为第四十八篇，其词与谊本传疏语正合。其言教大子、辅少主之道至详悉而极恳切矣，故自当时即以列于《孝经》、《论语》、《尚书》之等而进之于君，盖已有识其言之要者矣。后之君子、有爱君忧国之深虑者，其可以不之省哉？①

此中所言"谊本传"指《汉书·贾谊传》。朱子明确言及《大戴礼》与《汉书》均收录《保傅》篇，但在《通解》中却没有如《冠义》篇把对校的结论标明提示词，如"夏为天子十有余世而殷受之"朱子下按语曰："《大戴礼》无此十二字。夏为天子十七世。"② 此种情况在《保傅篇》中甚多，如"《大戴》不作非""《大戴》'三代'作'殷周'，无'之君'二字"等。在《冠义》篇中对版本差异有明确的按语标志，《保傅》篇却无关于版本差异的按语标志，那么认定《保傅》篇中版本校语非编者按语，则纯属武断。因为核对《通解》与《大戴礼》《汉书·贾谊传》之后可确定，这些校勘语正是《通解》编撰者的校勘内容，而非由《大戴礼》《汉书·贾谊传》的原文献或者注疏之语的校勘内容。

据"按语"的定义可知，不管是《冠义》文末"今按：此章与《仪礼》后记、《郊特牲》、《公冠》篇多同，今从其长者"，还是《保傅》篇的文献校勘用语，两者都代表了编撰者的主体思想和研究成果，两者均属编撰者按语。

至于朱子为何对此类按语不加提示标志？由于文献不足，我们只能付之阙如了。虽然朱子未言及此类按语的特征，但是仔细分析这类按语，可知他们在《通解》中有明确的位置特征，即此类按语位于经文之下，注疏

---

① 《篇第目录》∥《仪礼经传通解》，第 39 页。
② 王贻梁把"《大戴礼》无此十二字"与"夏为天子十七世"用分隔符隔开，表明前者为朱子校勘语，后者为注文。但是这明显是没有细考《汉书·贾谊传》所导致的错误。因朱子已确认"夏为天子十有余世而殷受之"出自《汉书·贾谊传》，而我们细考《汉书·贾谊传》并无注语"夏为天子十七世"，则我们可以断定"夏为天子十七世"为朱子按语。故我们以"《大戴礼》无此十二字。夏为天子十七世"均作为朱子按语来处理。参见《仪礼经传通解》，第 586 页；《汉书》，第 2248 页。

语词之前。此外，我们求之于诸经郑玄注也无提示词，可视其为先例。后世学者为了区分自己观点与前辈学者观点，外在提示词亦应运而生，但这不能作为确定编撰者按语的标准。

因此，编者按语一般当有"今按""今案"等提示词，但是他们仅属于编撰者按语的外在标识而已，不能当作识别编撰者按语的标准。识别编者按语最重要的依据当是文献内容，即属于编者或作者对文章、词句所添加的评论、说明或考证的内容。

明确了编者按语的界定标准，我们就能着手统计《通解》编者按语的数量。虽然精确统计《通解》的编者按语数量对《通解》研究意义不大，但正如前文所言，王贻梁因未确定按语标准而初步统计其按语为246处，低估了这些按语的重要价值，影响了当前学术界忽视《通解》价值的研究现状。因此我们依据上述编者按语的界定标准进行具体统计获悉，《通解》朱子编订稿及未定稿部分的按语共有1013处。① 由此可见，《通解》朱子按语的数量非常可观，为下文的按语分类及其内在价值的论述提供了基础文献依据。

二　《通解》按语分类：多种按语呈现丰富多彩的内容

正如前文所述，获得《通解》朱子按语的数量，仅能确定其数量规模。又据编者按语的界定标准可知，只要是反映编者所思所想的内容均属于编者的按语，故其文本复杂程度绝不亚于《通解》处理文献材料的方法。因此，在研究《通解》按语价值之前，我们先据《通解》按语的内容进行归类，主要有以下几种类型。

（1）版本校勘

考察《通解》朱子编撰部分，版本校勘用语当是起到确定文本的作用。此用法最为典型的地方，当属于具有多种文献共同记载相同或者相似文献之处。前述《冠义》篇所引《家语·冠颂》篇和《保傅》篇的按语

---

① 这1013处按语包括了《篇第目录（序题）》的九条按语，而因为《大学》《中庸》两篇均是全文引用其《四书章句集注》中的注解，所以笔者并没有对这两篇文献中属于朱子本人观点部分作为按语来使用，而是把其当作注释者朱子的本人意愿，因此，不再计入《通解》的按语范畴，特此说明。参见《仪礼架构通解》，第544～585页；《四书章句集注》，第3～40页。

也以校勘语居多。① 详见本节第一部分。《月令》篇的编者按语数量占到了《通解》朱子编撰部分所有按语的五成多。② 经笔者统计，在众多的编者按语中，明确标有"今按"提示词仅有三处，其中一处并非是文献校勘按语。③ 仅以《月令》的校勘按语数量，我们就可确证属于校勘类的按语当属《通解》编者按语最重要的类别。另外，《篇第目录》只从《序题》到《践阼》，未涉及《月令》篇，但是统计《月令》校勘按语可知，朱子在对校时涉及文献有《淮南子·时则训》篇、唐抄本、吕氏刻本，由此可以确证《通解·月令》所用底本当是宋监本，而由此底本的选择也反映了朱子的文献学思想，当是校勘类按语的重要功能之一。

综合以上三篇文献的校勘情况，我们获知朱子编撰思想的主要内容如下。

一是在编撰过程中，朱子着力于考订礼学资料，确定礼学文献，确立学习、研究礼仪的文献基础。例如：在《冠义》《保傅》《月令》中均存在内容相同或者相似的多种文献，但这些文献又存在大量异文情况，而朱子在编撰过程中则以文义为长的标准进行版本对校，确定礼学文献。

二是在校勘文献中，朱子使用按语提示语的频率呈现逐渐下降的趋势。从《冠义》的逐条标注按语提示语，到《保傅》篇的提示词只占本篇所有按语的一半左右，而《月令》篇的按语提示词仅有寥寥的三处而已。针对这种现象，笔者考察《通解》朱子编撰部分发现，标注提示词与没有提示词的校勘用语之间的内容当存有两种原因：第一，从《通解》编撰体例方面来看，《冠义》是《通解》的第二篇，属于家礼一之下，又是礼义的第一篇内容。由前文《通解》编撰队伍情况可知，《通解》的编撰体例由朱子确定，经黄榦传达于诸多参编者。这个过程意味着朱子先要有《通

① 《通解·保傅》共有 56 处按语，占总按语数的 5.5%，其中有 1 处辨析礼仪，即第 588 页"按，下文云'失度则史书之工诵之'"条，有两处属于辨礼义的内容，即第 589 页"此文《汉书》为是"条和第 591 页"行虽有死而不能相为者"条，其他 52 处均属于校勘内容。参见《仪礼经传通解》，第 586~602 页。

② 《通解·月令》篇共有按语 565 处，占比达到了 55.77%，其中属于辨礼义的内容只有一处，即仲夏之月"君子斋戒，处必掩身，毋躁。"下的按语"今按：止声色，盖亦处必掩身毋躁之义"云云，并无其他类别的按语，我们在此可知校勘用语当属《通解》朱子编订稿及未定稿部分的大宗。参见《通解》，第 936 页。

③ 笔者遍检《通解·月令》，明确下按语之处共有三处，分别是 932、935、936 页，其中936 页的按语属于辨析礼义内容。参见《仪礼经传通解》，第 932、935、936 页。

解》的单篇成品作为实例，成为参编者的参考样板，故《冠义》做得最为详细以达到释例之效果。第二，从编者按语的定义来看，提示词的功能主要起到明确编者或者作者对文章、词句所添加的评论、说明或考证的内容，而提示词并非编者按语的必要组成部分，因此，只要读者能够清楚辨析编者或者作者的按语内容，就无须添加按语提示词，具体论证过程可见前文辨析按语提示词部分。与此相同，《通解》由《冠义》的逐条下按语提示词，到《保傅》的一半按语有提示词，已经能让读者养成识别编者按语内容的习惯，无须再次下编者按语提示词。第三，因为前面两点原因，《通解》全书本该严格按照《冠义》进行编撰，但是书成于众手，各地编者虽具有前文所述治学严谨等特征，但是难免烙下各地学风的印记，执行学术规范标准的宽严不一致，[①] 况且编者按语提示词本非按语内容的必需部分，未影响学术效果，故编者没有逐一标识按语提示词。另外，《月令》属于《仪礼集传集注》，正如朱在所言："其曰《集传集注》者，此书之旧名也，凡十四卷，为《王朝礼》，而卜筮篇亦缺，余则先君所草定而未暇改者也。今皆不敢有所增益，悉从其稿。"[②] 因此，现存《月令》篇为草稿，尚未经过朱子核对校订的过程，故出现没有严格按照《冠义》等设定的编撰体例。

三是朱子确定礼学文献文本情况的过程中，以保留礼学文本资料和确定文本文字两者相结合的形式处理存有异文的各种礼学资料。此种对校方法为后世的清儒所继承和发展，我们将在后文《通解》的后世影响部分再详述。

（2）考辨注疏

前人研究郑注贾疏等文献在《通解》中的地位喜以朱子对郑注、贾疏的处理方法来讨论朱子的礼学与文献学思想，[③] 但是仅局限于考察朱子对

---

① 《答应仁仲》曰："《礼书》，方了得《聘礼》已前，已送致道，令与四明一二朋友抄节疏义附入，计必转呈，有未安者，幸早见教，尚及改也。《觐礼》以后，黄婿携去庐陵，与江右一二朋友成之，尚未送来，计亦草稿矣。"此条文献显示，《聘礼》以前的内容已由朱子校订，而参与其事者当是闽地学者群，而《觐礼》则由江西庐陵的学者群完成，而江西的学风以陆氏兄弟学风为典型特征，难免有较为粗疏之处，故有上述差别。参见《晦庵先生朱文公文集》，第2550页。

② 《仪礼经传通解》，第26页。

③ 此当以孙致文《朱熹〈仪礼经传通解〉研究》最为详细，如孙致文专列一节《〈通解〉对〈注〉、〈疏〉的批评》即是以郑注贾疏为批评研究的对象。参见《朱熹〈仪礼经传通解〉研究》，第111~119页。

注疏的处理方法并不能掌握朱子处理注疏的总体原则。为此，笔者将就《通解》处理注疏的总体原则作全面梳理。

朱子处理文献的注疏原则，服务于《通解》的编撰目的，即朱子编撰《通解》的目的是使习礼者获得权威文本，为现实的礼学活动提供指南。详见第二章。正因如此，《通解》在处理礼学资料的注疏时，摒除门户之见，着力疏解原文献意义不明之处，而非追求全面完整的解释礼仪。《士冠礼》杀章有按语曰：

> 初谓上章之始醮也。上章及此三醮两节，但皆摄酒唶俎为异，而其他皆如初，则祭已在其中矣，故注于上章三醮初不改字，于此盖误改之，疏又妄为之说，皆非也。但上章之俎无肺，而此有肺，故又特言所唶者肺，而不嫌于复出，则此唶字当从本文为是。陆氏亦云唶读如字。唶肺，释上唶之为唶肺也，凡言之法多此类。①

细考此处按语可知，朱子否定了郑注贾疏的内容，其依据正是郑玄注文在删改文字方面出现前后矛盾之处，而贾疏则是"又妄为之说"即卫护郑注的观点，不细辨其是非，存有疏不破注的盲从思想。因此，朱子断定"当从本文为是"。但是我们却不能够简单地以朱子批评郑注贾疏之误视为宋学与汉唐经学之间的门户之见，原因有二：通观《通解》源自《仪礼》的文献，朱子虽对郑注贾疏有所择取剪裁，但是采纳郑注贾疏的篇幅远大于宋代经学家的注疏内容，则朱子对郑注贾疏的推崇之意，可见一斑，此其一。朱子并非单凭一己之见来评判文献的注疏内容，而是着眼于注疏内容本身所属的经学体系，如上文的判断改字正误与否主要依据的正是《仪礼》文本的注疏前后之间的内在矛盾之处，此其二。

如果说上文的按语尚属于纯文献的考证问题，尚未涉及礼仪问题，那么《士昏礼》纳采章的按语则可补上述不足。其言曰：

> "下达"之说，注、疏迂滞不通，陆氏说为近是。盖大夫执雁，士执雉，而士昏下达纳采用雁，如大夫乘墨车，士乘栈车，而士昏亲

---

① 《仪礼经传通解》，第 68～69 页。

迎乘墨车也。注、疏知乘墨车为摄盛，而不知"下达"二字本为用雁而发，言自士以下至于庶人皆得用雁，亦摄盛之意也。盖既许摄盛，则虽庶人不得用匹。又昏礼挚不用死，故不得不越雉而用雁尔。今注、疏既失其旨，陆于下达之义虽近得之，然不知其与用雁通为一义，则亦未为尽善也。①

与上一例子相同，朱子也否定了郑注与贾疏的内容。与之不同，朱子所用于否定郑注、贾疏之义的依据，不再是简单的文字之义，而是用礼例，即大夫执雁，士执雉，为"摄盛"之变礼。这个论证过程显然由上一例子的普通学术方法进入了礼学领域特有的证明方式了。当然，朱子此处论证过程仅用一个礼例，即在士昏礼中，士乘墨车为摄盛之礼仪，仅以一例来解释此处士纳采用雁，稍嫌勉强。但是细考郑注、贾疏疏解《士昏礼》时已使用此方法，则可以消除我们上述顾虑，如《仪礼》卷四："主人爵弁，纁裳，缁袘。从者毕玄端，乘墨车。从车二乘。执烛前马。"郑注云："墨车，漆车，士而乘墨车，摄盛也。"②郑注只对士所乘之车有摄盛之言，而贾疏则发挥郑注的注释方法，把摄盛之法扩大到关于士的多方面内容，如士所穿着的服装。③由此可见朱子使用郑注贾疏之摄盛法礼例来解此处文献符合汉唐经学传统，当可成立。

至于考辨源自其他典籍的礼学资料的注疏之法，均与上述方法别无二致，不再赘述。

（3）编撰体例

《通解》属于通礼，依据朱子礼学思想汇集各种资料编撰而成，这决定了《通解》的编撰体例承载了编撰者的思想，而编者按语正是其最直接的载体。因此，我们先从宏观层面考察《通解》编撰体例，再从微观层面

---

① 《仪礼经传通解》，第 83~84 页。

② 《仪礼注疏》，第 102~103 页。

③ "郑注《周礼·弁师》云：'一命之大夫，冕而无旒。士变冕为爵弁'，故云'冕之次'也。云'大夫以上亲迎冕服'者，士家自祭服玄端，助祭用爵弁，今爵弁用助祭之服亲迎，一为摄盛。则卿大夫朝服以自祭，助祭用玄冕，亲迎亦当玄冕摄盛也。……"贾公彦在此不仅对士所乘之车为摄盛之法，而且把此方法扩大到士所着服装方面，而且由士着大夫之服为摄盛，也扩大到卿大夫着诸侯之服等，可见贾公彦使用郑玄之礼例来解具体礼例。参见《仪礼注疏》，第 103 页。

考察朱子在《通解》中所呈现的礼学思想。

从宏观层面看，按语起到连接各篇章关系的功能。因后文将系统研究按语价值，现仅举一例以说明其类型。《通解·士冠礼》戒宾章的辞部分有按语曰：

> 诸辞本总见经后，故疏云尔。今悉分附本章之左，以从简便。①

此条按语是编者对源自《仪礼》文献资料调整结构的说明，起到了连接各篇文献内在各章内容的作用，梳理原文献与《通解》文本差异情况。

从微观层面看，按语是朱子注重礼例思想的主要载体，在体例上则呈现节省篇幅的客观作用。因下文将系统考察此按语价值，仅举一例。《通解·冠义》有按语曰：

> 此篇所引礼文皆见于前篇，注疏已具，今不复出，后篇放此。②

此处按语是朱子对《冠义》开篇文献的注脚。我们不奈其烦地选择此处按语，主要原因有三：第一，此处是朱子说明《通解》全书相同注疏不再详引的体例，这是微观考察《通解》按语最重要功能；第二，此处按语提示其礼学思想——构筑新礼例，即由于朱子对各处相同的礼仪或者注释进行了索引，在经学方面形成了新礼例。详见下文。第三，此处按语在结构方面最重要的功能在于为全书节省了大量篇幅，又达到重复注释的功能。下文将会再次系统研究朱子注重礼例的思想，故本部分仅对《通解》在微观方面的作用做一举例说明而已。

（4）辨析礼仪

除了上文的版本校勘、注疏辨析、编撰体例三种类型之外，更有价值且被学者忽视的是《通解》辨析礼仪类型的按语，如上一章对《左传》关于公子迎娶礼仪的按语就是辨析礼仪的内容，即"今按：此说与《仪礼》及《白虎通义》不同，疑《左氏》不足信，或所据当时之俗礼而言，非先

---

① 《仪礼经传通解》，第46页。
② 《仪礼经传通解》，第72页。

王之正法也"①。这就是通过按语考辨具体礼仪内容，而非简单辨别注疏之文而已。至于具体价值，留待下文再详细考论。

三 编者按语价值考论：实用性与完整性结合的典范

由前述按语分类可知，编者按语蕴含极其丰富的内容，承载着朱子礼学思想。因此，我们将以《通解》的编者按语为研究对象，探究其功能，挖掘隐藏于《通解》中的朱子礼学思想。

第一，通过编者按语，在说明文献编撰方法之外更是完善礼仪的完整性，强化礼学文献的典范作用。

第二章已详细检讨了诸文献的经、记、传的地位问题，已涉及按语，只是着眼点在引用按语来说明朱子使用材料的方法，尚未专门论述其在补充礼仪方面的重要功能而已，故我们就此再次深入检讨，更全面考察朱子按语的具体作用。《通解》载：

> 今按：诸辞本总见经后，故疏云尔。今悉分附本章之左，以从简便。②

此文是朱子首次移动《仪礼》文末礼辞于各章正文之下时的按语，说明了其移动礼辞的处理方法与直接目的。但是通观全文，我们发现朱子并未明言其移动礼辞的深层目的，即补充礼仪的完整性。这绝非我们臆测朱子编撰方法的内在目的，而是由朱子处理此类语辞的情况获得的结论。此处按语所针对的内容是戒宾章的辞部分。由"戒宾曰……宾对曰……主人曰……宾对曰……"等提示语可知，这些内容正是戒宾章中践行礼仪过程的相关人物的对答语辞，本是完整礼仪的不可或缺部分，有助于弥合礼学文献碎片化的文本形态，还原礼辞在礼仪中的原有位置，真正实现了礼仪的完整性，也奠定了礼学文本的典范作用。

如果说礼辞本是《仪礼》的内容，也是《仪礼》的固有作用，呈现的是朱子重在说明编撰方法的主观意识，难以确定其补充礼仪完整性及礼学

---

① 《仪礼经传通解》，第128页。
② 《仪礼经传通解》，第46页。

文本的典范性出自编撰者的主观意识。那么专门用于补充礼仪的按语则更能突显礼仪的完整性的功能。《通解·士冠礼》载：

> 今按：前已广戒众宾，此又择其贤者筮之，吉则宿之以为正宾，不吉则仍为众宾，不嫌于预戒也。①

此文是朱子于筮宾章所下按语。单看此条按语实难获知其重要性，故我们置其于具体语境。筮宾章的经文只有"前期三日，筮宾，如求日之仪。"②而郑注强调"贤者恒吉"，③贾疏则曲折卫护郑注不足，而言"凡取人之法，宜先筮之，今以其贤恒自吉，故先戒而后筮。然既知其贤，又必筮之者，取其慎重冠礼事，故郑取《冠义》为证"。④由此可知，郑注强调了蓍草的神奇性，忽视了蓍草占筮过程的内在变化，而直言贤者恒吉，失去礼仪实行过程的必要性，而贾疏不明郑注的内在逻辑，强解先戒后筮的情况，而朱子按语则依据经文所言筮法的特征，消除了郑注贾疏的强解之义。《周易本义》载：

> 开物成务，谓使人卜筮以知吉凶而成事业。冒天下之道，谓卦爻既设，而天下之道皆在其中。⑤

又曰：

> 神物，谓蓍龟。湛然纯一之谓斋，肃然警惕之谓戒。明天道，故知神物之可兴；察民故，故知其用之不可不有以开其先，是以作为卜筮以教人，而于此焉。斋戒以考其占，使其心神明不测，如鬼神之能知来也。⑥

---

① 《仪礼经传通解》，第 47 页。
② 《仪礼经传通解》，第 46 页。
③ 《仪礼经传通解》，第 47 页。
④ 《仪礼经传通解》，第 47 页。
⑤ 《周易本义》，第 239 页。
⑥ 《周易本义》，第 239 ~ 240 页。

以上两处是朱子解释《周易·系辞上传》第十一章经文，第一处强调卜筮的功用，第二处强调卜筮结果的变化性与不可测性，即通过斋戒而达到"其心神明不测"，有如鬼神预知未来之能力。朱子遵照卜筮基本原则，还原卜筮预测情形，并未单纯以《周易》来解礼文，仅是呈现当时用蓍草卜筮的情形，这于《仪礼》中可以获知。《仪礼》中用筮的情况最多的是卜日。贾疏《士冠礼》"若不吉，则筮远日，如初仪"曰：

> 《曲礼》："吉事先近日"，此冠礼是吉事，故先筮近日；不吉，乃更筮远日。是上旬不吉，乃更筮中旬，又不吉，乃更筮下旬。云："如初仪"者，自"筮于庙门"已下，至"告吉"是也。①

贾公彦已经明言《士冠礼》筮日过程中可能出现的多种变化情形。为了更全面反映筮日的变化情形，贾公彦在疏解郑注"远日旬之外"时更是针对筮日过程中所涉及的时间做了系统的阐述，其言曰：

> 《曲礼》云："旬之内曰近某日，旬之外曰远某日。"彼据吉礼而言。"旬之内曰近某日"，据士礼旬内筮，故云"近某日"，是以特牲"旬内筮日"是也。"旬之外曰远某日"者，据大夫以上礼旬外筮，故言"远某日"，是以《少牢》"筮旬有一日"是也。案：《少牢》云："若不吉，则及远日，又筮日，如初"，郑注云："及，至也，远日后丁若后巳。"言至远日，又筮日，如初，明不并筮。则前月卜来月之上旬；上旬不吉，至上旬又筮中旬；中旬不吉，至中旬又筮下旬，下旬不吉则止，不祭祀也。若然，《特牲》不言"及"，则可上旬之内筮，不吉，则预筮中旬，中旬不吉，又预筮下旬，又不吉则止。②

贾公彦仅就《士冠礼》来解筮日礼仪，但是此疏内容已言及属于士礼的《特牲馈食礼》，属于大夫礼的《少牢馈食礼》，包括了士礼和大夫礼筮日

---

① 《仪礼注疏》，第13页。
② "下旬不吉，则止，不祭祀也"句，上海古籍出版社点校本原文"下旬不吉，则止不祭祀也"意义不明。现据后文"又不吉则止"之意而改。参见《仪礼注疏》，第13页。

的所有原则。此处贾疏可视为《仪礼》现存篇目筮日情形的系统总结，即士礼与大夫礼之间的差别仅在于筮日远近及顺序而已，两者的内在核心精神是一致的，正如《礼记·曲礼上》所言："丧事先远日，吉事先近日。"郑注云：

> 孝子之心。丧事，葬与练、祥也。吉事，祭、祀、冠、取之属也。①

可见吉事包括祭祀、冠礼、婚礼三种。上文贾疏《士冠礼》所言虽属士冠礼，大夫无冠礼，但是大夫有祭礼和婚礼，贾疏所举《少牢》正是大夫之祭礼，亦属吉事，故遵循先近日原则。

正是蓍草筮日有诸多变化情形，那么筮宾当然也存在相似的变化情况。为此，朱子并不回避先戒后筮的礼仪程序，因为不能够担任冠礼主宾，也可以担任众宾，经过多次筮宾之后，定可实现郑注所言"贤者恒吉"的结果，由此朱子深得《仪礼》经文及郑注精髓，比贾公彦疏稍胜一筹。

前面两例已经详细辨析了礼仪的具体流程，但是在礼仪程序之外，还需要有具体的礼制才能够确保顺利施行礼仪。朱子按语就多处用于说明礼仪场所人物、用品等场景内容。现举例如下：

> 今详：赞者西面，则负东墉，而在将冠者之东矣。②

此按语位于《士冠礼》迎宾章之下，补充说明郑注贾疏所言赞礼者的方位问题。经文言："赞者盥于洗西，升，立于房中，西面，南上。"③ 郑注云："盥于洗西，由宾阶升也。立于房中，近其事也。南上，尊于主人之赞者。"④ 贾疏则针对郑注展开详述而已，但是郑注与贾疏忽视了士冠礼以将冠者作为整个冠礼活动的主角。如果仅以洗水之处为方位，会使行冠礼的过程忽视了整个礼仪活动的中心位置，与郑注所云"近其事"也不一

---

① 《礼记正义》，第117页。
② 《仪礼经传通解》，第56页。
③ 《仪礼经传通解》，第56页。
④ 《仪礼经传通解》，第56页。

致。另外，如果没有把赞者与将冠者之间的相对位置明确提出，易使整个礼仪的行礼过程容易出现混乱。因为陈器服章明言：

夙兴，设洗直于东荣，南北以堂深，水在洗东。①

据郑注云"荣，屋翼也"②和贾疏"荣，即今之搏风。谓之荣者，言与屋为荣饰。又言翼者，与屋为翅翼也"③，承接盥洗弃水的洗器大致位于正堂偏东的位置，但是我们无法从郑注获知洗器的确切位置，而此物又是行礼过程中所涉诸物的参照系，必然加大整个冠礼的操作过程，导致整个礼仪的可行性与实用性不强。在按语中，朱子明确了赞者与冠者的位置，可以明确赞者与洗的相对位置，还可确定始加章"将冠者出房，南面"。④具体位置，最终确定洗水器、赞者、将冠者之间的位置。朱子补充注疏不备的礼制内容，明确了礼仪场景的各项内容，确立了礼仪施行过程中的各人与物之间的关系，使礼仪具备更强可操作性。至于上述按语所呈现的礼图特征对杨复《仪礼图》创作的影响，留待后文详述。

第二，通过编者按语，指示相同或者相似的注疏于同一处，形成新礼例，促成《通解》繁简分明的篇章格局。

据前文辨析可知，按语呈现编撰者对文献的个人主观意图。为了全面剖析朱子通过按语达到设置新礼例的效果，我们选择两个源自不同类型文献的例子，主要居于以下两点：一是利用固有礼学文献，形成新的礼例；一是采集与礼学有关材料形成构成新礼学文献，形成新礼例。两者来源于不同文献类型，更足以说明朱子以按语为桥梁实现树立礼例的目的。

《乡射礼》原是《仪礼》十七篇之一，被纳入《通解》之时，基本保留了经文原状，记文则被多处拆解，这种编撰方法已见前文，不再赘述。朱子如何通过按语形成新礼例，才是本部分重点解决的问题。兹论如下。

《通解·乡射礼》献众宾章有言："主人西南面三拜众宾，众宾皆答一拜"，朱子采纳郑注贾疏后，特下按语曰：

---

① 《仪礼经传通解》，第48页。
② 《仪礼经传通解》，第48页。
③ 《仪礼经传通解》，第48页。
④ 《仪礼经传通解》，第56页。

今按：众宾答一拜，说见上篇。①

此处按语和辨析注疏礼仪的按语有很大差异，主要呈现两方面情况：第一，指向不同。此处按语所针对的内容虽是"众宾答一拜"，但是其指向的内容却非献众宾章的郑注与贾疏，也非《乡射礼》经文，而是其"上篇"。第二，繁简与层次差异。此处按语仅列简短索引，并无具体内容，但是其指向之处涵盖的内容又远大于辨析具体礼仪内容。换言之，此按语建立在以上辨析具体礼仪内容基础之上的内容。明确上述差别后，我们再具体分析上引按语，才能够获得朱子如何以按语为手段形成新礼例。

细考《通解》可知，《乡射礼》的上篇是《乡饮酒义》，无一字言及"众宾答一拜"之事，那么此处所言的"上篇"所指哪篇呢？这是我们考察文献之前需要先解决的问题，其原因有三：第一，有助于快速找到文献。第二，有助于精确定位"众宾答一拜"的解释。第三，有助于为全书所言"上篇"下限定之辞。但是朱子在其他文献并无与此处"上篇"相关说法，故我们只能通过排除法来查找其具体内涵。兹述如下。

第一，"上篇"是指前文所言之《通解·乡饮酒义》，因为其在《通解》中处于《乡射礼》前面一篇，但是由上文可知，并无"众宾答一拜"相关内容。第二，"上篇"是指《乡射礼》在《仪礼》中的上篇即《乡饮酒礼》，我们就在《仪礼·乡饮酒礼》中找到了"众宾皆答一拜"的经文。第三，"上篇"当是指由《通解》礼类的上篇而言。《乡射礼》在《通解》中属"乡礼四之上"，那么其礼类的上篇则是乡礼三。乡礼三有上下两文献，其乡礼三之下正好是我们第一条所查找之文献《乡饮酒义》，而乡礼三之上则是《乡饮酒礼》，我们在《通解·乡饮酒礼》找到了"众宾皆答一拜"之文。

由上述查找过程可知，"上篇"不是指《通解·乡饮酒义》当可确定，无须考辨了。那么"上篇"指《仪礼·乡饮酒礼》还是指《通解·乡饮酒礼》则尚未可知，仍需加以辨别。首先，从《通解》的编撰目的来看，朱子在《乞修三礼劄子》中已明言为后世制作礼仪提供范本，这决定了

---

① 《仪礼经传通解》，第 323 页。

《通解》当属一个自足的文献系统，无须再次参考《仪礼注疏》等文献。其次，从文本内容来看，比较《通解·乡饮酒礼》与《仪礼·乡饮酒礼》两篇文献的注疏等相关内容可知，《通解》与《仪礼注疏》虽然经文相同，但是两者存在一个非常重要的差异，即《通解》在经文"众宾皆答一拜"的注疏之后有一按语曰：

> 今按：此疏云：众宾各得诸人一拜，主人亦遍得一拜。《乡射》疏又云："众宾无问多少，止为三拜，是示遍也。"然则主人之拜众宾，不能一一拜之，但为三拜以示遍，而众宾之长者三人各答一拜也。然经及注疏但言众宾一拜，而无三人之文，未详其说。《乡射》放此。①

此按语比较分析《仪礼·乡饮酒礼》与《仪礼·乡射礼》的内容。所谓"经及注疏但言众宾一拜，而无三人之文"当属朱子未通观全文就下的按语，因为其按语之下就有经文"主人揖升……众宾之长升拜受者三人"。②虽然朱子的辨析有误，但是这不影响我们分析"上篇"是指《通解·乡饮酒礼》还是《仪礼·乡饮酒礼》的问题，因为上述按语"《乡射》放此"已指明了《乡射》篇的辨析内容与此相同，而前文"今按：众宾答一拜，说见上篇"正好在《乡射》篇，两者构成前后呼应的关系，因此"上篇"所指内容定非《仪礼·乡饮酒礼》，而是《通解·乡饮酒礼》，当可定谳。第三，在篇章用语方面，"上篇"属《通解·乡饮酒礼》。上引《通解·乡饮酒礼》的按语"《乡射》放此"提示后文《通解·乡射礼》"众宾皆答一拜"的内容，又据前面第二点的考证方法确定了《乡射》并非《仪礼·乡射》，而是指《通解·乡射》篇，那么两者前后呼应，若合符节。综合以上三点可定此"上篇"当指礼类之上篇，即此"上篇"指《通解·乡饮酒礼》。

确定了"上篇"指《通解·乡饮酒礼》之后，那么按语"众宾皆答一拜，说见上篇"所起到的作用就有了具体分析的基础。前文已多次论及此类型的按语在篇章结构方面的作用，为免重复，本处单就按语在礼学方

---

① 《仪礼经传通解》，第 278 页。
② 《仪礼经传通解》，第 278 页。

面的作用入手分析其礼学功能。兹述如下。

按语"众宾皆答一拜，说见上篇"出现的地方是《通解·乡射礼》献众宾章，其经文："主人西南面三拜众宾，众宾皆答一拜。"所引注疏已经是朱子删略后的内容，但为便于比较分析，我们再引如下。

> 三拜，示遍也。一拜，不备礼也。献宾毕，乃与众宾拜，敬不能并。疏曰："众宾"，无问多少，止为三拜而已，是示遍也。众宾人皆一拜，是不备礼，此亦答大夫拜法。若答士拜，则亦再拜，见于《特牲》也。云："献宾毕乃与众宾拜"者，自尔来唯与宾拜，未与众宾拜，今始拜之，故云"敬不能并"。①

此处没有标示"注曰"的内容当为郑注，有"疏曰"提示语的内容则属贾疏。比较《仪礼·乡射礼》可知，此处全部保留了郑注，而贾疏仅删去"三拜，示遍也者"，其他完全一致。因此，单从此处内容来看，编者并没有必要下按语"众宾答一拜"，因为郑注与贾疏并未有矛盾之处，而且和《乡饮酒礼》亦无实质性差别。可见，朱子下此按语并非为了辨析郑注贾疏，而是为了强化"众宾皆答一拜"已属礼学的通例。此外，这个通例并非是指郑注与贾疏的原始内容，而是由朱子剪裁郑注贾疏及其辨别礼仪的按语构成，那么"众宾答一拜"礼仪依据《乡饮酒礼》的注释内容当为通礼。在《乡饮酒礼》的按语中亦可见到"《乡射》放此"之语，前后照应，由此形成了礼例的通用性特征。

以上内容源自《仪礼》固有篇章，虽然《通解》的编撰设想与编撰成果存有许多差异，但是在四礼中，仅有《仪礼》被全部采纳入《通解》，可证朱子对《仪礼》的重视程度当为固有礼学文献之首位。至于采集涉及礼学有关文献形成新篇章，在《篇第目录》中可见其大体内容。如《五宗》就属通过采纳相关文献形成新篇章，朱子曰：

> 古无此篇，今取《小戴昏义》、《哀公问》、《文王世子》、《内则》篇及《周礼》、《大戴礼》、《春秋》内外传、《孟子》、《书大传》、

---

① 《仪礼经传通解》，第323页。

《新序》、《列女传》、《前汉书》、贾谊《新书》、《孔丛子》之言人君内治之法者，创为此记，以补经阙。①

与此相同或者相似的尚有《学制》《学义》《臣礼》《钟律》《钟律义》《诗乐》《礼乐记》《书数》，而考察《通解》内容，则尚有《诸侯相朝礼》以及除《觐礼》外的王朝礼各篇。这些内容所占篇幅比例甚大，第二章已分门别类地详细考察，其重要性自不用多言。为此，我们将以这些篇章为考察对象，通过按语研究朱子构建礼例及其运用情况。

《学制》法制名号之略章有两处按语属于创制礼例之类，分别如下：

> 按：入学之年，诸说不同，见后《保傅篇》注。②

又说：

> 此一节详见《五学篇》。③

这两处不是说明同一文献，但是除了解说法制名号之略章的相关制度之外，两者都把索引内容放置于后篇，而非前文所举按语都是指代或指向前篇的内容，有助于考察朱子编撰《通解》时的礼例思想，这正是本部分的主旨。兹证如下。

前者是针对小学、大学入学年龄的差异，属于制度层面的内容，其内容出自《尚书大传》。为了梳理此条内容，我们先梳理此处按语的具体内容和所指《保傅篇》注的内容。我们按图索骥查找《通解·保傅篇》注文可知，上引按语所言内容是指注解《大戴礼记》"古者王子年八岁而出就外舍，学小艺焉，履小节焉；束发而就大学，学大艺焉，履大节焉"。

---

① 《仪礼经传通解》，第32页。
② 《仪礼经传通解》，第380页。
③ 《仪礼经传通解》，第382页。

小学，谓虎闱，师保之学也。大学，王宫之东者。束发，谓成童，《白虎通》曰："八岁入小学，十五入大学。是也。此太子之礼。"《尚书大传》曰："公卿之太子，大夫元士嫡子，年十三始入小学，见小节而践小义。年二十入大学，见大节而践大义。"此王子入学之期也。又曰十五入小学，十八入大学者，谓诸子姓既成者，至十五入小学，其早成者，十八入大学。《内则》曰："十年出就外傅，居宿于外，学书计"者，谓公卿已下教子于家也。①

此处是南北朝时期卢辩注文。朱子按语主要针对虎闱和注文的引文问题，未涉及卢辩注文有关入学年龄的各种说法，可见朱子对卢辩注的内容并无异议，直接视为入学年龄诸多说法的汇总，即朱子视卢辩注的内容为礼制。

与前者不同，后者则显示朱子对礼例之重视了。查考《五学》篇可知，上文"有虞氏养国老于上庠"章的内容仅一小段落而已，朱子却在《五学》篇增加孔疏和陈祥道注，并有一按语，而对郑注则只是用了一个按语曰："郑注已见《学制篇》"②，因此朱子又有按语曰：

今按：诸儒皆以养国老者为大学，养庶老者为小学，盖亦因《王制》之言而意之耳。陈氏说其位置又与郑氏诸儒之说不同，皆无所考，阙之可也。③

此处按语是针对郑注、孔疏、陈祥道诸多内容而言，当属朱子在《学制》中所言"详见"的内容。朱子在《学制》篇中只言郑注，而此处则补充了孔疏和陈祥道观点，并加入自身的判定内容，可见朱子更重视《五学》篇内容，认为其是注文的核心内容，形成了礼制。那么朱子此处不再重复引用郑注，而以"郑注已见《学制篇》"④ 指代具体内容，是否对我们前文结论构成反证呢？我们详检上文按语所言的诸儒之说，此处仅是转引自孔

① "束发，谓成童"之句末用逗号，当是点校者的疏忽，当为句号才正确。参见《仪礼经传通解》，第591~592页。
② 《仪礼经传通解》，第608页。
③ 《仪礼经传通解》，第609页。
④ 《仪礼经传通解》，第608页。

疏而已，而孔疏对本文所省略之郑注亦已囊括其中了，并不会因为没有引自原文献而构成对孔疏及陈祥道和编者按语共同构成礼例的反证。

由以上四例，我们看到朱子对礼例的运用主要着力于透过辨析各种相同或者相似的文献之间的差异，由源自不同典籍的礼学文献共同构成一个具有符合礼学资料的统一文献，使礼学文献具有了统一的评判标准。

第三，通过编者按语，突出礼学文献实用性标准，实现礼学文献重构现实生活方式，建立社会新秩序。

前述有关注重礼仪完整性及礼例的研究，均已涉及礼仪的实用性，只是尚未深入讨论《通解》如何通过按语实现实用性目标而已，而这正是当前朱子礼学思想研究中所缺少的视角，因为朱子注重礼仪的实用性不仅是简化礼仪，而是依据其在《通解》中的按语使具体礼仪更加适合文献的内在发展逻辑，形成了《通解》的实用礼仪特征。朱子注重礼仪实用性在《通解》中以特殊形态呈现，兹证如下。

首先，朱子极其注重礼仪的可操作性。礼仪的可操作性主要是依据礼仪的日常生活逻辑而实现。《通解》的编撰目的是为了建构新的礼仪标准，而其可操作性才是保障礼仪标准为社会大众所接受的最重要措施。区分礼仪之先后与轻重之间的关系则是其落实礼仪操作性的重要指标之一。《通解·乡饮酒礼》宾酢主人章有按语曰：

> 今按：此等恐或文有先后，未必有此轻重之别也。[1]

"未必有此轻重之别"是针对贾疏："《乡射》宾盥讫将洗，主人乃辞洗。礼之常也。此将宾举之，故未盥而辞洗，亦重之也。"[2] 朱子在其他处均是引用疏文完毕后再下按语予以说明情况，但是朱子于此处却先下按语，再引用贾疏，朱子对此文献之重视程度亦可见一斑。

我们回到引发朱子与贾公彦产生分歧的对象，即乡射礼与乡饮酒礼之礼仪差异。朱子与贾公彦的争议内容是《乡射礼》宾酢主人章曰："宾以虚爵降，主人降。宾西阶前东面坐奠爵，兴，辞降，主人对。宾坐取爵，

---

① 《仪礼经传通解》，第 274 页。
② 《仪礼经传通解》，第 274 页。

适洗，北面，坐奠爵于篚下，兴，盥洗。主人阼阶之东，南面辞洗，宾坐奠爵于篚，兴，对，主人反位。"① 而《乡饮酒礼》宾酢主人章则是"宾降，洗，主人降，宾坐奠爵，兴辞。主人对，宾坐取爵，适洗南，北面。主人阼阶东，南面辞洗。宾坐奠爵于篚，兴对。主人复阼阶东，西面。宾东北面盥，坐取爵，卒洗，揖让如初，升"。② 单从文字而言，两处文献相差无几，而贾疏也注意到此点，故有"《乡射》云：'宾西阶前东面坐奠爵，兴，辞降。'此亦然也"。③ 因此两处文献的差异部分就是朱子与贾公彦之间的争议之处，即《乡射礼》言"宾坐取爵，适洗，北面，坐奠爵于篚下，兴，盥洗。主人阼阶之东，南面辞洗……"而《乡饮酒礼》则是"主人阼阶东，南面辞洗。……宾东北面盥"两者争议之处是辞洗与盥洗之次序。贾疏认为《乡射礼》之次序是"礼之常"，即定为礼例，而《乡饮酒礼》则变成是主人重视宾客之变礼，只是贾疏未明言其确定礼例的依据。

从《乡射礼》《乡饮酒礼》使用场合可知，贾疏所言内容当是正确的。④

---

① 《仪礼经传通解》，第 321 页。

② 《仪礼经传通解》，第 273 页。

③ 《仪礼经传通解》，第 273 页。

④ 据《仪礼注疏·乡射礼第五》，"郑《目录》云：'州长春、秋以礼会民，而射于州序之礼。谓之乡者，州，乡之属。乡大夫或在焉，不改其礼。'"郑注"主人戒宾，宾出迎，再拜，主人答再拜。乃请。"云："主人，州长也。乡大夫若在焉，则称乡大夫也。戒，犹警也，语也。出迎，出门也。请，告也。告宾以射事，不言拜辱。此为习民以礼乐，不主为宾已也。不谋宾者，时不献贤能，事轻也。今郡国行此礼以季春。《周礼》乡老及乡大夫，三年正月，'献贤能之书于王'，'退而以乡射之礼五物询众庶'，诸侯之乡大夫既贡士于其君，亦用此礼射而询众庶乎？"而《仪礼疏·乡饮酒礼第四》"郑《目录》云：诸侯之乡大夫三年大比，献贤者能者于其君，以礼宾之，与之饮酒，于五礼属嘉礼。"郑注"主人就先生而谋宾、介"云："主人，谓诸侯之乡大夫也。先生，乡中致仕者。宾、介，处士贤者。"由此可知，《乡饮酒礼》与《乡射礼》虽然主人相同，但是宾并不一样，《乡饮酒礼》的宾介是处士贤者，《乡射礼》的宾则仅是民而已。另外，《乡饮酒礼》是为国选贤而开设，具有重要的政治目的，亦展示了爱才之义，而《乡射礼》则仅是以礼会民的场合，政治地位较乡饮酒礼为轻。因此从宾的身份及举行的目的均可看出《乡饮酒礼》较《乡射礼》为重要。事实上，《乡射礼》郑注"此为习民以礼乐，不主为宾已也。不谋宾者，时不献贤能事，轻也"。则郑玄已经确定了《乡饮酒礼》较《乡射礼》规格高。即《乡射礼》为正常的主宾关系，而《乡饮酒礼》则是主人有为国举人，礼聘贤能之士的意义。因此贾疏认定乡射礼为主客之间的常礼，而乡饮酒礼为主人极其重视宾客之变礼，完全符合前引郑玄《目录》及前引郑注之义。但是郑注在上述辞洗与盥洗先后次序处恰好没有言及辞洗与盥洗的顺序体现主人重视宾客之礼仪，故贾疏可谓是依据郑注的观点而作出论断。参见《仪礼注疏》，第 265～266、194 页。

但因贾疏缺少郑注具体礼仪的直接证据，也未得到其他文献证据，仍属推论而已，而朱子在没有证据的情况下，就定为"此等恐或文有先后，未必有此轻重之别也"，两者均有主观臆断之嫌，朱子甚为清楚贾疏与自己论述过程所共有的弊端，故使用"恐或"的猜测性用语。① 而朱子依据《乡饮酒礼》的内在礼仪次序确定了此处并无变礼性质，此可获证于朱子处理此处文献的过程所显示的礼仪规则。在上述按语之下，朱子又全部引用贾疏，其内容正好解释了此章的经文。至于内在的礼仪原则，因两者均可以使礼仪顺序合符常情常理，不影响礼仪进程的客观效果，无须过分注重礼仪的细枝末节，此为朱子注重礼仪之可操作性之依据。

第二，朱子以常情常理来确定礼仪之内容。在辨析礼仪之类的按语中，也存在着注释礼仪的功能。《通解·乡射礼》取矢视算章的按语曰：

> 今按：注、疏"上握"之说未明。疑"束之"之处当在中央手握处之下，使握在上，则去镞近而去羽远，取之便易也。②

此处按语针对经文"上握"的内容。郑注言："束于握上，则兼取之，顺羽便也。握，谓中央也。不束主人矢，不可以殊于宾也。"贾疏："握上则兼取之顺持之处，今束于握之上，取持于中央握之，向下顺羽便也。"③ 通观郑注与贾疏有详略之别，却无实质区别，但是朱子否定了注疏之义，而用"疑"字也表明朱子并未有礼例或者其他文献论定上述观点，也未解释"疑"的依据。撇开证据问题，我们仅从射箭之事而言，朱子按语无疑更符合实情。《考工记·矢人》曰：

---

① 《乞修三礼劄子》曰："至於其间亦有因仪法度数之实而立文者，则咸幽冥而莫知其源。一有大议，率用耳学臆断而已。"而这正是《通解》编撰的目的之一。正是追求有文献支撑的礼学观点，故朱子反对贾疏无文献支撑的观点才有此按语，而朱子的观点亦是没有文献证据支撑的结论，故其使用"恐或"的猜测性按语。参见《晦庵先生朱文公文集》，第 687 页。
② 《仪礼经传通解》，第 350 页。
③ 《仪礼经传通解》，第 350 页。

矢人为矢，鍭矢参分，茀矢参分，一在前，二在后。兵矢、田矢五分，二在前，三在后。杀矢七分，三在前，四在后。参分其长而杀其一，五分其长而羽其一，以其笴厚为之羽深，水之以辨其阴阳，夹其阴阳以设其比，夹其比以设其羽，参分其羽以设其刃，则虽有疾风，亦弗为之能惮矣。刃长寸，围寸，铤十之，重三垸。前弱则俛，后弱则翔。中弱则纡，中强则扬。羽丰则迟，羽杀则趮。是故夹而摇之，以眡其丰杀之节也。桡之，以眡其鸿杀之称也。①

这是制作箭矢的方法，《考工记》可谓此类文献之祖。各类箭矢的差异，即"鍭矢参分，茀矢参分，一在前，二在后。兵矢、田矢五分，二在前，三在后。杀矢七分，三在前，四在后"。那么这个前后比例是依据各种箭矢前后部分重量不同而形成的，并非主观任意为之。这是郑注孔疏早已明白言之，如郑注"矢人为矢，鍭矢参分，茀矢参分，一在前，二在后"曰"参订之而平者，前有铁重也。《司弓矢职》茀当为杀。郑司农云：'一在前，谓箭槁中铁茎居参分杀一以前。'"而孔颖达概括二郑的观点曰："后郑意，直据近鍭铁多，先郑据长短，又以参分杀一，近鍭宜细，以其鍭长，近鍭虽杀犹重，与后郑义合，故引之在下也。"② 此可作为兵矢、田矢、杀矢的制作比例的说明书。虽然郑玄据重量，但事实上据重量和长度均可以成立，由此亦表明各种箭矢有其适当比例。朱子也十分熟悉上述造箭原则，其原因有三：一是朱子十分熟悉《周礼》。当时王安石《周官新义》正是朝廷科举教材，而朱子不仅参加科考且中了进士，又修订《通解》正是为王安石废弃《仪礼》而作。可见，朱子对王安石学说当有深入研究，且已达到入室操戈之境界。二是朱子十分熟悉沈括《梦溪笔谈》。他赞扬沈括之语在《朱子语类》《文集》中极为常见，在《通解》中也多处引述

---

① 《周礼注疏》，第 1634~1637 页。
② 《周礼注疏》，第 1634 页。

沈括的观点，① 而《梦溪笔谈》对射箭之法有深刻体会。如《器用》有言：

> 予顷年在海州。人家穿地得一弩机。其望山甚长，望山之侧为小，短如尺之有分寸，原其意以目注镞端以望山之度拟之，准其高下，正用算加勾股法也。太甲曰："往省括于度则释"疑此乃度也，汉陈王宠善弩射，十发十中，中皆同处，其法以天覆地载，参连为奇三微三小。三微为经，三小为纬，要在机牙。其言隐晦难晓。大意：天覆地载，前后手势耳，三连为奇，谓以度视镞，以镞视的，参连如衡，此正是勾股度高深之术也。三经三纬则设之于堋以志其高下左右耳。予尝设三经三纬以镞注之，发矢亦十得七八，设度于机定加密矣。②

沈括此处所言虽非《考工记》的造箭之法，但是对如何使用勾股定理来使用弓弩有独到见解，且有自己的实践经历，当为可信。如前所述，朱子对射箭使用勾股定理来提高射箭的准确度当是十分熟悉。三是从箭矢比例方面言之，朱子也依据《考工记》来判断束矢之处。前引按语曰："疑'束之'之处当在中央手握处之下，使握在上，则去镞近而去羽远，取之便易也"，正是发展了《考工记》具体造箭原则且灵活运用各箭矢重量比例。因此，朱子十分熟悉《考工记》，当可定谳。此处当可谓朱子用箭矢制作

---

① 《朱子语类》言及沈括之处，如"《汉志》天体、沈括《浑仪议》皆可参考"，"惟沈存中云无阙""沈存中《续笔谈》之说亦如此"等。《文集》引自沈括《梦溪笔谈》观点则有《答袁机仲》《答廖子晦》等。《仪礼经传通解》卷十三《钟律》十二律寸分厘毫丝数表下有朱子按语曰："本司马贞、沈括之说。"五声相生损益先后之次表的传文引杜佑《通典》之末有按语曰："沈括疑《史记》此说止是黄钟一均之数，非钟律之通法。今详《通典》云：……"此外，《通解》卷十七《中庸》第二十章有朱子注"浦卢"曰"浦卢，沈括以为蒲苇，是也。"而据朱子《篇第目录》可知，《通解·中庸》实际上是直接由《四书章句集注》的《中庸章句》转载而来，则朱子对沈括作品研读的时间甚久。虽然上引文献均非关于造箭、射箭之事，但是上述文献均源自沈括的同一部作品《梦溪笔谈》，可见朱子对沈括的《梦溪笔谈》有过深入的研究。参见《朱子语类》，第130、137、147页；《晦庵先生朱文公文集》，第1680、2103页；《仪礼经传通解》，第492、494、570页。

② （宋）沈括撰《梦溪笔谈》卷二十，四部丛刊续编景明本。

知识确定了具体礼仪之正误。

此外，《通解·曲礼》仆御之礼的按语则可再次证明朱子深刻研究日常生活，并由常识推定具体礼仪。《通解·曲礼》仆御之礼"以散绥升，执辔然后步"朱子有按语曰：

> 今按：此与上条皆非专为君御者之事。盖剑妨左人，自当右带，绥欲授人，自当负之以升。又当升时无人授己，故但取散绥以升，乃仆之通法，注疏皆误。①

"上条"当是指"仆者右带剑，负良绥，申之面，拖诸膺"。② 朱子认为"非专为君御者之事"，扩大到"仆之通法"。查检郑注孔疏，朱子所言"注疏皆误"是指郑注"良绥"曰："良，善。善绥，君绥也。"而孔疏发展郑注的为君思想曰："今御者剑右带者，御人在中，君在左，若左带剑，则妨于君，故右带也。君由后升，仆者在车，背君而面向前，取君绥……"③ 而我们把郑注孔疏与上引按语对照可知，郑注孔疏并无实质性错误，只是把此事限定于为君主驾车的情境而已。而朱子把带剑者驾车之常情常理和驾车者日常行为规范定为"仆之通法"，以此断定郑注孔疏之误。因此，朱子礼学思想的核心内涵是常情常理，即"礼顺人情"④ 原则被落实到具体礼仪。

第三，朱子以礼仪实践为依据建构礼仪文献。礼仪的实践是礼仪实用性的最高标准，而《通解》到处都有以实用性为标准的情形。在篇章结构方面，前文主要着眼于礼学文献地位的看法，尚未涉及其移动文献的依据。在诸多文献移动中，朱子都是以礼仪实用性作为依据。《通解·聘礼》主君就宾馆记有按语曰：

---

① 《仪礼经传通解》，第 452 页。
② 《仪礼经传通解》，第 451 页。
③ 《仪礼经传通解》，第 451～452 页。
④ "礼顺人情"语出《礼记正义》，其断句当为"礼，顺人情"，其语出自《礼记正义·丧服四制》，其言曰："凡礼之大体，体天地，法四时，则阴阳，顺人情，故谓之礼。"郑注云："礼之言体也，故谓之礼。言本有法则而生也。"则礼顺人情实为礼产生的一个重要原则。参见《礼记正义》，第 2350 页。

今依注移入。①

看似朱子遵从郑注而移动文献，但是朱子是经过自主选择判断之后才决定调整其文献顺序。理由有二：其一，朱子对传统经学持严格的评判标准，并非盲从传统经学，此可获知于前文朱子对郑注孔疏的辨析，不必赘言。其二，朱子尊重六经，但是《通解》对各种经学材料，即使最重要的《仪礼》，均依据需要移动文献顺序，此可获证于《篇第目录》。如《士冠礼第一》曰：

> 冠于五礼为嘉礼，《大小戴》及《别录》皆此为第一。今仍旧次，而于其文颇有所厘析云。②

朱子所言甚明，但是朱子又怕习礼者不明所厘定文献，故于此文下有按语曰：

> 如取三屦以合于《陈器服》章之次、诸辞各附于本章之下、增女笄一节自《杂记》而来，出后记以入后篇之类。③

细查文献，此处按语概括了《通解·士冠礼》全篇结构。此处所讨论的对象正是《仪礼》，而其地位虽不能够定为"纲"或者"经"的地位，但是《仪礼》在《通解》的编撰体系中所起的主导作用，当无可疑。《仪礼》尚且被移动内容，则利用各种涉及礼学的典籍资料而撰成的内容，如《内治》《五宗》《学制》等，更是依照其礼学思想体系而编撰完成。

正因《通解》贯穿着编者礼学思想，经文顺序也都是出于朱子经学观点。确立此原则后，我们再对上文"依注移入"的原因作探讨以解决上文问题。细观上文按语的经文是主君就宾馆章的记文，而其上文是出自《周礼·司仪》，其文曰：

---

① 《仪礼经传通解》，第 791 页。
② 《仪礼经传通解》，第 31 页。
③ 《仪礼经传通解》，第 31 页。

> 君馆客，客辟，介受命，遂送，客从拜辱于朝。明日，客拜礼
> 赐，遂行，如入之积。①

要移入上文的文献正是"又拜送。"一语，而朱子并未注明其出处。据
《通解》编制体例，即凡是出于《仪礼》原有篇目文末记文均不标注其出
处，而朱子在上文标注文献出处为《司仪》，又在《周礼·司仪》查找到
此条文献，朱子又引郑注"又拜送"曰：

> 拜送宾也，其辞盖云："子将有行，寡君敢拜送。"宜承上"君
> 馆"之下。②

此文所指内容甚为复杂，先作梳理再分析其内容。贾疏引文曰："此即上
经君即馆拜送宾，故郑云此宜承上'君馆'之下。"③ 朱子与贾公彦所见文
献可能有差异，④ 但是这不足以影响我们的论述，因为朱子在《通解·聘
礼》主君就宾馆章并无异议，且其关键内容是"君馆"的位置。细考上引
贾疏，获知所谓"君馆"内容，经文存在文字差异，但是由贾疏仍可以确
定此处文献当是《仪礼注疏》中"公馆宾"至"公辞，宾退"，这亦为朱
子所承认，可获证于《通解》把"又拜送"作为主君就宾馆章的记文。⑤
至于朱子在《通解》中把"又拜送"置于《周礼·司仪》之下，亦是依
据郑注。郑玄注"公辞，宾退"时曰：

> 辞其拜也，退还馆装驾，为旦将发也。《周礼》曰："宾从拜辱于
> 朝。明日客拜礼赐，遂行之。"⑥

---

① 《仪礼经传通解》，第 790 页。
② 《仪礼经传通解》，第 790~791 页。
③ 《仪礼注疏》，第 750 页。
④ 王辉《仪礼注疏》文末校勘记载"阮校云徐本、集释俱如是，《通解》祇有下七字"，参
　见《仪礼注疏》，第 761 页。
⑤ 《通解·聘礼》主君就馆章的内容正是《仪礼·聘礼》"公馆宾"至"公辞，宾退"。参
　见《仪礼经传通解》，第 789~790 页。
⑥ 《仪礼注疏》，第 693 页。

虽然《周礼注疏》和郑注所引《周礼》文字有异，但仍旧可知郑玄注《周礼·司仪》文献。孙诒让《周礼正义》于《司仪》文下按语曰：

> 诒让按：聘礼又云又拜送，郑注云拜送宾也，其辞盖云："子将有行，寡君敢拜送。"郑盖兼据彼文。①

孙氏引《仪礼·聘礼》之文来注《司仪》之文，正可与郑注《聘礼》之文相补充，由此郑注《仪礼·聘礼》所引《周礼》之文为《司仪》内容，当可定谳。此外，孙诒让按语揭出朱子所未明言的内容，即郑注参考《周礼·司仪》《仪礼·聘礼》两文，而"君馆"正是针对《周礼·司仪》"君馆客，客辟"之文而发。朱子虽然只下一按语"今依注移入。"并未明言此处郑注所含内容，但是从上引主君就宾馆章的《周礼·司仪》可知，朱子所引内容比郑注在《仪礼·聘礼》"公辞，宾退"多引了"君馆客，客辟，介受命，遂送。"一句，可知朱子已经把郑注《仪礼·聘礼》"君馆"定为《周礼·司仪》的文献。

由上所述，朱子所依郑注至少包括三处内容，一是《仪礼·聘礼》文末记文"又拜送"，二是《仪礼·聘礼》经文"公辞，宾退"之注，三是《周礼·司仪》注文。虽然朱子均依据郑注，但是郑注在最终确定"又拜送"之文的位置时却突然言及"宜承上'君馆'"之下。检索《仪礼·聘礼》可知，并无"君馆"一词，而现代学者把此处"君馆"又作为一固定词使用，② 前后矛盾，使得文义难以理解。正是这个矛盾凸显朱子调整此文献的必要性，即三个文献的郑注合成主君就宾馆章的记文，化解了《仪礼》难读问题，更便于具体的礼仪实践，充分显示朱子的指导思想是

---

① （清）孙诒让：《周礼正义》卷七十二，民国二十年湖北篆湖精舍递刻本。

② 对于此处"君馆"不管是王贻梁注《通解》，还是王辉整理《仪礼注疏》，均将"君馆"作为一个固定词来用，此处用为一个名词看似符合郑玄多处注语，但是却使得《仪礼》的郑玄注文"上文"无法落实，而如果把"君馆"当成一个普通之词，则其君当指上文的"公"而已，"君馆"即指"公馆宾"之事，这才合郑注之原意，否则郑注岂不是注《仪礼》指向《周礼》，却又无标示其篇名或者文献了，作为经学大师当不至于犯此错误，亦可于郑注《仪礼》可见其通例，又贾公彦在注解"又拜送"有言"此即上经君即馆送宾，故郑云此宜承上'君馆'之下。"可见贾公彦所理解"君馆"正是"公馆宾"，与我们前文推测正合。参见《仪礼经传通解》第791页；《仪礼注疏》，第750、692页。

以礼仪实践为依据，遵照礼尚往来的基本原则，正如《礼记·曲礼上》所言：

> 礼尚往来。往而不来，非礼也；来而不往，亦非礼也。①

正是有来有往构成礼仪的最基本原则，而朱子以郑注合成主君就宾馆章的记文正符合行礼的基本原则，《仪礼》难读问题自然被化解了。

至于朱子在同文食飨燕羞献记文亦有此"今依注移入"按语，其所据亦是常情常理，即礼以别异同原则。另外，在移动各种礼学文献之时，更多情形并不是上述所言之"依注移入"，而是遵循礼仪实践方便而作出的文献变动，正如《通解·士冠礼》戒宾章的辞后所下按语"以从简便"②，即便于学礼者掌握礼仪，解决韩愈"《仪礼》难读"之论断，而移动语辞也显示朱子注重礼仪的实践，因为在实践中，礼仪不可能只有动作，而无任何语辞，正如朱子考察《仪礼》的形成历史说：

> 《仪礼》，不是古人预作一书如此。初间只以义起，渐渐相袭，行得好，只管巧，至于情文极细密，极周经处，圣人见此意思好，故录成书。③

正是《仪礼》依靠现实礼仪日积月累的实践而形成，而礼仪的运用过程中自然涉及许多礼辞。如《仪礼疏·士冠礼》载：

> 主人戒宾，宾礼辞，许。④

郑注曰："戒，警也，告也。宾，主人之僚友。……礼辞，一辞而许也。再辞而许曰固辞，三辞曰终辞，不许也。"⑤ 则"戒宾""礼辞"均是主宾

---

① 《礼记正义》，第 22 页。
② 《仪礼经传通解》，第 46 页。
③ 《朱子语类》，第 2898 页。
④ 《仪礼注疏》，第 14 页。
⑤ 《仪礼注疏》，第 14 页。

双方的对话，只是《士冠礼》经文重在叙述礼仪，省略了具体礼仪中的语言内容，而记文正好补充经文所省略的内容，即主人戒宾之语和宾答主人之辞，由此还原了行冠礼前主人邀请宾客的情境，故朱子把《士冠礼》篇末的记文移至戒宾章下。习礼者又可由此对行礼过程中涉及具体语言内容一目了然，更容易掌握整个士冠礼。至于其他地方的记文移入经文之下，也是依据记文的内容，或补充礼辞，或补充礼仪细节，均起到复原整体礼仪内容，便于习礼者掌握文献内容。

正是认为《仪礼》形成于礼仪实践，所以朱子才移动经文末的记文，不管是便于习礼者学习，还是便于复原古代礼仪以便制作实用礼仪，均可由"简便"二字概括之。

综合上述可知，朱子注重礼仪实用性，并以此为核心思想建构礼仪文本，辨析礼仪，注解经文，至于《通解》编撰的外王思想于《通解》编撰目的部分已详言之，无须再多赘述。

第二节 黄榦按语研究

一 《续丧礼》《续祭礼》的价值及本节研究范围

《通解》的丧、祭二礼由黄榦承朱子之命而编撰，但是在黄榦手中成书的只有丧礼，祭礼则仍属手稿，经其弟子杨复修订才最终成书。因此，丧、祭礼部分被现有研究者束之高阁，详见第一章。但是只研究《通解》朱子编撰部分则会阻碍《通解》的研究，因为《续丧礼》《续祭礼》直接得之于朱子设计的规模次第，正是研究黄榦、杨复与朱子礼学思想差异的重要文献依据，亦是钱穆所言朱子"绾经学理学于一体"论断在朱子后学中获得确证的重要证据。其要有三。

第一，《通解》编撰缘起的触发因素是议丧礼、祭礼之制。第二章第一节主要通过朱子的学术思想探讨《通解》的编撰缘起，主要是为了弥补当下学术界研究《通解》编撰原因从外在政治事件探究的现状，但是学术原因是朱子编撰《通解》的必然因素，并不否定偶发的政治事件对《通解》编撰的触发性影响。据殷慧《朱熹礼学思想研究》可知，其政治事件主要有三件：一是议孝宗山陵；二是议嫡孙承重三年丧服；三是议祧庙。① 第一、二两件事为孝宗去世之后引发的关于丧礼制度的争议，第三件则是关于皇家祭礼的政治事件。这三件政治大事触发了朱子正式编撰《通解》的决定。因此，丧、祭二礼在朱子学派的礼学中占据着极其重要的地位。

第二，《续丧礼》《续祭礼》占据了《通解》全书 60% 左右的篇幅，是《通解》不可或缺的组成部分。《通解》朱子编撰部分有三十七卷，即前二十三卷为定稿，后十四卷为未定稿，包括了家礼、乡礼、学礼、邦国礼、王朝礼，而《续丧礼》有十五卷，外加《丧服图式》一卷，黄榦撰、杨复编次《续祭礼》有十三卷，杨复重修《续祭礼》十四卷，但是他们的篇幅则差别巨大。以王贻梁点校本《通解》为例，《通解》朱子编撰部分的三十七卷的篇幅有 1178 页，而黄榦《续丧礼》十五卷与《丧服图式》一卷的篇幅有 993 页，② 黄榦撰、杨复编次《续祭礼》十三卷的篇幅有 1216 页，则朱子编撰部分占了 34.78%，《续丧礼》《丧服图式》《续祭礼》三部分占了《通解》全书的 65.22%。虽然这样的统计难免王贻梁点校之时对《通解》文献的字号、分段、校勘内容多寡等因素而使统计结果不甚准确，但是仍大体反映了《通解》各主编者所编撰部分的篇幅，正合张虙对朱子编撰部分与黄榦主编部分的篇幅比例的判断，即"是虽《丧》《祭》二门，而卷帙多前书三之一"，③ 综合统计结果与张虙的观点可以确定《续丧礼》《丧服图式》《续祭礼》的篇幅占到《通解》全书的 60% 左右。

第三，《续丧礼》《续祭礼》在研究《通解》各代编撰者礼学思想之间的传承关系、衍化过程等方面均有重要价值，详见第一章。

至于本节则以《续丧礼》的按语为主，《丧服图式》的按语除了具体标注为黄榦所言内容之外，其他按语则因《丧服图式》经过杨复最后修订完成，难以区分各条按语的著作权归属，为免张冠李戴，暂时不列入考察范围。黄榦撰、杨复编次的《续祭礼》则因其属于黄榦编撰的手稿，杨复

---

① 详见《朱熹的礼学思想研究》，第 101～107 页。

② 《丧服图式》当由黄榦完成主要内容，杨复最后修订完成，详见第二章第三节第三大部分相关注释内容。

③ 此处所谓前书是指"南康旧刊朱文公《仪礼经传》与《集传集注》"，具体详见（宋）张虙撰《宋嘉定癸未刊仪礼经传通解续序》//《仪礼经传通解》，第 3414 页。

仅属编次而已，其按语的著作权当属黄榦无疑，但因其尚未完成，难以完整反映黄榦的学术观点。与之相关，杨复重修《续祭礼》虽然是在黄榦撰、杨复编次《续祭礼》基础之上完成，但是两者内容差异极大，正如叶纯芳《杨复再修仪礼经传通解续卷祭礼导言》在比较两《续祭礼》之后得出结论："不过对研究宋代礼学、朱子学派礼学思想的学者来说，全书约一百三十条的杨复按语，才是本书最大的价值所在。……这也是与黄榦《祭礼》谨录经注疏文最大的不同之处。"① 因此本节暂不重点考察黄榦撰、杨复编次《续祭礼》与杨复重修《续祭礼》，故本节主要以黄榦《续丧礼》为主要研究对象，其他部分为辅助材料。

二 黄榦按语分类研究

按语的界定与分类，详见本章第一节，黄榦与朱子按语类别无异，这是因为黄榦亲承朱子教育，其文献学思想和朱子并无实质性差异，但是在具体文献处理方面则有了很大发展。为了节省篇幅，我们只简述黄榦与朱子按语相似之处，详细研究与朱子按语不同之处。在深入研究之前，我们先考察黄榦按语的类别。

（1）编撰体例

对于编撰体例，《续丧礼》《续祭礼》均是由黄榦确定的。杨复《丧礼后序》有言：

> 先生尝为复言："《祭礼》用力甚久，规模已定，每取其书翻阅而推明之间一二条，方欲加意修定而未遂也。"……抑复又闻之先生曰："始余创二礼粗就，奉而质之先师，先师喜谓余曰：'君所立《丧》、《祭礼》规模甚善，他日取吾所编《家》、《乡》、《邦国》、《王朝礼》，其悉用此规模更定之。'"呜呼，是又文公拳拳之意。先生欲任斯责而卒不果也，岂不痛哉！同门之士以复预闻次辑之略，不可以无言也，复因敬识其始末如此亦告来者。②

---

① 《杨复再修仪礼经传通解续卷导言》//《杨复再修仪礼经传通解续卷祭礼》，第33页。
② 《丧礼后序》//《仪礼经传通解》，第2186页。

杨复上引黄榦之言及其转述黄榦对朱子的评价，涉及《续丧礼》《续祭礼》体例及其著作权，需要先详加分析再论述。此篇是杨复应同门之邀约而撰写的序文。从杨复受学过程可知，杨复先受业于朱子，卒业于黄榦，而从其落款"嘉定辛巳七月日门人三山杨复谨序"知其最早版本当是宋嘉定癸未刊《仪礼经传通解续丧礼后序》，而主持刊刻者是张虑，其《序》有言："虑来南康，闻勉斋已下世，深恨文公之志不终。"① 因此，刊刻《续通解》主要是张虑溯及文公之文化事业，并非黄榦、杨复续修之故。杨复在宋绍定辛卯刊《仪礼经传通解续修定本序》中对张虑刊本有言："南康学宫旧有《家》、《乡》、《邦国》、《王朝礼》及张侯虑续刊《丧礼》，又取《祭礼》稿本并刊而存之，以待后之学者。"② 那么杨复所言张虑刻本正是杨复所作后序的初刻本，当可定谳。因此，不管从杨复师承关系，还是从宋嘉定癸未的刊刻原因可知，杨复序言当为张虑及学术界所公认，亦可定谳。此其一。在《朱子语类》中虽未见到黄榦所转引朱子语，也未见于朱门弟子作品，但是这无损于朱子话语的真实性，此可于黄榦在《通解》编撰过程之地位求之。《与黄直卿书》言：

> 《礼书》今为用之、履之不来，亦不济事，无人商量耳。可使报之，可且就直卿处折衷。如向来《丧礼》，详略皆已得中矣。③

据陈来《朱子书信编年考证》可知，此信写于1200年，"故此为朱子平生最后书也。"④ 可视为朱子临终托付黄榦编撰《通解》之重任。由上文可知，朱子十分满意《丧礼》，且用儒家最高标准"中"来评价。另外，朱子要用之、履之到黄榦处折中获得恰当办法，正是朱子对黄榦丧、祭二礼结构十分满意的表现。由以上朱子亲笔信可证黄榦所言内容当为可信。

既然《续丧礼》《续祭礼》篇章结构由黄榦确定，那么二者各篇章的处理方式体现了黄榦的礼学思想，而编者按语正是黄榦呈现编撰思想的最重要工具。

---

① 《宋嘉定癸未刊仪礼经传通解续序》//《仪礼经传通解》，第3414页。
② 《宋绍定辛卯刊仪礼经传通解续修定本序》//《仪礼经传通解》，第3420页。
③ 《晦庵先生朱文公文集》，第1286页。
④ 《朱子书信编年考证》（增订本），第506页。

在朱子的编撰体例中，我们看到朱子对经、传、记均有说明，但是朱子的说明内容主要是从传、记定义出发，尚未具体说明他们的划分标准，而黄榦则在朱子编撰体例基础之上，直接作出了详细的规定。《通解·丧服》有按语曰：

> 按：经文之后附入传记者，其例有三：其一，有诸书重出者，但载其一。有大同小异者，削其同，载其异，有同异相杂不可削者，并存之。二，所载传记全文已见别篇，则全文并注疏皆已详载有于全文之下，节略重出者，即云详见某篇，读者当于详见之处考之。三，所附传记之文有本经只一事而传记旁及数事者，虽与经文不相关，然亦须先载全文，后重出者，只节其与本文相关者，仍注云详见某条。①

此按语是黄榦对《续丧礼》编撰体例所作说明，概述了《续丧礼》《续祭礼》编撰体例，证明了二者的体例由黄榦设计完成，说明了黄榦具有明确的编撰意识。至于《续丧礼》《续祭礼》所呈现黄榦对朱子编撰思想的发展问题，留待下文。

（2）抽绎礼例

本章第一节已详细考察了朱子重视礼例的情况，黄榦继承朱子礼学思想，也非常重视礼例，并有重大发展，即在按语中直接概括礼例内容。《续丧礼·丧服一》斩衰章有按语曰：

> 上二条本章父为人后者、《疏衰三年》章父卒为母通用。又"父母之丧无贵贱一也"，疏衰杖期章父在为母通用。②

"上二条"是指出自《丧服义》的"三年之丧，二十五月而毕"和源自《礼记·中庸》的"期之丧，达乎大夫；三年之丧，达乎天子。父母之丧，无贵贱一也"。此两条内容在本章父为人后者、疏衰三年章里的父卒为母两处通用，而"父母之丧无贵贱一也"则在疏衰杖期章父健在，为母守丧

---

① 《仪礼经传通解》，第1216页。
② 《仪礼经传通解》，第1216页。

之时通用。上引按语指出"上二条"守丧之期礼例的适用条件，亦指出此守丧之例属于有条件的限制性礼例。

除上述限制性礼例之外，《续丧礼》还有无限制性通用礼例。如《丧服一》齐衰三年章父卒则为母条有按语曰：

> 《斩衰》章父母之丧无贵贱一也、父条致丧三年大夫为其父母、为人后者条为所后者之妻若子、女子子在室为父条为父主丧者不杖则子一人杖、女嫁反在父之室条未练而出则三年等，并此条通用，当互考。①

"此条"指父卒为母要齐衰三年。从此按语可知，黄榦所举礼例适用于各阶层人士，无例外情况。细考按语，以《续丧礼》文本而言，黄榦可以不用总结其通用礼例，因为上述按语与《续丧礼》文本并无直接联系。但如果以《通解》编撰目的而论，上引按语则具有提纲挈领的作用，系统概括《丧礼》中相同或者相似的礼仪制度，指出其具有通礼功能，呈现编撰者提炼礼例的意图，最终目的则是为了使《丧礼》更加具有可行性，并具备指导后世制作礼仪的作用。由此可知，这些按语并非仅为注解《续丧礼》文本，更是为后世制礼者、习礼者而设计的。在《续丧礼》中，上引按语类型十分常见，如同章记文有一条按语曰："《疏衰杖期》章父在为母通用。"② 至于此条按语中"当互考"亦是按语功能部分，留待下文再详述。

由此可见，黄榦在编撰《续丧礼》时着重于《续丧礼》文本可行性和礼仪实用性的思想。至于其对朱子实用礼仪思想的发展等问题，也留待下文再研究。

（3）辨别注疏

辨别注疏是《通解》朱子编撰部分按语的主要内容，但是在《续丧礼》《续祭礼》中，虽存有此类按语，但是数量急剧减少。《丧服一》斩衰三年章父条之记文按语有曰：

---

① 《仪礼经传通解》，第1235页。
② 《仪礼经传通解》，第1235页。

按：父母之服，自天子达于士一也，而记礼者之言乃如此，当以王肃之言为正。①

从此条按语可知以下内容：一是黄榦认为王肃的礼学观点是正确的，其言外之意是否定郑玄注文，二是黄榦判断依据是礼的通例，即《礼记·中庸》"父母之丧，无贵贱一也"，这正是前文所言内容，本条按语所针对的文献正是"父母之丧，无贵贱一也"，黄榦又下按语曰："详见上斩衰条。"② 细观斩衰条，正好可查找到本节抽绎礼例部分所引《续丧服一》斩衰章按语。由此可见，黄榦把此处按语作为上述断定王肃按语正确的证据。那么黄榦的观点是否合理呢？虽然本部分主要关注按语类型，但是仍有必要分析上述问题，因为不能够证实或者证伪此条文献，无法为我们下文研究黄榦注经思想提供明确依据。上引按语所针对文献出自《礼记·杂记》，其文曰：

大夫为其父、母、兄弟之未为大夫者之丧，服如士服。士为其父、母、兄弟之为大夫者之丧，服如士服。大夫之适子服大夫之服。大夫之庶子为大夫，则为其父母服大夫服，其位与未为大夫者齿。③

郑注曰："大夫虽尊，不以其服服父母兄弟，嫌若踰之也。士，谓大夫庶子为士者也。己卑又不敢服尊者之服。今大夫丧礼逸，与士异者，未得而备闻也。……然则，士与大夫为父服异者，有粗衰斩、枕草矣。其为母五升缕而四升，为兄弟六升缕而五升乎。唯大夫以上，乃能备仪尽饰。士以下，则以臣服君之斩衰为其父，以臣从君而服之齐衰为其母与兄弟，亦以勉人为高行也。大功以下，大夫士服同。"④ 孔疏与此义相同，其所持判断依据亦是郑注，但是他在疏文中引用了王肃《圣证论》，其言曰："丧礼自天子以下无等，故曾子云：哭泣之哀，齐斩之情，饘粥之食，自天子达。且大国之卿与天子上士具三命，平仲之言唯卿为大夫，谓诸侯之卿当天子

①　《仪礼经传通解》，第 1220 页。
②　《仪礼经传通解》，第 1218 页。
③　《仪礼经传通解》，第 1219～1220 页。
④　《仪礼经传通解》，第 1218 页。

之大夫，非谦辞也。春秋之时，尊者尚轻简，丧服礼制遂坏，群卿专政，晏子恶之，故服粗衰枕草。云：'唯卿为大夫'者，逊辞以避害也。"① 两相比较可知，郑注把主体身份特征放在第一位，分行丧礼之人为二等：大夫以上和士以下，这明显和《仪礼·丧服》之"父母之丧，无贵贱一也"相悖，而王肃则遵从此条礼例，判定大夫与士守丧之礼相同。此其一。在论据方面，两者的分歧之处是晏平仲守丧之礼，郑玄认为晏平仲所言内容为谦辞，其言外之意是晏平仲是大夫，而非士，其为父服士服属非礼之举，但是郑氏缺少其他证据佐证其观点。与之相反，王肃赞成晏子合古礼要求，其论点也有充分的礼学证据，即诸侯国大夫的命数。《大戴礼记·朝事第七十七》载：

> 命上公九卿为伯，其国家宫室、车旌、衣服、礼仪皆以九为节，诸侯、诸伯七命，其国家宫室、车旌、衣服、礼仪皆以七为节。子、男五命，其国家宫室、车旌、衣服、礼仪皆以五为节，王之三公八命，其卿六命，其大夫四命，及其封也，皆加一等，其国家宫室、车旌、衣服、礼仪亦如之。凡诸侯之嫡子省于天子，摄君则下其君之礼一等，未省则以皮帛继子男。公之孤四命以皮帛视小国之君，其卿三命，其大夫再命，士一命，其宫室、车旌、衣服、礼仪各视其命之数，侯伯之卿大夫士亦如之，子男之卿再命，其大夫一命，其士不命，其宫室车旌衣服礼仪各如其命之数。②

由上述可知，公国、侯国、伯国三者的卿、大夫、士的命数都是一样，即卿三命，大夫再命，士一命，又《周礼·天官冢宰》"治官之属……旅下士三十有二人"，郑注有言："王之卿六命，其大夫四命，士以三命而下为差。"③ 那么，诸侯国中的公、侯、伯的卿、大夫、士与天子之士三个等级的命数正好相同。据《尚书·周书》载"齐侯吕伋"，④ 即使到了晏子所

---

① 《仪礼经传通解》，第1219页。
② （汉）戴德撰《大戴礼记》卷第十二，四部丛刊景明袁氏嘉趣堂本。
③ 《周礼注疏》，第7页。
④ （汉）孔安国传，（唐）孔颖达疏《尚书正义》卷第十八，中华书局影印阮元校刻《十三经注疏》本，1980，第126页。

处的春秋晚期，《左传》或言："齐侯"或言"齐桓公"①，则不管是侯国还是公国的大夫均是二命而已，都不如天子三命的元士，而晏平仲为其父服士服，符合周代礼制，完全合礼。仅从这点而言，王肃的论证过程更合理且严密。此其二。孔疏再引用了郑王双方的各一个观点，其文曰：

> 马昭答王肃引《杂记》云："大夫为其父母兄弟之未为大夫者之丧，服如士服。"是大夫与士丧服不同，而肃云无等，则是背经说。郑与言礼，张融评云："士与大夫异者，皆是乱世尚轻凉，非王者之达礼。"②

孔疏的见解立足于《杂记》，指责王肃违背经文观点，实属门户之见，因为孔疏对双方观点的分析过程缺少第三方观点予以证实或者证伪某一方的情况，仅遵循疏不破注的原则，而曰"礼是郑学，今申郑义"③，虽然孔疏赞同郑注，但是细观孔疏之文：

> 云："端衰丧车无等"，端，正也，正为衰之制度上下无等，其服精粗，卿与大夫有异也。又曾子云：齐斩之情，据其情为一等，无妨服有殊异耳。若王肃之意，大夫以上弁经，士唯有素冠，此亦得施于父母。此经云为昆弟，岂亦弁经素冠之异乎？此是肃之不通也。④

孔疏把丧服服饰和情感分开言之，显属卫护郑注。我们回到曾子于《丧服》所作之传文，即"期之丧，达乎大夫父母之丧，无贵贱一也"，郑注云：

---

① 《春秋左氏传》闵公元年经文有言："秋八月，公及齐侯盟于落姑"，传文元年亦言"管敬仲言于齐侯"则《左传》的作传之人称呼齐君为齐侯。又《左传》于闵公二年有言："僖之元年，齐桓公迁邢于夷仪。"两种称呼齐君的情况多次出现，不再多举。参见《春秋左传正义》，第84、87页。
② 《仪礼经传通解》，第1219页。
③ 《仪礼经传通解》，第1219页。
④ 《仪礼经传通解》，第1219～1220页。

期之丧达乎大夫者，谓旁亲所降在大功者，其正统之期，天子诸侯犹不降也。大夫所降，天子诸侯绝之不为服，所不臣乃服之也。①

可见郑注认为服饰同等，而不仅内心情感同等。因此，孔疏明显受到了王肃经学影响而调和王郑经学观点，不合经文之义，难免以己意解经之嫌疑。

由此可见，黄榦取王肃观点较孔颖达做法为优，但是黄榦没有深入分析孔颖达提出的《仪礼·丧服》与《礼记·杂记》之间存在矛盾的问题，直接确定为王肃观点，其逻辑依然仅是从班固而来，经朱子总结而得出的观点，即《仪礼》为经，《礼记》为传。② 那么黄榦取舍经学观点亦难免门户之见，此亦毋庸讳言。

另外辨别注疏类按语最特殊的例子当属黄榦引用朱子按语来辨别注疏之文。《通解·丧服一》大功正服九月章就有三条引朱子之按语，分别录于下：

> 先师朱文公亲书稿本下云：今按：传意本谓弟妻不得为妇，兄妻不得为母，故反言以诘之曰："若谓弟妻为妇，则是兄妻亦可谓之母矣，而可乎？言其不可尔。非谓卑远弟妻而正谓之妇也。注疏皆误，故今论于此而颇刊定其疏云。"③

又引朱子之按语曰：

---

① 《仪礼经传通解》，第 1216 页。
② 我们查《朱子语类》可知，其原文曰："德明问：'编丧、祭礼当依先生指授，以《仪礼》为经，《戴记》为传，《周礼》作旁证。'曰：'和《通典》也须看。'就中却又议论更革处……"虽然仪礼为经，礼记为传并非朱子所言，但是从此对话中可以看到，德明平时已闻此观点，并且朱子亦承认其曾言及此观点。可见朱子此言论是朱门的一个常识了。虽然朱子并没有对以上观点的来源进行详细论证，但是我们追述经学史可知班固《汉书艺文志》把《仪礼》名为《礼古经》等，确实可知朱子是承自传统经学观点来进行理论，绝非主观臆想之结论，虽然我们在第一章中反对此一观点，但是我们也只是仅限于《仪礼经传通解》中的编撰过程并非以此为原则而已，而非反对这个礼学观点，故特做以上说明。参见《朱子语类》，第 3589 页；《汉书》，第 1709 页。
③ 《仪礼经传通解》，第 1281 页。

先师朱文公亲书稿本云：传先解嫁者、未嫁者，而后通以上文"君之庶子"，并以妾与女君同释之，乃云下言"为世父母"以下，而以自服私亲释之，文势似不误也。又批云：此一条旧读正得传意，但于经例不合，郑注与经例合，但所改传文似亦牵强，又未见妾为己之私亲本当服期者合著何服。疏言十一字是郑所置……则当从郑注之说无疑矣。①

第三条按语引朱子按语曰：

先师朱文公亲书稿本：今按：疏义有未明者，窃详始封之君所以不臣诸父昆弟者，以始封之君之父未尝臣之者也，故始封之君不敢臣也。……②

以上三条按语分别是《通解·丧服一》大功正服九月章的"夫之祖父母、世父母、叔父母"条传文的按语、"皆为其从父昆弟之为大夫者"条传文的按语、"大夫、大夫之妻、大夫之子、公之昆弟，为姑、姊妹、女子子嫁于大夫者"章传文的按语。从"先师朱文公亲书稿本"的提示语可知，上引三条按语均说明了《续丧礼》是黄榦在朱子《丧礼》稿本的基础上继续修订，证实了杨复《续丧礼序》所言《续丧礼》是黄榦完成朱子未竟事业的观点，亦可佐证朱子对黄榦礼学思想具有十分重要的影响，将为我们下文比较朱子与黄榦礼学思想差异提供极重要的证据。至于朱子辨析注疏之方法、依据及辨析过程，上一节所论颇详细，此处三条按语亦不离上一节所论范围。

当然，《续丧礼》《续祭礼》亦有校勘类的编者按语，如《续祭礼·祭物》祭用总要章出自《礼记·王制》之文献曰：

圭璧金璋不粥于市，命服命车不粥于市，宗庙之器不粥于市，牺牲不粥于市。③

---

① 《仪礼经传通解》，第 1284～1285 页。
② 《仪礼经传通解》，第 1287 页。
③ 《仪礼经传通解》，第 3140 页。

这个简短文献，已有两处属于校勘类按语。一为"圭璧金璋不粥于市"有按语曰："《家语》作'圭璋璧琮'。"另一则为"牺牲不粥于市"有按语曰："《家语》作'牺牲柜圈'。"这两处按语属于校勘中的对校，当可定谳。虽然《续丧礼》《续祭礼》也存在校勘类按语，但是这种按语数量极少，难以和《通解》朱子编撰部分等量齐观。至于这种现象所反映的两代学者学术思想的差异，留待下文详述。

三 黄榦按语深度性：黄榦与朱子礼学思想之比较研究

前述《续丧礼》《续祭礼》按语类型，均在朱子按语类型范围内，但是从上述所引按语中，我们已可看到黄榦深度挖掘了朱子所开创的按语类型，发展完善朱子礼学思想，使朱子创立的编撰体例更为成熟。兹论如下。

（1）强化礼例特征：黄榦创新发展朱子礼学思想

重视礼例，《通解》朱子编撰部分打下了基础，黄榦则在此基础上，在《续丧礼》中对朱子注重礼例的思想进行了重大发展。由本章第一节可知，朱子运用诸多按语形成新礼例，如《通解·乡射礼》献众宾章经文有言："主人西南面三拜众宾，众宾皆答一拜。"朱子采纳了郑注贾疏后，特下按语曰："今按：众宾答一拜，说见上篇。"[①] 上一节已详细研究了前引按语的礼例功能，不再赘述。

与朱子不同，黄榦通过按语直接概括礼例，并由这些礼例构成一个典型的礼例链条。《续丧礼·丧服一》有以下三条按语，先引之如下，再行论述：

> 《斩衰》章父母之丧无贵贱一也、父条致丧三年、大夫为其父母，并此条通用，当互考。[②]

又有：

> 《斩衰》章父母之丧无贵贱一也、父条致丧三年大夫为其父母、为人后者条为所后者之妻若子、女子子在室为父条为父母主丧者不杖则子

---

① 《仪礼经传通解》，第323页。
② 《仪礼经传通解》，第1226页。

一人杖、女嫁反在父之室条未练而出则三年等，并此条通用，当互考。①

又有：

> 《斩衰》章父母之丧无贵贱一也、父条大夫为其父母、为人后者
> 条为所后者之妻若子、女子子在室为父条为父母主丧者不杖则子一人
> 杖、《齐衰三年》章穆公之母卒，并此条通用，当互考。②

这三条按语并非紧密排列于《续丧礼》中，两两之间也都间隔有其他礼例，如第一、二条按语之间就存有三条其他按语。③ 细观上引按语可知，他们虽然不是紧密排列于一处，但是他们之间存在着紧密联系，则可定谳。另外，为省篇幅，下文仅以《续丧礼·丧服一》连环按语指代此三条按语。至于他们之间的关系，兹论如下。

　　首先，从内容上说，三者是一个逐层递增的关系。据《续丧礼》可知，第一条按语的"此条"指"为人后者"条的"为所后者之祖父母、妻、妻之父母、昆弟、昆弟之子，若子"，④ 因为第一条按语处于经文"为人后者"子夏传之下，又据王贻梁校勘记可知，"为人后者为之子"句上，贺本有"记"字。⑤ 而黄榦于此句之下有按语曰："详见《通礼》主后条"，⑥ 比较此句和子夏传可知，为人后者所承担丧礼之职责正是子夏传所言内容，实无可争议。换言之，第一条按语内容可以更改为另一种表述："《斩衰》章父母之丧无贵贱一也、父条致丧三年大夫为其父母、为人后者条为所后者之妻若子通用，当互考。"依此方法，第二、三条按语中的"此条"指代其上文的内容，故我们补全第二条按语，即"《斩衰》章父母之丧无贵贱一也、父条致丧三年大夫为其父母、为人后者条为所后者之

---

① 《仪礼经传通解》，第 1235 页。
② 《仪礼经传通解》，第 1242 页。
③ 这三条按语分别是"《齐衰三年》章父卒为母、《齐衰杖期》章父在为母通用。""《齐衰三年》章父卒为母通用。""《斩衰》章：三年之丧，二十五月而毕，三年之丧，达乎天子。此条通用，当互考。"参见《仪礼经传通解》，第 1231、1232、1234 页。
④ 《仪礼经传通解》，第 1225 页。
⑤ 《仪礼经传通解》，第 1309 页。
⑥ 《仪礼经传通解》，第 1226 页。

妻若子、女子子在室为父条为父母主丧者不杖则子一人杖、女嫁反在父之室条未练而出则三年等，并父卒则为母齐斩削杖三年通用，当互考"。第三条按语则是"《斩衰》章父母之丧无贵贱一也、父条大夫为其父母、为人后者条为所后者之妻若子、女子子在室为父条为父母主丧者不杖则子一人杖、《齐衰三年》章穆公之母卒，并父在为母齐衰期通用，当互考"。

其次，从结构方面来说，三条按语呈现了层层推进的关系，但并非第二条包括第一条礼例，第三条包括第二条及第一条礼例的关系，而是存在着一些差异，如第二条按语内容比第一条按语多了"女子子在室为父条为父母主丧者不杖则子一人杖，女嫁反在父之室条未练而出则三年等"及"此条"之内容。细考《续丧礼》在第一条按语与第二条按语之间的其他三条按语可知，这两条礼例正是上述介于第一、二条按语之间的其他按语内容。但是为何上引第一、二两条按语之间存有三条概述礼例的按语，此处却只补充了两则礼例而已？为了解决这个问题，我们再次分析礼例按语所涉及的第三条按语。此条按语如下：

> 《斩衰》章：三年之丧，二十五月而毕，三年之丧，达乎天子。此条通用，当互考。[1]

这则按语没有被黄榦纳入上文所引第二条按语中。细考此条按语可知，此条按语未涉及何人过世及丧礼如何，而是重申丧制中的丧期及父母之丧从天子到庶人一等而已。这一制度在上引第二条按语中的第一条礼例已经概括完毕，即《斩衰》章父母丧无贵贱一也。故此处省并了。

最后，从内容的承接关系方面来看，第二、三条按语之间的关系，乃至第一、三条按语之间的关系的内在逻辑当属一致，无须赘述。只是我们在比较第二条与第三条按语的内容时出现了一个细微差异，即第二条按语中的"此条"内容当为"父卒则为母齐斩削杖三年通用"，但是我们发现第三条按语中此处内容变为"《齐衰三年》章穆公之母卒"[2]。细读《续丧

---

[1] 《仪礼经传通解》，第 1234 页。

[2] 事实上，除了第三条按语本身所含"此条"所指之内容外，第三条按语中并无"女嫁反在父之室条未练而出则三年等，并父卒则为母齐斩削杖三年"，反而是多了"齐衰三年章穆公之母卒"。参见《仪礼经传通解》，第 1242 页。

礼》可知，此是《丧服一》齐衰杖期章父卒则为母条的记文内容。此处是作为父卒则为母条的记文，当是黄榦断定穆公之父已过世。据鲁国诸公世系可知，穆公继位当是在其父已过世，否则主丧之人当是其父。另据《礼记正义》孔颖达正义："案《世本》、传记，哀公蒋生悼公宁，宁生元公嘉，嘉生穆公不衍，是曾孙也。"① 可知元公嘉已过世，穆公在位，否则曾申不应该回答"哭泣之哀，齐斩之情，饘粥之食，自天子达"。郑注云："子丧父母，尊卑同"，郑注甚合经文内容，当是穆公守元公嘉之丧后才会有曾申的回答，即父母之丧同等，否则曾申所答就不合情理了。由此可知"《齐衰三年》章穆公之母卒"当属于父卒为母的情形，而第二条按语中"女嫁反在父之室条未练而出则三年等"之内容下正有编者按语曰：

> 《齐衰三年》章父卒为母通用。②

此按语正符合"《齐衰三年》章穆公之母卒"情形。由此可见，黄榦在第三条按语中省并了"女嫁反在父之室条未练而出则三年等，并父卒则为母齐斩削杖三年通用"，而由"《齐衰三年》章穆公之母卒"内容替代了，其内涵并无实质性变化。

通过上述按语，黄榦逐步呈现各条礼例，提升了朱子索引式按语所形成的礼例，实现由朱子注重编撰体例而形成客观礼例之效果跨入了编者有意识的总结经文礼例。这是朱子学派经学思想的一个重大突破，亦是朱子学派回归到经学传统的一个重要表现。

一方面，黄榦礼例思想立足于经学文本，摒弃了朱子推导"顺人情"礼学思想的依据。"礼顺人情"语出《礼记·丧服四制》，其语曰：

> 凡礼之大体，体天地，法四时，则阴阳，顺人情，故谓之礼。訾之者，是不知礼之所由生也。③

---

① 《礼记正义》，第241页。
② 《仪礼经传通解》，第1232页。
③ 《礼记正义》，第2350页。

孔颖达疏解"顺人情"说："'顺人情'者，下文云'有恩有理，有节有权，取之人情'是也。"① 孔疏遵循《丧服四制》的观点，但是朱子并没有局限于此情境，而是抽取出其合理因素，移植到其他情境，其中最重要观念就是"时"的观念。而"礼，时为大"的深层依据是随顺人情，详见第二章。这使朱子礼学陷入另一个无法调和的矛盾中，因为在生平政治经历中，朱子反对庙堂之议所持证据正是汉唐礼学文献，② 而本章第一节又看到朱子使用日常礼俗来解读礼仪。这个矛盾的根源是朱子被烙下宋代经学特征，即《乞修三礼劄子》所反映的学风问题。朱子深刻检讨不足说：

> 在讲筵时，论嫡孙承重之服，当时不曾带得文字行。旋借得《仪礼》看，又不能得分晓，不免以礼律为证。后来归家检注疏看，分明说"嗣君有废疾不任国事者，嫡孙承重"。当时若写此文字出去，谁敢争，此亦讲学不熟之咎。③

正如殷慧所言："从语气揣测，朱熹可能在懊悔当初应该早重视《仪礼》之学。朱熹明确指出这是讲学不熟所致，需要加以改进。"④ 殷慧的推测甚为合理，其视朱子为独立于当时学术思潮的圣人，并未意识到朱子是宋代学术界一员，也深受当时学术思潮的影响。从上引语类可知，朱子虽无十足证据，但是其参加论嫡孙承重之服时持论又十分坚定，正与《乞修三礼劄子》所批评的学者无实质差异。与之相同，在《通解》朱子主编部分，确实可见朱子解经之处使用了其本人礼仪实践经验，虽符合宋代人情，难免臆断之嫌，这也是毋庸讳言的事实。

与朱子不同，黄榦全面地发展了朱子继承汉唐经学的礼学思想。从上引三条按语的比较研究可知，黄榦总结的礼例均是立足于传统经文，并未涉及编撰者礼仪实践的习惯问题。可见黄榦较朱子更推崇汉唐经学，在总

---

① 《礼记正义》，第 2350 页。
② 殷慧《朱熹礼学思想研究》认为《仪礼经传通解》的编撰原因之一正是"现实层面：礼制论争中屡屡受挫后的学术反思"，其所据之实例有三：一是议孝宗山陵；二是论嫡孙承重三年丧服；三是议祧庙。我们认为殷慧所言甚为有理。参见《朱熹礼学思想研究》，第 100～107 页。
③ 《朱子语类》，第 3489 页。
④ 殷慧：《朱熹礼学思想研究》，第 103 页。

结礼例的过程中所用方法更加注重调动习礼者的积极性。换言之，黄榦把礼仪之实践任务还给了读者，集中关注经文文本所保存的礼例。由前引三条礼例可知，黄榦均使用了一个词尾："当互考。"这是《续丧礼》《续祭礼》描述礼例按语的标志之一。依据这个标志，可以查找到《续丧礼》《续祭礼》中总结礼例的大部分按语，但是这并非礼例内容的必要部分，而是另有目的，即让习礼者主动比较各个礼例之间差异性及适用性问题。兹论如下。

　　为省篇幅，我们仍以上引黄榦三个按语及其相关按语为例。上文第一、二按语之间有三条标示礼例的按语，其中前两条按语分别是：

> 《齐衰三年》章父卒为母、《齐衰杖期》章父在为母通用。①
> 《齐衰三年》章父卒为母通用。②

单从按语看，难以确知"通用"内容，但是置于《续丧礼》中便一目了然了，故我们先梳理其内容再行考论。首先，从其位置看，他们均在《丧服一》斩衰三年章。前者是在斩衰章女子在室为父条的记文末，后者则是在斩衰章"子嫁，反在父之室，为父三年"条的记文之末，两者有两个共同点：一是全都在斩衰章，二是两者均出自《礼记·小记》。其次，从两处按语所指内容看，两者分别指向齐衰三年章或者齐衰杖期章。前者所指内容正是上文三个连环礼例按语的第二个，即齐衰三年章父卒则为母条的按语中的"女子子在室为父条为父母主丧者不杖则子一人杖"。后者所指向的内容与前者同一处，具体内容为"女嫁反在父之室条未练而出则三年"。最后，从礼例内容来看，前者所指是"女子子在室为父母，其主丧者不杖，则子一人杖"，后者所指内容是"女嫁反在父之室条未练而出则三年等"。前者指的是丧服仪式，而后者则是丧期差异，两者可以并存，并无矛盾之处，由此才形成了两条礼例共存于前文三个连环礼例的第一、二个按语中。

　　由上述内容可知，黄榦并未直接概括礼例，而是指出《礼记·小记》

---

① 《仪礼经传通解》，第 1231 页。
② 《仪礼经传通解》，第 1232 页。

内容在其他可以通用之处，其依据正是《礼记·小记》的内容，并未直陈编者的礼学观点。因此，黄榦按语以"通用"结束，而非"互考"之语。但是前文所引《续丧礼·丧服一》连环按语又均有"通用，当互考"之语，故我们再次以《续丧礼·丧服一》连环按语第二条为例考察其使用"当互考"之语的原因和必要性。具体如下。

第一条礼例"《斩衰》章父母之丧无贵贱一也"主要指丧服礼例，而"父条致丧三年大夫为其父母"则有丧服、丧期两种内容，后面的礼例亦涵括了丧服与丧期变化，但是这些内容之间紧密联系在一起，如"为人后者条为所后者之妻若子"所指内容正好用到"《斩衰》章父母之丧无贵贱一也、父条致丧三年大夫为其父母"的礼仪内容，由此形成了按语各部分内容互相补充的情况。至于行礼者如何使用礼例的问题，则依靠行礼者根据自己情况进行选择，如"女嫁反在父之室条未练而出则三年等"所含礼制内容不仅有未练而出则三年等，还包括"既练而出则已。未练而反则期，既练而反则遂之"。①

因此，"当互考"提示读者不仅要以这些礼例为原则，还要依据自身情况来择取适合礼仪，避免朱子"顺人情"礼学思想导致的礼仪无定规，容易滑向朱子所批评的礼学现象，即"率用耳学臆断"。

上述论述过程虽详，实只是杨复宋绍定辛卯刊《仪礼经传通解续修定本序》的疏证而已。其文有言：

> 凡散见于它集，前后不同时，记载非一书者，今并著见于《祭礼》之本篇，俾后之议礼者有所据，依而取正焉，此则先师扶植纲常、垂世立教之本心也。②

此条文献由王贻梁录自《皕宋楼藏书志》卷七《仪礼经传通解续祭礼》，而此文末有言："载念先师经世宏纲莫重此书，更二世而未就。小子狂简，述而成之，所惧识见有蔽，义理难精。"③其落款"绍定辛卯七月望日三山

---

① 《仪礼经传通解》，第 1231 页。
② 《宋绍定辛卯刊本仪礼经传通解续修定本序》∥《仪礼经传通解》，第 3421 页。
③ 《宋绍定辛卯刊本仪礼经传通解续修定本序》∥《仪礼经传通解》，第 3421 页。

杨复谨序"，可见上引文献是《通解》全书修订之时的序言。杨复主要概述《续祭礼》篇章结构，而对《续丧礼》并未置评，因为《续丧礼》经过黄榦之手已修订成书，但我们依然可以把上文作为黄榦编撰《续丧礼》的原因。理由有二：杨复《宋嘉定癸未刊仪礼经传通解续丧礼后序》有言："然窃闻其略曰：……今因其篇目之仅存者，为之分章句、附传记，使条理明白而易考，后之言礼者有所据依，不至于弃经而任传、遗本而宗末。"虽是杨复转引黄榦之言，但其用语和上文内容如出一辙，目的亦无二致。此其一。不管《续丧礼》还是《续祭礼》，虽有编撰体例的深化过程，但是都围绕《乞修三礼劄子》所言之目的。杨复《宋嘉定癸未刊仪礼经传通解续丧礼后序》所引黄榦"弃经任传、遗本宗末"之语，正是出自朱子《乞修三礼劄子》。比较杨复序言与朱子《乞修三礼劄子》，他们编撰《通解》的目的前后一致，即"俾后之议礼者有所据依而取正"。此其二。因此，黄榦在编撰《续丧礼》《续祭礼》之时着力纠正当世议礼者臆断说礼或制礼之弊端，目的正是提供礼例以便学者制礼、议礼。

另一方面，黄榦礼例思想立足于实行礼仪的全过程，着眼于礼仪的实效性。

上文已详细讨论了《续丧礼·丧服一》连环按语之间的关系，只是未深入研究三个按语所反映礼例的实际情境，这正是《通解》指导礼学实践编撰目的最重要的载体。因此，黄榦在上述礼例中不仅注重礼例，而且注意到这些礼例之间构成了制定礼仪的相互制约的原则，由此实现礼仪的实效性。为免烦琐，我们以《续丧礼·丧服一》连环按语第一条为例。这条按语实际上包括了四条礼例，即斩衰章父母之丧无贵贱一也，斩衰章父条致丧三年，大夫为其父母服丧服之类型，以及为人后者为之子，也就是"为所后者之祖父母、妻、妻之父母、昆弟、昆弟之子，若子"，[1] 如果为了简便起见，黄榦完全可以用简单按语表述，即为人后者为之子通用。但是黄榦却把礼仪的现实使用情境逐一罗列出来，显示编者注意到礼学内容的复杂性。再者，"为人后者为之子"条完整置于按语中可知，黄榦主要着眼于礼仪的实效性。事实上，"为人后者为之子"条的内容在实际行礼过程中已涵盖了前面三个礼例内容，而黄榦在此不厌其烦地指出这些礼

---

① 《仪礼经传通解》，第 1225 页。

例，显然不是为了补足文献，而是提醒读者注意此处礼仪的各种具体因素。与朱子通过礼例辨析各种礼仪文献以及通过索引式按语，即"详见某章"形成新礼例，黄榦的方式更胜一筹。

细考《续丧礼》可知，黄榦并未拒绝使用索引式按语，但是其索引式按语并没有任何实质性的礼例效果，因为其目的仅是为了节省篇幅而已，正如黄榦在《续丧礼·斩衰》按语"经文之后附入传记者，其例有三……"所述避免重复内容而节省篇幅，同时也总结了《续丧礼》《续祭礼》的索引式按语的特征。虽然和朱子所用的索引式按语形式相同，但是黄榦只是承袭了朱子按语的形式，而其作用则明显不同，即黄榦的索引式按语仅有减省篇幅的作用，不再具备创建新礼例功能。理由有二。

在礼学结构方面，《通解》朱子编撰部分使用索引式按语辨析礼仪及注疏内容，呈现朱子礼学思想，而黄榦在《续丧礼》《续祭礼》中并未使用大量按语用于辨析礼仪及文献校勘。正是二者按语功能的差异性使朱子所言之详见某章或者某处，除具备节省文献篇幅的功能外，还有辨析礼仪或者礼义的作用，而黄榦按语仅有少数几例用于辨析礼仪，更多的索引式按语则仅局限于节省篇幅的结构功能，使其索引式按语失去了创建礼例的功效。此其一。

在礼学思想方面，黄榦的礼学思想虽承自朱子，但是较朱子更推崇汉唐经学。这可获悉于上文黄榦对待郑注、贾疏、孔疏的态度。这使朱子依据自身观点部分择取郑注、贾疏、孔疏内容。与朱子不同，黄榦则基本全引郑注、贾疏及孔疏等内容。此不能多举，我们仅于黄榦所坚持反对之谶纬学说为例即可证实。杨复于宋嘉定癸未所写《仪礼经传通解续祭礼后序》引黄榦之言：

> 《祭礼》已有七分，惟《天神》一门为郑氏谶纬之说所汩，其言最为不经。今存其说于书，非取之也，存之乎书，使天下后世知其谬，乃所以废之也。①

作为汉代经学重要组成部分的谶纬之学，宋代学者深所痛恨。欧阳修

---

① 《宋嘉定癸未刊仪礼经传通解续祭礼后序》//《仪礼经传通解》，第 3418～3419 页。

于《论删去九经正义中谶纬劄子》有言："至唐太宗时，始诏名儒撰定九经之疏，号为正义，凡数百篇。自尔以来，著为定论。凡不本正义者，谓之异端，则学者之宗师，百世之取信也。然其所载既博，所择不精，多引谶纬之书以相杂乱，在奇诡僻。所谓非圣之书异乎正义之名也。臣岂特诏名儒学官悉取九经之疏删去谶纬之文，使学者不为怪异之言惑乱"云云。①欧阳修虽是针对唐代经学发出上述批评，但是唐代经学实承自汉代经学，其弦外之音当指汉代经学，当无可议之处。欧阳修的观点虽没有得到官方支持，依然产生了极重要影响，朱子、黄榦均在其中，如朱子《策问》说："流于谶纬，谲怪不可质究，皆圣贤所不道。"② 一语可见其对谶纬之学持完全否定态度。与朱子不同，黄榦否定谶纬学说，却在《续通解》中保存其内容，正如杨复转述"存之乎书"。考之《续通解》，《续祭礼》中保存有大量的谶纬之学内容。因此，黄榦和朱子持不一样的经学态度。此其二。

正因黄榦尊重汉唐经学的态度较朱子强烈与坚决，在处理汉唐注疏具体内容时，依据汉唐经学文本固有逻辑来总结礼例。此外，因为黄榦推崇汉唐经学，其在总结礼例之时，也依据汉唐经学成果来概括礼例，亦因其注重礼例，黄榦通过按语抽绎出汉唐经学的注疏所含的礼例，并置于各种实用场合，力求实现礼仪之可行性。

（2）结构体例规范化：黄榦强化朱子礼学编撰体例之成就

与朱子按语注重校勘文本不同，黄榦更重视篇章的结构体例。前文按语分类部分已就《续丧礼》《续祭礼》结构体例作了详细说明，即《斩衰三年》章按语涵盖了两书所有篇目的体例特征，此不赘述。此一例已能说明黄榦更重视成例的内容，而其对《续丧礼》的篇章结构更注重于成例内容，如《士丧礼》始死章、楔齿缀足章、袭饭含章、丧次记分别有按语：

> 按：始死之前，有有疾、疾病等事，经文不具，今以记附见于下。③

---

① （宋）欧阳修：《欧阳文忠公集》卷十六，四部丛刊影元本。

② 《晦庵先生朱文公文集》，第 3574 页。

③ 《仪礼经传通解》，第 1317 页。

按：复与楔齿缀足之间有迁尸一节，经文不具，今以记附见于下。①

按：既袭后有为燎一节，经文不具，今以记附件于下。②

按：丧次居处之节，亦非一事，今姑存本经记于此，凡它记所见者，别见《丧通礼》篇《居处》章。③

遍检《续丧礼》，仅这四条按语关系结构体例问题。结合前引《续丧礼》斩衰章关于传记类型的按语，共有五条。相对于《续丧礼》的篇幅而言，其数量之少出乎众多研究者之意料。但是细查黄榦五处按语可知，黄榦所下按语均是针对全书各篇章而言，并非就此处而论此处，这才是黄榦有关结构的按语数量远少于朱子按语的原因。

细查上引四条按语，共同点有二：记文内容是经文不具备的内容，此其一。记文内容本身已是一个完整环节或者事情，此其二。此可获证于《续丧礼》斩衰章"经文之后附入传记者，其例有三……仍注云详见某条"。前引四条按语正是此条按语所言三个范例之外的内容，而我们细检《续丧礼》《续祭礼》，两者均存在大量的传或者记的内容，但是黄榦不再对这些内容逐一说明，而是以此条按语的三个凡例来说明其编撰结构。如《续丧礼·丧服一》斩衰章父条传文中除了子夏传之外，尚有出自《礼记·丧服义》的"丧服三年"，④ 其记文则更多，达到了五处文献。⑤ 在这些文献中只有一处有"详见上斩衰条"，⑥ 其他文献则属于第一种类型。

虽然在按语设置方面，黄榦比朱子先进许多，但是并非黄榦独创，而是源自《通解》朱子编撰部分创立的体例。除了前述朱子、黄榦按语内容

---

① 《仪礼经传通解》，第1327页。

② 《仪礼经传通解》，第1354页。

③ 《仪礼经传通解》，第1388页。

④ 《仪礼经传通解》，第1217页。

⑤ 其记文的文献出处分别是《礼记·檀弓》《仪礼·丧服一》《礼记·杂记》《礼记·丧服小记》《春秋左氏传》。参见《仪礼经传通解》，第1217~1221页。

⑥ 此处文献是出自《礼仪·丧服一》，这是以《仪礼·丧服一》子夏传之文献为记文。参见《仪礼经传通解》，第1218页。

类型、结构体例相似之处外，再补正黄榦与朱子在《通解》编撰过程中的师承关系。

在《通解》编撰过程中，黄榦充当讲解体例的信使，如前引写于丁巳年（1197）① 的《答应仁仲》有言："《觐礼》以后黄婿携去庐陵与江右一二朋友成之，尚未送来，计亦就草稿矣。"② 又如前引《答吴伯丰》"又闻摄事郡幕"详道黄榦充当信使角色，向吴伯丰传递有关礼书编撰信息及朱子批阅《续丧礼》稿本情况。

又胡泳有载："庚申二月既望……'礼书近得黄直卿与长乐一朋友在此'。"③ 而朱子于庚申年（1200）三月甲子去世即三月九日，则直到朱子去世的前夕，黄榦还在帮忙整理《通解》未完稿，可谓是从始至终都参与《通解》朱子主编部分的学者，甚至参与了编撰体例的制定工作，故朱子把丧、祭二礼均交给黄榦编撰。

由此可见，上文详细分析了黄榦《续丧礼》《续祭礼》的编撰体例及其与朱子的关系，显示黄榦创新处有以下两方面。

其一，黄榦把《续丧礼》《续祭礼》作为一个整体。在《续丧礼》中，首次遇到斩衰章处理记文之时，他系统阐述了全书的传记文体例，再对例外情形补充四条按语，形成完整的编撰体例，呈现明确的编撰意识。反观《通解》朱子编撰部分，朱子多是从概念出发说明传记文，尚未形成完整体例。如前引《士昏礼》纳采章引贾疏并下按语，开创了《通解》置记文于每章之末的体例，但是其体例仅针对《仪礼》篇末固有记文。综观《通解》朱子编撰部分，其记文有两个来源：一是《仪礼》篇末固有记文，二是采自其他文献作为记文的内容，如《士昏礼》纳征记文采自《礼记·杂记》，他下按语"此一节系《杂记》补"。④ 但是此处按语仅针对《仪礼》篇末固有记文，无一言及第二类记文，更不用说设定采纳记文文献的标准了。正因朱子尚不明确文献的判定标准，导致《通解》的编撰速度和

---

① 《朱子书信编年考证》（增订本），第 439 页。

② 《晦庵先生朱文公文集》，第 2550 页。

③ 《朱子语类》，2895 页。

④ 《仪礼经传通解》，第 93 页。

质量难以得到有效保证。① 与此相反，黄榦则弥补了朱子的不足之处，大力标准化编撰体例，这是黄榦在编撰体例上的创新，为杨复后来重修《续祭礼》提供了重要经验。

其二，在传记文献的处理过程中，黄榦更加注重文献处理方法的可操作性。对于具有补充经文不足的记文，朱子简单处理为补充经文而已。如《通解·士冠礼》最后一章女子笄章，朱子有按语曰："《杂记》补。"② 与之不同，黄榦在《续丧礼》斩衰章下按语概括了其所编撰之书的结构体例，较朱子具有更为明确的编撰体例，而他在此条按语之外增加的按语，更显实用性。兹举一例如下：

> 按：始死之前，有有疾、疾病等事，经文不具，今以记附见于下。③

此为《士丧礼》始死章记文前的按语，主要说明安排记文的原因。此记文不仅补充经文所缺少的内容，且明确指出这些事的主题以便习礼者清楚知道其所学的内容。前文已言及黄榦继承朱子分章附传编撰结构，但是黄榦把朱子的经文结构思想也运用到记文，其效果有二：一方面，使习礼者了解此处记文的内容，知其所以然，打消礼书难读的畏难心理；另一方面，黄榦把经文所无的整件事情置于传记之中，并按照事件发展顺序编撰记文，使全文更具可读性。

朱子与黄榦的处理方法均可以成立，但是黄榦更符合促使士人学习《仪礼》的编撰目的，而朱子在《仪礼》固有篇目之中移动文献或者补充

---

① 对于《通解》的编撰速度，前面已屡有引用，不再赘引。至于编撰质量，可于黄榦编撰《丧礼》一书为例，前文已引《答吴伯丰》一书，可见黄榦尚且对《丧礼》把握不定其编撰原则，更何况其他人呢？吴伯丰所编撰之《祭礼》所出现之问题更大，以至于最后把《祭礼》亦交给黄榦编撰，由此可见，《通解》编撰团队的编撰质量甚难达到朱子满意的程度，而其两者的质量差异可于《通解》朱子编订部分与朱子未定稿两部分比较可知，未订稿部分按语不及定稿部分百分之一，且编撰过程中存有经传不分的现象，如《仪礼集传集注》卷三十六《王制之壬（师田）》全文部分经传，但是其内容又有引自《通解》编订稿部分通常置于传文的《左传》等文献。参见《仪礼经传通解》，第 1147~1183 页；《晦庵先生朱文公文集》，第 2457 页。

② 《仪礼经传通解》，第 70 页。

③ 《仪礼经传通解》，第 1317 页。

文献，严重影响其推崇《仪礼》的效果，也为后代士人所诟病。①

（3）辨别注疏：黄榦践行朱子礼学思想

黄榦《续丧礼》《续祭礼》存在两种辨析注疏的按语，分为两种：第一种是黄榦运用传统经学材料辨析注疏而不下己论的按语，第二种是引用朱子礼学观点来辨析注疏。尊重汉唐注疏与朱子礼学思想，成为黄榦经学思想继承汉唐经学传统的主体特征。其理由有二。

一方面，在辨析注疏的过程中，黄榦主要依靠传统经学材料进行论断，极力避免掺入主体观点，这是黄榦继承了朱子注重经学内证的礼学思想，却失去了朱子灵活判断注疏正误的多种方法。前文已举一例证明黄榦礼学思想的特征，为了避免孤证，兹再举一例。

《续丧礼·士丧礼上二》始死章的记文有出自《礼记·檀弓》"子张病，召申祥"条，黄榦有按语曰：

> 今按：子张所云君子、小人曰终、曰死之别，盖言人生斯世，当尽人道。君子之人，人道既尽，则其死也为能终其事，故以终称之；若小人，则无可尽之道，只是形气消尽，故称之曰死。终以道言，死以形言。子张言"庶几"者，盖以生平持身，惟恐有不尽之道。今至将没，幸其得以尽道而终，故以为言，亦犹曾子知免之意。观其将死喜幸之言，足以见其生平恐惧之意，正学者所当用力也。今注家以为"欲使执丧成己志"，疏家又以为但身终功名尚存。几，本训近，又训为冀，皆不可晓。学术不明，其弊至此，不可不辨。②

黄榦说明了终与死名号的异同，批评郑注和孔疏没有清楚了解文献内容，

---

① 四库馆臣在提要《通解》朱子编撰部分时并未对其缺点进行批评，但是在提要敖继公《仪礼集说》便说："朱子《经传通解》皆割裂其语，分属经文各条之下。继公则谓诸篇之记有特为一条而发者……不敢移掇其文，失记之意……则继公所学，犹有先儒谨严之遗。固异乎王柏、吴澄诸人奋笔而改经者也。"而王柏、吴澄正是学习朱子之学者，则四库馆臣虽以客观口吻认为朱子割裂记文，批评王柏、吴澄之风格，但其弦外之音明确指向的正是朱子《通解》割裂经文之编撰方式。参见《四库全书总目》，第161页。

② 此处的"今注家以为'欲使执丧成己志'，疏家又以为但身终功名尚存。几，本训近，又训为冀，皆不可晓。"的标点明显不合逻辑，当是王赗梁注解之时对文献理解不够透彻，当改为"今注家以为'欲使执丧成己志'，疏家又以为但身终功名尚存，几本训近，又训为冀，皆不可晓。"方符合其文义，特此说明。参见《仪礼经传通解》，第1323页。

值得重点关注的是黄榦作出上述结论的判断依据。从上引按语可知，黄榦所持的两个论据：一是引用曾子知免之事，作为子张之言的同性质例子作为正面的论据；一是作为驳倒贾疏的证据而存在的"几，本训为近"字义。单以黄榦按语难以判断黄榦的依据是否准确，需要先梳理上述两个证据。

"曾子知免之意"出于《论语·泰伯》，其言曰：

> 曾子有疾召门弟子曰："启予足，启予手。《诗》云：'战战兢兢，如临深渊，如履薄冰。'而今而后，吾知免夫，小子！"①

朱子极为重视这个故事，故《论语集解》先从文本出发，解释各字词之义及其内涵之后，还附入了程颐、尹焞、范纯仁三人的学术观点曰：

> 程子曰："君子曰终，小人曰死。君子保其身以没，终其事也。故曾子以全归为免矣。"尹氏曰："父母全而生之，子全而归之。曾子临终而启手足为是故也。非有得于道，能如是乎？"范氏曰："身体犹不可亏也，况亏其行以辱其亲乎？"②

上引黄榦按语与三人观点比较可知，黄榦用曾子知免之事证《礼记·檀弓》之文，而程子则是用《礼记·檀弓》之文证《论语》曾子之免之事，两者均是临终之事，其相似度不言而喻，而尹焞则从"得于道"角度论证曾子临终安详态度，而范纯仁从反面证实身体不可亏损，更重要之事是行不辱亲。由此可知，黄榦利用程子的比较方法，综合尹焞与范纯仁的正反两方面结论来完成上述按语，虽不中亦不远矣。但是从上述按语可知，黄榦均未掺入自己的观点，而是立足于经文文献，避免了以己意解经的宋学弊端。

至于"几"的字训，《说文解字》曰："几，微也，殆也。"段注：

---

① 《四书章句集注》，第 103 页。
② 《四书章句集注》，第 103 页。

《系辞传》曰："几者，动之微也，吉凶之先见也。"又曰："颜氏之子其殆庶几乎!"虞曰："几，神妙也。"歹部曰，殆，危也。危与微二义相成，故两言之。今人分微义为上声，危义为平声。按：《礼记》"雕几"借为圻塄之圻。[1]

又据《说文解字注》蟣字条：

今正：《释诂》曰："蟣，汔也。"孙炎曰："汔，近也。《民劳》，《笺》云：'汔，几也'几与蟣同，汔与讫同。汔，水涸也。水涸则近于尽矣，故引为凡近之词。木部杚，平也，亦摩近之义也。丝部曰：'几，微也，殆也。'"然则"见几"、"研几"字当作几。"庶几"、"几近"字当作蟣。几行而蟣废矣。[2]

那么黄榦"几，本训近"则使用了"几"的本义，而孔疏释"几，冀也"，则"冀"是希望之义。《说文解字注》卷十七段玉裁注"庶"字曰：

诸家皆曰"庶，众也"。许独云："屋下众者"，以其字从广也。《释言》曰："庶，侈也。"侈，郑《笺》作胗，此引申之义。又引申之，《释言》曰："庶，幸也。"《诗·素冠》《传》同。又《释言》曰："庶几，尚也。"[3]

从这条文献可知，其希冀之义当是《释言》"庶，幸也"的同义表述，那么孔疏释"几，冀也"显然有误，其为手民之误还是孔氏之误尚难以断定，因为孔疏对《檀弓》"吾今日其庶几乎?"之解为："言吾若平生为恶，不可幸冀为君子之人。吾即平生以善自修，今日将死，其幸冀为君子乎。"[4] 由此可见，黄榦所见的孔疏当有误，而其使用的方法正是汉唐经学家所用之小学之法。

---

① 《说文解字注》，第159页。
② 《说文解字注》，第207页。
③ 《说文解字注》，第445页。
④ 《仪礼经传通解》，第1223页。

综合上述两个证据，我们看到黄榦对郑注、孔疏的批驳虽然使用的仍旧是程朱学派的理学家思维，但是黄榦在辨析注疏的过程中，着力使用汉唐经学之法，尽量避免以己意断经的情况，正是遵循朱子晚年注重经学内证的礼学思想的体现。

另一方面，黄榦大力引述朱子原稿之按语或者引述朱子教学语录，突出强化其师承之关系。

黄榦在辨析注疏按语中直接引用朱子草稿的按语或者朱子讲学语类的内容，已见于前文黄榦按语内容分类部分，本部分重点考察黄榦转引朱子按语之主观目的。虽然《通解》序言并未说明黄榦引用朱子按语的目的，但是其引用朱子观点的动机并非无迹可查。杨复在宋绍定辛卯刊《仪礼经传通解续修定本序》中有言：

> 恭维文公平日笃志礼书，于《祭礼》虽未属笔，而讨论考核为尤详。如郊祀，如名堂，如北郊，如古今庙制，如四时禘祫之类，皆历世聚讼大公案。诸儒未能究见本末，迁就依违，莫之厘正，悉经先师折衷而论始定，故引而归之于各条之下。凡散见于它集，前后不同时，记载非一书者，今并著见于《祭礼》之本篇，俾后之议礼者有所据依而取正焉，此则先师扶植纲常、垂世立教之本心也。①

据王贻梁所言，此文出自《皕宋楼藏书志》卷七《仪礼经传通解续祭礼》。这与此文中所言《祭礼》是相符的。但这是杨复重修的《祭礼》使用朱子礼学观点的目的，即"俾后之议礼者有所据依而取正焉，此则先师扶植纲常、垂世立教之本心也"。黄榦未如杨复明确表述《续祭礼》使用朱子礼学观点的目的，但是其使用朱子礼学观点的目的与杨复当无异，而且杨复使用朱子礼学观点的方法正是继承自黄榦。兹证如下。

首先，从时间上看，《续丧礼》经由黄榦亲手编撰而成，杨复重修《续祭礼》则在黄榦过世之后，可证于前引杨复宋绍定辛卯刊《仪礼经传通解续修定本序》。但是这并非原始稿本，而是经过杨复等人分卷之后的稿本，杨复在《宋嘉定癸未刊仪礼经传通解续目录后序》有言曰：

---

① 《仪礼经传通解》，第 3421 页。

嘉定癸未，南剑陈侯以此书归于南康而刊之。南康张侯以书来，谓："《祭礼》有门类而未分卷数，先后无辨，则如之何？"同志皆曰："张侯之言是也。"遂相与商榷，仿《丧礼》题曰："仪礼经传通解续卷几"，以别其次第，且述其成书本末如此，以复张侯。①

由此可知张虑癸未所刊《祭礼》当是稿本，稍经修改而成之书。比较杨复于绍定辛卯年及癸未年两序可知，《续丧礼》已经成书，且杨复深知其体例。杨复两序也表明，黄榦《续祭礼》稿本并未引用朱子礼学观点来解说注疏或者辨证礼仪内容，则可确定了，否则杨复当不会于绍定辛卯刊本序文中特别提及其引用朱子观点的目的。此外，杨复《续祭礼》在黄榦《续丧礼》之后再成书亦无任何争议之处了。因此，黄榦首创引朱子礼学观点来证明礼仪或者礼义之内容，当可定谳。

其次，从师承关系上看，黄榦首创《续丧礼》中引用朱子礼学观点证明礼仪或者礼义内容，杨复则直接从《续丧礼》的体例移植至《续祭礼》而已。前文已言黄榦《续丧礼》成书早于杨复《续祭礼》，而黄榦《续丧礼》引用朱子礼学观点证实礼仪或者礼义内容的方法亦可确定，而杨复亦学习黄榦的做法，并移植至《续祭礼》则可明确。杨复《宋嘉定癸未刊仪礼经传通解续丧礼后序》明言：

嘉定己卯，先生（按：先生指黄榦）归自建业，奉祠家居。先取向来《丧礼》稿本，精专修改，至庚辰之夏而书成，凡十五卷。复尝伏而读之，大哉书乎，秦汉以下未尝有也，复何足以窥其阃奥！②

早在癸未刊本之前，杨复已经详细阅读过黄榦《续丧礼》，而且从行文语气可知，杨复高度赞扬黄榦《续丧礼》的成就，虽不免有过誉之嫌，但是代表杨复个人情感当无可疑，因为杨复重修《续祭礼》，而没有重修《续丧礼》，亦可看出杨复高度认同黄榦《续丧礼》，那么杨复深知《续丧礼》之体例亦可定谳。

---

① 《仪礼经传通解》，第3416页。
② 《仪礼经传通解》，第3416页。

最后，杨复重修《续祭礼》是在黄榦的嘱托下完成的作品。前文已经详述，仅补充一点，即杨复自己明言"盖欲复通知此书本末，有助纂辑也"。虽为杨复自述，难以成为学术史定案，但是表明杨复认同自己的编撰工作承自黄榦的嘱托，而其编撰体例和思想继承自黄榦则可从杨复主观思想方面成为铁证。

由上三点可知，黄榦编撰《续丧礼》使用朱子草稿之按语或者语类中内容，其目的正如杨复在《仪礼经传通解续修定本序》所言之内容，当可定谳，而黄榦强化其师承关系之客观效果亦由此得到凸显了。

第三节　杨复按语研究

在《通解》的主编者中，杨复的影响力无法和朱子、黄榦相比，但是对《通解》的编撰过程而言，杨复却是不可或缺的一环。由于学者对《通解》的忽视或者否定的态度，导致《通解》杨复编撰部分的研究仍属空白领域，仅能从现存各类书目著录见其成就，如《宋史·艺文志》载："杨复《仪礼图解》十七卷。"[①] 关于杨复的生平及其礼学成就的研究，寥寥无几。[②] 因此，我们先梳理杨复的生平，再考述杨复与朱子、黄榦之间的关系，有助于呈现杨复在朱子学派中的学术传承关系及其学术思想的变化发展过程。

一　杨复与《通解》的关系

（1）杨复的生平与著作及其与朱子、黄榦之间的关系

从现存史料可知，明代有关杨复的资料已不多，兹列如下。

《（弘治）八闽通志》曰：

---

① 《宋史》，第 5052 页。

② 叶纯芳《杨复再修仪礼经传通解续卷祭礼·导言》除了对日本静嘉堂文库所藏《杨复再修仪礼经传通解续祭礼》一书的版本概况、内容与价值、比较杨复《祭礼》与黄榦《祭礼》之间的差异及传承中混淆的问题等文献学方面进行评述之外，亦对杨复的《祭礼》从朱熹礼学的形态、杨复以经学理论统御礼制问题、隐藏已久的一条礼学脉络等方面来评估杨复礼学的成就。但是我们看到叶纯芳在论述过程中更多的是局限于《导言》的篇幅及问题特征，叶纯芳尚未对杨复《祭礼》作出全面的研究。参见《杨复再修仪礼经传通解续卷祭礼导言》//《杨复再修仪礼经传通解续卷祭礼》，第 1～52 页。

　　杨复，字志仁，福安人，受业朱文公之门，与黄榦相友善。真德秀帅闽，尝创贵德堂于郡学以居之，学者称曰信斋先生。著《祭礼》十四卷、《仪礼图》十四帙，又有《家礼杂说附注》二卷。①

又《朱子实纪》曰：

　　杨复，字志仁，号信斋，福宁州长溪人，所著有《祭礼图》十四卷，《仪礼图》十七卷，《家礼杂说附注》二卷。②

又《考亭渊源录》载：

　　杨复，字志仁，福州长溪人，从文公游，后卒业黄榦之门，别号信斋。真德秀知福州，创贵德堂于郡学以居之，著《祭礼图》十四卷、《仪礼图解》十七卷，又有《家礼杂说附注》二卷。③

现存有关杨复生平资料当以上引三则为最早。因被后世定为权威资料的《宋元学案》，采用了《八闽通志》之说，④ 使《八闽通志》所载资料影响较大。上引三则文献内容大体相同，其差异主要有两方面：一是关于杨复与朱子、黄榦之间的学术传承关系，《八闽通志》与《考亭渊源录》有差异。二是杨复作品数量及名称除"《家礼杂说附注》二卷"外，其他两种作品名称与卷数均有差异。陈荣捷《朱子门人》对上述资料有过较为详细考证，概括杨复的生平情况如下：

　　杨复，《文集》五八 10 至 11 作璹。字志仁，一字茂才，称信斋先生。福州长溪县（福建）人。《学案》六九 23 以为福安人，盖宋析长溪地位福安县也。《渊源录》十一 8 谓从文公游，复卒业黄榦之门。

① （明）陈道撰《八闽通志》卷七十二，明弘治刻本。
② （明）戴铣辑《朱子实纪》卷八，明正德八年鲍德刻本。
③ （明）宋端仪撰《考亭渊源录》卷十一，明隆庆刻本。
④ 比较《宋元学案》卷六十九"堂长杨信斋先生复"条可知，其与《八闽通志》一字不差。参见《宋元学案》，第 2297 页。

《源委》三 27 如之。《一统志》七四 21 云："受业朱子，与黄榦相友善。"《统谱》四一 22 亦云然。《实纪》八 3 与《宗派》九 11 列为弟子。《学案》则只谓其与黄榦相友善。《宗派》九 3 与《补遗》六九 79 冯云濠据《渊源录》又以之为勉斋（黄榦）门人。是则是否朱子门人，实一疑问。《文集》答杨志仁两书，说理气为学。《语类》三条。其中八四 3480 第三八"泳居"条记其与朱子修《礼书》。《经义考》二八五 2 大概据此便以为授《礼》弟子。真德秀知福州，创贵德堂于郡学以居之。著《祭礼图》十四卷，《仪礼图解》十七卷，《家礼杂说》二卷。朱子以前封事，力抗议和而陈复仇之义。唯戊申（一一八八）封事置而不论。杨复释之曰："窃观封事有曰：'……大本诚正，急务诚修，而治效不进，国势不强，中原不复，仇虏不灭，臣请伏铁钺之诛'，以此言观之，先生曷尝忘复仇之义哉？"《朱子实纪》与《朱子年谱》，皆引此言。①

此中阿拉伯数字表示各版本文献的页码。陈荣捷考证甚详，涉及《晦庵先生朱文公集》《朱子语类》，两书为杨复时代的作品，其他资料则时代过晚，证据力不强，仍难以论定杨复与朱子、黄榦之间的关系，故有"是否朱子门人，实一疑问"。为了增强陈荣捷的上述考证过程的说服力，我们补充杨复亲笔文字，其要有三：《宋嘉定癸未刊仪礼经传通解续丧礼后序》《宋嘉定癸未刊本仪礼经传通解续祭礼后序》均可见到杨复落款为"门人三山杨复谨序"，②当然，这个落款有可能是后世篡改之辞，因为《宋创作嘉定癸未刊仪礼经传通解续目录后序》落款仅为"杨复谨书"，《宋绍定辛卯刊仪礼经传通解续修定本序》落款为"绍定辛卯七月望日三山杨复谨序"两序并自称"门人"。细考这两篇文献可知，前者为说明《续通解》的成书本末，是回复张虑之信的内容，后者是杨复为自撰之书《续祭礼》所作之序，无所谓门人之称呼了，两者的用途均不适合落款为"门人"。另外，两序虽因用途的原因而无"门人"自称，但是在行文过程中仍可清

---

① 此处引文中有众多的数字，当是陈荣捷或者本版本的编辑在校对稿件时误将各页码标注出来，当属无心之失，但是为了保存文献原状，我们保留本版本文献内容之原貌。参见《朱子门人》，第 187～188 页。
② 《仪礼经传通解》，第 3418、3420 页。

晰看到杨复与黄榦的关系，如前者有"勉斋黄先生""先生之志"，① 后者有"勉斋黄先生""时在勉斋左右，随事咨问钞识，以待先生笔削。不幸先生即世，遂成千古之遗憾"。②清代于敏中等《天路琳琅书目》卷八《影宋钞诸部》也发现上述情况说：

> 复，字茂才，号信斋，长溪人，受业朱熹。序于榦又称"门人"云。
> 郑逢辰为江西漕，以是书献于朝，赠文林郎。复别著《仪礼图》行世。③

由此可见，杨复与黄榦是师生关系，当可定谳，此为其一。杨复与朱子之间的关系在其各序中的称呼有："昔文公朱先生既修《家》、《乡》、《邦国》、《王朝礼》，以《丧》、《祭》二礼属勉斋黄先生编之。"④ 又有"勉斋黄先生编纂《祭礼》，用先师朱文公礼书之通例，先正经而后补篇"。⑤ 及"先师朱文公集《家》、《乡》、《邦国》、《王朝》及《丧》、《祭》礼……"⑥ 由此可见，杨复对朱子的称呼主要有朱先生、先师朱文公等，与称呼黄榦并无二致，如称黄榦为勉斋黄先生。杨复师从过朱子，当可定谳，此其二。

从学术源流上，因杨复先师从朱子，卒业于黄榦，使得朱子、黄榦、杨复三人礼学思想的传承关系，并非单线发展，而是杨复综合吸收朱子、黄榦礼学思想，再变革发展二者思想，仍旧有迹可循，⑦ 留待下文详述，此其三。

此外，杨复作品数量亦无确载。细考前引陈荣捷概述可知，杨复作品有《祭礼图》十四卷，《仪礼图解》十七卷，《家礼杂说》二卷，这是采用了《朱子实纪》《考亭渊源录》两书的观点，而与《八闽通志》不同。我们依据其卷数可知，《祭礼图》与《祭礼》当是同一书，即杨复《续祭礼》十四卷，而《仪礼图》十四帙、《仪礼图》十七卷、《仪礼图解》十

---

① 《仪礼经传通解》，第 3415～3416 页。
② 《仪礼经传通解》，第 3420 页。
③ （清）于敏中等：《天禄琳琅书目后编卷八影宋钞诸部》//《仪礼经传通解》，第 3445 页。
④ 《宋嘉定癸未刊仪礼经传通解续丧礼后序》//《仪礼经传通解》，第 3416 页。
⑤ 《宋嘉定癸未刊仪礼经传通解续祭礼后序》//《仪礼经传通解》，第 3418 页。
⑥ 《宋绍定辛卯刊仪礼经传通解续修定本序》//《仪礼经传通解》，第 3419 页。
⑦ 叶纯芳认为："在他们之间（朱子、黄榦、杨复、马端临），除了直接的承袭因素之外，更突显出各自不同的鲜明特质。我们因此对朱熹、黄榦、马端临也能得到新的认识，进而勾勒出一条隐藏已久的礼学脉络。"参见《杨复再修仪礼经传通解续卷祭礼导言》//《杨复再修仪礼经传通解续卷祭礼》，第 41 页。

七卷亦属同书异名及不同的数量记载方法而已，即《仪礼图》十七卷，有十四册。后者仅是异名而已，而前者的错误则因记录者混淆杨复《仪礼旁通图》与《祭礼图》。《四库全书总目》载：

> 复因原本师意，录十七篇经文，节取旧说，疏通其意，各详其仪节陈设之方位，系之以图，凡二百有五。又分宫庙门、冕弁门、牲鼎礼器门，为图二十有五，名《仪礼旁通图》，附于后。①

四库馆臣认为杨复本师指朱子，而从上引提要可知，杨复为朱子弟子已为清代学者的共识，至于《仪礼旁通图》的内容亦可以命名为《祭礼图》，只是现存仅有一卷，与陈荣捷所言相差极大，而事实上此卷《祭礼图》附于《仪礼图》后，《八闽通志》才是正确的。至于《祭礼图》当是明代学者不明杨复著述状况，又只知杨复以礼图名家，误加图字于《祭礼》书名中，虽不中亦不远矣。

因此，杨复先师从朱子，再卒业于黄榦，这种情况在朱门中并非只有杨复一人而已，范念成、宋斌、赵师恕三人也是相似情形。②

（2）杨复《续祭礼》与黄榦《续祭礼》之间的关系

由前述可知，杨复生平著作有《祭礼》十四卷，《仪礼图》十七卷，《家礼杂说》二卷，但是杨复的著作以《仪礼图》最为知名，正如四库馆臣所言：

> 其于是经，可谓用心勤挚。惟是读《仪礼》者必明于古人宫室之制，然后所位所陈，揖让进退，不失其方。故李如圭《仪礼集释》、

---

① 《四库全书总目》，第 160 页。
② 蔡念成的师承关系，《宋元学案》"勉斋门人"载："隐君蔡先生念成别见《沧州诸儒学案》"，《宋元学案·沧州诸儒学案》更是直言："又以事文公者事黄直卿而卒业焉。"则蔡念成当是先师从朱子，再卒业于黄榦。《晦翁学案下》"晦翁门人"载："州判余先生元一。漕帅赵先生师恕并见《勉斋学案》。"《勉斋学案》把余元一列为黄榦讲友之列，而赵师恕明确列为勉斋门人之列，后来的王梓材在按语中补充道："《儒林宗派》两列先生于朱子、勉斋之门"，则赵师恕当是先从朱子，再从黄榦卒业。宋斌的师传情况则更为复杂，他不仅师从黄榦，于《宋元学案》"勉斋门人"有载"布衣宋先生斌别见《沧州诸儒学案》"，还师从李燔，并由此两人而登朱子之门，正如《沧州诸儒学案》所言："宋斌，袁州人。少从黄勉斋、李宏斋登朱子之门。"参见《宋元学案》，第 2044、2312、1593、2044、2050、2276 页。

朱子《仪礼经传通解》皆特出《释宫》一篇，以总挈大纲，使众目皆有所丽。是书独废此一门，但随事立图，或纵或横，既无定向，或左或右，仅列一隅。遂似满屋散钱，纷无条贯。其见于宫庙门仅止七图，颇为漏略。……如斯之类，殊未能条理分明。然其余诸图尚依经绘象，约举大端。可粗见古礼之梗概，于学者不为无裨。一二舛漏，谅其创始之难工可也。①

四库馆臣以汉学眼光看待宋学成就，对宋学持论较为严苛，无须多言。但即使以清代汉学家的评判标准，杨复《仪礼图》依旧具有"创始"地位，杨复的礼学成就可见一斑。但是四库馆臣亦批评杨复改变了《通解》朱子编撰部分的《释宫》体例，未完全遵照朱子编撰体例。

与《仪礼图》不同，因混淆了杨复《续祭礼》与黄榦《续祭礼》，四库馆臣失载杨复《续祭礼》，② 使得杨复的成就被定格在《仪礼图》，忽视了从朱子、黄榦、杨复到马端临"勾勒出一条礼学脉络"。③ 叶纯芳《杨复再修仪礼经传通解续卷祭礼导言》重估杨复《续祭礼》的价值，但是限于《导言》文体及篇幅，叶纯芳仅从编撰体例方面言简意赅地提出"杨复从礼学理论的角度评断各种礼议观点，使朝廷议礼史料与经学家的学说并列，纳入到同一个礼学理论的框架内，可以说是经学统驭礼制的特例，亦是编纂礼书一个重要的里程碑"。④ 叶氏的论断隐含了一个前提，即杨复礼学思想承袭自朱子、黄榦的礼学思想，⑤ 尚未深入分析杨复礼学的特征，

---

① 《四库全书总目》，第160页。
② 叶纯芳《杨复再修仪礼经传通解续卷祭礼导言》对此有详细解释可参看。参见《杨复再修仪礼经传通解续卷祭礼导言》//《杨复再修仪礼经传通解续卷祭礼》，第15~16页。
③ 《杨复再修仪礼经传通解续卷祭礼导言》//《杨复再修仪礼经传通解续卷祭礼》，第35页。
④ 《杨复再修仪礼经传通解续卷祭礼导言》//《杨复再修仪礼经传通解续卷祭礼》，第40页。
⑤ 叶纯芳《杨复再修仪礼经传通解续卷祭礼导言》虽认为杨复对朱子、黄榦有巨大的创新，但更多的是局限于体例上，并没有真正对杨复的创新内容上升到杨复礼学思想的高度来处理。他说："杨复为《经传通解》补撰《祭礼》，立足明确的经学理论，网罗汇聚经传资料，连历代礼制、奏议也在同一经学理论的平台上讨论是非，是史寓于经。杨复另撰《仪礼图》、《家礼》注，努力使《家礼》尽量接近《仪礼》。《仪礼图》《家礼》注与《祭礼》三部著作，形成一个共同的体系，互相之间有重叠而无矛盾。朱熹所关心的经学、礼议、礼俗等不同方向，可以说在杨复的调和下达到了一种统一。"参见《杨复再修仪礼经传通解续卷祭礼导言》//《杨复再修仪礼经传通解续卷祭礼》，第42页。

忽视了杨复对朱子、黄榦礼例思想的继承和发展的问题，错过了研究杨复《续通解》具体创新内容。

因此，我们先对杨复《续祭礼》与黄榦《续祭礼》的关系作详细梳理，以免下文的论述失之于烦琐。

杨复修订了黄榦《续祭礼》，并重修了《续祭礼》，由此导致了杨复和两部《续祭礼》之间的关系错综复杂。据叶纯芳考察《经义考》、张萱观点及《四库全书总目》后得出结论：

> 从以上所引书志来看，推测两部《祭礼》是从清代开始被混为一谈。《经义考》将杨复《仪礼经传通解续序》部分的内容、宋赵希弁语（见上文）误置于"黄氏榦续仪礼经传通解"条下，而"仪礼经传通解续十四卷"条下，仅录明张萱语（见上文），应未淆乱二《祭礼》之始；《四库全书》之误，如上所述，而影响最巨。①

叶氏的考述过程严密，证据充分，可为确论。从叶氏结论可知，后世学者混淆二书由来已久，从宋代开始就已现不明之处，导致了后世学者不明缘故，出现世代累积的错误，而《四库全书总目》使错误几成真相。整理《通解》的现代学者王贻梁虽采用《通解》宋本，但是尚未完整考察《通解》的流传过程，亦缺少明确的文献依据，导致了上海古籍出版社、安徽教育出版社版《朱子全书》仍旧采用黄榦《续祭礼》。虽然这样做并非原则错误，但是在《点校说明》中，王贻梁依旧未区分黄榦《续祭礼》与杨复《续祭礼》，则说明此问题的重要性及其迫切性。

杨复与两《续祭礼》之间的关系，可由《宋嘉定癸未刊仪礼经传通解续目录后序》②《宋嘉定癸未刊仪礼经传通解续祭礼后序》③《宋绍定辛卯刊仪礼经传通解续修定本序》④。三则序言均为杨复所撰，如实记载了杨复与两《续祭礼》之间的关系，亦是两《续祭礼》产生纠纷的原因。通观上引序言可知，前两则文献是宋嘉定癸未刊本序言，而第三则是绍定刊本序

---

① 《杨复再修仪礼经传通解续卷祭礼导言》∥《杨复再修仪礼经传通解续卷祭礼》，第18页。
② 《仪礼经传通解》，第3415～3416页。
③ 《仪礼经传通解》，第3418～3419页。
④ 《宋绍定辛卯刊仪礼经传通解续修定本序》，《仪礼经传通解》，第3419～3421页。

言。后世因为杨复《续祭礼》流传不广，导致后世学者混淆了杨复《续祭礼》与黄榦《续祭礼》，① 但是黄榦《续祭礼》与杨复《续祭礼》被混淆还有另外一个重要原因是上引三则文献内容存有歧义。王贻梁点校本亦收齐了上引文献，但是在《校点说明》中却只字未提两个版本《续祭礼》之事，他说：

> 此次我们整理《通解》一书，得到台北中央图书馆的支持，采用了该馆所藏的宋本（前三十七卷系宋嘉定丁丑刊本，续二十九卷系宋嘉定壬午刊本）为底本。这是《通解》最早的版本，也是目前所能见到惟一宋本。②

王贻梁确实没有采纳《通解》宋绍定刊本系统的文献。虽然王贻梁选择的底本也是宋本，但是在《点校说明》里只字未提杨复《续祭礼》，显示王贻梁完全不知道杨复《续祭礼》与黄榦《续祭礼》。③ 据前引叶纯芳观点可知，王贻梁受到《四库全书总目》的影响而混淆杨复《续祭礼》与黄榦《续祭礼》，但是王贻梁虽没有提及杨复《续祭礼》，却全文引录了杨复《宋绍定辛卯刊仪礼经传通解续修定本序》，只是持与四库馆臣一样的观点，当是王贻梁氏对杨复所言"窃不自揆，遂据稿本，参以所闻，稍加更

---

① 叶传芳对杨复《续祭礼》与黄榦《续祭礼》的混淆论述甚为明晰，他认为主要有两方面的原因造成两部《续祭礼》的混淆，一是书目内容抄撰之误而导致层层相因。朱彝尊《经义考》"将杨复《仪礼经传通解续》部分的内容、宋赵希弁语误置於'黄氏干续仪礼经传通解'条下，而'仪礼经传通解续十四卷'条下，仅录明张萱语，应为淆乱二《祭礼》之始"；二是两书版式、编排体例、书名以及杨复《续祭礼》传播较少的原因。他说："杨复《祭礼》不论在版式或编排体例上都与《仪礼经传通解》几乎相同，书成后仍名为《仪礼经传通解续卷祭礼》，在无法看到此书的前提下，要读者联想到是不同的两部《祭礼》，其实相当困难。"参见《杨复再修仪礼经传通解续卷祭礼导言》//《杨复再修仪礼经传通解续卷祭礼》，第 18～19 页。

② 此处我们前文已引，对其中的台北"中央"图书馆藏版本有辨析，可参看《校点说明》//《仪礼经传通解》，第 7 页。

③ 王贻梁对上述杨复《祭礼》、黄榦《祭礼》二书的编撰过程甚为详细，如其说："黄榦开始审定表、祭部分的稿本，但不久他也去世了。嘉定癸亥，《通解》的续二十九卷问世。其中，前十五卷经黄榦审定，而后十四卷则仍是未定之稿。但不管怎么说，《通解》终于有了完本。""黄榦去世后，杨复继续对续二十九卷的后十四卷进行审定。到绍定辛卯，他审定的后十四卷也刊出了。至此，《通解》终于出齐了全书六十六卷的审定之本。"参见《校点说明》//《仪礼经传通解》，第 3 页。

定，以续成其书"，确定为杨复审定黄榦《续祭礼》稿本而已。叶纯芳
《杨复再修仪礼经传通解导言》断定杨复并非简单的审定，而是重修。
他说：

> 嘉定十六年癸未（一二二三），张虑于南康补刊丧、祭二礼，共
> 二十九卷。其中《丧礼》十五卷，黄榦撰；丧服图式一卷，杨复补
> 撰；《祭礼》十三卷，黄榦撰稿本、杨复分订卷次。黄榦这部祭礼，
> 就是目前通行本的《仪礼经传通解续祭礼》部分。杨复帮助编辑黄榦
> 《祭礼》的具体情况，在其所撰《丧祭二礼目录后序》、《祭礼后序》
> （黄榦《祭礼》）、《祭礼自序》（杨复《祭礼》）等文中有基本的
> 说明。①

细考《杨复再修仪礼经传通解续卷祭礼》可知，叶纯芳所言《祭礼自序》
（杨复《续祭礼》）正是前文已引的《宋绍定辛卯刊仪礼经传通解续修定
本序》。因此，我们确定"窃不自揆，遂据稿本，参以所闻，稍加更定，
以续成其书"一语的真相正是杨复重修《续祭礼》，并非如王贻梁所言
"审定"及"出齐了全书六十六卷的审定之本"。叶纯芳还通过图表比较了
杨复《续祭礼》与黄榦《续祭礼》的差异，确证"实际上从编次到内容，
与黄榦的《祭礼》相较，出入颇大。不过，杨复即使是重写《祭礼》，还
是必须承认他是在黄榦《祭礼》的基础上撰成此书，而非自己创作的"。②
至于杨复《续祭礼》与黄榦《续祭礼》之间的具体关系正是杨复与黄榦礼
学思想关系的一个重要证据，留待后文详考，此其一。另外，录自《皕宋
楼藏书志》卷七《仪礼经传通解续祭礼》的《宋绍定辛卯刊仪礼经传通解
续修定本序》与叶纯芳所言："据郑逢辰《申尚书省状》转述杨复语'盖
积十余年而始成书'，于绍定四年（一二三一）完书""书成之后，一直
是手抄本的状态"③ 互相矛盾，有待新的资料才能解决此问题，我们暂时
只能付之阙如了，此其二。

---

① 《杨复再修仪礼经传通解续卷祭礼导言》//《杨复再修仪礼经传通解续卷祭礼》，第 7 页。
② 《杨复再修仪礼经传通解续卷祭礼导言》//《杨复再修仪礼经传通解续卷祭礼》，第 27 页。
③ 《杨复再修仪礼经传通解续卷祭礼导言》//《杨复再修仪礼经传通解续卷祭礼》，第 10 页。

由上述可知，杨复对黄榦《续祭礼》所做的工作主要是达到"别其次第"分卷次的工作，而其再修《续祭礼》工作则是"遂据稿本，参以所闻，稍加更定，以续成其书。"完成为一部新《续祭礼》。

二 杨复按语分类研究

据叶纯芳统计，全书约一百三十条的杨复按语。① 细考叶纯芳的统计结果，其方法与王贻梁一样，主要统计有"愚按"或者"按"等明确的按语提示词，正如前文所言，除了"愚按""按"等有提示语之外，其他未有按语提示词的内容只要是原文献资料所无，而属于编者主观思想的内容均是编者按语，详见本章第一节，此不赘述。又因前文已详细考察《通解》朱子、黄榦编撰部分，本部分将主要以比较方法考察杨复按语。

（1）编撰体例

杨复《续祭礼》编撰的起因及其体例在前文所引《宋绍定辛卯刊仪礼经传通解续修定本序》中已有明言，但是正如叶纯芳所言：

> 虽然杨复很保守地在《序》中说："窃不自揆，遂据稿本，参以所闻，稍加更定，以续成其书。"实际上从编次到内容，与黄榦的《祭礼》相较，出入颇大。不过，杨复即使是重写《祭礼》，还是必须承认他是在黄榦《祭礼》的基础上撰成此书，而非自己创作的。②

叶纯芳所言《序》正是《宋绍定辛卯刊仪礼经传通解续修定本序》，而叶氏对杨复和黄榦《续祭礼》之间关系的表述甚为清晰到位，只是叶氏的论证仍局限于杨复《续祭礼》与黄榦《续祭礼》之间的差异，尚未具体考察杨复《续祭礼》的继承与创新部分，模糊了杨复《续祭礼》与朱子、黄榦之间的礼学传承与创新的关系。

在宏观方面，杨复《仪礼经传通解祭礼义例》有言："今亦随类分之，凡传记论郊之义者附于郊，论社之义者附于社，论蜡之义者附于蜡。……"③，

---

① 《杨复再修仪礼经传通解续卷祭礼导言》//《杨复再修仪礼经传通解续卷祭礼》，第33页。
② 《杨复再修仪礼经传通解续卷祭礼导言》//《杨复再修仪礼经传通解续卷祭礼》，第27页。
③ 《仪礼经传通解祭礼义例》//《杨复再修仪礼经传通解续卷祭礼》，第6页。

确立了《续祭礼》在编撰体例方面的三个特点：杨复注重论证祭礼各个环节的内在含义，此其一；杨复注重《续祭礼》的阅读效果，依据其效果安排相关文献材料，此其二；杨复注重文献资料，采取以类相从的方式，力图实现传记和经文构成一个整体，此其三。这三个特征仅从杨复《祭礼义例》获知，仍求证于杨复《续祭礼》的微观内容。

在编撰体例方面，杨复严格遵守朱子《通解》分章的体例，并通过按语使分章体例更为完善，即杨复《续祭礼》不仅对各篇内容进行分章，概括各章标题之外，还在各章中再次细分为各小节，概述各小节内容，达到化繁为简的功效。

《天神篇上》祀天礼物、乐、舞章为祭礼四祀昊天上帝礼的第一章，其内容涉及祀天所用之物、乐、舞等内容，纷繁复杂，其篇幅达到了二十一页之多。① 如此大篇幅的内容划为一章，难以达到朱子以分章之法破解《仪礼》难读之效，故杨复以朱子分章之精神，通过按语的方式细分祀天礼物、乐、舞章，依次为"以上，礼天玉、币。"②、"已上，祀天之牲。"③、"已上，祀天之器。"④、"已上，王祀天裘、冕。"⑤、"已上，王祀天之车旗。"⑥、"已上，祀天之乐。"⑦ 六小节的内容。杨复所用方法源自朱子分章方法，使《续祭礼》由朱子的分章之法细化到小节的程度，更清晰呈现

---

① 叶纯芳在《整理凡例》有言："版面安排一仍底本，以期保留祭礼之原貌。惟夹注双行改为单行。"但是在第 175 页中有标注"第八、第九页缺"而实际上只是在一页中呈现而已，并没有用两空白页来显示这两缺页，所以笔者在统计的过程中除了计算页码（174～193 页）之间的距离外，更添加了一页之数，故有二十一页之多。《杨复再修仪礼经传通解续卷祭礼》，第 85，174～193 页。

② 由于"第八第九页缺"的缘故，我们无法确定这两页是否也有相似的按语，所以确定此处按语为卷的第一章的第一小节，以下依次类推而得。参见《杨复再修仪礼经传通解续卷祭礼》，第 175、181 页。

③ 《杨复再修仪礼经传通解续卷祭礼》，第 183 页。

④ 《杨复再修仪礼经传通解续卷祭礼》，第 186 页。

⑤ 《杨复再修仪礼经传通解续卷祭礼》，第 190 页。

⑥ 《杨复再修仪礼经传通解续卷祭礼》，第 192 页。

⑦ 此处的小节之名并不完全准确，我们细查"王祀天之车旗"一小节之后虽是以"祀天之乐"为主，但是仍旧存在有祀天之舞，如"云门之舞"，由此可见杨复的小节之名所取之内容虽大概可以概括此节之内容，但是却和其章名并不完全相符，如章名明确有"舞"之内容，可见是杨复之疏失，而杨复尚有此一失误，何况其他习礼者呢？由此亦可见细分各章到每个小节是非常有必要的，而非烦琐多余之工作。参见《杨复再修仪礼经传通解续卷祭礼》，第 192～193 页。

经文的内容，如《祭后土地示礼》祭地礼物、乐、舞章，共分为七小节，依次为："已上，礼地玉、币""已上，祭地所执之玉。""已上，祭地席、器。""已上，祭地之牲。""已上，齐盛、酒齐。""已上，车、旗。""已上，祭地之乐。"① 这七个小节虽与祭天礼物、乐、舞章有多寡之分，但是据各章内容的繁简细分祭祀中的物、乐、舞三者的方法则是一致的，如祭天使用"云门之舞"，祭地使用"咸池之舞"②。

当然，杨复由朱子的分章细分到分小节的目的，正是为了更好地落实朱子所言之解决《仪礼》难读的问题，而非为分节而分节。因此，杨复并未把每章内容全部再次细分到小节，如卷六《地示篇》祭社稷礼的天子、诸侯、大夫之制章，经文明言：

> 王为群姓立社，曰太社。王自为立社，曰王社。诸侯为百姓立社，曰国社。诸侯自为立社，曰侯社。大夫以下成群立社，曰置社。③

由此分成三类，而其内容也分为王、诸侯、州长祭社等，分章即可，无须再次细分，因此杨复省略了分节及概括各小节内容的步骤。由此可见，杨复的创新工作立足于朱子编撰体例。至于杨复创新的意义，留待下文。

（2）辨析礼仪、礼制内容

辨析礼仪的按语在朱子、黄榦编撰部分最为常用，亦是最能够呈现编者礼学思想的形式，杨复使用最多的按语也是辨析礼仪内容。但是杨复《续祭礼》的最大创新之处不是编撰过程中辨析礼仪、礼制内容，而是通过按语把有关礼仪的文献资料与其他学者的观点链接成逻辑严密的新文献，把单纯地辨析过程转化为有关礼仪或者礼制内容的礼制史。正如叶纯芳从礼学理论的高度考察杨复采纳礼学家的观点和朝廷奏议的内容及其取

---

① 《杨复再修仪礼经传通解续卷祭礼》，第 305、306、306、306、306、307、308 页。

② 编撰者命名最后一节为"祭地之乐"，却定其整章之名为"祭地礼物、乐、舞"，我们通观整章的内容，涉及舞的内容只有"咸池之舞"一词而已，并无其他地方出现有关舞容或者舞名之记载，而"咸池之舞"处于最后一节中，可见最后一节的命名当是杨复忽略或者是刊印过程中刊刻者见整节内容并以乐为主，而主观忽略了舞的存在，至于具体原因因文献不足已难确考了。参见《杨复再修仪礼经传通解续卷祭礼》，第 307~308 页。

③ 《杨复再修仪礼经传通解续卷祭礼》，第 325 页。

舍的标准，盛赞其成就为"里程碑"①，虽不免有过誉之嫌，但是单从《通解》来看杨复《续祭礼》与朱子、黄榦之间的关系，确实具有突出的创新特征。只是叶纯芳从宏观角度来论述其观点，缺少细节的考察工作，使杨复《续祭礼》的创新特征尚难达到"里程碑"。另外，细考叶纯芳的论述，其论述存有明显纰漏，即"使朝廷议礼与经学家的学说并列"却忽略了杨复对经学家的学说及朝廷奏议的比较分析过程。承担分析功能或者作用的部分正是杨复的按语。为此，我们仔细考察杨复《续祭礼》有关辨析礼仪、礼制内容的按语，发现杨复处理上述文献之时主要有两种按语体例。

一种是先引经文的注疏，标明文献来源，再添加与经文内容相关的礼学文献及其注疏，再引各种奏议内容，最后用按语辨析其中的礼仪或者礼制内容。如祀天礼物、乐、舞章王祀天之车旗节"王祀昊天上帝，则服大裘而冕"先引郑注、孔疏后，再补充《周礼·天官》"司裘掌为大裘，以供王祀天之服"及其郑注贾疏，继续引用宋代元丰年间神宗与陆佃的对话，再以杨复"愚按"起头的按语，最后添加索引式按语"余见《祀地礼》及《祭物篇》'祭服'条"。② 由此可知，杨复按语与朱子、黄榦的两个重要区别：杨复使用了宋代廷议内容，这是杨复使用材料方面的重要创新，蕴含了杨复对朱子礼学思想的一个重要创新，即由反对社会世俗的心态，转变为自主承接社会传统，实现传承传统中建设学派的权威地位，此其一；杨复不论是引用原有文献的注疏，还是补充经文及其注疏，增加宋代的奏议，所引用的材料均是围绕经文内容而展开铺垫，形成了一种模式，即先叙述历史上的各种学说，再辨析诸多学说的得失利弊，使所引材料形成证据链，而编者按语则是水到渠成的结论，并使编者按语形成新礼例。

另一种是在原文注疏之后，直接使用按语的形式容纳各种与礼学有关的经学文献及其注疏和各朝代礼仪实践情况及朝廷奏议。《天神篇》祀天礼始终之序章卜日之传文"卜郊，受命于祖庙，作龟于祢宫，尊祖亲考之义也"。杨复引用郑注贾疏之后，直接用"愚按"领起，先从疏文的立论

---

① 《杨复再修仪礼经传通解续卷祭礼导言》∥《杨复再修仪礼经传通解续卷祭礼》，第40页。
② 《杨复再修仪礼经传通解续卷祭礼》，第187页。

依据《礼器》入手，分析《礼器》注文，再引宋太祖乾德六年十一月郊祀礼俗，宋仁宗天圣二年八月朝廷礼官建议及诏书，宋仁宗天圣七年礼仪使刘筠奏议，辨析刘筠的奏议目的，再引景祐五年十月侍讲贾昌朝奏议以强化刘筠奏议之内容。[①] 此种模式主要用于说明符合礼学传统的各朝礼仪，其目的在于吸收强化宋代礼仪实践中符合传统礼仪的内容，亦是利用宋代讲究祖宗家法的传统，较朱子简单批评社会礼俗而复原古礼的做法更为开明，效果亦更佳。至于其具体作用，留待后文详述。

上述两种体例安排材料的方式虽有差异，但是都存在一个共同的礼学思想：在辨析汉唐注疏基础上，按照杨复礼学思想引用宋代奏议及朝廷诏书或者礼学实践形成新的礼学传统。

（3）辨别文献

在校勘文献方面，杨复《续祭礼》与黄榦相似，不像朱子把大量精力放置于文献校勘工作，但是在辨别文献方面依然有自己的特色。

首先，杨复以自己的礼学标准删改原文献。《明堂礼》明堂制度章周公明堂之位的内容引自《明堂位》，杨复曰：

> 愚按：此章云："周公相武王以伐纣，武王崩，成王幼弱，周公践天子之位以治天下，六年朝诸侯于明堂"，注家亦云："周公摄王位，以明堂之礼仪朝诸侯。"此说舛谬，故削去之。[②]

周公摄位之事出自《礼记·明堂位》。杨复以经学家严分君臣的观念看待周公摄政事件，这是汉代礼学的热点问题，但是汉代学者仅能保留文献，而杨复则以自己观点择取相应礼学史料，删改上述文献。杨复虽没有指明其依据，我们亦无从考察杨复的思想，但是从杨复处理文献的方法可知：杨复反对汉唐经学持周公摄王位的观点，故删改原文献。《通解》卷二十九王朝礼六《王制之乙（制国）》亦引《礼记·明堂位》的文献，因《王制之乙（制国）》以制度为关注对象，仅止于"明堂也者，明诸侯之尊卑也"，未引及上述内容，但是朱子《仪礼集传集注》全文采用了《礼记

---

① 《杨复再修仪礼经传通解续卷祭礼》，第 195～197 页。
② 《杨复再修仪礼经传通解续卷祭礼》，第 249 页。

疏》的观点：

> 周公摄王位，以明堂之礼仪朝诸侯也。不于宗庙，辟王也。①
>
> 天子，周公也。负之言背也。斧依，为斧文屏风于户牖之间，周公于前立焉。②

两条文献分别为郑玄注"昔者周公朝诸侯于明堂之位"与"天子负斧依南向而立"，朱子完整引用上述注文，又无反驳观点的按语，表明朱子赞同郑注的思想。《通解》卷二十九虽为未定稿，但是由朱在《序》可知，《仪礼集传集注》未定稿就结集出版的原因之一是"其曰集传集注者……先君所草定而未暇删改者也。今皆不敢有所增益，悉从其稿"。③ 更为重要的是这个思想并非一时兴起，他在平时就持周公摄王位之说，《答徐元聘》说：

> 召公不说，盖以为周公归政之后不当复留，而己亦老而当去。故周公言二人不可不留之意。④

据陈来《朱子书信编年考证》可知，此信作于乾道二年丙戌（1166），⑤距离朱子正式编撰《通解》的时间甚久，可见上引观点是朱子的一贯主张。反观杨复观点可知，他以周公为公爵，摄王位属扰乱王政之举，他以君臣大纲来看待历史事件，当属经学观点，而非历史真相，这是与杨复和朱子处于不同时代环境有关。杨复所处时代正是宋王朝王权旁移，权臣当道，政治形势严峻，故杨复以编撰礼学材料表明自身观点。

　　由此可见，杨复以宋代家法和礼学传统辨别文献。至于他和朱子、黄榦之间的礼学思想差异，留待下文详述。

　　其次，辨析文献持崇古之说，即遵从汉代以前的制度，以新制度为伪

---

① 《礼记正义》，第 1258 页。
② 《礼记正义》，第 1258 页。
③ 《仪礼经传通解》，第 26 页。
④ 《晦庵先生朱文公文集》，第 1758 页。
⑤ 《朱子书信编年考证》（增订本），第 40 页。

的标准，若均为汉唐文献，则持保留态度，同时保留。杨复按语曰：

> 按："黄帝明堂"乃汉公玉带所上制度，及"唐虞五府"之说，其言不经难信。①

这是杨复对杜佑《通典》所载汉武帝时期"济南人公玉带所上黄帝时明堂图"内容的判断。杨复虽未明言其判断标准，但是他对待汉代典籍的态度已表现其所持标准。他借助胡寅的观点表明其态度：

> 胡氏曰：明堂见于《诗》、《礼》、《孝经》、《孟子》，其制作之详，不可得而闻矣。然以理考之，王者向明而治。古之堂，今之殿也。故《孝经》以为宗祀之所，《孟子》以为王政之堂。然则是天子之外朝，犹后世大朝会之正衙也。若吕不韦青阳、总章之制，歆世室、重屋之说，则岂可尽信。②

胡氏当是胡寅。③杨复引用胡寅的观点总结此条文献内容，当可肯定杨复赞同上引观点。细查胡寅观点，其赞成的文献有《诗经》《仪礼》《孝经》《孟子》等，均为先秦古籍，尤其是其特别提出的《孝经》《孟子》成书于先秦当属无疑，而对《吕氏春秋》、刘歆的观点则持存疑的态度。换言之，杨复在采纳经学观点时以先秦文献为准，而对秦汉以下的古籍持存疑态度。

最后，杨复吸纳纬书文献的合理内容。杨复对纬书的态度承自黄榦，即批评纬书，却吸纳其合理内容。据杨复《宋嘉定癸未刊仪礼经传通解续祭礼后序》转述黄榦观点说：

---

① 《杨复再修仪礼经传通解续卷祭礼》，第249页。
② 《杨复再修仪礼经传通解续卷祭礼》，第252～253页。
③ 我们查考《致堂读史管见》《斐然集》并未看到胡寅上述原文，但是我们在明王祎《大事记续编》卷六看到王祎亦引上述观点，只是增加了"辟雍、灵台"二词而已，因此上述观点的胡氏当是胡寅无疑。此外，我们在胡寅《致堂读史管见》卷三孝平章"莽起明堂辟雍灵台"条的注解亦可见上引文献的核心观点。参见（宋）胡寅撰《致堂读史管见》卷三，宋嘉定十一年刻本；（明）王祎撰《大事记续编》卷六，清文渊阁四库全书本。

《祭礼》已有七分，惟《天神》一门为郑氏谶纬之说所汨，其言最为不经。今存其说于书者，非取之也，存之乎书，使天下后世知其谬，乃所以废之也。①

黄榦对郑注引谶纬之书持批评态度，但是细观黄榦《续祭礼》，乃至《续丧礼》均无明言谶纬之非，尤其是上引黄榦所指出的《天神》篇，黄榦全部保留贾公彦疏《周礼·春官》大宗伯条"以禋祀祀昊天上帝"使用纬书的内容，如《春秋纬运斗枢》《春秋纬文耀钩》《元命包》，且黄榦未用按语反对这些纬书内容之"谬"，反而使贾疏与经文构成有机体，客观呈现黄榦赞同谶纬之书的观点。杨复《续祭礼》也大量引用纬书，如祭礼十二《祭社稷礼》文末引哀公四年公羊子所言之事"蒲社灾。……蒲社灾，何以书？记灾也。"注疏之文如下：

戒社者，先王所以威示教戒诸侯使事上也。是后宋事强吴，齐、晋前驱，滕薛侠毂，鲁、卫骖乘，故天去戒社，若曰王教灭绝云尔。疏曰："是后宋事强吴，齐、晋前驱，滕薛侠毂，鲁、卫骖乘"者，《春秋说》文。谓十三年黄池之会时也。②

《春秋说》本是纬书，只是东汉后期禁纬书，故改名为"说"。杨复对上引纬书亦持保留态度。但是这是针对历史事实而言，并无错误之处，保留这个内容无可置喙。又如在《祭礼》十三《五祀礼》中，杨复保留《援神契》的观点"命有三科，有受命以保庆，有遭命以谪暴，有随命以督行"③，但是杨复对纬书的内容持具体分析的态度。他在引用《家语·五帝篇》作为《天神篇下》的传文时有一段按语可视其对待纬书总体态度：

愚按：此章注云"五帝，五行之神佐天生物者，而后世谶纬皆为之名字，亦为妖怪妄言"。夫所谓"为之名字"，如灵威仰而下是也。

---

① 《宋嘉定癸未刊仪礼经传通解续祭礼后序》∥《仪礼经传通解》，第3418~3419页。
② 《杨复再修仪礼经传通解续卷祭礼》，第351~352页。
③ 《杨复再修仪礼经传通解续卷祭礼》，第367页。

自伏羲始画八卦，更文王，夫子而后《易》道备，卦象、《文言》、《系辞》言天者详矣，何尝有此等名字。推原此说之所出，则曰《易纬乾凿度》也，《春秋纬文耀钩也》，《运斗枢》也，《孝经纬》文也，《钩命决》也，《援神契》也。抑不知《易》也，《春秋》也，《孝经》也，圣人何尝有一言一句如此。信乎其为妖怪妄言矣。但此章所谓"五帝，五行之神佐天生物者"，愚恐非夫子之言，或谓《家语》王肃所作，何也？以《易》论之，《乾》、《坤》为父母，《震》、《巽》、《坎》、《离》、《艮》、《兑》为六子，卦画固有此象矣。然《序卦》言"帝出乎《震》，齐乎《巽》"。自《震》、《巽》而下，皆天地之为也。谓在天有五行能生物，则可谓五行佐天生物，则天与五行为二矣。是以程子曰："不知乾、坤之外甚底是六子。譬如人之四肢，只是一体耳。学者大惑也。"①

杨复主要阐述《孔子家语·五帝篇》的注文，但是杨复并不局限于纬书有关五帝之名的观点，当可视作杨复对所有纬书的看法。细考上述按语，前半部分针对五帝之名的出处，不离考辨源流的目的，后半部分针对《周易》中的乾坤六子证以《序卦》之说，言《易纬乾凿度》之说为非圣人之说，其最重要的思维是把纬书的内容求证于六经，即"抑不知《易》也，《春秋》也，《孝经》也，圣人何尝有一言一句如此。信乎其为妖怪妄言矣"。这是以经为衡量纬书观点的标准，正是杨复辨别纬书观点的最重要的判断标准。

由上所述，与朱子全部删除注疏所含纬书内容不同，杨复纠正了黄榦观念与编撰的脱节问题，又解决了衡量纬书正误的标准问题。

除了上述三种类型之外，杨复按语还有朱子、黄榦使用过的索引式按语、辨别注疏正误的按语等，但因其不足以显示杨复的创新之处，不再列举。

三 继承与新传统：杨复《续祭礼》特征

上文已详细分类研究杨复按语，涉及杨复对朱子分章节的思想、辨别

---

① 《杨复再修仪礼经传通解续卷祭礼》，第280～281页。

礼仪、礼制、礼学文献等方面的共同特征与创新性发展，只是尚未展开系统研究而已。故本部分将以杨复《续祭礼》与朱子、黄榦礼学思想之间的传承与创新部分展开论述，又以创新部分为重点研究对象，便于呈现杨复礼学思想创新内容及其创新的动力源泉。

（1）编撰体例：从朱子到杨复继承与创新并存的学术传统

《仪礼》号称难读，清末皮锡瑞考察礼学史后，总结出破解方法，他说：

> 韩文公苦《仪礼》难读，读《仪礼》有三法：一曰分节，二曰释例，三曰绘图。得此三法，则不复苦其难。分节可先观张尔岐、吴廷华之书，释例凌廷堪最详，绘图张惠言最密。若胡培翚《仪礼正义》虽详而太繁，杨大堉所补多违古义，与原书不合，不便学者诵习，故置之。①

皮锡瑞认为历代礼学家破解《仪礼》难读的方法有三个：分节、释例、绘图。皮锡瑞的观点，完全符合礼学史的实况，但是皮氏仅列代表礼学史上运用三种方法最成熟的礼学典籍，如分节方面是张尔岐《仪礼郑注句读》、吴廷华《仪礼章句》，释例方面是凌廷堪《仪礼释例》，绘图方面则是张惠言《仪礼图》，并未言及各种方法的创始者，这是由《经学通论》的教材性质所决定的。他在《序》中说：

> 锡瑞窃以为尊孔必先明经，前编《经学历史》以授生徒，犹恐语焉不详，学者未能窥治经之门径，更纂《经学通论》以备参考。②

《经学通论》实属教授生徒的启蒙书籍，重在推荐经学必读著作。事实上，皮锡瑞也详细考察《仪礼》三个解读方法发生发展过程，可作为我们考察朱子、黄榦、杨复在《仪礼》分章节、礼例、绘图三方面继承与创新发展轨迹。

首先，在分节方面，皮锡瑞说：

---

① 《经学通论·三礼》，第32页。
② 《序》//《经学通论》，第1页。

　　近马骕《绎史》载《仪礼》，张尔岐《仪礼郑注句读》、吴廷华《仪礼章句》、江永《礼书纲目》、徐乾学《读礼通考》、秦蕙田《五礼通考》分节皆用朱子之法。①

虽然《仪礼》分章节之法不是始自朱子，正如皮锡瑞所说："其功在章句分明，每一节截断，后一行题云：'右某事'比贾疏分节尤简明。"② 则分节当始自贾公彦，但是朱子把贾公彦分章节方式推向了成熟形态。朱子对此成就非常自信，他说：

　　前贤常患《仪礼》难读，以今观之，只是经不分章，记不随经，而注疏各为一书，故使读者不能遽晓。今定此本，尽去此诸弊，恨不得令韩文公见之也。③

通观《通解》朱子编撰部分可知，朱子把《仪礼》直截了当地分章节，确实达到了使《仪礼》易读的目的。细查朱子分章内容可知，朱子所分章节的内容属较为简短的部分，尚未落实到吉凶宾军嘉所有礼仪过程。虽然朱子在《答应仁仲》亦言"《觐礼》以后黄婿携去庐陵，与江右一二朋友成之，尚未送来，计亦就草稿矣"④，通观《仪礼·觐礼》以后部分正是丧、祭二礼的内容，又《丧礼》由朱子安排给黄榦编撰，则其所言内容正是《祭礼》。《答吴伯丰》说：

　　编礼直卿必已详道曲折，《祭礼》向来亦已略定篇目，今具别纸。幸与宝之商量，依此下手编定，寻的便旋寄来，容略看过，须得旋寄旋看乃佳，盖看多恐不子细，又免已成复改费工夫也。却送去，附入音疏，便成全书也。⑤

---

① 《经学通论·三礼》，第 24~25 页。
② 《经学通论·三礼》，第 24 页。
③ 《晦庵先生朱文公文集》，第 2550 页。
④ 《晦庵先生朱文公文集》，第 2550 页。
⑤ 《晦庵先生朱文公文集》，第 2457 页。

"宝之"是李如圭的字，积极参加《通解》的编撰工作。① 此信附有《祭礼》篇目，故吴伯丰当了解《祭礼》的编撰体例，但是祭礼部分最后又回到黄榦手中，可能是吴伯丰的编撰工作被其他事情耽搁了，但是仍可看出在编撰体例已定的情况下，《祭礼》的编撰工作仍非易事，尚需要编撰者发挥自身礼学知识储备方可完成。

在《续丧礼》《续祭礼》的编撰过程中，黄榦改进编撰体例的创新工作已获得朱子的赞赏。杨复转述黄榦之语曰：

> 始余创二礼初就，奉而质之先师，先师喜谓余曰："君所立《丧》、《祭礼》规模甚善，他日取吾所编《家》、《乡》、《邦国》、《王朝礼》，其悉用此规模更定之。"②

考之《续丧礼》可知，所谓规模可能包含三个因素：一是《续丧礼》的分章节，二是《续丧礼》的礼例，三是《续丧礼》的礼图内容。又据杨复《宋嘉定癸未刊仪礼经传通解续丧礼后序》可知，《丧服图式》当是黄榦《续丧礼》全书基本修订完成后再创作的礼图。③ 由此可知，黄榦所言"规模"当指黄榦《续丧礼》在分章节与礼例方面的创新内容。

前文已考察过黄榦《续丧礼》在礼例方面的创新情况，不再赘述，而分章方面的特点则未涉及，现补充如下。

黄榦遵循朱子的分章体例，对《丧礼》进行分章，并通过按语概括章

---

① 据陈来《朱子书信编年考证》可知，1197 年朱子至少有两封信涉及李如圭。其一是朱子《答吴伯丰》有言："宝之不及别书，编礼想用功不辍，烦为致意也。"其二是《答李宝之》，他与李如圭讨论祭礼的篇章结构问题（1197）两信的内容显示，《答李宝之》讨论《祭礼》编撰结构问题之后确定了《祭礼》编撰体例，朱子再撰写《答吴伯丰》，而朱子催促吴伯丰抓紧编撰礼书，反而要吴伯丰代为向李如圭致意，显示朱子对李如圭编撰礼书的态度及进度的满意程度了。参见《朱子书信编年考证》（增订本），第 438、442~443 页。《晦庵先生朱文公文集》，第 2459~2460、2830~2831 页。

② 《宋嘉定癸未刊仪礼经传通解续丧礼后序》// 《仪礼经传通解》第 3417~3418 页。

③ 杨复《宋嘉定癸未刊仪礼经传通解续丧礼后序》有言"于是丧礼之本末经纬莫不悉备。既而又念丧礼条目散阔，欲续《仪礼丧服图式》一卷以提其要，而附古今沿革于其后。草具甫就而先生没矣，呜呼，此千古之遗憾也！"由此可知，黄榦是在《续丧礼》修订完成之后再着手进行《仪礼丧服图式》的编撰工作。参见《仪礼经传通解》，第 3417 页。

名所含内容。如《丧变礼》因吉而凶章有按语："冠、昏、祭、聘"①，同卷因凶而吉章有按语："冠、昏、祭、世子生。"②《吊礼》赠丧章有按语："含、襚、赗、赙、奠、赠"③，《吊礼》执事章有按语："助奠助祭治事。"④ 考之各章内容，其按语概括各章每小节的内容。由此可见，黄榦在分章之后再次细分其内容，提高文本的可读性。

从上引例子可知，黄榦对朱子分章情况仍嫌过于笼统，故针对较家、乡、邦国、王朝礼复杂的丧礼，⑤ 黄榦在分章之后，通过按语概括各小节内容达到再次细分各章的目的。上述情况虽属黄榦对朱子分章之法的小改进，但呈现了黄榦继承发展朱子分章思想的原则，为杨复在编撰体例方面的继承与创新工作指明了方向。

前文已详细考察过杨复《续祭礼》按语的编撰体例，为省篇幅，不再赘述。由上文可知，杨复对《续祭礼》各篇分章之后再细分各小节，正是继续发展黄榦编撰体例的结果，其做法是把黄榦放置于各章名之下的分节按语，移至每章各小节之下，直观反映各小节内容，使黄榦分章节的方法发展为完整的编撰体例，由此完成黄榦在朱子分章基础上的创新工作，真正实现朱子《仪礼》分章的目的。

综观上述可知，朱子从贾公彦用文字标明《仪礼》各章起止点中提炼出分章方法解决《仪礼》难读的问题，黄榦则通过按语结合所编撰文献提示各章所涵括的内容，而杨复则在黄榦基础上，细分各章为各小节，真正解决《仪礼》难读问题。三代学者围绕通过分章使《仪礼》易读的目标，由朱子创设分章的编撰体例，黄榦细化分章体例，最后由杨复完善分章节的体例。

其次，在礼例方面，礼例亦非朱子首创。陈澧《东塾读书记》卷八对

---

① 此处虽然没有明确标明"按"或者"愚按"等提示词，但是这些内容明确为编者按语无疑，我们在朱子按语部分辨别甚明，可参看本章第一节内容。参见《仪礼经传通解》，第 1936 页。

② 此处亦当为黄榦按语无疑，至于此处的句读因王贻梁点校之时未进行句读，故由笔者添加。参见《仪礼经传通解》，第 1973 页。

③ 《仪礼经传通解》，第 1994 页。

④ 《仪礼经传通解》，第 1999 页。

⑤ 从篇幅而言，《丧礼》的内容占据了《仪礼经传通解》的三分之一；从内容而言，《丧礼》包括了从士庶百姓到天子诸侯之礼，其变化的内容较朱子所编之礼复杂得多；从朱子学派自身的观点来看，杨复等均认为《丧礼》是传统礼仪中的大事。如杨复《宋嘉定癸未刊仪礼经传通解续丧礼后序》言："呜呼，礼莫重于丧、祭。"参见《宋嘉定癸未刊仪礼经传通解续丧礼后序》//《仪礼经传通解》，第 3417 页。

凌廷堪之前的礼例发展过程亦有明言：

> 综而论之，郑贾熟于礼经之例，乃能作注作疏。……朱子云：
> "《仪礼》虽难读，然却多是重复，伦类若通，则其先后彼此展转参
> 照，足以互相发明。"此所谓伦类，即凡例也。近时则凌氏《礼经释
> 例》善承郑贾之学，大有助于读此经者矣。①

皮锡瑞全引上文后评曰："陈氏引注疏甚明。初学犹苦其分散难考，先观
《礼经释例》，则一目了然矣。"② 不管陈澧还是皮锡瑞都是为便于初学者攻
读《仪礼》而推荐凌廷堪《礼经释例》。至于朱子在礼例方面贡献，陈澧
仅引用朱子一句话而已，尚未真正研究朱子的礼例思想。事实上，朱子通
过索引式按语把各处相同或相似的礼学文献集中到某一部分实现抽绎礼例
的效果，详见本章第一节。但是朱子仅初步完成从郑注贾疏零散的凡例做
法，扩大到归纳相似文献内容，达到节省篇幅及精简原文之效，并未完全
实现发凡起例效果。因此，朱子的礼例思想尚处于雏形阶段，并未完成确
定礼例的创始工作。换言之，朱子仅实现了"彼此展转参照，足以互相发
明"之"彼此参照"而已，尚未实现"互相发明"之功效。

经过朱子在《通解》的编撰实践中的探索，黄榦总结出礼例规范与理
论，主要体现在两方面：一是在朱子实践的基础上，黄榦更规范地使用索引
式按语，并于首次出现经文之后附入传记部分，系统概括了其编撰体例：

> 按：经文之后附入传记者，其例有三：其一，有诸书重出者，但
> 载其一。有大同小异者，削其同，载其异，有同异相杂不可削者，并
> 存之。二，所载传记全文已见别篇，则全文并注疏皆已详载有于全文
> 之下，节略重出者，即云详见某篇，读者当于详见之处考之。三，所
> 附传记之文有本经只一事而传记旁及数事者，虽与经文不相关，然亦
> 须先载全文，后重出者，只节其与本文相关者，仍注云详见某条。③

---

① （清）陈澧：《东塾读书记》卷八，四部备要本，第71页。
② 《经学通论·三礼》，第31页。
③ 《仪礼经传通解》，第1216页。

此条按语不仅概括了朱子索引式按语具有"彼此展转参照，足以互相发明"的礼例作用，更是《续丧礼》全文的凡例，按之于《续丧礼》，恰好呈现了各文注解彼此参照，避免文献烦琐，其改进之处是由朱子零散的索引式按语变为统一的编撰体式，而在贯彻编撰体式的过程中，上升到礼例的高度，但是如前所述，其仅实现"彼此展转参照"的功能而已，尚未真正获得突破性发展。

二是在抽绎礼例方面，黄榦通过各条相关礼例构成实行礼仪的礼例链条，完成了朱子礼例思想的创新工作。前述通过编撰过程集结礼例的方法虽可实现"彼此展转参照"之功，却无"互相发明"之效，故系统总结礼例的实践工作，最终由黄榦《续丧礼》的礼例链完成。前文已对黄榦抽绎礼例的按语研究甚详，详见本章第二节，但未在朱子学派中考察其创新意义。故为了更清晰论述其意义，再引一例，如下：

> 此条奉尸夷于堂之后，凡受吊皆通用。又奉尸夷于堂条有妇人迎客送客一条、殡后受吊条有君吊见尸柩而后踊，皆此条通用，当互考。①

此为《丧大记上五》受吊章的礼例，包含了两种情况：一是总结一条新的礼例："奉尸夷于堂之后，凡受吊皆通用。"一是此处行礼过程涉及其他两条礼例："奉尸夷于堂条有妇人迎客送客一条"和"殡后受吊条有君吊见尸柩而后踊"。黄榦通过这条按语既总结了此处礼仪文献中的礼例，又运用别处的礼例来完善本处经文所缺的内容，实现既有互相参照，又互相发明而补充礼学文献不足之效，真正实现朱子所言"彼此展转参照，足以互相发明"的目的，完成了朱子学派礼例的建设过程。

作为师承朱子，卒业于黄榦的杨复，继承朱子"彼此展转参照，足以互相发明"的礼例思想，在黄榦礼例创新的基础上发展了礼例的实用功能，由此创立了《续通解》第十六卷《丧服图式目录》《仪礼图》及《续祭礼》，兹论如下。

杨复《续祭礼》虽未使用编者按语陈述其礼例思想，但是通观全书可以清楚看到其承继朱子礼例思想的痕迹，主要表现在两方面：一是杨复

---

① 《仪礼经传通解》，第1556页。

《续祭礼》继续使用索引式按语呈现礼例思想；二是杨复《续祭礼》正是运用朱子"彼此展转参照，足以互相发明"的礼例思想编撰完成的作品。前一方面只是承继自朱子礼例思想，无创新之处，不再赘述，值得关注的是第二方面。

虽然杨复、黄榦均师从过朱子，但是两者对朱子"彼此展转参照，足以互相发明"的礼例思想的理解并不一致。由前文可知，黄榦虽然兼顾了朱子礼例思想的两方面内容，但是最出色的创新工作主要是补充完善"互相发明"的礼例功能。与之不同，杨复注重"展转参照"部分来编撰礼书，由此获得重大突破。杨复《续祭礼》未言及礼例，但是他时刻遵从朱子礼例思想，主要通过设置文献的编撰结构而完成。

一方面，杨复简并朱子、黄榦放置大量传记文的体例，直接把相关礼学文献放置于经文部分的注疏之后，形成了可以直接相互参照的部分，达到朱子"彼此展转参照"的目的。前文已于杨复辨析礼仪、礼制部分的按语中涉及一个体例，即引用其他处的经文及相应注疏。这种情形不仅存在于有编者按语部分，亦存在于没有编者按语部分。如《祭礼》十七"九献章"的"升首于室"条在其文献出处《郊特牲》后有云：

> 《周礼·羊人》"割牲登其首"，疏云："三牲之首具升。"①

单以《郊特牲》的经文或者杨复所添加的源自《周礼·羊人》的文献，我们难以看到杨复编撰礼例思想，但是结合郑注《郊特牲》言"制祭之后，升牲首于北墉下，尊首尚气"② 可知，《礼记·郊特牲》和《周礼·羊人》的文献均是发生于祭祀的场所，所言内容正好相互补充。单从《祭礼》十七九献章就可看到许多相似礼例，如"设祭于堂"条引用了《祭义》的文献，"太宰，赞玉爵"条引自《礼记·明堂位》《周礼·天官·内宰》《周礼·春官·外宗》三篇文献的经、注疏内容补充了《天官》"太宰，赞玉爵"的内容。这种采纳其他礼学文献补充《仪礼》不足的方法在《通解》朱子编撰部分十分常见，详见本书第三章。只是杨复将这些文献放置于经

---

① 《杨复再修仪礼经传通解续卷祭礼》，第487页。
② 《杨复再修仪礼精湛通解续卷祭礼》，第487页。

文注疏之后，方便读者阅读。因此，杨复继承了朱子的礼学编撰传统，所用的编撰方法亦是直接承自朱子"展转参照"的礼学思想。

当然，朱子使用其他经学文献及注疏来佐证《仪礼》，亦非朱子首创，早在郑玄注释三礼之时已用之，正如清人皮锡瑞所言：

> 郑君兼注三礼，调和古今文两家说，即万不能合者，亦必勉强求通。①

但是杨复在朱子礼学实践的基础上对郑玄注三礼的体例进行了改造，他引用相关礼学材料放置于经文的文献之末，起到了佐证之效，却又能够避免郑注求三礼礼学内容互通而产生的杂糅各种古今文的强行弥合的弊端，完成了朱子礼例思想的落实工作，亦由此实现了相互参照的目的。

另一方面，杨复卒业于黄榦，亦因黄榦之故而与《通解》结缘，其礼学思想自然受到黄榦的影响，但是在杨复《续祭礼》中并未看到他对黄榦礼例思想的发展，而是体现于《丧服图式》。这是杨复对黄榦礼例思想进一步发展，并实现了由礼例向礼图的跨越式发展，开启了杨复《仪礼图》的撰写工作，详见下文礼图部分。

最后，在礼图方面，礼图也非朱子学派首创，而是有漫长的发展历史。陈澧《东塾读书记》卷八说：

> 郑贾作注作疏时，皆必先绘图，今读注疏触处皆见其踪迹。……杨信斋作《仪礼图》厥功甚伟，惜朱子不及见也。《通志堂经解》刻此图，然其书巨帙不易得，故信斋此图罕有称述者，张皋文所绘图更加详密盛行于世，然信斋创始之功不可没也。②

陈澧概述了礼图的发展史，认为礼图源自郑注贾疏，杨复《仪礼图》具有里程碑的意义，而张皋文的礼图则是典范。上述观点为《经学通论》所采纳，皮锡瑞补充说："聂氏《三礼图》，朱子讥其丑怪不经，非古制。今观

---

① 《经学通论·三礼》，第54页。
② 《东塾读书记》，第68~69页。

其冠制多怪诞，必非三代法物，而据宝俨序，称其博采旧图，凡得六本，则实原于郑君及阮谌、梁正、夏侯伏明、张镒诸家，特非尽出郑君，而郑注《仪礼》，贾疏《仪礼》有图，则自陈氏始发之。"① 由此可知，郑玄贾公彦据图作注疏的说法由陈澧最先提出，值得商榷，但是礼图和诸家注疏有着密切关系仍可成立。由上述可知，杨复《仪礼图》在聂崇义《三礼图》的基础上，剔除了聂崇义不符合《仪礼》的礼图，故陈澧所言"信斋创始之功"当是指现存最早据郑注贾疏制作的礼图，而非最早礼图。

由上述可知，陈澧、皮锡瑞对杨复《仪礼图》推崇备至，尤其是陈澧盛推杨复有创始之功，其观点承自四库馆臣"《仪礼图》十七卷，《仪礼旁通图》一卷"的提要："谅其创始之难工可也。"② 另外，四库馆臣还考证了杨复《仪礼图》的编撰缘起。《四库全书总目》载：

> 是书成于绍定戊子。……《序》称严陵赵彦肃作《特牲》、《少牢》二礼图，质于朱子。朱子以为更定冠昏图及堂室制度并考之乃佳。复因原本师意，录十七篇经文，节取旧说，疏通其意，各详其仪节陈设之方位，系之以图，凡二百有五。又分宫庙门、冕弁门、牲鼎礼器门，为图二十有五，名《仪礼旁通图》，附于后。其于是经，可谓用心勤挚。惟是读《仪礼》者必明于古人宫室之制，然后所位所陈，揖让进退，不失其方。故李如圭《仪礼集释》、朱子《仪礼经传通解》皆特出《释宫》一篇，以总挈大纲，使众目皆有所丽，是书独废此一门，但随事立图，或纵或横，既无定向，或左或右，仅列一隅。遂似满屋散钱，纷无条贯。③

四库馆臣指出杨复《仪礼图》源自朱子的礼学观点，比较了杨复与李如圭、朱子之间的差异，但四库馆臣不甚清楚杨复的师从过程，忽视黄幹在朱子学派礼学传承过程的地位，此可获证于《四库全书总目》"《仪礼经传通解》三十七卷，续二十九卷"条的提要，其言曰："其丧祭二门则成于

---

① 《经学通论·三礼》，第 32 页。
② 《四库全书总目》，第 160 页。
③ 《四库全书总目》，第 160 页。

朱子门人黄榦，盖朱子以创稿属之……虽编纂不出一手，而端绪相因，规模不异。古礼之梗概节目，亦略备于是矣。"① 可见四库馆臣强调朱子创始之功，却忽视了黄榦的创作成就，正如前引叶纯芳观点，四库馆臣缺少深入研究《通解》的过程，混淆杨复《续祭礼》和黄榦《续祭礼》，成为两部《续祭礼》被混淆的最重要源头。事实上，杨复礼图成就由朱子、黄榦逐步创新发展而来。兹论如下。

从文献形成时间来看，《释宫》早于杨复《仪礼图》，已是确论，无须赘言，导致宋代以后的学者忽视黄榦礼图成就的最重要原因是《丧礼图式》的著作权争议与杨复《仪礼图》的创作时间的差异。考之《四库全书总目》"《仪礼图》十七卷《仪礼旁通图》一卷"条可知，其成书时间是宋理宗绍定元年（1228），而杨复重修《续祭礼》在宋绍定辛卯年（1231）完稿，但是早在宋嘉定癸未年杨复给嘉定癸未刊《续丧礼》作《后序》时已言"丧礼一十五卷前已缮写，《丧礼图式》今别为一卷，附于正卷帙之外，以俟君子，亦先生平日之志云"。② 其落款时间为嘉定辛巳（1221）七月。细考《丧服图式》可知，其内容已是礼图。由此可知，杨复见过黄榦《丧服图式》，当无可疑。因此，四库馆臣直接把杨复《仪礼图》的创作源头直接归因于朱子，明显不符合历史事实，而应该是由朱子导源，黄榦继续完善，最后由杨复完成。此其一。

从文献的成就方面来看，黄榦《丧服图式》正是杨复《仪礼图》与朱子礼图思想之间的过渡性产物。《仪礼释宫》著作权存疑，但大体可以断定以朱子思想为导源。③ 考之《文集》，《仪礼释宫》总结《仪礼》的相关

---

① 《四库全书总目》，第 179 页。
② 《宋嘉定癸未刊仪礼经传通解续丧礼后序》//《仪礼经传通解》，第 3418 页。
③ 四库馆臣提要"《仪礼释宫增注》一卷"时言："《释宫》本李如圭之书，误编于朱子《集》中，永作此书之时，《永乐大典》尚未显于世，故不知非朱子之笔，今仍其原书所称，而附著其故于此。"但是正如其在"《仪礼释宫》一卷"条所言："考《朱子大全集》，亦载其文，与此大略相同，惟无《序》引。宋《中兴艺文志》，称：'朱子尝与之校定礼书。'疑朱子固尝录如圭是篇，而集朱子之文者遂疑为朱子所撰，取以入集。"其并把此文质之于《仪礼经传通解》中的相关礼学资料以见其非朱子所作。但是其于同卷"《仪礼图》十七卷《仪礼旁通图》一卷"条又言"故李如圭《仪礼集释》、朱子《仪礼经传通解》皆特出《释宫》一篇以总挈大纲，使众目皆有所丽"。由上述内容可知朱子与李如圭有校订礼书之事，至于其是否为师徒关系，有待详考，但是李如圭的思想受到朱子思想影响则无可置疑。参见《四库全书总目》，第 166、160、160 页。

房屋名物制度，并用注疏及各种文献，如《尔雅》等解释其制度，再到《通解》中的《释宫》篇。黄榦《丧服图式》依据三礼及其注疏制定了各礼图，虽未有学者研究礼图与名物之间的关系，但是学者们已经注意到确定名物制度与制定礼图之间具有不可分割的关系，如前引《四库全书总目》高度评价《仪礼集释》《通解》列《释宫》篇，而对杨复未列《释宫》篇严加批评。虽然四库馆臣的批评完全不符合杨复《仪礼图》的内容，但亦可见行礼场所的重要性已是学术界共识。事实上，杨复《仪礼图》全部以宫室的制度为基础来制作礼图。在《仪礼图》中，每幅礼图均以宫室为背景来描绘行礼者的方位，仅因杨复《仪礼图》严格按照《仪礼》十七篇来制图，而《仪礼》未有专论宫室的篇章，故杨复《仪礼图》未列《释宫》篇而已。由经文、注疏等文献确定礼仪内容再制作礼图则是杨复《仪礼图》制作过程的步骤。这些步骤在《丧服图式》中已经具备了。如《丧服图式·五服式·始死变服图》先有索引式按语："详见《丧服变除》本篇、崔氏及汉戴德说。"① 由此把《始死变服图》所依据的文献来源作了大体说明，尚未触及礼例，故对文献再仔细辨析方可确定其礼图内容。因此，编者下了两条按语如下：

> 按《问丧》云：亲始死笄纚。注云：亲，谓父母也。则是斩衰与齐衰同，但男子去笄纚，妇人去笄而纚耳。又按《仪礼》注但有斩衰、齐衰之别，则为母改服无异旁亲，今从《问丧》注。②

> 按崔氏云：始死，加素冠于笄纚之上。始死去冠，惟留笄纚，不应遽加素冠于笄纚之上。按《丧服小记》：斩衰，括发以麻。疏云：将小敛，去笄纚著素冠，视敛讫投冠而括发。当以《丧服小记》之疏为正。③

前者针对丧礼中为父母服丧的两种丧服，后者则是辨别穿戴笄纚、素冠的顺序，虽有内容之别，却都是确定《始死变服图》的前提。这些考订过程

---

① 《仪礼经传通解》，第 2112 页。
② 《仪礼经传通解》，第 2112 页。
③ 《仪礼经传通解》，第 2114 页。

正是杨复《仪礼图》制作过程的缩略版，但是其内容远比《释宫》等文献复杂得多。

由此可见，黄榦《丧服图》正是系统总结辨析礼仪或者礼器制度的成果，故四库馆臣概括杨复《仪礼图》做法为"节取旧说疏通其意，各详其仪节陈设之方位，系之以图"，当最先适用于黄榦《丧服图式》，杨复《仪礼图》正是在黄榦的基础上进一步创新的成果。

至于从黄榦到杨复的礼图方面发展过程，仅从《丧服图式》草稿的完成过程就可知其全貌了。杨复有言：

> 嘉定己卯，先生归自建邺，奉祠家居。先取向来《丧礼》稿本，精专修改，至庚辰之夏而书成，凡十有五卷。……于是丧礼之本末经纬莫不悉备。既而又念丧礼条目散阔，欲撰《仪礼丧服图式》一卷以提其要，而附古今沿革于其后。草具甫就而先生没矣，呜呼，此千古之遗憾也。……《丧礼》十五卷前已缮写，《丧服图式》今别为一卷，附于正卷帙之外，以俟君子，亦先生平日之志云。①

由杨复此文可知，《丧服图式》本是单独成文，并非《续丧礼》十五卷内的文献，也可获证于《通解》的《丧服图式目录》按语："此系《丧礼》外一卷，今第次《通解》续卷第十六。"② 因此，《丧服图式》本非《续丧礼》的内容，只因编撰目的及编者之故合编在一起，且先有《续丧礼》再有《丧服图》，正与杨复先撰《仪礼图》再重修《续祭礼》的过程相反，即杨复在嘉定癸未年前完成黄榦《续祭礼》的分卷工作，再完成《仪礼图》，绍定年间杨复完成重修《续祭礼》，故分别单行。杨复《续祭礼》的编撰时间晚于《仪礼图》，《续祭礼》不可避免地受到《仪礼图》的影响。又因《仪礼图》及《仪礼旁通图》单独成书，杨复为免重复而没有在《续祭礼》中过多收录礼图，我们只能于杨复《续祭礼》勾勒其内容。我们在杨复《续祭礼》中也恰好找到了一幅礼图。明堂制度章在经文注疏之

---

① 《宋嘉定癸未刊仪礼经传通解续丧礼后序》//《仪礼经传通解》，第3416~3418页。
② 《仪礼经传通解》，第2062页。

后有一幅《明堂图》（见下图）。①

杨复在此图下有按语，不仅佐证前文所言制礼图先要辨别并确定文献的观点，而且涉及朱子学派礼学思想的传承关系，兹引如下。

> 愚按："明堂者，王者之堂也"，谓王者所居以出教令之堂也。夫王者所居，非谓王之常居也。疏家云："明堂在国之南，丙巳之地，三里之外，七里之内"，此言虽未可以为据，然其制必凛然森严，肃然清净。王者朝诸侯、出教令之时而后居焉，而亦可以事天地、交神明于此地而无愧焉。周人祀上帝于明堂而以文王配之者，此也。说者乃以明堂为宗庙，又为大寝，又为大学，则不待辩说而知其谬矣。惟《考工记》谓明堂五室，《大戴礼》谓明堂九室，二说不同。前代欲建明堂者，或云五室，或云九室，往往惑于二说，莫知所决而遂止。愚谓五室取五方之义也，九室则五方之外而必备四隅也。九室之制视五室为尤备。然王者居明堂，必顺《月令》，信如《月令》之说，则为十二室，可乎？此又不通之论也。惟朱子《明堂图》谓："青阳之右个乃明堂之左个，东之南即南之东；明堂之右个乃总章之左个，南之

---

① 《杨复再修仪礼经传通解续卷祭礼》，第255页。

西即西之南；总章之右个乃玄堂之左个，西之北即北之西；玄堂之右个乃青阳之左个，北之东即东之北。但随其时至方位开门耳。太庙大室，则每时十八日居焉。古人制事多用井田遗意，此恐然也。"朱子所谓"明堂想只是一个三间九架屋子"者，指五方四隅，凡有九室之大略而言之也。然则朱子之说其亦有据乎？曰：汉承秦后，《礼经》无全书，姑以《考工记》观之，亦粗可见。……①

上引文献未引内容为《考工记》中东西长度等内容，实与《释宫》内容类似，不再赘引。上引文献主要内容有三方面：其一，辨明堂的用途是王者出教令，事天地，祭文王之所，亦是祭祀之时王与王后所居之所。其二，辨析明堂制度，主要是考辨《考工记》《大戴礼》中五室、九室之说，实与朱子《释宫》内容类似。其三，引朱子《明堂图》之说，并以《考工记》的制度证实朱子礼学观点，而其所言"朱子《明堂图》"则是出自《朱子语类》卷第八十七《礼四·小戴礼·月令》。②再次证实了前文所言考证辨析礼仪名物制度是制作礼图的基础，而礼图则是在辨析礼仪名物制度，全面了解礼例之后才能完成的文献。

　　由上述三方面可知，从朱子创立《仪礼》分章节、归礼例、画礼图开始，最先使分章节的体例走向成熟阶段，而黄榦、杨复仅能继承朱子成就的基础上细分各章节；黄榦重点发展朱子的礼例思想，把众多礼例串联成礼例链应用于礼书编撰，确立礼仪应用的通俗化原则，推进了朱子礼图思想，但尚未完成其创立工作；杨复重点发展朱子以辨析注疏为基础的礼图思想，并运用被黄榦发展成熟的礼例思想，最终完成了礼图的创始工作，由此形成了朱子、黄榦、杨复三人接力棒式的学术创新传统。

---

① 《杨复再修仪礼经传通解续卷祭礼》，第255～256页。
② 《朱子语类》卷八十七《礼四·小戴礼·月令》有上述杨复所引"朱子《明堂图》"的内容，其为刘砥所闻录。在刘砥所闻之语录之下有关于明堂的礼图，只是未标明《明堂图》而已。另外，《朱子语类》所载录的明堂图在内容上与杨复所引内容有别，两者区别在于《朱子语类》载录的明堂图左上角为"明堂左个"，而杨复所引用的《明堂图》则依旧为"明堂右个"，显然是叶纯芳在整理原文献时笔误，至于现藏于日本静嘉堂文库的元刊本情况如何，因时间有限，则有待以后详考。参见《朱子语类》，第2955～2956页；《杨复再修仪礼经传通解》，第255页。

（2）折中与创新：重经思想与实用礼仪之间的结合体

朱子具有实用礼学思想，已成现代学者共识，但凡是全面考察朱子礼学思想的学者则发现，朱子礼学思想中还含有重经思想，[①] 正如孙致文比较《通解》与《家礼》之后说：

> 《通解》一书主要在于汇整典籍中关于"礼"的记载，并意图展现古代礼仪制度的面貌。至于《家礼》一书，则不以考究古礼为目的，而主要以切合时用、简便易行为考量。就此而言，《通解》较偏重于文献学方面的意义，是用以为考究古代礼制的依凭；《家礼》则为士庶日常行礼的导引。[②]

孙致文极力证明《通解》具有实用意义，证实"践礼与治礼——朱子礼学的两个面向"的结论。[③] 细观论证过程可知，孙致文主要着眼于《通解》在实践礼仪方面的意义，混淆了朱子实用礼学思想与《通解》对社会礼仪实践的影响之间的内涵。朱子实用礼学思想着重于礼仪的社会实用性，而《通解》在社会礼仪实践方面的意义则是《通解》对当时礼仪普及方面的影响，虽有相关性，但始终是两个范畴，一个是客观影响，一个是主观思想。事实上，《通解》正式编撰前的《乞修三礼劄子》已言及其目的主要有两方面，即为了士子重新重视《仪礼》，提高《仪礼》的地位，此其一。修补礼乐资料，普及礼学文献，培养礼学人才，推动仪礼的制定工作，此其二。两者虽有差异，但都围绕一个基点，即修补礼乐文献，培养礼乐人才，促进礼乐文献的普及工作。具体详见第二章第一节。

现存《通解》朱子编撰部分的情况正如孙致文的总结，其注重礼仪文献，注意考究古代礼制，而促进礼乐文献的普及工作则仅体现在编撰结构

[①] 殷慧《朱熹礼学思想研究》虽然尚未深入研究《通解》的文本，但是她在综合研究朱子《家礼》、三礼学、《通解》及朱子的礼学实践之后概括朱子礼学思想的特点有三：学：《仪礼》为本经的三礼观；理：注重礼义的考礼观；用：因时制宜的践礼观。前两方面实际上是注重礼经才需要考礼，是一个问题的两个层面，当是重经的思想。参见《朱熹礼学思想研究》，第245～267页。

[②] 《朱熹〈仪礼经传通解〉研究》，第24页。

[③] 此为孙致文《朱熹〈仪礼经传通解〉研究》第一章第三节的标题。参见《朱熹〈仪礼经传通解〉研究》，第20页。

上使用分章结构、归纳礼仪来解决难读问题，并通过收集各种涉及礼学资料的典籍解释礼仪内容，至于其具体编撰工作则更注重考证名物制度及其礼仪。这样的情况不仅是我们观察所得的结论，更是朱子编撰思想实践的结果。他说：

> 问："所编礼，今可一一遵行否？"曰："人不可不知此源流，岂能一一尽行？后世有圣人出，亦须变。夏、商、周之礼已自不同，今只得把周之礼文行。"①
>
> 今所集《礼书》，也只是略存古之制度，使后人自去减杀，求其可行者而已。若必欲一一尽如古人衣服冠屡之纤悉毕备，其势也行不得。②
>
> 今所编《礼书》只欲使人知之而已。③

上引三条语录分别为叶贺孙辛亥（1191）以后记录的内容、沈㑨戊午（1198）以后记录的内容、辅广甲寅（1194）以后记录的内容，三者正是朱子正式编撰《通解》前后时间所持的观点。他们均显示朱子编撰目的是保存古代礼学文献，为后代圣人制礼工作提供基础材料，而非直接使《通解》成为现行礼仪规范。由此可见，朱子提出了运用《通解》的原则，即读者依据具体环境择取《通解》中的礼学材料。换言之，朱子把依据《通解》制定实用礼仪的任务交给了《通解》的读者。这个思想在黄榦《续丧礼》中获得了全面的贯彻落实，正如四库馆臣所言："虽编纂不出一手，而端绪相因，规模不异。古礼之梗概节目亦略备于是矣。"④ 四库馆臣所作提要的版本是"《仪礼经传通解》三十七卷续二十九卷"。考之文渊阁四库全书本可知，四库馆臣所收录于《续通解》的《续祭礼》正是黄榦编撰、杨复分卷完成的版本，而非杨复重修本。因此，上引四库馆臣的观点正是针对黄榦《续通解》二十九卷。虽然杨复《续祭礼》依旧遵循朱子礼学思想，但是杨复在处理礼学文献和实用礼仪之间的关系时，不再简单地把礼

---

① 《朱子语类》，第 2886 页。
② 《朱子语类》，第 2886 页。
③ 《朱子语类》，第 821 页。
④ 《四库全书总目》，第 179 页。

仪的实用任务直接抛给读者，而是在《续祭礼》中创造性地把礼学文献和实用礼仪两者紧密结合在一起，完成了朱子《乞修三礼劄子》提出的礼仪实用价值与礼学源流演变的历史相结合的任务。

为了完成上述任务，杨复《续祭礼》采纳了宋代各朝的朝廷奏议，正如叶纯芳考察杨复《续祭礼》后说：

> 最特殊的是他在说解礼仪时，引用前朝或当朝诏令奏议的内容，而评断态度一仍前所述。唯有透过朝臣在朝廷中对经书与礼制的讨论过程，才能证明礼仪真正的实行情况，而不再只是纸上谈兵。①

叶纯芳所言"一仍前所述"指"根据自己事先树立的理论原则评论是非"。叶纯芳高度评价杨复以经学统摄礼制的方式是一个里程碑，但是他仅是从经学家的礼学思想与朝廷实用礼仪相结合的角度解读杨复采纳诏令奏议内容的意义，尚未深入分析杨复的礼学思想。事实上，杨复采纳前朝或者当朝诏令奏议是因为他转变了朱子《乞修三礼劄子》以批评社会现状为主的思想，采用兼收并蓄社会实用礼学的做法，融入了宋代朝廷家法制度编撰《续祭礼》，形成了被社会所接受的礼学新经典形态。在论证杨复采纳朝廷奏议与制度的创新意义前，我们需要先考察宋代朝廷的家法文化。

关于宋代政治文化中的家法传统，顾炎武《日知录》"宋朝家法"条有言：

> 宋世典常不立，政事丛脞；一代之制殊不足言。然其过于前人者数事：如人君宫中，自行三年之丧，一也。外言不入于梱，二也。未及末命，即立族子为皇嗣，三也。不杀大臣及言事官，四也。此皆汉、唐之所不及，故得继世享国至三百余年。若其职官、军旅、食货之制，冗杂无纪；后之为国者，并当取以为戒。②

余英时详细考证了顾炎武所说内容，尤其关注"不杀大臣及言事官"内

---

① 《杨复再修仪礼经传通解续卷祭礼导言》//《杨复再修仪礼经传通解续卷祭礼》，第40页。
② （清）顾炎武：《日知录》卷一十五，清乾隆刻本。

容。① 本书引述上文反映了宋代家法有效性远较政府制度，如宋代"职官、军旅、食货之制"本有成熟的制度，却变成"冗杂无纪"，反而是无明文可循的祖宗家法得到了保存，直至南宋末年理宗时期尚且能够得到君臣的严格执行。如《宋史·刘应龙传》载：

> 祖宗以来，大臣有罪未尝轻肆诛戮。欲望姑从宽典，以全体貌。②

此家法制度也见于《宋史》章惇传。虽然上述史料所言"大臣""应是'执政大臣'的省称，通常指丞相、参知政事、枢密使而言"③，但是没有任何制度保障的祖宗家法被宋代君臣坚决贯彻执行了几百年，而职官、军旅、食货等相关政治经济制度反而被宋代君臣破坏无遗，其原因当是家法文化得到了宋代礼制的保障，正如余英时所言："文化重于政治原是宋人'三代'概念的基本属性，元儒'后三代'不过引申其义而已。"④ "三代"的文化正是礼制文化，宋人对此成就极为自信，如朱子说："国初人便已崇礼义，尊经术，欲复二帝三代，已自胜如唐人，但说未透在。"⑤ 由此种下了宋代文化中层层相因的因子，即礼乐文化传统。

由上述可知，宋代各朝文化具有明显的承袭特征，各时期制度具有前后相续的关系，而朱子全面否定世俗文化的态度，固然有石破天惊之效，但其激起的反对声浪与其破坏世俗的力度恰成正比，而杨复改变黄榦《续祭礼》的编撰方式，以礼学家的理论为先导，引入朝廷的奏议或者诏令，起到了瓦解反对意见、消弭反对声音之效，因为杨复所引奏议或者诏令并非照搬原有内容，而是在立足家法传统的基础上有选择地引用各朝涉及礼仪的奏议或者诏令。

遍检杨复《续祭礼》可知，杨复引用奏议有两种类型：一是直接引用朝廷奏议或者诏令补充经文注疏，加强礼学的权威性。如《祭礼》四《祀昊天上帝礼》祀天礼始终之序章"燔柴于泰坛"后引用奏议曰：

---

① 《朱熹的历史世界：宋代士大夫政治文化的研究》，第 203~206 页。
② 《宋史》，第 12760 页。
③ 《朱熹的历史世界：宋代士大夫政治文化的研究》，第 206 页。
④ 《朱熹的历史世界：宋代士大夫政治文化的研究》，第 193 页。
⑤ 《朱子语类》，第 4020 页。

元丰元年九月陈襄等言："阳祀自烟始，阴祀自血始。然则升烟、瘗血以致神明，不可不在先也。及致神祇矣，方有事焉。至于礼毕，则以牲币之属而燔瘗之，然后为礼之终，故《仪礼》谓祭天燔柴，祭地瘗牲，而郑氏以为'祭礼终矣，备矣'。先儒有谓于燔瘗之始，即用牲币之属。既不经见，而又未荐神，遽已燔瘗之，则是备于先而阙于后也。至后世知燔瘗牲币于祭末，而不知致神于其始，则是备于后而阙于先也。请祀南北郊，先行升烟、瘗血之礼，俟荐献礼毕，即燔瘗牲币之属，则始终之礼备。"从之。[①]

上引文献为元丰年间陈襄等关于改革燔瘗牲币程序的奏议，已被朝廷采纳，但是此条文献的价值超过了普通历史材料，具有深刻的经学意义。从前述可知，朱子批评王安石科举改革破坏传统礼制文化，而他也不甚重视神宗之前礼制文化，仅强调宋代经生诵记礼仪的经学教育传统而已。与之相反，杨复完全赞成宋代的礼制文化，我们有两方面的证据：一是郑注与上文陈襄所言之内容不同，杨复却在"燔柴于泰坛"的注疏中采纳上述内容而删除郑注。二是杨复以上引文献作为此处注释的结束语，再无其他按语。

与上述内容相关的则属《祭礼·地示篇》祭地礼始终之序章。杨复在"前期十日"条有注曰："自此以后，并如《祀天礼》"，[②] 并且于"祭之日"条引用"元丰元年九月，陈襄等议，阴祀自血起，请北郊先行瘗血之礼，俟荐献礼毕，即瘗牲币之属，则始终之礼备"。后特地备注："详见《祀天》'燔柴'条。"[③] 由此可见杨复所引文献只是缩略了陈襄奏议而已，但是引起疑义的内容是杨复还引用《通典》的观点：

其日，王立于方丘东南，西面，乃奏函钟为宫以下之乐，以致其神。讫，王又亲牵牲取血，并玉瘗之以求神，谓之二始。"天地之祭，惟圆丘、方丘备此二始。谓圆丘之先，奏圆钟为宫之乐，次燎牲及玉

---

① 《杨复再修仪礼经传通解续卷祭礼》，第201页。
② 《杨复再修仪礼经传通解续卷祭礼》，第308页。
③ 《杨复再修仪礼经传通解续卷祭礼》，第308页。

币也。方丘则先奏函钟为宫之乐，次则瘗埋血及玉币。二者在正祭之前，故云二始。[①]

细观上引《通典》的材料，显然和陈襄等于元丰元年的奏议内容有所不同。陈襄等所言是针对升烟、瘗血与燔瘗牲币顺序而言，而《通典》则是针对开始之礼，即祭圆丘和方丘所采用之礼仪的差异，却用到了"燎牲及玉币""瘗埋血及玉币"二事，而这正是陈襄等所言"备于先而阙于后"的情况，可见杨复并未对祭天地的情形下定论，仅是两存之而已。至于杨复为何没有用按语比较上述两方面的差异，则因材料不足，我们难以确定其中缘由。另外，细考陈襄的奏议后，我们发现他们所述礼学内容正是依据孔颖达疏"燔柴于泰坛者，谓积薪于坛上，而取玉璧及牲，置柴上燔之，使气达于天也"。[②]杨复由此改造了郑注的礼仪内容，并补充注疏所涉及的礼仪环节不周全之处，也通过引用朝廷奏议潜移默化地运用了宋代家法传统，改变单纯辨析礼学观点的口说无凭之弊。

二是引用各朝礼仪内容，呈现具体变化过程，以古礼为评判标准，辨析各代礼仪之间的差异。《祭礼》祀天礼始终之序章"传：卜郊，受命于祖庙，作龟于祢宫，尊祖亲考之义也"。杨复按语先梳理疏文含义，再引宋太祖、宋仁宗之礼仪，评判二者得失。其言曰：

太祖皇帝乾德六年十一月初行郊祀，先是十三日宿斋于崇元殿，翌日赴太庙，五鼓朝享礼毕，质明乘玉辂赴南郊，斋于帷宫，十六日行郊祀礼。夫五鼓朝享于太庙，质明乘辂赴南郊，斋于帷宫，又二日而郊祀，此则不拘古礼，以义起之，深得古人告祭于太庙之意，而又不失乎致斋之严也。其后有司建明，或失其中。仁宗天圣二年八月，太常礼院言，南郊合行荐告之礼，望降所用日。诏：将来玉清昭灵宫、景灵宫、太庙同日行礼。后五年，礼仪使刘筠奏曰："天圣二年南郊制度，皇帝自天安殿，一日之内，数次展礼。万乘之陟降为劳，百执之骏奔不暇，欲乞将来南郊礼毕，别定日诣玉清昭灵宫、景灵宫

[①] 《杨复再修仪礼经传通解续卷祭礼》，第308页。
[②] 《杨复再修仪礼经传通解续卷祭礼》，第201页。

行恭谢之礼。"夫刘筠之请，盖欲避一日频并之劳也。然荐告者，郊前之礼也。恭谢者，郊后之礼也。刘筠欲易郊前荐告之礼为郊后恭谢之礼，盖亦以玉清昭灵宫、景灵宫非礼之正，不欲指言其事，故为是婉辞以达意也。景祐五年十年，侍讲贾昌朝言："朝庙之礼，本告以配天缩侑之意，合于旧典，所宜奉行。其景灵宫朝谒，盖沿唐世太清宫故事，有违经训，固可改革。欲望将来朝庙前，未行此礼，候郊祀礼毕，诣景灵宫谢成，如下元朝谒之仪。所冀尊祖事天，礼简诚至。"夫贾昌朝之说，即刘筠之说也。然刘筠之议婉而明，不若贾昌朝之言严而正。①

上引内容主要涉及宋太祖行郊祀之礼的行程与宋仁宗对郊祀之礼改革及当朝礼官刘筠、贾昌朝的建议，杨复通过礼学家观点，及宋太祖朝行礼之先例为证，确定了郊祀之礼的行礼流程。杨复高度评价宋太祖行礼之次序，并与宋高宗、神宗、哲宗、徽宗的礼仪制度相比较，得出了定论，即"国朝冬祀大礼，惟太祖皇帝乾德六年十一月之礼，可为后世不易之法"。② 由此可见，宋太祖行礼的次序已然成为杨复佐证经学及评判宋代各朝礼仪制度的标准了。这个标准虽有叶纯芳所言把礼学家与朝廷奏议等相结合之功效，但更深层次的原因是杨复利用宋代家法文化来改造现实礼仪，改变了朱子、黄榦以批评宋代礼仪制度为切入点的礼制建设过程，转变为立足于宋代固有文化因素建设朱子学派新传统。

虽然利用宋代政治传统建设礼仪传统，但是杨复仍属继承朱子立足于礼学文献的传统。前引《祭礼》祀天礼始终之序章的两处文献，杨复在言及宋代各朝祀天制度之前都是先辨别经文注疏，再比较分析宋代礼仪制度，已蕴含了杨复注重疏解经文，并以经学来统摄礼制。③ 另外，杨复在《续祭礼》的篇目安排上亦先正经再补编。《仪礼经传通解祭礼义例》有言：

---

① 《杨复再修仪礼经传通解续卷祭礼》，第 197 页。
② 《杨复再修仪礼经传通解续卷祭礼》，第 198 页。
③ 叶纯芳认为"杨复以经学理论统驭礼制问题"，其论述过程言简意赅，逻辑严密，可看《杨复再修仪礼经传通解续卷祭礼导言》∥《杨复再修仪礼经传通解续卷祭礼》，第 38~40 页。

今所编次，专是祭礼一门，又正经在前，补编在后，故以《特牲馈食》为经第一，《少牢馈食》为经第二。郑目录云："《有司彻》，《少牢》之下篇也"，故并而合之，以为一篇。……今亦随类分之，凡传记论郊之义者附于郊，论社之义者附于社，论蜡之义者附于蜡。"有虞氏尚气，殷人尚声，周人尚臭"，附于《祼》；《礼运》"礼之大成"，附于《献》；四时祭义附于《祭礼》之后。惟祭礼总义，如"祭有十伦"之类，附于《宗庙》之后；天神、地示、人鬼祭礼总义，如"命降于社，降于祖庙、山川、五祀"之类，附于《祭统》之后。①

考之杨复《续祭礼》可知，此处所言之经有两层含义，一是以《仪礼》固有篇目为"正经"，二是以记载礼仪内容为经，以记载礼义者为传记。我们的依据正是杨复在同一文献所言《礼书》通例"凡说礼之义者，归于后篇。然祭礼纲条宏阔，记博事丛"②。杨复礼仪细分为各个祭仪内容，各相应礼义随祭仪内容而细分为相应内容附于祭仪之后，改变礼仪归礼仪、礼义归礼义的做法。

综上所述，杨复利用宋代政治传统引入各代朝廷奏议，使经典礼学理论与礼学实践融汇为一体，完成礼学的实用与理论为一体的礼学著作。

---

① 《仪礼经传通解祭礼义例》//《杨复重修仪礼经传通解续卷祭礼》，第6~7页。
② 《仪礼经传通解祭礼义例》//《杨复重修仪礼经传通解续卷祭礼》，第7页。

第五章

《仪礼经传通解》的影响研究

《通解》是朱子礼学的代表作品之一，现成为朱子学中的偏冷领域，但是朱子对此书却寄予厚望，直至去世前仍念念不忘《通解》的编撰工作。《宋史》朱子本传载：

> 疾且革，手书属其子在及门人范念德、黄榦，拳拳以勉学及修正遗书为言。翌日，正坐整衣冠，就枕而逝。①

据王懋竑《朱子年谱》可知，"遗书"指《通解》。② 虽然历来论者证实朱子重视《四书章句集注》都以朱子去世前三日修改《大学诚意章》为据，③ 而对上述文献视而不见。如果说《宋史》偏袒朱子学派，上述史料不一定完全可靠，但是细考《文集》可知，朱子晚年的书信谈论最多的就

---

① 《宋史》，第 12767 页。
② 王懋竑《朱子年谱》引旧谱及《行状》均涉及修正遗书，《旧谱》较详，其言曰："先生乃作三书：一与子在，令早归收拾遗文；一与黄榦，令收《礼书》底本，补缉而成之。其书界行开具逐项合修条目，且封一卷，往为之式；一与范念德，讬写《礼书》。"《行状》则云："先生疾且革，手为书嘱其子在与门人范念德、黄榦，尤拳拳以勉学及修正遗书为言。"两者详略不同，其中《行状》所言之语甚至与《宋史》朱子本传无一字之出入，只是《宋史》本传的内容更为简略而已，从修撰时间而言，《宋史》朱子本传采纳《行状》当无可疑。但是其所言之遗书正是《礼书》则于此可见一斑了。参见《朱熹年谱》，266 页。黄榦：《宝学朱文公先生》//《勉斋先生黄文肃公集》卷三十四，元刻元祐二年重修本。
③ 王懋竑《朱子年谱》云："三月辛酉，改《大学》'诚意'章"，"甲子，先生卒"，依据《朱子年谱》的编撰体例，甲子为辛酉日之后紧挨着的甲子日，此日为三月甲子日。参见《朱熹年谱》，第 265～266 页。

是《通解》，而非《四书章句集注》。虽然难以据此断定朱子重视《通解》而否定其重视《四书章句集注》的程度，但是至少说明《通解》居于朱子晚年学术活动的主导地位。因此，《通解》是朱子晚年学术思想的最重要载体，故考察《通解》的社会影响力，有助于全面了解朱子学派的后世影响。

第一节　对宋元明清国家政治文化的影响

在中国儒家传统文化中，制作礼仪本是王者之事。《荀子》曰："礼莫大于圣王。"[①] 杨倞注曰："圣王，制礼者。言其人存，其政举。"正是圣王才能制礼，而且王者登基之后所做大事之一正是制礼乐。董仲舒《春秋繁露》曰：

> 王者必受命而后王，王者必改正朔，易服色，制礼乐，一统于天下，所以明易姓，非继仁，通以己受之于天也。[②]

清人苏舆《春秋繁露义证》说："人各本作仁，今改。"[③] 此改甚为合理，使全文更易理解。董仲舒把制礼乐作为王者一统天下的三大措施之一，奠定了后世朝廷制礼乐的传统。因此，制作礼仪从来都是国家大事。而《仪礼经传通解》从宋代开始被列入官学，由此开始影响宋元明清国家政治文化。本节主要考察《通解》对宋元明清四代的政治文化方面的影响。

一　奠定经典地位：《通解》宋代政治地位的变化

《四书章句集注》是历代显学，其影响力已成定论，《通解》则处于被礼学家偶尔提及的地位。但是考察《宋史》朱子本传，《通解》与《四书章句集注》的地位未有如此巨大悬殊。《宋史》朱子本传载：

> 熹没，朝廷以其《大学》、《语》、《孟》、《中庸》训说立于学宫，又有《仪礼经传通解》未脱稿，亦在学宫。[④]

---

① （战国）荀况撰，（唐）杨倞注《荀子》卷三，清抱经堂丛书本。
② （汉）董仲舒撰《春秋繁露》卷七，清武英殿聚珍版丛书本。
③ （清）苏舆：《春秋繁露义证》卷七，清宣统刊本。
④ 《宋史》，第12769页。

"《大学》、《语》、《孟》、《中庸》训说"指包括《四书章句集注》在内的四书学内容。《宋史》载录了朱子的所有作品,唯独列《四书章句集注》《通解》未脱稿立于学宫,而《家礼》仅以"行于世"为结论。因此,《通解》与《四书章句集注》在宋代的政治地位当是相同。这也是《通解》首次进入国家学术最高机构。与此同时,黄榦《续通解》也被朝廷收纳,成为官方认可的礼学作品。王佖《宋宝祐癸丑刊仪礼经传通解序》曰:

> 嘉定间,嗣子侍郎公在方刻之南康郡学。后来勉斋黄公续成丧、祭二礼亦并刻焉,而书监竟取之以去。曾几何时,字画漫漶,几不可读。识者病之,盖惧此书之无传也。佖乘轺东江,因敂本司发下之券尚存,遂即筹度命工重刻。……今丧礼则用勉斋所纂,《祭礼》则用信斋所修,且使六艺之废缺者庶乎可备,朱子平日之盛心庶乎可伸矣!①

"书监"曾取《通解》进入国子监,佐证了上引《宋史》朱子本传所载内容不虚。另外,官方收藏的《通解》版本为朱在刻本与黄榦编撰本的合刻本。综观王佖序可知,王佖弃黄榦《续祭礼》而取杨复《续祭礼》,著作权甚为清晰。由此可见,黄榦《续丧礼》《续祭礼》在宝祐癸丑前亦曾被朝廷收纳为官方文献,书版亦被朝廷收藏。与此相同,杨复《续祭礼》亦由杨复弟子郑逢辰进献而被朝廷收录。《日省劄备中书后省状》曰:

> 准都省送到江西提刑郑逢辰奏申:谨以《祭礼》书分为贰拾册,并《仪礼图》拾四册,缮写壹部,囊封具表檄进外,谨以壹部申纳朝省,欲望敷奏乞下此书于礼寺,以备讨论。不独礼文稽古,可为盛时之光,而诏久传远,实天下后世之幸。②
>
> 杨复所修《祭礼书》、《仪礼图》,付太常寺收管,以备参稽礼典。杨复特赠文林郎。其子心得特免文解三次。③

---

① （宋）王佖撰《宋宝祐癸丑刊仪礼经传通解序》//《仪礼经传通解》,第3422页。
② 《公文》,//《杨复再修仪礼经传通解续卷祭礼》,第19页。
③ 《公文》//《杨复再修仪礼经传通解续卷祭礼》,第22页。

前者为《中书省劄》，后者则是朝廷的圣旨，均为淳祐六年的朝廷公文。两者都强调了杨复《续祭礼》与《仪礼图》的价值和意义，收藏于主管礼学的太常寺。据叶传芳考证，这本《杨复再修仪礼经传通解续卷祭礼》是元刻本，因此上引文献难以确定真伪。但是查考清人陆心源《皕宋楼藏书志卷七经部礼类二》的"《仪礼经传通解续祭礼》十四卷"条可知，其所载内容与上引文献一致，甚至连所缺页码亦一致，而陆心源明确记载其所见书籍为宋刊本，由此可知上引文献确为真实的。由此可确定杨复《续祭礼》与《仪礼图》均被太常寺收录，成为官方承认的正式礼典之一。

与朱子、黄榦不同，杨复《续祭礼》一完成就被朝廷收录，杨复被赠封为文林郎，其子杨心得获免文解三次的优待，其背景是从理宗开始，朱子学派的政治影响力与日俱增，学界也高度推崇朱子学术，而官方也承认朱子儒家大贤地位及朱子学派的儒学主流地位。《宋史》朱子本传载：

> 理宗绍定末，秘书郎李心传乞以司马光、周敦颐、邵雍、张载、程颢、程颐、朱熹七人列于从祀，不报。淳祐元年正月，上视学手诏以周张二程及熹从祀孔子庙。黄榦曰："道之正统，待人而后传。自周以来任传道之责者，不过数人，而能使斯道章章较著者三人而止耳。由孔子而后，曾子、子思继其微。至孟子而始著。由孟子而后，周、程、张子继其绝，至熹而始著。"识者以为知言。①

上引文献综述了宋理宗立周敦颐、张载、程颢、程颐、朱子五位理学家为新儒家大贤的过程，其依据正是黄榦的道统论。黄榦阐明了儒学发展史的三个时期：前期为周公制礼作乐，中期为孔子、曾子、子思、孟子传周公之道，而孟子始集成孔门之学。当前即宋代则周敦颐、二程、张载传孔孟之学，朱子集其大成，其依据是理学的传承过程。

因此，在朱子成为宋代官方承认的圣人之前，朱子学已经开始成为官方承认的学术经典。与《四书章句集注》不同，《通解》由朱子、黄榦、杨复三人编撰成书，也分三次被朝廷承确认为学术经典。前两部分是在朱子从祀孔庙之前，后一次则是在朱子从祀孔庙之后，他们的社会文化背景

---

① 《宋史》，第 12769～12770 页。

完全相同，即赵宋王朝承认了朱子学术思想的正统地位。

在传播过程中，《通解》虽作为一个整体对南宋政治文化产生影响，但是《通解》分三次被官方收录。这决定《通解》的影响是从《通解》南康首刻本开始，而其政治影响力的起点当是朝廷首次收录《通解》，具体时间虽已无从得知，但是现存资料仍可推定其大概时间。兹述如下。

由朱在序言可知，《通解》南康首刻本刊刻于嘉定丁丑年（1217）。张虑《宋嘉定癸未刊仪礼经传通解续序》、陈宓《宋嘉定癸未刊仪礼经传通解续序》、杨复《宋嘉定癸未刊仪礼经传通解续目录后序》三序均未言及《通解》嘉定丁丑刻本被朝廷收录之事。又据张虑《宋嘉定癸未刊仪礼经传通解续序》"是虽《丧》、《祭》二门，而卷帙多前书三之一，以是刊造之日长"，则所谓"前书"当指朱子"《仪礼经传》与《集传集注》"即《通解》朱子编撰部分，那么张虑癸未刊本实仅新刊刻黄榦《续丧礼》《续祭礼》，与朱在刻本合编成书，各部分又分开命名，即分为《仪礼经传通解》《仪礼集传集注》《仪礼经传通解续》三部分。此外，从上述张虑、陈宓、杨复序言的题名，也可确定嘉定癸未刊本仅刊刻了黄榦《续丧礼》《续祭礼》而已。由此可知，《通解》丁丑刻本尚保留于南康郡学，与癸未新刻的黄榦《续丧礼》《续祭礼》合为一书，成为宋嘉定癸未刊本。据王佖《宋宝祐癸丑刊仪礼经传通解序》"嘉定间，嗣子侍郎公在方刻之南康郡学。后来勉斋黄公续成丧、祭二礼亦并刻焉，而书监竟取之以去"，则国子监取走的刻本当是张虑合刻的嘉定癸未刻本。至于《宋史》朱子本传言："又有《仪礼经传通解》未脱稿亦在学官"，当属嘉定癸未刻本。[①] 由上述文献，我们可以确定《通解》朱子编撰部分被赵宋朝廷收录的区间当是在宋宁宗嘉定癸未年之后，宋理宗宝祐癸丑年之前，即 1223～1253 年。

---

① 《宋史》对朱子、黄榦的编撰部分并未统一称为《仪礼经传通解》，而是依据其编撰者不同分开命名。如《宋史》卷二百二艺文志第一百五十五载录"朱熹《仪礼经传通解》二十三卷"，"黄榦《续仪礼经传通解》二十九卷，又《仪礼集传集注》十四卷"可见《宋史》把《通解》各部分全部拆分成《仪礼经传通解》二十三卷、《仪礼集传集注》十四卷、黄榦《续仪礼经传通解》二十九卷，而杨复《续祭礼》失载，这与我们现在所见的通行本，即四库全书全本相同。我们依据朱在嘉定丁丑刻本序言可知，《仪礼集传集注》当属《通解》朱子未定稿部分，却被《宋史》误列于黄榦名下。至于《宋史》中华书局点校本朱子本传"又有《仪礼经传通解》未脱稿，亦在学官"则当属点校者不明《仪礼经传通解》及《通解》朱子未脱稿当属两书，故未加标点分为两书，即"又有《仪礼经传通解》、未脱稿，亦在学官"。参见《宋史》，第 5051、12769 页。

但因嘉定癸未年已是宋宁宗晚期，《通解》对朝廷的影响可以忽略不计，又因宋度宗享祚日短，正如《宋史》所言："宋至理宗疆宇日蹙，贾似道执国命。度宗继统，虽无大失德，而拱手权奸衰敝浸甚。考其当时事势，非有雄才睿略之主，岂能振起其坠绪哉。"① 佐之度宗在位的十年时间的情势，《宋史》大致可信。在南宋，朱子政治地位快速提升的时期是在宋理宗时期，而且《通解》在宋理宗时期被国子监所收录的可能性最高。

我们考察《通解》在宋代的影响主要集中于宋理宗时期。这与《通解》被朝廷收录的情况亦相符合，也与朱子学派在宋代政治地位提升过程相符合。《宋史》理宗本传的赞语曰：

> 宋嘉定以来，正邪贸乱，国是靡定，自帝继统，首黜王安石孔庙从祀，升廉洛九儒，表章朱熹《四书》，丕变士习，视前朝奸党之碑伪学之禁，岂不大有径庭也哉！身当季运，弗获大效，后世有以理学复古帝王之治者考论匡直辅翼之功，实自帝始焉。庙号曰"理"，其殆庶乎！②

《宋史》偏袒程朱理学，依程朱道统设立《道学传》可见一斑。通观宋代政治变化过程，与北宋元祐党人碑和南宋庆元党禁相比，宋理宗对理学的推崇态度确实独树一帜。但是宋理宗仅大力提升理学的政治地位，并未真正吸收理学的真精神，《宋史》总结理宗一朝的现状说：

> 由其中年嗜欲既多，怠于政事，权移奸臣，经筵性命之讲，徒资虚谈，固无益也。③

由此可见，宋理宗仅是把理学作为"虚谈"，并未真正遵从理学精髓励精图治。即包括《通解》在内的朱子学术仅作为宋理宗粉饰政治的工具而已，并未对赵宋王朝的政治思想产生实质性影响。

---

① 《宋史》，第 918～919 页。
② 《宋史》，第 889 页。
③ 《宋史》，第 889 页。

因此，宋理宗顺应学术界的主流思想确立朱子学派的儒学正统地位，逐步收录《通解》各部分，列入学宫，但因南宋末年积重难返的政治形势，礼乐文化仅止于粉饰太平，《通解》也成为粉饰太平的工具，并未对宋代政治文化产生实质影响。但是《通解》在宋理宗时期列为学宫，深刻影响《通解》在后代的传播，铺平了《通解》步入正统文化的道路。

二　推尊朱子学术：《通解》影响元代朝廷的政治生活

元代朱子学发展过程最重大事件，莫过于列程朱学术为科举考试的教科书。《元史·选举志·科目》有载：

> 考试程式：蒙古、色目人，第一场经问五条，《大学》、《论语》、《孟子》、《中庸》内设问，用朱氏章句集注。其义理精明，文辞典雅者为中选。第二场策一道，以时务出题，限五百字以上。汉人、南人，第一场明经经义二问，《大学》、《论语》、《孟子》、《中庸》内出题，并用朱氏章句集注，复以己意结之，限三百字以上；经义一道，各治一经，《诗》以朱氏为主，《尚书》以蔡氏为主，《周易》以程氏、朱氏为主，已上三经，兼用古注疏。《春秋》许用三传及胡氏传，《礼记》用古注疏，限五百字以上，不拘格律。第二场古赋诏诰章表内科一道，古赋诏诰用古体，章表四六，参用古体。第三场策一道，经史时务内出题，不矜浮藻，惟务直述，限一千字以上成。蒙古、色目人，愿试汉人、南人科目，中选者加一等注授。蒙古、色目人作一榜，汉人、南人作一榜。第一名赐进士及第，从六品，第二名以下及第二甲，皆正七品，第三甲以下，皆正八品，两榜并同。①

此为元仁宗皇庆二年十一月所颁布的科举考试的程式。上引文献烙下了元代社会人群分等级的制度烙印，但不管是蒙古人、色目人，还是汉人、南人的科举考试均要参加经学考试，朱子《四书章句集注》都是他们必考内容。我们还注意到汉人、南人考试的教材并非以朱子经学为唯一教材，尤其是礼经的考试，不仅没有使用朱氏的作品，甚至也废除《周礼》《仪

---

① 《元史》，第 2019 页。

礼》，只考《礼记》一经。元人吴师道对此持有强烈的异议，他在《国学策问四十道》第二十三中说：

> 方今设科仅止《礼记》，《仪礼》废久，固莫之异。若《周官》者岂以其间有与他书不同而疑之欤？抑以用之者徒多事而无益欤？以唐太宗之英君信其可行，关洛诸儒曾无异论，世之诋毁者可尽信欤？朱子为正学之宗，他经训议皆所遵用，礼书乃其用意者而独在所不取，何欤？谓宜表章《通解》一书，与三礼并其精治者优异以待之可也。明体适用之学莫大于此，而去取之际不能无疑，愿从诸生质之。①

吴师道所言之意有三：一是《仪礼》被废已久，而《周礼》在唐代是经学考试的教材，尚且被唐太宗所采纳，且程朱学者亦无异议。二是朱子学术被列为正宗之学，科举考试采纳了朱子的各经训议，唯独废弃《通解》，实难理解。三是希望朝廷重视《通解》，优待精治《通解》与治三礼的学者，愿就此问题与各学者论难。吴师道的观点也佐证了上引《元史》所载元代科举废除《周礼》《仪礼》，不采纳《通解》作为科举教材的基本事实。但是经吴师道等儒家学者的努力下，学术潮流改变元代科举考试的具体命题情况。元代学者熊朋来《总论大小戴礼记》说：

> 方今科举仅用《小戴礼记》试士，若《儒行》、《缁衣》、《明堂位》等篇尝为先儒所疑者，明有司必不于此命题。要知朱文公《仪礼经传通解》所不采者皆不堪命题也。②

元代虽未列《通解》为科举考试的教材，但是《礼记》一科的考试却受到《通解》的深刻影响，形成了《通解》在元代科举考试中隐形教材的地位。

既然元代学者高度重视《通解》，为何元代统治者并未把其列入科举考试程式？这与元仁宗朝的文化政策制定者的知识结构有密切关系，亦与当时的学术思潮紧密相关。从上引元仁宗朝所定科举考试程式可知，其制

---

① （元）吴师道撰《礼部集》卷十九，清文渊阁四库全书本。
② （元）熊朋来撰《五经说》卷六，清通志堂经解本。

定者拥护程朱学术，但是又兼顾科考历史及当时主流学术思潮。此可获证于吴师道《国学策问四十道》"愿从诸生质之"之言。

虽然《周礼》《仪礼》并没有被元代统治者列入科举考试教材范畴，但是元代朱子学教育并未完全遵从上引科举程式，而是受到朱子提倡《仪礼》及《通解》的影响，他们的实际影响力比宋代大得多，正是朱子学在元代获得了广泛传播的结果。这可获证于程端礼《程氏家塾读书分年日程》的分年设科目及其成为元代国子监教育大纲。兹论如下。

第一，《程氏家塾读书分年日程》以朱子读书法设计课程的教学进度，由此培养了高度推崇朱子学术的学者，为元代的朱子学传播提供了人才基础。

《日程》卷一自注曰：

> 日程节目，主朱子教人读书法六条修。其分年，主朱子宽著期限，紧著课程之说修。①

《日程》的教学方法遵循六条朱子读书法，具体教学进度则依据朱子"宽著期限，紧著课程"来设计。朱子读书六法指：

> 居敬持志，循序渐进，熟读精思，虚心涵泳，切己体察，著紧用力。②

以上六条读书法，程端礼《集庆路江东书院讲义》有另一种排序，其言曰：

> 曰："循序渐进"；曰："熟读精思"；曰："虚心涵泳"；曰："切己体察"；曰："著紧用力"；曰："居敬持志。"③

---

① （元）程端礼撰《程氏家塾读书分年日程附纲领》，丛书集成初编本，上海：商务印书馆，1936，第1页。
② 《程氏家塾读书分年日程附纲领》，第9页。
③ 《程氏家塾读书分年日程附纲领》，第120页。

上述两种排序均是程端礼继承前人的观点而来，① 考之《日程》，其教学方法确实源自上引六条朱子读书法，如某小学教育课程就遵循居敬持志设置的具体内容比例，其言曰：

> 小学不得令日日作诗作对，虚费日力。今世俗之教，十五岁前，不能读记九经正文，皆是此弊。但令习字演文之日，将已说小学书，作口义以学演文，每句先逐字训之，然后通解一句之意，又通结一章之意，相接续作去明理演文，一举两得，更令记对类单字，使知虚实死活字，更记类首长天永日字，但临放学时，面属一对便行，使略知对偶轻重虚实足矣。此正为己为人，务内务外，君子儒小人儒之所繇分，此心先入者为主，终此生不可夺，不惟妨工，最是夺志，朱子谆谆言之，切戒。②

作诗作对是否就是为人之学、务外之学或是小人儒，尚无定论，但是按照朱子思想，以作诗作对为要务就是玩物丧志，因此，程端礼反对诗文成为小学阶段主要教学内容，而是作为学生即将放学简短时间的学习内容，目的是"使略知对偶轻重虚实足矣"。他提倡小学阶段当以字、句的训练为主，提高学生阅读经学和史书的能力，反对定位于诗词歌赋教育。至于循序渐进、熟读精思、虚心涵泳、切己体察、著紧用力五个方面与居敬持志方面相同，均能够在《日程》中随处可见其应用，不再赘述。

在教学进度中，"宽著期限，紧著课程"是程端蒙制定学生各年学习内容的基本原则。程端礼分为"八岁未入学之前"③、"自八岁入学之后"④、"小学书毕"⑤ 完成小学教育之后则依据朱子"四书，六经之阶梯"的理

---

① 由现存文献可知，第二种排序法是依据宋代张洪《朱子读书法》。其书分为两辑，均是依据纲领、循序渐进、熟读精思、虚心涵泳、切记体察、著紧用力、居敬持志来进行排序，而具体六个方面的内容则用于将朱子在文集、语录中所言有关治学内容进行分类。参见（宋）张洪辑《朱子读书法》卷一，清文渊阁四库全书本。

② 《程氏家塾读书分年日程附纲领》，第 4~5 页。

③ 《程氏家塾读书分年日程附纲领》，第 1 页。

④ 《程氏家塾读书分年日程附纲领》，第 1 页。

⑤ 《程氏家塾读书分年日程附纲领》，第 7 页。

念，依次读四书、六经的正文，再读四书、六经的注解，[1] 以十五岁为分界点。程端礼曰：

> 前自十五岁读《四书》经注或问、本经传注，性理诸书，确守读书法六条，约用三四年之功，昼夜专治，无非为己之实学，而不以一毫计功谋利之心乱之，则敬义立，而存养省察之功密，学者终身之大本植矣。[2]

由此完成了小学、大学的教育任务，学生开始看《通鉴》《韩文》《楚辞》，学习作文与科举文字之法。程氏对其方法甚为自信，他说：

> 右分年日程。一用朱子之意修之。如此读书学文皆办，才二十二三岁或二十四五岁。若紧著课程，又未必至此时也。虽前所云失时失序者，不过更增二三年耳。大抵亦在三十岁前皆办也。世之欲速好径，失先后本末之序，虽曰读书作文，而白首无成者，可以观矣。此法似乎迂阔，而收可必之功，如种之获云。[3]

程端礼安排了每年学习的内容，使学习者具备了扎实的文献功底。由此确立了学习者学习三礼及《通解》的良好基础。

第二，《程氏家塾读书分年日程》设计了严密的教授礼学方法，为学者研究朱子礼学提供了条件，更为《通解》的普及做了大量准备工作。

在礼学的教育方面，程端礼设计了严密的教学体系。在学习三礼及《通解》方面，程端礼设置了"自八岁入学之后"要读的书目有"次读《仪礼》并《礼记正文》，次读《周礼》正文"而其治学方法中有"治《礼记》钞法"，其言曰：

---

① 《程氏家塾读书分年日程》有言："次读大学经传正文""次读论语正文""次读孟子正文""次读中庸正文""次读易正文""次读书正文""次读诗正文""次读仪礼并礼记正文""次读周礼正文""次读春秋经并三传正文"而读以上四书五经的注释部分亦是依照此书目的顺序。参见《程氏家塾读书分年日程附纲领》，第 7~8 页。
② 《程氏家塾读书分年日程附纲领》，第 14 页。
③ 《程氏家塾读书分年日程附纲领》，第 24 页。

治礼记钞法：先手钞每篇正文读之，别用纸钞正文一段。次低正文二字，节钞所用古注。次低正文一字，节钞疏。次低正文二字，附节钞陆氏《音义》。次低正文二字，节钞朱子《仪礼经传通解》之相关者。次节钞朱子《语录》、《文集》之及此段者。次低正文三字，节钞《黄氏日钞》、陈氏栎《详解》、卫氏《集解》，精确而有裨正经古注疏者。其正文分段，以古注为主，每段正文既钞诸说，仍空余纸，使可续钞。盖治礼必先读《仪礼》经，其读《礼记》纲领，及先儒诸图，及杨氏《仪礼图》，钞于首卷。读法：其所节古注并疏，依读《四书》例，尽填读经空眼簿，如前法。其所附钞，亦玩读其所当读者，余止熟看参考。其古注疏之所以合于经与否，以玩索精熟为度。其未合者以异色笔批抹每篇，作一册或二三册。①

此文虽以"治《礼记》钞法"命名，但是细观文献，却是以《仪礼》为经，使用"朱子《仪礼经传通解》"作为抄撰的内容之一，还要节钞《朱子语类》《朱子文集》的内容，甚至还参考杨复《仪礼图》。据前文可知，杨复《仪礼图》是《通解》中礼图思想的创新性发展成果。因此，从《通解》的观念、编撰材料到拓展内容均被程端礼融入了礼学教育中了。

第三，《程氏家塾读书分年日程》从学术界的广泛传播到获得朝廷的官方认可，为朱子礼学的传播提供了制度保障，也使包括《通解》在内的朱子礼学成为朝廷官员的必备素质，由此影响元代朝廷的政治生活。

在学术界，《日程》在元代产生的影响甚为巨大，主要表现为两方面。

其一，元代学界名流推崇《日程》，众多文化名流为其作序。

单从瞿镛《铁琴铜剑楼藏书目录》对《日程》元刊本的记载便可见一斑了，其言曰：

题鄞县程端礼编。此甬东家塾刊本也。前有翰林余谦序，南台中执法迂轩赵世延序，至顺三年永嘉李孝光序及延祐二年端礼自序。又次为纲领后有元统三年自跋谓旧本不同，此则刊于家塾本。又有至治

---

① 《程氏家塾读书分年日程附纲领》，第13页。

改元巴西邓文原跋，元统三年甬东薛观处跋。①

此元刊家塾本有翰林余谦、一代名臣赵世延、著名词作家李孝光、一代廉吏和书法家邓文原等作序，可谓一时名流关注的著作。虽有程端礼担任过衢州路儒学教授的原因，也是《日程》获得了当时学术界广泛认可的结果。

其二，《日程》在程端礼在世时已刊刻多次，手抄本与刊刻本并行，是当时传布极其广泛的名著。这从两方面反映出来，一方面是《程氏家塾读书分年日程》在程端礼生前的刊刻情况。程端礼在《日程》卷末说：

> 右《读书分年日程》。余守此与有朋共读，岁岁删修，遂与崇德吴氏义塾、台州路学、平江甫里书院、陆氏、池州建德县学、友朋冯彦思所刊，及集庆路江东书院，友朋、安西、高邮、六合，江浙友朋所钞，及定安刘谦父所刊旧本不同。此则最后刊于家塾本也。②

由此可见，《日程》在此家塾本之前已有多种刊本和抄本，刊刻次数极多，对学术界产生了广泛影响，当是余谦等名流能够为《日程》家塾本作序的重要原因。

另一方面，在程端礼过世后，《程氏家塾读书分年日程》的刊刻次数太多，难以确考，但是从此书的异名可以窥知其刊刻情况。《程氏家塾读书分年日程》的异名有四个。

第一种是《宋史》本传是"所著有《读书工程》"③，在后世多次被使用，如邵远平《元史类编》程端礼本传记载："著《读书工程》"④，清人魏源《元史新编》亦载程端礼作品为《读书工程》，⑤

第二种是《读书分年日程》。程端礼为家塾本《程氏家塾读书分年日程》作说明时确定为《读书分年日程》。后世亦有延续此提法。如钱大昕

---

① （清）瞿镛撰《铁琴铜剑楼藏书目录》卷十三子部一，清光绪常熟瞿氏家塾刻本。
② 《程氏家塾读书分年日程附纲领》，第123页。
③ 《元史》，第4343页。
④ （清）邵远平撰《元史类编》卷三十二，文海出版社影印扫叶山房刊本，1988，第1736页。
⑤ （清）魏源撰《元史新编》卷四十六列传三十，清光绪三十一年邵阳魏氏慎微堂刻本。

《元史艺文志》载"程端礼《读书分年日程》三卷"①。

第三种是《进学规程》。元人黄溍《将仕佐郎台州路儒学教授致仕程先生墓志铭》说："先生所著有《进学规程》若干卷"②，柯劭忞《新元史》也记为《进学规程》。③ 更重要的是《浙江通志》正文作"《进学规程》三卷"嵇曾筠注曰："程端礼著，见《元史》本传。按《内阁书目》作《读书分年日程》。"④ 而清人所言《内阁书目》一般指明代万历中张萱《新定内阁藏书目录》。⑤ 那么《进学规程》亦是《程氏家塾读书分年日程》的异名无疑。

第四种是《程氏家塾读书分年日程》。现在可知较早使用《程氏家塾读书分年日程》的是尤侗《明艺文志》五卷本载"程端礼《程氏家塾读书分年日程》"⑥，此后《程氏家塾读书分年日程》因其指称较为详细，成为最通用名称。

由上述可知，在程端礼去世之后，《程氏家塾读书分年日程》不断被翻刻，学术影响力并不随时间流逝而受到影响。因此，《通解》借助程端礼《日程》的传播在民间获得了广泛承认，培养了大量习礼的知识分子，为《通解》的礼学思想进入元代官方提供了扎实的人才基础。

在官方教育体制方面，《程氏家塾读书分年日程》被元朝定为官方教学体系而颁行全国，为元代培养掌握朱子礼学的政治人才。《元史》程端礼本传记载："所著有《读书工程》，国子监以颁示郡邑校官，为学者式。"⑦《读书工程》被国子监定为"学者式"。又据前文《程氏家塾读书分年日

① （清）钱大昕撰《元史艺文志》卷三，清潜研堂全书本。
② （元）黄溍撰《金华黄先生文集》卷三十三续稿三十，元钞本。
③ （民国）柯劭忞撰《新元史》卷二百三十六列传第一百三十三，1919 年天津退耕堂刻本。
④ （清）嵇曾筠撰《（雍正）浙江通志》卷二百四十五，清文渊阁四库全书本。
⑤ 以清代最为著名的书目作品《四库全书总目》为例，在其所有考证文献的名称及其存佚情况均是简称张萱《新定内阁藏书目录》为《内阁书目》，而与其同名的钱溥《内阁书目》则只有一处引用，即"《双溪醉隐集》八卷"条。参见《四库全书总目》，第 1431 页。
⑥ 虽然此处是转引自四库馆臣提要《明艺文志》的内容，其名称难免是四库馆臣提要之时进行改写，但是我们从四库馆臣对此书评价是"诸史之志，惟《宋史》芜杂荒谬，不足为凭。此志又出《宋志》之下。后来钦定《明史》，削侗此稿，重加编定，固至允之鉴也"，则四库馆臣的引文当是保留了尤侗《明艺文志》的内容，方能显其错误之处。至于尤侗《明艺文志》的真实情形如何，待考。参见《四库全书总目》，第 746 页。
⑦ 《元史》，第 4343 页。

程》的异名考可知，《读书工程》就是《程氏家塾读书分年日程》。程端礼《程氏家塾读书分年日程》被元代国子监认可后，颁行于各地学官，成为官方认定的学者读书路径，亦成为各级官方学校的教学进度规范。与此同时，《程氏家塾读书分年日程》培养学者研读礼学典籍的方法亦成为元代各级学校的教学方法，为元代培养了各级官员，使朱子礼学在元代官方虽未有科举教科书地位，却拥有了官方的绝对权威地位，使包括《通解》在内的朱子礼学深刻影响了元代朝廷的政治生活。

三　衰落期：《通解》对明代政治的影响

明代的科举考试一仍元制，也发生了变化，产生了礼学空疏之风。《明史》载：

> 科目者，沿唐、宋之旧，而稍变其试士之法，专取四子书及《易》、《书》、《诗》、《春秋》、《礼记》五经命题试士。盖太祖与刘基所定。其文略仿宋经义，然代古人语气为之，体用排偶，谓之八股，通谓之制义。……初设科举时，初场试经义二道、《四书》义一道；二场，论一道；三场，策一道。中式后十日，复以骑、射、书、算、律五事试之。后颁科举定式，初场试《四书》义三道，经义四道。《四书》主朱子《集注》，《易》主程《传》、朱子《本义》，《书》主蔡氏《传》及古注疏，《诗》主朱子《集传》，《春秋》主左氏、公羊、谷梁三传及胡安国、张洽传，《礼记》主古注疏。永乐间，颁《四书五经大全》，废注疏不用。其后，春秋亦不用张洽《传》，《礼记》止用陈澔《集说》。二场试论一道，判五道，诏、诰、表、内科一道。三场试经史时务策五道。①

虽然《明史》讳言明代继承元代科举制度，但是上文与《元史》科举"程式"相较便可一目了然，两者考试科目及参考书目大同小异，均是《四书》主朱子《四书章句集注》，《诗》主朱子《诗集传》，《书》主蔡沈《书集传》，《易》主程颐《易传》、朱子《周易本义》，《春秋》主《春

---

① （清）张廷玉撰《明史》，北京：中华书局，1974，第1694页。

秋》三传及胡安国传，《礼记》主古注疏。明永乐间朱棣颁行《四书五经大全》之后，科举考试不用古注疏，主要集中于程朱学派的内容而已，相似度又增加了一项，即《春秋》均是以春秋三传及胡安国传，《礼记》只采用陈澔《集说》，不再采纳《礼记》古注疏。除了元代优待蒙古人、色目人，考试较简单之外，其他的考试场次及内容基本相同。明太祖时，与元代汉人、南人的考试的差异仅在第二场，剔除了元代所特有的古赋一道，而采用论与判的文体形式。由此可见，明代的科举考试继承自元代甚为明显，只是明代要求代圣人立言而已。

由上所述，明代的科举考试基本承元代，但是明代的学术风气反不如元代，个中原因很多，其中最重要原因是明代增加了童生试的考试制度。

虽然程端礼《程氏家塾读书分年日程》针对科举考试设置教学进度表，但是综观其内容可知，程端礼要求受教育者全面掌握包括朱子学在内的传统经学基础上再训练科举技巧，故能够被元代国子监定为各级学校人才培养方案。程端礼说：

> 右分年日程。一用朱子之意修之。如此读书学文皆办，才二十二三岁或二十四五岁。若紧著课程，又未必至此时也。虽前所云失时失序者，不过更增二三年耳。大抵亦在三十岁前皆办也。①

由此可知，程端礼要求学生需要经过朱子学的系统教育后，到二十多岁才具备参加科考的条件。程端礼虽是针对科举考试而设置教学进度表，但是在具体落实教学进程时又以扎实的经学教育为基础。但是明代学者却直接围绕科举考试的功利之心进行科举应试教育，废弃了《程氏家塾读书分年日程》。清人陆陇其说：

> 明初诸儒读书，大抵奉为准绳。故一时人才，虽未及汉、宋之隆，而经明行修，彬彬盛焉。及乎中叶，学校废弛，家自为教，人自为学，则此书虽存，而繇之者鲜矣。卤莽灭裂，无复准绳。②

---

① 《程氏家塾读书分年日程附纲领》，第24页。
② （清）陆陇其撰《文集》卷四《杂著》，《三鱼堂集》，清康熙刻本。

日人鹤成久章认为："管见之内，明人谈及《程氏日程》成化年间尚有少许，但道弘治之后就近乎空白。"[①] 鹤成久章将其归因于童子试及考试官出题之僵化，其中童子试严重影响《通解》的传播，即"童子试制度之滥觞所导致考生的幼龄化倾向"[②] 及"自洪武十七年之后，明代科考的科目逐渐形成了一个完整的体系被制度化下来，此后新导入的童子试科目又基本与乡试、会试重合，这就使得参与科考的考生更容易确立自己的学习目标，设定自己的科考日程规划，加上作为官学的朱子学之权威得到了政府之严格保障，考生只需考虑在朱子学解释范围之内进行科考的准备学习，考试内容的规范化反而使得考生所须读之书目大大地减少"。[③] 鹤成久章的论据真实有效，论证过程逻辑严谨，当为可信。因此，上引《明史》所载科目，尤其是永乐以后的科考内容成为学校教育的唯一内容，其他内容一概被废弃。

因此，明代科举考试虽与元代大同小异，却因童生试及教育的功利化，使本已处于弱势的《仪礼》《周礼》《通解》被搁置不读，这也是由科举考试在明代取士制度中的地位所决定的。万斯同《明史》说："明取士之法，科目为最重。"[④] 张廷玉《明史》亦言：

> 明制，科目为盛，卿相皆由此出，学校则储才以应科目者也。其径由学校通籍者，亦科目之亚也，外此则杂流矣。然进士、举贡、杂流三途并用，虽有畸重，无偏废也。荐举盛行于国初，后因专用科目而罢。铨选则入官之始，舍此蔑由焉。[⑤]

两《明史》渊源颇深，亦为学术界一公案，不待多言。由上引两《明史》可以确定科举是明代士人入仕最重要途径。但正如前文所言，童生试及教

---

① 鹤成久章：《明代科举制度与朱子学——论体制化教学所带来的学习模式的变化》//陈来主编《哲学与时代：朱子学国际学术研讨会论文集》，上海：华东师范大学出版社，2012，第 94 页。
② 《明代科举制度与朱子学——论体制化教学所带来的学习模式的变化》//《哲学与时代：朱子学国际学术研讨会论文集》，第 95 页。
③ 《明代科举制度与朱子学——论体制化教学所带来的学习模式的变化》//《哲学与时代：朱子学国际学术研讨会论文集》，第 96 页。
④ （清）万斯同撰《明史》卷七十一志四十五，续修四库全书本，上海：上海古籍出版社，2002，第 2 册，第 292 页。
⑤ （清）张廷玉撰《明史》，第 1675 页。

育功利化导致了科举考试之外的诸多内容均被废弃，明代士大夫废弃上述三书的社会风气由此形成，《通解》对明代的政治文化影响亦可忽略不计了。

四 清代汉宋学视野下的《通解》政治影响

清代科举制度一仍明制，《清史稿》载：

> 古者取士之法，莫备于成周，而得人之盛，亦以成周为最。自唐以后，废选举之制，改用科目，历代相沿。而明则专取《四子书》及《易》、《书》、《诗》、《春秋》、《礼记》五经命题试士，谓之制义。有清一沿明制，二百余年，虽有以他途进者，终不得与科第出身者相比。康、乾两朝，特开制科。博学鸿词，号称得人。然所试者亦仅诗、赋、策论而已。①

上引文献概括有清一代传统教育的主要情形。至于鸦片战争后的各项教育改革开始缩减，乃至废除传统经学教育，② 与本章关系不大。因此本章将以顺康雍乾嘉道六朝为主要考察对象，其他时期忽略不计。与科举考试不同，清代的学校教育则发生了变化。《清史稿》载：

> 课士之法，月朔、望释奠毕，博士厅集诸生，讲解经书。上旬，助教讲义。既望，学正、学录讲书各一次。会讲、覆讲、上书、覆背，月三回，周而复始。所习《四书》、《五经》、《性理》、《通鉴》诸书，其兼通《十三经》、《二十一史》，博极群书者，随资学所诣。日摹晋、唐名帖数百字，立日课册，旬日呈助教等批晰，朔、望呈堂查验。祭酒、司业月望轮课《四书》文一、诗一，曰大课，祭酒季考，司业月课，皆用《四书》、《五经》文，并诏、诰、表、策论、判。月朔，博士厅课经文、经解及策论。月三日，助教课，十八日，学正、学录课，各试《四书》文一、诗一、经文或策一。③

---

① 赵尔巽等撰《清史稿》，北京：中华书局，1977，第3099页。
② 光绪二十七年采用张之洞于光绪二十四年"变通科举之奏"，其中四书五经缩略至一场，而且其内容亦随之大减至"四书义二篇、五经义一篇"。参见《清史稿》，第3143页。
③ 《清史稿》，第3101页。

清代科举沿用明制，科举出身者皆是由学校培养，但是清代的教育内容也发生了细微调整，最明显的是允许各级学校生员在四书、五经、《性理精义》、《资治通鉴》等基础书目之外，自由学习十三经、二十一史，甚至博及群书，允许生员出现"随资学所诣"，这为士人学习其他科举考试之外的诸经保留了一个通道，由此助推了顾炎武、黄宗羲等清初大儒所倡导的治经学风。

清代学校教育内容调整是由政治引起，又反过来影响政治文化，因此，考察《通解》对清代政治的影响之前，我们先考察清代学校教育内容调整的背景。兹述如下。

清代学校教学内容调整的最重要原因是清代皇帝具有高度的文化素养，特别是康、雍、乾三代帝王在文治方面均有诸多建树。限于篇幅，我们难以全面整理康雍乾三朝的文治之事，但是从现存书目所保存的奉敕编撰之书的种类可见一斑。以《清史稿·艺文志》为例，除四书五经、《性理精义》、《资治通鉴》之外，康雍乾三朝还有大量的奉敕或者御制之作，甚至连天文算法类、术数类等偏冷门类都有帝王敕辑或者敕撰的作品①。《清史稿·艺文志》按照四部分类法分为经史子集来排序，经统计共有四

---

① 天文算法类有康熙帝五十二年御制《历象考成》四十二卷、乾隆二年敕撰《历象考成后编》十卷、乾隆九年戴进贤等奉敕撰《仪象考成》三十二卷，术数类有乾隆时敕辑宋张行成《皇极经世索引》二卷、宋丁易《大衍索隐》三卷。另外，本处所言只是针对大类，至于各大类之下还有属别，则并非各种属都有康雍乾三代帝王的敕辑或者敕撰与御制的作品。如经部礼类大戴礼之属、经部礼类总义之属、经部小学类训诂之属、子部艺术类篆刻之属、子部艺术类音乐之属、子部艺术类杂技类之属、子部谱录类食用之属六个属别没有清代康雍乾三帝王的御制、敕撰、敕辑作品。但是这些小类是清末民国初年学者编撰《清史》之时所定，不足以完全成立，比如子部艺术类音乐之属仅琴谱、乐谱之类，但事实上清代康雍历来喜欢音乐，在经部乐类有康熙五十二年御撰的《律吕正义》五卷，乾隆十一年敕撰《律吕正义后编》一百二十卷，乾隆五十三年敕撰《诗经乐谱》三十卷、《乐律正俗》一卷，由此可见康熙和乾隆在乐律方面实是有极高的修养，尤其是康熙帝甚至可以御制《律吕正义》，没有极高的音乐修养是难以做到的。即使大儒朱子在《仪礼经传通解》的编撰过程中亦不得不采纳蔡元定《律吕新书》，可见康熙帝对音乐的造诣之高了，当然所谓御制并不一定全是帝王编撰，但是御制与敕撰、敕辑之间的差异亦可显示出帝王本身在典籍编撰过程中的贡献差别了，至少康熙帝具有极高音乐修养是毋庸置疑的。至于列入科举考试的《春秋》一经亦有春秋类公羊之属、春秋类谷梁之属亦没有御制之作，但是有科举考试制度的保障，并未被废除亦可见清代帝王并无学派偏见。参见《清史稿》，第 4341、4348、4238、4238～4240、4255～4257、4353～4354、4354、4354、4355～4356、4240 页。

部四十五大类①，与康雍乾三代帝王有关的作品涉及其中四十三大类，② 清代康雍乾盛世帝王学术爱好之广可见一斑了。

正是在帝王广泛的学术兴趣引导下，清代文化呈现爆炸式增长。众多被遗忘的典籍亦被重新重视，如礼类周礼之属有乾隆十三年鄂尔泰等奉敕撰《周官义疏》四十八卷，③ 乾隆三十八年王际华等奉敕辑宋王安石《周官新义》十六卷附《考工记解》二卷、宋易袚《周官总义》三十卷、毛应龙《周官集传》十六卷。礼类仪礼之属有乾隆十三年鄂尔泰等奉敕撰《仪礼义疏》四十八卷，④ 乾隆三十八年王际华等奉敕辑宋李如圭《仪礼集释》三十卷、《仪礼释宫》一卷。⑤

由上述统计可知，康雍乾三朝除了重视科举考试的四书、五经、《性理精义》、《通鉴》之外，又非常重视经学中的《周礼》、《仪礼》及《孝经》、各类史书，使得清代科考过于狭隘的问题得到一定程度的解决，如清代学校教育开始放开教学科目，尤其是放开十三经及二十一史，甚至触及博通群书的内容，这与皇帝学术修养及重视经学教育的风气紧密联系在一起，注重于通经基础上专家之学。可证于前述清代康雍乾三代皇帝的学术兴趣面。

与上述诸多奉敕修撰的经籍相关，清代官方设立了大量的编撰馆，最著名的莫过于乾隆时期设立的四库馆。四库全书对中国文化的功过是非太复杂，需要交由清学专家作客观研究，我们关注的是在《四库全书》的编撰过程中对当时各科教育的影响。四库馆由朝廷大员上摺而设立，征收的大量图书需要征召各科专业人才参与修订任务，故大量没有功名的学者被征入四库馆，如清代朴学大师戴震即是一例，由此又推动了当时的经学教育的发展。

与上述学术背景相同，《通解》在清代的官方学术发展过程中产生的影响远比明代来得广泛和深刻。清代乾隆初叶设置三礼馆，其最重要的作品便

---

① 《清史稿》，第4220、4267、4325、4337页。
② 在史部史类钞和子部兵家类两类没有康雍乾三代帝王御制、敕辑、敕编的作品。参见《清史稿》，第4286、4332~4334页。
③ 《清史稿》，第4233页。
④ 《清史稿》，第4234页。
⑤ 《清史稿》，第4235页。

是《大清通礼》，《通解》被揳入了这些朝廷礼仪的设置中了，由此形成了《通解》虽不被官方直接列入科举与学校的教学科目中，却无所不在地影响了朝廷的礼仪，并对朝廷的政治文化产生了虽然细微却极为巨大的影响。

第二节　对宋元明清礼学思想的影响

《通解》自成书以来对历代的学术界都产生了极为巨大的影响，已散见于前文的各章节中，现代学者对此问题也有较详细研究，[①] 但是局限于文献资料及其解读方法的不足，《通解》影响力的研究也局限于清代，忽略了《通解》的接受史是连续的过程。因此，本书将以宋元明清四代学者对《通解》的吸收发展过程为考察对象，梳理《通解》接受史。

一　《仪礼》研究复兴局面：《通解》礼学观念的影响

四库馆臣在提要清人李光坡《仪礼述注》时对《三礼》之学从宋到明有精要概括，其言曰：

> 《三礼》之学，至宋而微，至明殆绝。《仪礼》尤世所罕习，几为故纸而弃之。注其书者寥寥数家，即郝敬《完解》之类，稍著于世者，亦大抵影响揣摩，横生臆见。盖《周礼》犹可谈王霸。《礼记》犹可言诚敬。《仪礼》则全为度数节文，非空辞所可敷演，故讲学家避之而不道也。光坡此编，虽瑕瑜互见，然疏解简明，使学者不患于难读，亦足为说礼之初津矣。[②]

四库馆臣对李光坡《仪礼述注》的赞赏是着眼于其在从宋末到清初的礼学史上的地位，但事实上，李光坡的体例"是书取郑注、贾疏，总撮大义，

---

① 孙致文《朱熹〈仪礼经传通解〉研究》的第六章从《通解》在"礼"与"理"及汉宋学术争辩两方面对《通解》的学术史意义进行了较为系统的考察。叶纯芳说："历代经学家都曾提出各种理论体系，对后世产生或大或小的影响，但学者歧见始终未能达到统一。其中郑玄、王肃的理论体系，成为后世学者无可回避的议论前提，而朱熹礼学对元、明、清三代的影响，不在郑、王之下，无疑是最重要、最值得重视的。"参见《杨复再修仪礼经传通解续卷祭礼导言》//《杨复再修仪礼经传通解续卷祭礼》，第 35 页。

② 《四库全书总目》，第 163 页。

而节取其辞，亦间取诸家异同之说附于后"，① 并无创新之处。细考上述内容可知，宋末到清初的礼学逐步衰落，到清代中期再次复兴，呈现探底反弹的走势，即三礼之学到宋代时式微，到明代则几乎绝迹，清代初中叶则有复兴之势。这一走势与《通解》的政治影响力大体相同，详见本章第一节。但是上一节主要关注《通解》对政治文化的影响，尚未注意到政治文化对扩大《通解》影响力的作用，尤其是清代礼学复兴局面是《通解》与政治文化相结合的产物，我们补充如下。

以《四库全书总目》礼类为例，收录图书 83 种，存目 140 种，总共 223 种。② 而清代礼学作品具有三个方面的特点：一是作品数量多。被收录礼书达到 38 种，存目 63 种，占到所收礼书和存目的 45.78% 强和 45%，两者共占了《四库全书总目》所涉礼书总数的 45.29% 强；③ 二是作品种类多。不管《四库全书总目》被收录礼书还是存目的礼书中，清人作品遍

① 《四库全书总目》，第 163 页。

② 《四库全书总目》收录图书分为四卷六小类，"右礼类《周礼》之属，二十二部，四百五十三卷，皆文渊阁著录"。"右礼类《仪礼》之属，二十二部、三百四十四卷，附录二部、一百二十七卷，皆文渊阁著录。""右礼类《礼记》之属，二十部、五百九十五卷，附录二部、十七卷，皆文渊阁著录。""右礼类三礼总义之属，六部、三十五卷，皆文渊阁著录。""右礼类通礼之属，四部、五百六十三卷，皆文渊阁著录。""右礼类杂礼书之属，五部、三十五卷，皆文渊阁著录。"礼类存目分为三卷六类分别是："右礼类《周礼》之属，三十七部、二百七十七卷，内三部无卷数。附录二部、四十四卷，皆附存目。""右礼类《仪礼》之属，九部、一百五卷，附录四部、二十二卷，皆附存目。""右礼类《礼记》之属，四十一部、五百七十四卷，内一部无卷数。附录四部、七卷，皆附存目。""右礼类三礼总义之属，二十部、三百一十卷，内一部无卷数，皆附存目。""右礼类通礼之属，六部、二百四十其卷，皆附存目。""右礼类杂礼书之属，十七部、八十七卷，内三部无卷数，皆附存目。"（卷二十五）参见《四库全书总目》，第 158、168、176、178、179、189、192、199、205、209 页。

③ 我们据《四库全书总目》统计而来，但是《礼类存目一》中所载《周礼说略》六卷与《周礼文物大全》无卷数，不著撰人名氏，且四库馆臣又将其置于明清两代学者的作品当中，难以确认为何时代作品，我们不把其列为统计对象。另外，《礼类存目二》中《校补礼记纂言》三十六卷为元吴澄原本，清人朱轼重订，四库馆臣把其列于清人作品中，我们认为四库馆臣的安排是正确的，其理由主要是此书为清代刊本，且有朱轼在吴澄之后的按语，且按语非简单校勘之语。"惟轼有所辨定发明者，以'轼案'二字为别，附载于澄注之末，然不及十分之一二。其中间有旁涉他文者……殆偶有所见，即笔于书，后来编录校刊之时失于删削欤？"为此，我们把此书列为清代人作品。与此有相同之处是《礼类存目三》的梁万方《重刊朱子仪礼经传通解》六十九卷亦是改编《仪礼经传通解》，其结果正如四库馆臣所言"掩其书名而观之，殆莫能知为《仪礼经传通解》之文也"。参见《四库全书总目》，第 184、198、206 页。

布所有礼书种类。① 三是《仪礼》类及通礼类作品数量呈现爆炸式增长，其中所收《仪礼》类有 14 种，通礼类有 2 种，占到同类数量的 58% 和 50%。②

由上述统计可知，清代礼学中《仪礼》类及以《仪礼》为主体吸收其他礼类作品而成的通礼类作品相较宋元明三代而言可谓爆炸式增长，其最重要原因是《通解》通过政治文化而深刻影响了礼学观念的转变。

与宋元明三代不同，清代的统治者，如康熙、乾隆均具有极高文化修养，在位时间又长，深刻影响了礼学文献的修订与普及效果，尤其是乾隆帝初即位就开了三礼馆编撰礼书，促进礼学在士大夫中的传习，培养大量礼学人才，又提高了礼学作品的数量，为高质量的礼学作品提供了良好的文化土壤。梁启超说：

> 自康雍以来，皇帝都提倡宋学——程朱学派，但民间——以江浙为中心，"反宋学"的气势日盛，标出"汉学"名目与之抵抗。到乾隆朝，汉学派殆占全胜。③

不管是康雍皇帝提倡程朱学派，还是乾隆朝以汉学为主的学术流派，两派

---

① 我们在统计之时发现，《四库全书总目》对所收礼书和存目礼书的分类均分为《周礼》、《仪礼》、《礼记》、三礼总义、通礼、杂礼书六类，并对其分类的理由进行了详细的说明。如三礼总义之属有按语曰："案：郑康成有《三礼目录》一卷。此三礼通编之始。其文不可分属。今共为一类，亦'五经总义'之例也。其不标三礼之名，而实兼释三礼者，亦并　附焉。"礼类通礼之属有按语曰："案：通礼所陈，亦兼'三礼'。其不得并于'三礼者'，注'三礼'则发明经义。辑通礼则历代之制皆备焉。为例不同。为例不同，故弗能合为一类也。"此是区分三礼总义与通礼之间的区别，以发明经义为主的为三礼总义，以记载历代礼仪制度则为通礼，至于杂礼书与政书类之间的划分亦作了详细说明。参见《四库全书总目》，第 178、178～179 页。

② 我们此处所言《仪礼》类和通礼类均是以《四库全书》所划分的标准。通礼是指"案：通礼所陈，亦兼'三礼'。其不得并于'三礼'者，注'三礼'则发明经义，辑通礼则历代之制备焉。为例不同，故弗能合为一类也。"但是事实上礼书是难以完全分得如此清楚，如四库馆臣提要徐乾学《读礼通考》一百二十卷时说："是书搜罗富有，秦蕙田《五礼通考》即因其义例而成之。"又提要秦蕙田《五礼通考》有言："是书因徐乾学《读礼通考》惟详丧葬一门。"虽然分类标准清晰，但是在提要徐乾学《读礼通考》时明言"及大小戴《礼记》，则仿《仪礼经传通解》兼采众说，剖析其义"云云。但是四库馆臣把《读礼通考》划为《仪礼》之属，而秦蕙田《五礼通考》则是通礼之属。这当是礼类本身的复杂性，决定了分类之困难。参见《四库全书总目》，第 179～180、168 页。

③ 梁启超：《中国近三百年学术史》，北京：商务印书馆，2011，第 25 页。

在梁启超看来势如水火，但有一个交叉点，即朱子学派《通解》，因为《通解》既是宋代最大学派的作品，属于宋学，又因其编撰方式呈现了汉学的考证特征，详见本书第三章。因此，不管宋学主导的康雍时期，还是以汉学为主流的乾隆时期，《通解》都获得了两方的推崇而获得广泛传播。由此形成了《四库全书总目》所呈现的康雍乾时代，礼学作品的数量呈快速增长趋势，并未因学术思想的变化而改变趋势。因此，清代礼学的复兴进程，虽有明末清初学者由亡国之思所引起的学术思想变化，但是与统治者提倡朱子学及礼学亦难以完全分开。

另外，由本章第一节可知，除了清代之外，宋元明的《仪礼》学并没有被统治者重视，导致了《礼记》学成为科举考试礼学的最重要内容。但是在宋元明清四个时期，《仪礼》学及三礼总类学，并没有因为科举考试的因素而衰落，其最重要原因是《仪礼》学是朱子高度重视的礼学，借助朱子在学术界的影响力而获得了各代学者的重视，又借助朱子学在宋元明清不断提升的政治地位而广泛传播，正如皮锡瑞所言："由朱子极尊《仪礼》，故宋元诸儒犹知留意此经也。"① 元明清的《仪礼》学作品均受到朱子礼学的影响，而三礼总类礼书的编撰更直接模仿学习或者反对朱子方法为出发点。② 因此，宋末元明清的礼学作品都有《通解》或多或少的礼学思想印迹，最终借助政治外力与学术思潮共振效果实现了清代《仪礼》学的复兴目的。

二 《通解》的编撰影响研究

《通解》对宋元明清礼学家的影响，前人多有研究，如清末皮锡瑞、现代学者黄侃、当代学者孙致文等，但是现有研究成果仍旧局限于汇总各家言论，尚未放置于完整的学术史中来考察。清代是中国传统文化的总结期，《四库全书总目》是其代表性作品之一。《四库全书总目》通过目录学

① 《经学通论·三礼》，第29页。
② 孙致文《朱熹〈仪礼经传通解〉研究》第六章对《通解》的学术史意义的评价正是从汉宋之争中各位主要礼学家对《通解》的评论来进行的。其所举之例，正面评价《通解》有《四库全书总目》、江永、胡培翚、夏炘、陈澧、皮锡瑞，而负面评价的学者则有黄宗羲、姚际恒、阮元、凌廷堪等主要清代礼学家，外加对《通解》编撰体例的沿用、修订与重刊、引用、校勘、辑佚等方面的学者则占了清代礼学家的大多数学者。参见《朱熹〈仪礼经传通解〉研究》，第213~221页。

著作勾勒出了《通解》对宋元明清时代学术的影响力，我们将以其为线索探究《通解》对历代礼学家的影响力。

《四库全书总目》对礼学分为六类，而各类内容的排序则依据作品时代先后顺序。四库馆臣于礼类之下有说明，其言曰：

> 谨以类区分，定为六目。曰周礼，曰仪礼，曰礼记，曰三礼总义，曰通礼，曰杂书。六目之中，各以时代为先后，庶源流同异，可比而考焉。①

但是在具体作品归类的过程中，四库馆臣以礼学作品的实际内容为标准，注重各礼书体例、内容之间的关系，并非局限于各礼类单线传承过程。如《通解》虽有朱子自述以《仪礼》为经的观念之下编撰，兼采三礼内容，所以四库馆臣把《通解》列入礼类四，即三礼总义类，但是四库馆臣在收录书目礼类二即《仪礼》类之时注重考察各礼书与《通解》体例之间的传承关系。如"《仪礼逸经》二卷"条，四库馆臣说道："其编次先后，皆依行礼之节次，不尽从其原文。盖仿朱子《仪礼经传通解》之例。"② 在《仪礼集说》《钦定仪礼义疏》《仪礼郑注句读》中都存在相似情况。由此可知，四库馆臣关注到《通解》对宋元明清礼学的影响。

第一，《通解》编撰观念对宋元明清四代礼学作品的影响。《仪礼》难读，是朱子编撰《通解》所要重点解决的问题之一，前文已经详细论述了《通解》三代主编者着力解决问题的方法是分章节、释例、绘图。在此后的七百年《仪礼》类及三礼总义类的学术探索过程中，《通解》所开创的各种体例随着学者对《仪礼》难读问题的认识而被各代学者所吸收，形成了《通解》学术传承过程潜滋暗长的格局。

考之《四库全书总目》礼学类，四库馆臣注意到朱子学派之后的《仪礼》学及三礼总义类的礼学作品都是通过吸收《通解》开创的方法，继续向前发展的创新结果。以《四库全书总目》礼类为例，四库馆臣共 6 次提

---

① 《四库全书总目》，第 149 页。
② 《四库全书总目》，第 160 页。

到了《仪礼》难读之词，①而这些作者又都是朱子之后的学者，他们注意到了解决《仪礼》难读的问题是朱子之后的《仪礼》学发展主流，其起源正是朱子关注《仪礼》难读问题，并着手加以解决。当然《仪礼》难读的命题本由唐代韩愈最先提出，但我们认为韩愈虽为宋代学者所推崇，但朱子之后的礼学家关注《仪礼》难读问题则是受到《通解》的影响。理由有二。

一方面，韩愈在宋代的学术和古文创作方面具有巨大影响力，但是宋代学者推崇韩愈《原道》等文章辟佛与弘扬儒家道统及古文创作方面的内容，对韩愈的儒学及经学成就，视若无睹。最明显的例子是韩愈言及《仪礼》难读，强调《仪礼》在先王典籍的学术经典地位，但是宋代科考逐步忽视《仪礼》学，甚至取消《仪礼》的科举教材地位，根源在于北宋儒家学者忽视《仪礼》学，这也可获证于前述王安石废罢《仪礼》及司马光置《仪礼》为中经的情形。

另一方面，朱子提倡韩愈在道统中的地位，把解决韩愈所言难题付诸实施，其影响力便在其讲学及编撰《通解》的过程中强化了解决《仪礼》难读问题的价值和意义，皮锡瑞说：

> 由朱子极尊《仪礼》，故宋元诸儒，尤知留意此经也。②

朱子尊重《仪礼》，再次确立《仪礼》的学术经典地位，着力解决《仪礼》难读问题，其最重要的实践就是编撰《通解》。在朱子过世后，黄榦、杨复薪火相传，相继编撰《续通解》，都是为解决韩愈"《仪礼》难读"的命题。四库馆臣虽然提要《通解》时并未过多言及韩愈的观点，但是在

---

① 第1次是四库馆臣提要周礼类的按语曰："《仪礼》难读，儒者罕通，不能聚讼。"第2次是提要宋魏了翁《仪礼要义》五十卷曰："《仪礼》一经最为难读，诸儒训诂亦稀，其著录于史者，自《丧服》诸传外，《隋志》仅四家，《旧唐书》亦仅四家，《新唐志》仅三家。"第3处是《钦定仪礼义疏》四十八卷曰："《仪礼》至为难读。"第4处是提要张尔岐《仪礼郑注句读》十七卷附《本正误》、《石经正误》二卷曰："盖《仪礼》一经，自韩愈已苦难读，故习者愈少，传刻之讹愈甚。"第5处是提要李光坡《仪礼述注》十七卷："此编虽瑕瑜互见，然疏解简明，使学者不患於难读，亦足为说礼之初津矣。"以上为《四库全书》收录书。第6处是在存目类中，即提要马駉《仪礼易读》十七卷："《仪礼》经文诘曲，注疏浩繁，向称难读。"共有6处。参见《四库全书总目》，第149、160、162、162、163、191页。

② 《经学通论·三礼》，第29页。

《仪礼》"难读"的问题上，较韩愈有更为深刻的认识。四库馆臣提要宋魏了翁《仪礼要义》曰：

> 《仪礼》一经，最为难读。诸儒训诂亦稀，其著录于史者，自《丧服》诸传外，《隋志》仅四家，《旧唐志》亦仅四家，《新唐志》仅三家。今惟郑玄注贾公彦疏存耳。郑注古奥，既或猝不易通。贾疏文繁句复，虽详赡而伤于芜蔓，端绪亦不易明。《朱子语录》谓其不甚分明，盖亦有故。了翁取而删剟之，分胪纲目，条理秩然，使品节度数之辨，展卷即知，不复以辞义樛轕为病。其疏爬剔抉，于学者最为有功。①

四库馆臣从《隋志》《旧唐书志》《新唐书志》收录《仪礼》训诂作品数量来论证《仪礼》难读，显然较韩愈的直观感受更为科学，而且四库馆臣认为魏了翁以解决《仪礼》难读的观念作《仪礼要义》，亦非四库馆臣强加于魏了翁，而是源自魏氏本身的观念。《仪礼要义》卷第一序有言：

> 《周礼》、《仪礼》发源是一，理有终始，分为二部，并是周公摄政太平之书，《周礼》为末，《仪礼》为本，本则难明，末便易晓，是以《周礼》注者则有多门，《仪礼》所注，后郑而已。②

此文直接转引贾公彦《仪礼疏序》，③ 但是魏了翁采纳了贾公彦的观点，视《仪礼》为本、为经的地位，且认为《仪礼》注释者仅有郑玄，是《仪礼》难明的原因。从表面上看，魏了翁的学术观点直接承自贾公彦等唐代经学家，但是细观贾公彦的学术观点在宋代却甚少有传承者，此可从宋代科举考试以《周礼》《礼记》为大经，《仪礼》为中经，甚至《仪礼》被废除经学地位的情况获知。由此可知，《周礼》《礼记》作为礼经的代表是有宋一代学术界的主流。最先逆宋代上述思潮而动的学者正是朱子。朱子

---

① 原文为了避康熙皇帝玄烨讳，郑玄作郑元，今直接径改。参见《四库全书总目》，第 160 页。

② （宋）魏了翁撰《仪礼要义》卷第一，清文渊阁四库全书本。

③ 此文直接转引贾公彦《仪礼疏序》，但是在行文中进行了必要的删节，如贾公彦在此文之前有"窃闻道本冲虚，非言无以表其疏；言有微妙，非释无能悟其理，是知圣人言曲，事资注释而成"。参见《仪礼疏序》∥《仪礼注疏》，第 1 页。

尊重《仪礼》，并从《汉书·艺文志》等汉代史料来论证《仪礼》的经学地位，形成了皮锡瑞所言的《仪礼》复兴现象。

《通解》是朱子复兴《仪礼》学最为重要的措施。虽然由前述可知朱子并非唯《仪礼》为是，而是综合各礼学材料来编撰《通解》，但是《通解》的整体框架及采纳各礼学材料的比例依然以《仪礼》为主。在《通解》之后，虽有众多学者反对朱子礼学的具体观点，甚至反对《通解》割裂《仪礼》的问题，如四库馆臣处于清王朝崇朱的时代，不敢在提要《通解》时直言《通解》体例割裂《仪礼》问题，而是在提要江永《礼书纲目》时说：

> 又《通解》割《士冠礼》"无大夫冠礼而有婚礼"以下四句，谓当在《家语·冠颂》内，疑错简于此经，颇涉臆断。是书则仍记文之旧，不从《通解》，尤为详甚。亦未尝曲相附合也。盖《通解》，朱子未成之书，不免小有出入。其间分合移易之处，亦尚未一一考证，使之融会贯通。①

四库馆臣否定朱子移易经文，甚至以《通解》最具创新之处的移动《仪礼》记文于经文之后的方法为错误做法。《仪礼集编》提要曰：

> 其谓"朱子《仪礼经传通解》析诸篇之记分属经文，盖编纂之初，不得不权立此例，以便寻省。惜未卒业而门人继之，因仍不改。非朱子之本意"。吴澄亦疑其经传混淆为朱子未定之稿。故是编经自为经，记自为记，一依郑氏之旧。其《士冠》、《士相见》、《丧服》等篇，经记传注，传写混淆者，则从蔡沈考定《武成》之例，别定次序于后，而不敢移易经文。其持论颇为谨严，无浅学空腹高谈，轻排郑贾之锢习。②

四库馆臣把对《通解》移易记文等创新内容当作弊端放置于其他礼书中，并且把上述问题归因于"朱子未定之稿"，显然是为了规避清代严密文网等政治风险。查考《乞修三礼劄子》及朱在《仪礼经传通解序》可知，

---

① 《四库全书总目》，第179页。
② 《四库全书总目》，第167页。

《通解》移易记文于经文之后，是朱子手定体例，并非未定之问题。故四库馆臣在上引提要中特别强调盛世佐"不敢移易经文，其持论颇为谨严，无浅学空腹高谈，轻排郑、贾之锢习"，但是通观《通解》的体例及编撰过程可知，四库馆臣项庄舞剑之意甚明。

但是不管赞成《通解》也好，反对《通解》体例也罢，《通解》所持以《仪礼》礼学主体内容的礼学观念成为后世学者的基本观念，而《仪礼》之学获得了学者更多的注意，最终形成了清代《仪礼》学的复兴局面。

第二，《通解》编撰体例对宋元明清礼学作品的影响。前文已详解《通解》体例，大体不离分章节、释例、礼图三个方面，故《通解》对后世礼学作品的影响也体现在分章节、释例、礼图三方面。

在分章节方面，《通解》将分章节的方法推向成熟，深刻影响了此后礼学典籍的编撰体例。从第一章所引皮锡瑞《经学通论·三礼》观点可知《通解》在分章节方面对清代礼学作品的影响，但是皮锡瑞的考察对象仅限清代礼学作品，不足以完整呈现《通解》分章节体例在礼学史的重要影响力及其影响过程。为了能够更完整考察《通解》分章节编撰体例的影响过程，我们补充考察皮锡瑞氏所忽视的部分，具体如下。

宋末马廷鸾《仪礼注疏序》被收录在马端临《文献通考》，概述了马廷鸾对《仪礼注疏》的重新编撰过程。他说：

> 长儿跂曰："家有监本《仪礼》，经注可取而附益之，以便观览。"意欣然，命之整辑，厘为九帙，手自点校，并取朱氏礼书与其门人高弟黄氏、杨氏诸家续补之编，分章析条，题要其上，遂为完书。①

马廷鸾《仪礼注疏》散佚已久，难以确考，但是从上述文字可知，马廷鸾《仪礼注疏》全面参考了朱子、黄榦、杨复《通解》的分章节体例。虽然清代学者已难见马廷鸾撰《仪礼注疏》，② 但是马廷鸾《仪礼注疏》

---

① （元）马端临撰《文献通考》卷一百八十经籍考七，清浙江书局本。

② 四库馆臣提要张尔岐《仪礼郑注句读》时言："今廷鸾之书不传，尔岐是编，体例略与相近。"以搜罗所有留存文献为目的的《四库全书》馆臣尚且难以见到马廷鸾《仪礼注疏》，可见清代学者已难以见到马廷鸾《仪礼注疏》了，至于此书何时散佚，待考。参见《四库全书总目》，第162页。

的体例被保存于马端临《文献通考》，而马端临《文献通考》被元明清三代学者所推崇，正如四库馆臣所言：

> 其条分缕析，使稽古者可以案类而考。又其所载宋制最详，多《宋史》各志所未备。案语亦多能贯穿古今，折衷至当。虽稍逊《通典》之简严，而详赡实为过之，非郑樵《通志》所及也。①

虽然四库馆臣对《文献通考》的提要除上述内容为肯定评价外，还指出《通考》的诸多方面的不足之处，但是从上述最终评价可知，四库馆臣认定《通考》在杜佑《通典》之下、郑樵《通志》之上，又具杜佑《通典》所无"详赡"的长处。又考之四库馆臣所处的汉学时代而言，四库馆臣能够对宋末元初的《文献通考》持上述评价，显示清儒对《文献通考》的评价之高了。马端临《文献通考》的影响之大，由此可见一斑了。

事实上，杨复《续祭礼》的传播也主要依靠《文献通考》，详见前述叶纯芳观点，不再赘引。但是宋代礼学典籍到明末清初之时，甚为学术界所忽视，而张尔岐《仪礼郑注句读》在延续《通解》影响力方面贡献非常大，由此奠定了清代《仪礼》、通礼学的发展方向。张尔岐本非名儒，其书能够风靡清代学术界，与清初名儒顾炎武关系甚大。顾炎武曰：

> 济阳张君稷若名尔岐者，作《仪礼郑注句读》，根本先儒，立言简当。以其人不求闻达，故无当时之名，而其书实似可传。使朱子见之，必不仅谢监岳之称许也。"②

---

① 《四库全书总目》，第697页。
② 顾炎武《亭林诗文集》的《答汪苕文书》对张尔岐的上述评价成为清代学者口耳相传的评价，正是借助作为清代学术开山大儒顾炎武的高度推崇，张尔岐成为清代仪礼学的领军人物，清代官修的《清文献通考》对《仪礼郑注句读》的提要直接以顾炎武的上述评价作为此书成就与影响的定评。四库馆臣在《四库全书总目》中亦延续《清文献通考》的观点而以顾炎武上述评价作为张尔岐《仪礼郑注句读》的最终定评。参见（清）顾炎武撰《亭林诗文集》亭林文集卷之三，四部丛刊影清康熙本。（清）官修《清文献通考》卷二百十四经籍考，清文渊阁四库全书本。《四库全书总目》，第162页。

顾炎武甚至在《广师》篇说："独精《三礼》，卓然经师，吾不如张稷若。"① 由此可见，顾炎武对张尔岐礼学成就推崇备至。顾炎武之于清学发展趋势的影响，已是学界的共识，无须我们多言。没有顾炎武的推许，张尔岐《仪礼郑注句读》流传范围和影响力必受重大影响，清代《仪礼》学的发展轨迹也许就是另外一种情况了，正如四库馆臣在提要张尔岐《仪礼郑注句读》之时特地以顾炎武的上述论断来证明张尔岐著作之学术成就，亦可佐证清代学者高度认可张尔岐《仪礼郑注句读》的学术成就正是顾炎武的推许之功。

正是在引领清代学术风气的大儒顾炎武的推许之下，《通解》分章节模式经过张尔岐《仪礼郑注句读》、吴廷华《仪礼章句》、江永《礼书纲目》、徐乾学《读礼通考》、秦蕙田《五礼通考》的吸收和完善，形成了学术界的共识，乾隆年间《钦定仪礼义疏》四十八卷正是其产物。四库馆臣说：

> 《仪礼》至为难读。郑注文句古奥，亦不易解。又全为名物度数之学，不可空言骋辨。故宋儒多避之不讲。即偶有论述，亦多不传。惟元敖继公《仪礼集说》，疏通郑注而正其失，号为善本。故是编大旨以继公所说为宗，而参核诸家以补正其舛漏。至于今文、古文之同异，则全采郑注，而移附音切之下。经文记文之次第，则一从古本而不用割附之说。所分章段，则多从朱子《仪礼经传通解》，而以杨复敖继公之说互相参考。《释宫》则用朱子点定李如圭本。《礼器》则用聂崇义《三礼图》本，《礼节》用杨复《仪礼图》本，而一一刊其讹

---

① 顾炎武《广师》的上述观点成为清代诸多相关作品所必载之观点，如永瑢等《四库全书总目》、清人张穆《顾亭林先生年谱》、清人江藩《国朝汉学师承记》、清人李元度《国朝先正事略》、阮元《儒林传稿》、唐鉴《学案小识》、王培荀《乡园忆旧录》与《管见举隅》、徐鼒《小腆纪传》、阮葵生《茶余客话》、赵尔巽《清史稿》等从清初到清末的学者不胜枚举，顾炎武对张尔岐的上述评价始终成为张尔岐个人经学成就的定评。参见（清）顾炎武撰《亭林诗文集》亭林文集卷之六，四部丛刊影康熙本；《四库全书总目》，第 162 页；（清）江藩撰《国朝汉学师承记》卷一，清嘉庆十七年刻本；（清）李元度辑《国朝先正事略》卷二十七，清同治刻本；（清）阮元撰《儒林传稿》卷三，清嘉庆刻本；（清）唐鉴《学案小识》卷三，清道光二十六年四砭斋刻本；（清）王培荀辑《乡园忆旧录》卷二，清道光二十五年刻本；（清）王培荀撰《管见举隅》，清道光二十八年刻本；徐鼒撰《小腆纪传》卷五十三列传第四十六，清光绪金陵刻本；（清）阮葵生撰《茶余客话》卷十，清光绪十四年本；《清史稿》，第 13168 页。

谬，拾其疏脱。①

因《仪礼义疏》为乾隆钦定作品，四库馆臣难免高估其价值和意义，但是细考《钦定仪礼义疏》可知，其体例确如四库馆臣所言，正式以国家的公权力奠定了清代学术界编定礼书的统一体例，此后礼书编撰方面再难出现高质量的礼学典籍亦可由此获知。综上所述，《通解》的分章节最终成为清代礼书编撰的权威体例。

在释例方面，前文已述《通解》礼例创始于朱子主编阶段，尚未达到成熟之境，直到黄榦主编阶段才正式完成。由此，《通解》深刻影响了后世礼例的发展轨迹。但是由前述可知，直到四库馆臣仅看到了《通解》各部分之间的继承关系，并未深入研究黄榦《续丧礼》的创新之处，可见四库馆臣对礼学的研究并未十分深入，而且此时礼学思想的发展主流一般主要着眼于补充礼学典籍的内容或者礼书的分章、礼图等内容，尚未注意到更高层次的礼例内容。②

除了四库馆臣未关注《通解》在礼例方面的贡献之外，清儒都对《通解》在礼例方面的影响没有真正深入的研究。如陈澧《东塾读书记》曰：

> 《仪礼》有凡例，作记者已发之矣。《乡饮酒礼》记云："以爵拜者不徒作，坐卒爵者拜既爵。立卒爵者不拜既爵，凡奠者于左，将举于右。"此记文之发凡者也。郑注发凡者数十条，《士冠礼》注云："凡奠爵，将举者于右，不举者于左。""凡醴士，质者用糟，文者用清。""凡荐出自东房，凡牲皆用左胖。"其余诸篇注皆有之。若抄出之，即可为《仪礼》凡例矣。有郑注发凡，而贾疏辨其同异者。……有郑注不云凡而与发凡无异，贾疏申明为凡例者。……有郑注不发凡而贾疏发者。……有贾疏不云凡而无异发凡者。综而论之，郑贾熟于礼经之例乃能作注、作疏，注精而简，疏则详而密，分析常例、变

---

① 《四库全书总目》，第 162 页。
② 《四库全书总目》礼类一、礼类二、礼类三、礼类四、礼类存目一、礼类存目二、礼类存目三所收图书并未对《通解》已经完成的礼例思想进一步发展，故尚未深入研究礼学礼例内容的四库馆臣在提要各礼书时全未提及礼例内容。参见《四库全书总目》，第 149 ～ 209 页。

例，究其因由，且经有不具者亦可以例补之。朱子云："《仪礼》虽难读，然却多是重复。伦类若通，则其先后彼此展转参照，足以互相发明。"此所谓伦类，即凡例也。近时则凌氏《礼经释例》善承郑贾之学，大有助于读此经者矣。①

陈澧自注曰："澧尝欲取《仪礼》经文，依吴中林章句分节写之，每一节后写张皋文之图，又以凌次仲《释例》分写于经文各句下，名曰《仪礼三书合钞》，如此则《仪礼》真不难读。惜乎！为之而未成也。"② 陈澧上述观点直接被皮锡瑞《经学通论·三礼》直接引用，仅以"文多不载""以下文多不载"③ 而删减原文，甚至连陈澧的自注也被皮锡瑞所引用而形成了"读《仪礼》有三法，一曰分节，二曰释例，三曰绘图。得此三法，则不复苦其难。分节可先观张尔岐、吴廷华之书，释例凌廷堪最详，绘图张惠言最密"④，由此可知陈澧的观点当属清代学者共识无疑。细考上文，可知礼学凡例由作记之人首发，郑玄、贾公彦创设礼例之后，朱子再明确礼例的价值。但是陈澧仅引用朱子《答陈才卿》之语，并未注意《通解》在礼例方面的贡献，当是陈澧尚未深入研究《通解》全书的结果，这反映清儒对《通解》的态度。故以清代礼学史上对礼例有深入研究的最著名作品《礼经释例》为例考察《通解》在礼例方面的影响。

《礼经释例》虽然引用《通解》的部分观点，但凌廷堪并不重视《通解》的礼学成就，如《礼经释例》卷五"凡饮酒，君臣不相袭爵，男女不相袭爵"条有曰：

张氏尔岐曰："易犹更也。注于更易二义，太生分别，疏家援证虽多，亦未见确据"，窃谓张氏之说是也。考《大射仪》"主人献公毕，更爵洗。"注"更，易也。"则郑氏已不能自守其说，而疏文出于附会明矣。⑤

① 《东塾读书记》，第69~71页。
② 《东塾读书记》，第71页。
③ 《经学通论·三礼》，第31、32页。
④ 《经学通论·三礼》，第32页。
⑤ （清）凌廷堪撰《礼经释例》卷五，续修四库全书影印扬州文选楼阮氏藏板本，上海：上海古籍出版社，2002，第101页。

凌廷堪在"未见确据"之下有小字注曰："朱子《经传通解》说同。"① 凌廷堪所指的是《仪礼经传通解》卷二十《燕礼》公为宾举旅章的朱子按语，其言曰：

> 今按：更、易二字，注疏之说虽详，然于例颇有不合，疑本无异义，不必强为分别也。②

凌廷堪引用张尔岐的礼学观点，反而把具有创始意义的《通解》置于小字注的地位，显示清代汉学家门户之见的狭隘性。事实上，凌廷堪《礼经释例》正是以汉学家的观点来解读《通解》的学术成就，理由主要有两方面。

其一，凌廷堪生于乾隆十九年（1754），卒于嘉庆十四年（1809），③那么凌廷堪的一生正处于汉学盛行的时代，其时学术氛围及其交友圈均是乾嘉汉学大师，如《清史稿》本传所言："慕其乡江永、戴震之学"而其本人交游对象亦属乾嘉汉学的名流。据江藩《汉学师承记》，凌廷堪师从翁方纲，学习经史之学，曾被阮元延聘为其子阮常生之师，与阮元交情颇深，又与刘端临、汪中、宋绵初、秦恩复、焦循、杨贞吉、黄春谷等名流有交情。可见凌廷堪是乾嘉汉学的一位主将，江藩列凌廷堪于《汉学师承记》，且自成一传，亦可佐证凌廷堪的学术地位。

其二，凌廷堪的学术作品也以考证类为主。据江藩《汉学师承记》，凌廷堪的作品如下：

> 《礼经释例》十三卷，《燕乐考原》六卷，《元遗山年谱》二卷，《充渠新书》二卷，《校礼堂文集》三十六卷，《诗集》十四卷，《梅

① 《礼经释例》卷五，第 101 页。
② 《仪礼经传通解》，第 635 页。
③ 《清史稿》凌廷堪传所言："凌廷堪，字次仲，歙县人。六岁而孤，冠后始读书，慕其乡江永、戴震之学。乾隆五十五年进士，改教职，选宁国府学教授。奉母之官，毕力著述者十余年。嘉庆十四年卒，年，五十三。"则凌廷堪生于 1756 年，卒于 1809 年。而据阮元《次仲凌君传》则云："卒年五十有五"，那么凌廷堪当生于 1754 年，卒于 1809 年。因为阮元与凌廷堪有较为深入的交往，且其长子阮常生又拜凌廷堪为师，当不会有错，故我们采用与凌廷堪同时人阮元的意见。参见《清史稿》，第 13228 页。（清）阮元撰《研经室集》二集卷四《次仲凌君传》，四部丛刊景清道光本。

边吹笛谱》二卷。①

《清史稿》艺文志除了上述七部作品之外，还载录凌廷堪《晋泰始笛律匡谬》一卷。② 细考上述作品，除《礼经释例》《燕乐考原》《元遗山年谱》《梅边吹笛谱》等考证类作品之外，在《校礼堂文集》中除了赋作及书信之外，还有大量的考辨作品，如卷十四便以《考辨》为名，其他并不以考辨为名的作品还有卷十七《说二》，卷十八《说三》，卷十九《说四》。③ 由此可见，凌廷堪实属乾嘉汉学家代表人物。

因此，凌廷堪不甚尊重朱子成就，甚至以尊朱为流俗观点。如《礼经释例》卷十三《杂例》"凡冠于祢庙，昏于寝"有按语曰：

> 盖世所传《家礼》，王氏亦以为非朱子作也。王氏平日极尊朱子，而谓《易本义》前九图、《筮仪》及《家礼》皆后人依托，非文公所作，其不苟同如此，非若流俗之尊朱也。④

细考其文，虽赞扬王懋竑学术的严谨，却是在借此抨击当时尊朱的学派，隐含有深刻的门户之见。

经过上述梳理，我们至少可获知两方面的信息：作为汉学家的凌廷堪虽研读过《通解》，《通解》的礼学思想也对凌廷堪有过一定的影响，但是限于汉学家的门户之见，凌廷堪并未充分重视《通解》的礼学观点，对其礼例思想更未有深入研究。凌廷堪对朱子尚存有严重的学术偏见，更不会深入研究《通解》其他部分的内容，故《通解》的礼例思想被凌廷堪忽略了。

作为清代礼学大师的凌廷堪都未关注《通解》礼例思想的成就，更不用提及其他学者了。因此，《通解》礼例方面的成就对元明清的礼学思想影响甚微。

---

① （清）江藩撰《国朝汉学师承记》卷七，清嘉庆十七年刻本。
② 《清史稿》，第 4241 页。
③ 卷十七《说二》考辨数学、天文、音乐等内容，而卷十八、卷十九则均是考辨音乐的作品，虽以说为题，却都是考辨类作品。参见（清）凌廷堪撰《校礼堂文集》卷十七、十八、十九，续修四库全书影印清嘉庆十八年张其锦刻本，上海：上海古籍出版社，2002，第 223～238 页。
④ 《礼经释例》，第 272 页。

在礼图方面，朱子学派完成了从确定礼学文献、抽绎礼例到制作礼图的跨越式发展。在此之后，礼图成为解决《仪礼》难读问题的另一利器，形成了《仪礼》学中的礼图传统。陈澧说：

> 杨信斋作《仪礼图》，厥功甚伟，惜朱子不及见也。《通志堂经解》刻此图，然其书巨帙不易得，故信斋此图，罕有称述者，张皋文所绘图，更加详密，盛行于世，然信斋创始之功不可没也。①

皮锡瑞引述上文之后，外加精到的评论，其言曰：

> 聂氏《三礼图》，朱子讥其丑怪不经，非古制，今观其冠制多怪诞，必非三代法物，而据窦俨《序》称其博采旧图，凡得六本，则实原于郑君及阮谌、梁正、夏侯伏明、张镒诸家，特非尽出郑君，而郑注《仪礼》、贾疏《仪礼》有图，则自陈氏始发之。杨复图世罕传，惟张惠言《仪礼图》通行，比杨氏更精密。②

聂崇义《三礼图》虽在杨复《仪礼图》之前完成了礼图的建构过程，但是在礼学文献、礼例方面并未明确《仪礼》的标准地位，导致了《三礼图》成为郑玄及阮谌、梁正、夏侯伏明、张镒诸学者礼图理论及礼图作品的大杂烩，形成驳杂的礼图作品集。杨复《仪礼图》最大贡献是在赵彦肃的基础上，依照朱子的理念，按照郑注、贾疏的礼学观点制作《仪礼图》，完成遵守郑注贾疏礼学系统的作品。至于陈澧倡言杨复具有创始之功，虽有夸张成分，但若局限于郑注、贾疏礼学系统，大体可以成立。由此可见，杨复《仪礼图》在礼图发展过程中具有重大的礼学史意义。

考察《四库全书总目》可知，杨复《仪礼图》确立了礼图最为主要的两个依据：一是文本依据。杨复《仪礼图》对朱子礼学思想的继承和发展过程，我们于前文讨论礼图与礼例之间的关系时已经详细讨论过了，但是其最为基本的依据正是郑玄、贾公彦的礼学观点，正如四库馆臣所言：

---

① 《东塾读书记》，第68~69页。
② 《经学通论·三礼》，第32页。

"录十七篇经文，节取解说，疏通其意。"① 杨复《仪礼图》主要依据的正是郑玄、贾公彦的《仪礼注疏》，② 而此种体例的源头正与朱子在《通解》中所持尊重郑注、贾疏的观点相一致。③ 这是朱子学派所持礼学观点的主流思想，杨复《仪礼图》亦与其《续祭礼》相一致。由此四库馆臣的提要，我们获得了杨复所遵循的第二个依据，即礼图的范围。从四库馆臣的提要，我们看到杨复《仪礼图》遵循朱子的观点，以《仪礼》全书的内容作为范围来依据文本制作礼图。

在杨复《仪礼图》影响之下，礼图不断发展完善。以《四库全书总目》为例，受到杨复《仪礼图》影响的作品有明代李黼《二礼集解》④、明代吴继仕《七经图》⑤，到清代则有盛世佐《仪礼集编》⑥，直至乾隆十三年《钦定仪礼义疏》⑦ 达到高潮。此后更多的作品则大多数被收录于《皇清经解》《皇清经解续编》。因收录于两清经解的礼图作品仅较前述作品完善，并无重大创新，限于篇幅，我们不再作详细梳理。

第三，《通解》编撰材料的方式对宋元明清礼学作品产生了巨大的影响。兹举一例先看《通解》对后世礼学的影响。《仪礼逸经》提要曰：

① 《四库全书总目》，第160页。
② 四库馆臣对杨复《仪礼图》遵从郑注、贾疏的观点并不仅限于此，在提要盛世佐《仪礼集编》时亦说："杨复《仪礼图》久行于世，然其说皆本注疏，而时有并注疏之意失之者。"参见《四库全书总目》，第167页。
③ 此处的尊重并非是完全抄写郑注、贾疏，而是以郑注、贾疏的礼学观点为本，再进行修正。此可参见《朱熹〈仪礼经传通解〉研究》，第54～60页。
④ 四库馆臣提要《二礼集解》十二卷说："是书以陈友仁《周礼集说》、杨复《仪礼图》为蓝本。故《周礼》以序官分冠各官之首，用陈氏例。《仪礼》逐节分注各章之后，用杨氏例。"参见《四库全书总目》，第202页。
⑤ 四库馆臣提要《七经图》七卷时说："案宋《馆阁书目》载《六经图》六卷，杨甲撰，毛邦翰增补之，为图三百有九。又《宋史·艺文志》有叶仲堪《六经图》七卷。陈振孙《书录解题》谓：'仲勘即以邦翰旧本增损改定。'是书刊于万历己卯。前有继仕自序云：'得旧本摹校，旧图三百有九，今加校正为三百二十有一，又增《仪礼图》二百二十有七，共为图五百四十有八。'所谓旧本，即毛邦翰之书，所谓《仪礼图》亦即杨复之书，均非继仕所自撰也。"那么杨复《仪礼图》在明代尚且能够被礼学家所引用，虽无创新，但其保存和传播之功不容忽视。参见《四库全书总目》，第283页。
⑥ 四库馆臣提要盛世佐《仪礼集编》四十卷时说："又杨复《仪礼图》久行于世，然其说皆本注疏，而时有并注疏之意失之者，亦一一是正。"可见到清代乾隆十七杨复《仪礼图》尚是十分流行的礼图之书，而对其修订和改正的学术完善过程仍旧在不断发展。参见（清）永瑢等撰《四库全书总目》卷二一，第169页。
⑦ 《四库全书总目》曰："礼节用杨复《仪礼图》本。"参见《四库全书总目》，第162页。

是篇掇拾逸经，以补《仪礼》之遗。凡经八篇。传曰《投壶礼》，曰《奔丧礼》，取之《礼记》。曰《公冠礼》，曰《诸侯迁庙礼》，曰《诸侯衅庙礼》，取之《大戴礼记》。而以《小戴礼记》相参定。曰《中霤礼》，曰《禘于太庙礼》，曰《王居明堂礼》，取之郑康成《三礼注》所引逸文。其编次先后，皆依行礼之节次，不尽从其原文。盖仿朱子《仪礼经传通解》之例。①

四库馆臣注意到了吴澄与《通解》之间礼学观念的继承关系外，并未关注吴澄《仪礼逸经》与《通解》编撰取材之间的内在关系，即以《仪礼》固有材料为优先，采纳涉及礼学有关材料为补充材料，详见第二章第一节。由此可见《通解》的编撰影响力方面主要在引用材料方面。采纳《通解》引用材料的方法还有元敖继公《仪礼集说》。四库馆臣提要敖继公《仪礼集说》曰：

是书成于大德辛丑。前有自序，称："郑康成注疵多而淳少"，删其不合于经者，意义有未足，则取疏记或先儒之说以补之。又未足，则附以一得之见。……然于郑注之中，录其所取，而不攻驳所不取。无吹毛索垢，百计求胜之心。……郑注简约，又多古语，贾公彦疏尚未能一一申明。继公逐字研求，务畅厥旨，实能有所发挥。则亦不病其异同矣。卷末各附正误，考辨字句颇详，知非徒骋虚词者。②

四库馆臣把敖继公处理记文的方式与《通解》相比较，论证敖继公与《通解》没有继承关系，造成了敖继公与朱子礼学传统没有任何关系的假象。细考《四库提要》可知，《仪礼集说》删去部分郑注，取疏记内容作补充，再加编者按语，又于卷末考辨字句。由第三、四章可知，敖继功《仪礼集说》正是《通解》编撰材料方式与编者按语的缩减版而已，两者之间存有明显的继承关系，主要有四方面。

在分章方面，敖继公《仪礼集说》使用了《通解》的分章方法。以

---

① 《四库全书总目》，第 160 页。
② 《四库全书总目》，第 161 页。

《仪礼集说》卷一为例，《士冠礼》分为 18 章，各章名依次为筮日、戒宾、筮宾、宿宾、为期、陈器服、即位、迎宾、冠三加、醴、见于母、字、宾出就次、见兄弟赞者姑姊、见君见乡大夫乡先生、醴宾、醮礼、杀生而醮、孤子冠、庶子冠、母不在诸章，除了冠三加把《通解》的始加、再加、三加章合并为一章，以及缺少了《通解》据《杂记》而补的女子笄章外，其余分章基本相同，甚至连部分章节的命名都相同。在《仪礼集说》的其他各卷，亦与卷一相似，这是敖继公处理《仪礼》经文的方式深受《通解》编撰材料的方式影响的一例。

在处理《仪礼》经文方面，敖继公吸收了《通解》文献处理成果。如《仪礼集说》卷一《士冠礼》陈器服章"不屦繐屦"下有按语曰：

> 自"屦，夏用葛"至此本在辞后，朱子移之於此，今从之。①

此语正是针对《通解·士冠礼》陈器服章移动"屦，夏用葛……不屦繐屦"② 朱子有按语曰："此三屦以下本在辞后记前，今移附此。"③ 显然敖继公在深入研究《通解》基础上，赞同朱子的观点，才能够作出上述决定，这也显示四库馆臣刻意比较朱子移动记文和敖继公反对移动记文，忽视两者之间的内在关系。当然，《仪礼集说》以《仪礼》十七篇为文献整理的对象，并未涉及其他相关礼学文献，故朱子上述移动文献的做法在《仪礼集说》中并不常见。

在处理郑注、贾疏及其他学者观点方面，敖继公也吸收了《通解》的做法，节选郑注及其他学者观点。如《士冠礼》宿宾章"乃宿宾，宾如主人服，出门左，西面再拜，主人东面答拜"有云：

> 注曰："主人朝服。""左，东也，出以东为左，入以东为右。"朱子曰："此云'宿宾'，言主人往而宿之，以目下事，如篇首言筮于庙门，后亦多有此例也。"④

---

① （元）敖继公撰《仪礼集说》卷一，清通志堂经解本。
② 《仪礼经传通解》，第 53~54 页。
③ 《仪礼经传通解》，第 54 页。
④ 《仪礼经传通解》，第 47 页。

敖继公仅节选了郑注"主人朝服"之文，至于"左，东也，出以东为左，入以东为右"则是从郑注《士冠礼》"主人迎，出门左，西面，再拜。宾答拜"① 移动而来，而上引朱子的观点则是《通解·士冠礼》宿宾章的朱子按语，由此可见敖继公对郑注亦是有选择性地吸收，有选择性地吸收其他学者的礼学观点。因此，敖继公与《通解》在处理郑注方面原则相同，具体方法稍有差异。② 至于贾疏有创见的观点亦被敖继公引入，如《士冠礼》筮日章"筮人执筴，抽上韇，兼执之，进受命于主人"亦如我们前文所举例子一样节选注文之后，节选贾疏如下：

疏曰：言上韇者，其制有上下。下者从下乡上承之，上者从上乡下韬之也。《少牢》曰：史"左执筮，右抽上韇，兼与筮执之"。③

敖继公选择贾公彦疏"注筮人至筮也"的部分内容"韇有二：其一从下向上承之；其一从上向下韬之也。"并吸收上引《少牢》的文献"上韇"而改写为上引文献的前半部分，而后半部分则是节选自贾疏"'筮人'至'主人'"即经文是贾疏所举《少牢》的文献，④ 由此构成敖继公上引文献的所有内容。由上述内容可知，敖继公仅是节选了贾疏，与节选郑注完全一致，也与《通解》完全相同。至于引用其他学者的观点，如前引朱子的观点，实如《通解》引用其他学者观点，均是有选择性吸收而已，不再赘引。

至于元代学者汪克宽《经礼补逸》在使用礼学材料方面吸收了《通解》的方法，如四库馆臣所言："是书取《仪礼》、《周官》、大小《戴记》、《春秋三传》以及诸经之文有涉于礼者，以吉凶军宾嘉五礼统之。"⑤ 虽然与《通解》分类方法不同，但是收集资料的范围实已不出《通解》范围。明清时期的具有创新意义的作品均是在《通解》的影响下细化完善而成，不再赘述。

---

① 《仪礼注疏》，第 36 页。
② 因孙致文对《通解》、对郑注、对其他学者礼学观点的处理方法研究甚为透彻，为了避免拾人牙慧，前文对在研究《通解》的文献时并未深入研究，但是笔者甚为赞同孙致文的此部分研究成果。可参看《朱熹〈仪礼经传通解〉研究》，第 54 ~ 69 页。
③ 《仪礼集说》卷一。
④ 《仪礼注疏》，第 10 页。
⑤ 《四库全书总目》，第 161 页。

三 《通解》观念衍化与传承——杨复《仪礼图》与张惠言《仪礼图》之比较

杨复《仪礼图》虽以礼图为名，但其思想观念均依照朱子的礼学观念及编撰观念而来，用礼图形式解读《仪礼》的作品，是《通解》观念的直接传承和发展的成果，属朱子学派礼学思想经过朱子、黄榦逐步发展到成熟期的代表作品。但是朱子礼学观念在各代不断被重新诠释，其观念亦有早期与晚期的差异，经过各代礼学家的逐步发展完善，清代礼学在吸收前代成果，推动传统礼学走向学术高峰，张惠言《仪礼图》正是清代礼学的代表性作品。不管是陈澧还是皮锡瑞，均对张惠言《仪礼图》推崇备至，以其作为礼图最成熟的代表作品。正是杨复《仪礼图》与张惠言《仪礼图》均代表了不同时代的最杰出的作品，我们比较两者的异同之处以考察《通解》对清代礼学的影响。

第一，杨复《仪礼图》着重于解读《仪礼》，实用目的被放置于其次，而张惠言《仪礼图》虽以经注为依据，却着重于《仪礼》的实用性。

杨复《仪礼图》的制作原因及体例，正如四库馆臣所言：

> 序称严陵赵彦肃作《特牲》《少牢》二礼图，质于朱子。朱子以为更得冠昏图及堂室制度并考之乃佳。复因原本师意，录十七篇经文，节取旧说，疏通其意，各详其仪节陈设之方位，系之以图，凡二百有五。又分宫庙门、冕弁门、牲鼎礼器门，为图二十有五，名《仪礼旁通图》，附于其后。①

四库馆臣道尽了杨复《仪礼图》的编撰原因及其体例，但是他们对杨复《仪礼图》存有颇多质疑，其中杨复《仪礼图》放弃专述宫室制度便是最受批评之处。考之《仪礼注疏》，各种宫室制度的内容主要保存于郑注贾疏当中，而经文部分主要呈现各个礼仪的实行过程，涉及宫室的方位仅是因陈述礼仪的实行过程的需要，并未有单纯阐述宫室制度的内容。杨复严格按照《仪礼》来制作《仪礼图》，正是遵循朱子以《仪礼》为主体的思

---

① 《四库全书总目》，第160页。

想。在《通解》中，虽然可见朱子调整《仪礼》记文，但是相较其他礼学内容，朱子保留《仪礼》内容最完整。虽然四库馆臣在提要杨复《仪礼图》时说："李如圭《仪礼集释》、朱子《仪礼经传通解》皆特出《释宫》一篇以总挈大纲，使众目皆有所丽。"[1] 但是细考《通解》朱子编撰部分并无"释宫"一门，当属四库馆臣误把《晦庵集》收录的《仪礼释宫》当成《通解》有《释宫》一篇。朱子在《通解》中未列《释宫》的深层原因是朱子以《仪礼》为主体的礼学思想，其目的正是为了解决《乞修三礼劄子》概述的问题。由此，解决《仪礼》难读的问题，扩大《仪礼》的社会影响力，使其成为后世制作礼仪的依据，成为朱子学派礼学的首要任务。正是以《仪礼》经文作为解读的对象，杨复《仪礼图》保留了《仪礼》十七篇的经文内容，郑注贾疏则被删减，制图的原则是"各详其仪节陈设之方位"正与《仪礼》内容紧密相扣，至于非《仪礼》经文内容则以《仪礼旁通图》附于《仪礼图》后，如宫室门，亦佐证了杨复"原本师意"的内在思想。

正因杨复《仪礼图》以解读《仪礼》为目标，而保留《仪礼》的经义成为杨复《仪礼图》处理经文的最重要原则。与此相反，张惠言《仪礼图》则以《仪礼》的实用性为归宿。正如阮元《仪礼图序》所言：

> 昔汉儒习《仪礼》者，必为容，故高堂生传《礼》十七篇，而徐生善为颂，礼家为颂皆宗之。颂即容也。……宋杨复作《仪礼图》虽礼文完具而地位或淆，编修则以为治《仪礼》者，当先明宫室，故兼采唐宋元及本朝诸儒之义，断以经注，首述宫室图，而后依图比事，按而读之，步武朗然，又详考吉凶冠服之制，为之图表，又其论丧服由至亲期断之说，为六服加降表，贯穿礼经，尤为明著。[2]

张惠言的观点正与前引四库馆臣提要杨复《仪礼图》所持观点相合，习礼者当以宫室制度为第一位，着眼于礼学的实用性，虽非朱子学派解读《仪礼》的内在原则，却在更高层次实现了朱子编撰《通解》的目的。因此，

---

① 《四库全书总目》，第160页。
② （清）阮元撰《仪礼图序》//张惠言：《仪礼图》，清嘉庆木刻本。

张惠言解读《仪礼》的过程注重考察《仪礼》内容的可行性，固然有汉学门户之见因素的影响，但是更重要原因是张惠言持《仪礼》在清代具有可行性的观点。阮元说：

> 予尝以为读礼者当先为颂。昔叔孙通为绵蕞以习仪，他日亦欲使家塾子弟画地以肄礼，庶于治经之道，事半而功倍也。然则编修之书非即徐生之讼乎？[①]

叔孙通制礼之事是指叔孙通制作礼仪，而以绵蕞为习仪的前奏，是礼学史上的重大事件。《汉书·叔孙通传》载：

> 遂与所征三十人西，及上左右为学者，与其弟子百余人为绵蕞野外。[②]

颜师古注曰：

> 应劭曰："立竹及茅索营之，习礼仪其中也。"如淳曰："谓以茅剪树地，为纂位尊卑之次也。《春秋传》曰'置茅蕝'。"师古曰："蕞与蕝同，并音子悦反，如说是。"[③]

因此，阮元所言"叔孙通为绵蕞以习仪"正是《汉书》所言之"为绵蕞"以树立尊卑之分。由此可见，阮元把张惠言《仪礼图》定位为汉代徐生之讼，重在使用礼仪的实用性，有助于礼经的学习过程。

第二，张惠言《仪礼图》继承从朱子到杨复礼学思想在体例方面的发展成果。张惠言与杨复在为《仪礼》制图的过程中，直接出发点不一样，但是两者有更多的共同点。兹述如下。

一方面，两者均以《仪礼》的注疏为主，吸收合并了汉唐注疏外诸儒

---

① 《仪礼图序》//张惠言：《仪礼图》，清嘉庆木刻本。
② 《汉书》，第 2127 页。
③ 《汉书》，第 2127 页。

礼学成就。

　　杨复《仪礼图》虽然以《仪礼》的注疏为依据进行制作，但是杨复的《续祭礼》则是充分吸收《仪礼》祭礼部分的内容，再结合唐宋儒者的礼学实践而完成的作品。杨复处理文献的方法主要是把各种历史材料放置于经学的体系内解读内容，其目的是为了提升经学的权威性与实用性，正如前述叶纯芳《杨复再修仪礼经传通解续卷祭礼导言》所概括的情况，[①] 即杨复在《续祭礼》中采纳了众多朝代的礼制实行情况，逐一分析各代礼制规则，依据礼经文献作出判断内容使《续祭礼》具备足够的权威性，其最终目的亦如朱子编撰《通解》时的目的是为后世的礼学实行过程提供经学范本。

　　张惠言《仪礼图》虽然与杨复《续通解》具体编撰方法有差异，但是其在吸收合并汉唐宋礼学成就的基础上再次进行创新和提高，提升礼图的权威性。阮元《仪礼图序》有言：

　　　　编修则以为治《仪礼》者，当先明宫室，故兼采唐宋元及本朝诸儒之义，断以经注。首述宫室图，而后依图比事，按而读之，步武朗然。又详考吉凶冠服之制，为之图表。又其论丧服由至亲期断之说，为六服加降表，贯穿礼经，尤为明著。[②]

阮元的判断大体可信，但因书序的文体特征，容易拔高所序之书的贡献。其言"兼采唐宋元及本朝诸儒之义，断以经注"看似客观的评语，实则隐藏了张惠言《仪礼图》对唐宋元及清代礼学家对礼图的研究成果。

　　单以阮元所言之宫室图、吉凶冠服制度的图表等内容，细考张惠言《仪礼图》均可以看到其《宫室图》有李如圭《释宫》、朱子《释宫》、杨复《仪礼图》所制礼图的各种宫室制度。至于吉凶冠服制度的图表，张惠言《仪礼图》直接引用前人成果，如《五服图》在朱子《家礼》中已有完整内容，黄榦《丧服图式》及杨复《仪礼图》全部引用朱子的成果，而张惠言"六服加降表"也是直接继承朱子学派的礼图系统，未有实质性创新内容。

---

　　①　《杨复再修仪礼经传通解续卷祭礼导言》//《杨复再修仪礼经传通解续卷祭礼》，第40页。
　　②　《仪礼图序》//张惠言：《仪礼图》，清嘉庆木刻本。

又如张惠言《亲亲上杀下杀旁杀》图由朱子学派《己为本宗服图》①变化而来，亦无任何特殊之处，仅是其制表的标准不一样而已。张惠言以五服类型来制图，而朱子学派则以行辈的差别来制图，两相比较之后，朱子学派反而略高一筹，如朱子学派的礼图区分了父在与不在，子对母服丧有"父卒齐衰三年"与"父在杖期"，②而张惠言仅以守丧时间为期的类型包括己对子、父母、昆弟三种情形，未区分三者的差异，而且张惠言《丧服》图把朱子学派的丧服内容全部放置于《丧服》图中，分类较为模糊。

此外，黄榦在《己为本宗服图》之后附有"制服轻重之义"图，其原则正是张惠言《丧服》中所呈现的正、加、降、不降四种类型。与此同时，张惠言把《丧服》的对象按照"至亲期斩""期亲""大功亲""小功亲""缌亲""外亲服皆缌""义服皆加"七种类型。③由这七种类型的丧服构成礼图的横轴，而把黄榦《丧服图式·五服图》的十八幅礼图和五服义例的内容全部囊括其中，使丧服图呈现于一幅礼图当中，减少了朱子学派礼图系统的繁杂程度，便于习礼者把握其内容，其功劳甚大，无怪乎阮元、陈澧、皮锡瑞对其赞不绝口，而推崇为习礼者必读入门书目。

另一方面，张惠言《仪礼图》与杨复《仪礼图》之间是继承和发展的关系。阮元在《仪礼图序》中言及张惠言注重释宫一门，这是继承了李如圭、朱子《释宫》的学术传统，但是张惠言与杨复之间的继承与发展的关系更为密切。

其一，张惠言《仪礼图》在杨复《仪礼图》基础之上，参考了《仪礼》及其他礼学典籍，修正了杨复《仪礼图》某些不够精密之处。如张惠言《仪礼图·筮日》不仅依据《仪礼·士冠礼》及其注疏，而且依据《郊特牲》《士丧礼》的卜日及元代礼学家敖继公的研究成果，使《筮日图》在杨复《仪礼图·筮日图》基础上不断细化与完善，使《筮日图》涵盖了《士冠礼·筮日》与《士丧礼·卜日》的内容，使读者能够在同一平台分析两者之间的差异及相应的礼俗习惯。如张惠言《筮日图》曰：

---

① 此名为黄榦《丧服图式》的名称，而杨复《仪礼图》则直接命名为《本宗五服图》。参见《仪礼经传通解》，第2066页；杨复：《仪礼图》，第201页。

② 《仪礼经传通解》，第2066页。

③ （清）张惠言撰《仪礼图》卷五。

《士丧礼》卜日奠龟于西塾上，南首，有席，楚燋置干燋在龟，东则龟奠席上，与燋为一行，此筮宜在席上，所卦者在筮东，至设筮前则筮人执筮，卦者执所卦亦如《丧礼》卜日。敖继公图以席在筮后，所卦者在筮西，谓当变于筮时。案筮准龟南首，所卦在东，是为在右筮时，卦者在左，则已相变。如敖图反不变矣。又案燋以灼龟，卜人所用，故卜时设龟为右，为便，非取其变。[1]

张惠言比较分析了属于丧礼《卜日》与属于嘉礼的《士冠礼·筮日》之间的异同点。两者的共同点是所卦者与所卜者均是龟在蓍草之东，而且执筮与执卦之礼相同，两者的不同之处在于卜时则改变龟的方位，由左变为右，其间是为了卜龟时便于灼龟，而不是因为丧礼与嘉礼之间的性质差异。两者内容置于一处，有利于学习者掌握士冠礼与丧礼之间的筮日与卜日之礼。

与张惠言《筮日图》相比，杨复《筮日图》则简洁明了，只是简单地描绘了筮人、卦者的方位而已，并未体现筮人、卦人之间方位与《卜日图》的差别，但是张惠言《筮日图》与杨复《筮日图》的核心要素则是相同的。细考杨复《筮日图》，我们发现杨复虽未在礼图中体现人的变化等细节，但是杨复与张惠言的有司方位依然一致。试看以下两图。

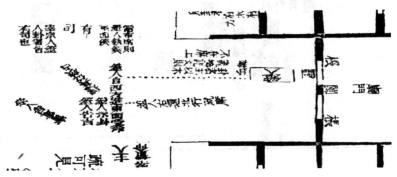

(张惠言《仪礼图·士冠礼·筮日》)[2]

---

① （清）张惠言：《仪礼图》卷二。
② （清）张惠言：《仪礼图》卷二。

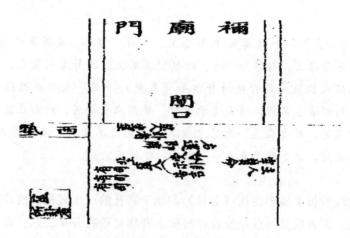

杨复《仪礼图·士冠礼·筮日》图①

以上两图的南北方向不同。为了便于比较，我们把杨复《筮日图》向右旋转九十度后，所呈现的南北方位正好与张惠言《卜日图》一致。其图如下：

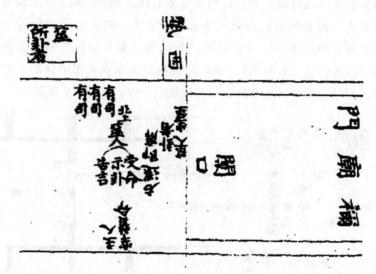

比较上述两图可知，杨复《筮日图》成为张惠言《筮日图》的简装版。因为两者不仅呈现的行礼流程相同，甚至在具体的礼节上亦完全一

①　（宋）杨复撰《仪礼图》卷一，第 13 页。

致。对于《士丧礼》与《士冠礼》的卜筮者方位之间的差异问题，杨复在《士丧礼·卜日图》中直接呈现卜日图的卜筮者方位，但因杨复以《仪礼》为制图的依据，只需确定《仪礼》各礼文所呈现的礼图即可，故杨复并未如张惠言呈现比较分析的过程。上述结论亦可获证于张惠言《卜日图》与杨复《卜日图》。张惠言《卜日图》与杨复《卜日图》分别如下：

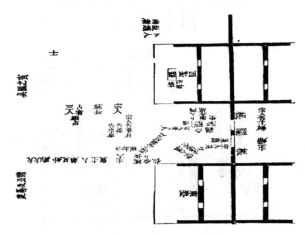

张惠言《仪礼图·卜日图》①

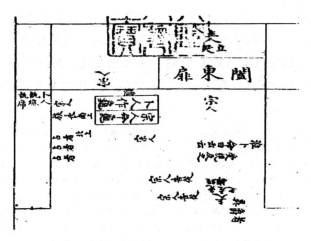

杨复《仪礼图·士丧礼第十二·卜日图》②

---

① （清）张惠言：《仪礼图》卷五。
② （宋）杨复撰《仪礼图》，第231页。

以上两图的南北方向不同。为了便于比较，我们把杨复《卜日图》向右旋转九十度后，所呈现的南北方位正好与张惠言《卜日图》一致。其图如下：

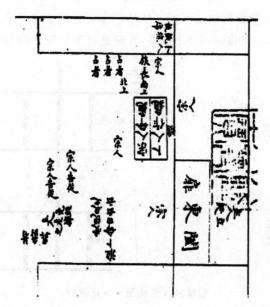

由此可见，张惠言《卜日图》与杨复《卜日图》的相同程度较二者《筮日图》还高，仅因两者制图目的不同，呈现出详略差异，形成不同的制图效果。如杨复《卜日图》中的"主人之左免、拥绖"是"主人之左免绖左拥之"的省称，[1] 意指主人以左之位的人均与主人着服相同，即免

---

[1] 据杨复《仪礼图》卜日章可知，"主人之左免、拥绖"据"主人北面免绖左拥之"而在卜日图上体现主人朝向，并添加主人与其他人的方位关系"左"和"之"指代的内容"绖"而成。实际上，免绖与左拥绖是紧密相连在一起。"免绖"郑注"免绖者，求吉不敢纯凶"，贾疏云："此乃主人之服，不纯吉。免绖，亦不纯凶也。"并未明言卜宅兆的"免绖"与《士丧礼》卜日之处是"免绖左拥之"的关系，直到胡培翚才明确两者的关系。据《仪礼正义》筮宅兆章对《士丧礼》"既朝哭，主人皆往兆，南北面免绖"按语曰"今案：下卜兆云：'免绖左拥之'此不言'左拥之'，省文。当亦与彼同。"则《仪礼》经文中的"免绖"实际是指"免绖左拥之"的省称。我们由此可知杨复"主人之左免、拥绖"实则已经明确了"免绖左拥之"为"免绖左拥绖"之义。另外，上海古籍出版社点校本《仪礼注疏》并无郑注贾疏"免绖"之文，现据清嘉庆二十年南昌府学本补。参见（宋）杨复《仪礼图》卷十二，第 231 页；（汉）郑玄注，（唐）贾公彦疏《仪礼疏》卷三十七，中华书局影印阮元校刻《十三经注疏》本，第 1143 页；《仪礼注疏》，第 1136 页；（清）胡培翚撰《仪礼正义》卷二十八，清木犀香馆刻本。

经左拥经。细考杨复《仪礼图》卜日章的经文仅出现卜人、族长、宗人、主人四种不同身份的人而已，并未明言其他参加者，而杨复制图的原则又是严格按照《仪礼》经文，故杨复即使认为主人之左当有其他参加者，也仅用"主人之左"来提示尚有其他参与者出现于此处。张惠言以实用性为主要目标，并无未严格遵照《仪礼》经文，明确标明"主人之左"的所有内容为"主人、众主人、弟兄"。又如杨复仅有"异爵者"排在主人之后，而张惠言依据礼仪的现实需要，确定"异爵者"为"众卿大夫"。以遵从《仪礼·士丧礼》经文来看，杨复正与经文一致，而张惠言则以《仪礼·士丧礼》的经文内容为基础，结合郑注贾疏及《礼记》的内容，把"主人"内涵具体化为宗主与众主人、兄弟，"异爵者"确定为众卿大夫，至于张惠言图中的"诸公及属吏""异国之宾"则是吸收郑注贾疏及《礼记》的内容来补充《仪礼》经文所无的内容。此外，张惠言图中还有死者之同爵者"士"的位置，则是依据《仪礼》经文所言"异爵者"而推导出有同爵者的位置。

由此可见张惠言《卜日图》与杨复《卜日图》在主体内容方面完全一致，他们之间的差异仅局限于细节，其根源正是张惠言不局限于《仪礼》经文，还结合了郑注、贾疏及《礼记》的部分内容，细化了杨复《仪礼图》的内容，完善了礼图的细节，增强了礼图的实用性功能。

其二，张惠言《仪礼图》在杨复《仪礼图》基础上，依照礼仪的实际行礼过程的需要细分礼仪内容，修订完善了礼学内容。

丧礼历来为礼学内容的重要组成部分，但因中国讳言死亡之事的传统，丧礼成为礼仪中最不齐全的部分，正如朱子所说：

> 东坡见伊川主司马公之丧，讥其父在，何以学得丧礼如此。然后人遂为伊川解说道，伊川先丁母艰也，不消如此。人自少读书，如《礼记》、《仪礼》，便都已理会了。古人谓居丧读《丧礼》，亦平时理会了，到这时更把来温审，不是方理会。[①]

此条为叶贺孙辛亥（1191）以后所记录的内容。因文献不足，难以确考上

---

① 《朱子语类》，第3108页。

述故事的真伪，不过朱子距离程颐仅有几十年的时间，而且朱子编撰过《伊洛渊源录》《二程遗书》等，当有文献依据。在士大夫以回到三代为目标的北宋，习丧礼尚且被人讥笑，而讥笑者是苏轼，其与父弟经学成就被称为蜀学，与洛学、新学并称，可见苏轼学术水平之高了，但是对习丧礼之事还存有偏见，则士大夫对丧事之仪的讳莫如深由此可见一斑。

此外，上述朱子观点对传统士大夫讳言习丧礼之事的文化心理具有扭转功效，而朱子学派注重考订丧服制度则成为礼学风气转变的一个重要标志，引领礼学发展轨迹。在丧礼中，丧服制度又是最为复杂的内容之一，因其复杂程度，形成了丧服制度在朱子学派的礼学发展过程的清晰轨迹。衰裳制度在杨复《仪礼图》及黄榦、杨复《续丧礼·丧服图式》中均有涉及，其变化过程甚为详明。

杨复《仪礼图》与黄榦、杨复《续丧礼·丧服图式》的内容均是继承自朱子《家礼》，并结合《仪礼》经注疏而成。《续丧礼·丧服图式·衰制》有注语曰：

> 此图系按先师朱文公《家礼》纂出，仍加领于阔中者，乃与《仪礼》注合。①

黄榦在《通解》中贯彻的原则是朱子所言"《仪礼》为经"的思想，不是依据以实用为目的的《家礼》。上引内容显示朱子学派在编撰《通解》之时与朱子编撰《家礼》② 之时的思想体系发生了重要变化。细考杨复《仪礼图》可知，其《衰衣图》亦与黄榦《衰制图》相同，只是内容变得更为完整而已，其图如下：③

---

① 《仪礼经传通解》，第 2126 页。
② 《家礼》的著作权之争由来已久，但是不管其是否为朱子所撰，均可以代表朱子学术思想，其理由有二：一是朱子的弟子陈淳、黄榦等均认为此《家礼》由朱子所撰，虽难以定论此《家礼》是否为朱子原著，但是能够把此书当作朱子作品，这至少亦代表了朱子一传弟子已经难以真正辨别出此书非朱子所撰的蛛丝马迹，可见《家礼》完全符合朱子的作品；二是在《家礼》辨伪的过程中王懋竑最为有力，但是我们细考王懋竑的作品，看到王懋竑对《家礼》的内在证据证明亦只是细节上的冲突，不足以否定《家礼》作品内容源于朱子的思想体系。参见《朱子年谱考异》∥《朱熹年谱》，第 313～319 页。
③ （宋）杨复撰《仪礼图》卷十一，第 197 页。

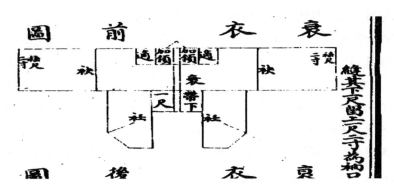

　　为省篇幅，上文只引用《衰衣前图》，省略了《衰衣后图》。此图大体与黄榦《衰制》图基本相同，只是杨复把衰衣各部分的长短均标于图上而已。此外，杨复上图亦有"加领"而非朱子无领的形态，此佐证了杨复《仪礼图》实非完全如四库馆臣所言遵照朱子的思想，也可看到朱子学派的礼学思想从黄榦开始遵循《通解》朱子编撰部分时偏向于"以《仪礼》为经"的思想，杨复亦循黄榦轨迹而尊重《仪礼》注疏的思想。与此同时，杨复《仪礼图》把黄榦《衰分制图》以文字陈述的内容转化为《裁辟领四寸图》《辟领四寸为左右适图》《裁衽图》《别用布横长一尺六寸广八寸塞阔中为领图》《反摺向前图》《两衽相叠图》，[①] 但是杨复与黄榦之间存有细微差异，最明显的内容当属两者对礼图的排列顺序。黄榦《衰制》图在前，而《衰分制图》放置于后，而杨复把制作衰衣过程的上述六幅礼图放置于前，《衰衣》图放置于后，两者虽是顺序上的差异而已，但是其尊重《仪礼》的思想便有重大差别，因为细考《仪礼》经、记、注、疏四部分内容可知，《仪礼》只有各个部分内容，并无完整的衰衣形态的内容。先把各部分制作成图，再依据各图的内容合成衰衣图，则是严格按照《仪礼》内容的顺序，而先有衰衣图再进行《衰衣分制图》则难免有先入为主的思想倾向。至于两者的衰衣后图之间的差异亦与上文所言相同，不再赘述。

　　与杨复《仪礼图》相比，张惠言《仪礼图·斩衰图》并无多大创新之处，只是单独制作一幅《斩衰前》图，省略了其制作过程。至于张惠言在衰衣图上标注各项数据，使具体内容更为详细直观，并未有创新成分，因

---

① （宋）杨复撰《仪礼图》卷十一，第196页。

为杨复虽未标明具体数据，但杨复在各部分的制作过程及规格已都体现于衰制作六图中了。由此可见，张惠言《仪礼图·斩衰图》当是完全承袭杨复《仪礼图》而来。不过在尊经方面，张惠言则在杨复基础上更严格按照《仪礼》的内容，因为黄榦、杨复均是把《衰制》图或者《衰衣前、后图》命名为衰衣，并未严格按照《仪礼》的内容，张惠言则严格按照《仪礼》经文把礼图命名为《斩衰前》《斩衰后》二图。另外，张惠言依旧注重礼图服务礼仪的实用性功能。他在《斩衰前》以图表解说的形式标明此图与其他等级衰衣的内容。他说：

> 四服之衰唯齐边为异。①

由此表明各丧服之间的共同点与差异点，使得行礼者容易辨别各丧服之衰的制度。

另外，与杨复《仪礼图》忽略了妇人衰衣之图不同，张惠言则继承了黄榦《丧服图式》分别男女差异的制图传统，② 特地制作了《妇人衰前》《妇人衰后》图以弥补黄榦在《丧服图式》中仅有《男子成服旁通图》有《冠衰裳制》附于其后的不完整体例，使张惠言《仪礼图》更为适合制图的目标，即指导学者学习《仪礼》的目的。

综上所述，张惠言《仪礼图》是礼学史上解读《仪礼》的必备书籍，影响巨大，但他是在吸收朱子学派礼图体系基础上创新发展的成果。

第三节　对宋元明清诸经研究的影响

《通解》不仅对宋元明清的政治文化及礼学思想产生了影响，还深刻影响了诸经研究的学术思想。随着朱子学研究的深入发展，现代学者已开始注意到《通解》对后世学术思想的影响，如孙致文《朱熹〈仪礼经传通

---

① （清）张惠言：《仪礼图》卷五。
② 黄榦《丧服图式》对男女之间的差异较为关注，基本是有男便有女的内容格局。如丧服图中《袭经带旁通图》五服均列男子与妇人，即使完全相同的衣制，以言"小功男子、妇人同"，又有"妇人成服旁通图"与"男子成服旁通图"相对应。参见《仪礼经传通解》，第 2118～2132 页。

解〉研究》较为全面概括了《通解》的学术史意义，但是孙致文主要局限于《通解》对清代学术史的影响，且局限于清人在礼学方面对《通解》的引用及校勘《仪礼》、古籍辑佚方面的举例研究，甚至未对《通解》对清代各方面的学术影响作系统研究。为此，我们本节系统研究《通解》对宋元明清四朝诸经学的思想影响，力求较为完整呈现《通解》的学术影响力。

一 保存文献的宝库：《通解》文献影响力

从南宋末期开始，中国图书所经历的厄运极多，① 各种典籍大量散佚，因此辑佚成为传统学术研究的基础工作，而保留散佚文献的典籍则为其提供了可能性。《通解》不是类书，但是因其编撰过程遵循朱子以与礼有关文献资料作为选材的标准，使《通解》成为包括经学、诸子学、史学乃至谶纬之学的资料大汇集，具备类书的功能。但是与普通类书包罗万象的情形不同，《通解》主要围绕礼乐来收集资料，而礼乐不仅包含了礼乐的起源及具体规则，也囊括了记载礼乐实践的史料，由此形成了《通解》具备礼乐类的资料类书的特征，又因其经过朱子学派校勘之后的资料集合体，其作用又远大于普通类书，因此我们有必要考察《通解》的后世文献影响力以求全方位考察《通解》的学术贡献。

一方面，《通解》成为后世辑佚典籍的重要资料来源。

辑佚是后世学者整理前代散佚作品最重要的手段。《通解》收录了大量的经学文献，如传统古乐及其理论、《尚书》、《春秋三传》等，为后世学者的音乐文献及其他经学文献的辑佚工作提供了重要的资料。

在音乐方面，马端临《文献通考·律吕制度》全文引用了朱子《通解·钟律篇》，而马氏并非是唯一采纳朱子之学的学者，元代刘瑾音乐研究专著《律吕成书》也对《通解》的钟律法甚为推崇。《律吕成书》载：

① 杜泽逊《文献学概要》具体考察了从秦代到"文化大革命"图书所遭遇的厄运，其中从南宋到清末主要有李自成起义、乾隆禁毁、嘉庆宫火、太平天国起义、英法联军纵火圆明园、庚子事变，虽只有六次，但是每一次的破坏程度均是空前的，此可以宋刊本、明刊本到如今已成珍本文献可知其情形了。参见杜泽逊《文献学概要》，北京：中华书局，2001，第81~85页。

> 律寸旧法新法图第十五以《仪礼经传通解钟律篇》定①
>
> 十二律名义第十六以《仪礼经传通解钟律义篇》定②

马端临生活于宋末元初，受其父马廷鸾推崇《通解》的家学观念影响重视《通解》的音乐观点，而刘瑾虽隐居不仕，但是其生活于朱子学盛行的时代，深受社会风气影响，③均反映了《通解》的学术影响力。与上述两者生活时代不同，明代的科考与学校教育完全忽视《通解》，但是朱子《通解》中保存的音乐文献依旧被广大学者所引用。明倪复《钟律通考》在其《风雅十二诗谱图论章第二十七》篇下有注语曰：

> 此唐开元遗声，宋赵子敬所传，见《仪礼经传通解》。④

朱子在《通解》中有言："《大戴礼》颇有阙误，其篇目都数皆不可考。至汉末年止存三篇，而加《文王》，又不知其何自来也。其后改作新辞，旧曲遂废。至唐开元，《乡饮酒礼》其所奏乐乃有此十二篇之目，而其声今亦莫得闻矣。此谱乃赵彦肃所传，云即开元遗声也。古声亡灭已久，不知当时工师何所考而为此也。……又其以清声为调，似亦非古法。然古声既不可考，则姑存此以见声歌之仿佛，俟知乐者考其得失云。"⑤则朱子对《开元十二诗谱》的真实性存有疑虑，但因音乐文献散佚极其严重，具有保存极为困难的特殊性，故仍旧引录全文，保存此文献。对以保存音乐文献为目的之一的《通解》而言，朱子的行为不足为奇，但是把上述文献的载录放置于明代学风较空疏的背景下，明人仍引用《通解》中的音乐文献的现象就值得深思了。理由有二：《通解》并非明代科举考试或者学校教

---

① （元）刘瑾撰《律吕成书》卷二，清刻墨海金壶本。

② 《律吕成书》卷二。

③ （康熙）《江西通志》卷七十六载："刘瑾，安福人，博通经史，隐居不仕，所著有《诗传通释》。"又据《四库全书总目》卷十六经部十六提要《诗传通释》二十卷有言："元刘瑾撰。瑾，字公瑾，安福人。其学问渊源出于朱子，故是书大旨在于发明《集传》，与辅广《诗童子问》相同。"由此可知，刘瑾深受朱子学术思想的影响。（清）谢旻修：《江西通志》卷七十六，清文渊阁四库全书本。《四库全书总目》，第126页。

④ （明）倪复撰《钟律通考》卷六，清文渊阁四库全书本。

⑤ 《仪礼经传通解》，第526~527页。

育的必修参考书，已见于前，故学者无须为了功名利禄而重视《通解》，此其一。关于明代学风空疏的背景，我们难以逐一列举，但是仅从前文所引日本学者鹤成久章对明代科举研究的结论已可见一斑了，此其二。正因上述两个原因，我们可以确认如果《通解》在明代音乐方面没有非常重要的影响，那么学者肯定不会去重点研究《通解》收录的音乐文献。

元明两代尚且对《通解》的音乐文献予以重点关注，那么号称中国传统文化集大成的清代，引用《通解》音乐文献的专著则更多，如江永《律吕阐微》、① 胡彦升《乐律表微》②。

由上所述，《通解》保存的音乐文献为宋元明清的音乐理论的发展提供了重要的音乐史资料。

在经学方面，《通解》保存了《尚书》的许多重要资料，如清儒陈寿祺辑校《尚书大传》时大量利用了《通解》中所保存的文献资料。《尚书大传》卷一下《唐传》载：

> 万物非天不生，非地不载，非春不动，非夏不长，非秋不收，非冬不藏，故书曰："烟于六宗"，此之谓也。［注］烟，祭也，字当为禋，马氏以为六宗谓日、月、星辰、泰山、河海也。经曰："肆类于上帝，禋于六宗，望秩于山川，遍于群神。"《月令》："天子祈来年于天宗。"如此则六宗，近谓天神也，以《周礼》差之，则为星辰司中、司命、风师、雨师也。③

陈寿祺小字注曰："《御览》十八《时序》部三，《仪礼经传通解》续二十六上因事之祭。"④ 又言："又《御览》五百二十八礼仪部七、《续汉

---

① 江永《律吕阐微》卷十《论乐无陵犯之说》在正文中使用朱子的音乐理论，而于小字注文则直接引用《仪礼经传通解·诗乐篇》的内容。同卷《论诗乐》更是直接讨论《仪礼经传通解·诗乐篇》的风雅十二诗谱，并引用朱子的按语，并由此展开江永本人的音乐理论。参见（清）江永《律吕阐微》卷十，清文渊阁四库全书本。
② 《乐律表微》卷三"论二变"章引用《仪礼经传通解》钟律篇贰变相生之法章的朱子按语佐证五音相生中变宫变徵生成理论。参见（清）胡彦升《乐律表微》卷三，清文渊阁四库全书本。
③ （汉）伏胜撰，（汉）郑玄注，（清）陈寿祺辑校《尚书大传》卷一下，四部丛刊影清刻左海文集本。
④ 《尚书大传》卷一下。

祭祀志》中注、《北堂书钞》引并无注。"① 因此陈寿祺使用《通解》所保存的资料和《御览》《北堂书钞》等类书方法并无二致,佐证了我们前文所言《通解》具备类书的功能。除此之外,由陈寿祺的注释亦可见《通解》的严谨治学风格远非其他类书可比。如《御览》虽有两处引用上述文献,但是两处所引文献却有注与无注,未有定式,由此导致了体例不一,而《通解》引用上述文献时全部引用正文与注释,起到保存文献的良好功能。当然,《通解》并非以简单的抄写所有文献而取胜,而是在一处完整抄写文献之后,其他地方若需引用,一般采用索引式按语来节省篇幅,详见前文第二章。

与上述例子相同情形,在陈寿祺辑《尚书大传》中十分常见。经笔者查阅,陈寿祺辑《尚书大传》有五卷本,每卷均有引自《通解》的内容,涉及《通解》朱子定稿部分或者《仪礼集传集注》《续通解》。未免孤证,兹再举一例。《尚书大传》卷五《略说》有载:

> 诸侯有德者一命以车服弓矢,再命以虎贲三百人,三命秬鬯。诸侯三命者,皆受天子之乐以祀其宗庙。②

陈寿祺曰:"《仪礼经传通解续·宗庙·乐舞》,又《路史·后纪》十一《陶唐纪》引至'以祀其宗庙'止,作《略说》"又下按语曰:"案曰:此与《虞夏传》所言不同。"前一按语是说明上述资料的文献出处及此资料曾被多种典籍引用过的情况,后者则旨在说明此文献之独特性。但不管两者按语的功能有何差异,都提示我们注意正文所引文献的重要价值,而其所采用的文献来源是《续通解》的《宗庙·乐舞》篇。清儒王闿运《尚书大传补注》亦引《尚书》文献,并注曰:

> 原本无,陈本从《仪礼经传通解续》引增。③

---

① 《尚书大传》卷一下。
② 《尚书大传》卷五。
③ (清)王闿运撰《尚书大传补注》卷六,清光绪刻民国汇印王湘绮先生全集本。

王闿运对陈寿祺辑《尚书大传》的文献出处作了详细说明，也证实我们原先的判断是正确的。此外，他在陈寿祺《略说》的基础上分为上下两部分，其划分标准甚为明确。王闿运曰：

> 诸书引某传而文不相附，或明引《略说》。而是说经句者悉次为上卷，以泛说不应经文者为下。①

王闿运把上述陈寿祺引自《续通解》的《宗庙·乐舞》章的文献放置于《略说上》，则《续通解》的《宗庙·乐舞》文献属于"是说经句者"的情形，当属《尚书大传》现存版本所无的珍贵文献资料，其文献价值远高于泛说内容。

因此，《通解》在保存《尚书》学的资料方面有着十分重要的作用，而非可有可无的典籍。

至于《通解》中引用大量《春秋》三传、《论语》、《孟子》、《荀子》及史书等文献成为后世辑佚的重要文献来源则更多，限于篇幅，不再赘言。

另一方面，《通解》成为古代文献校勘的重要参考材料。

与辑佚相伴随的文献整理工作就是校勘，因宋元明三代学术注重发展理论，尚未高度重视文献的校勘整理工作，故校勘成为清代儒学对中国文献资料整理工作最为重要的贡献之一。与宋明其他学者空疏学风不同，《通解》各代编撰者，尤其是朱子使用大量按语用于文献的校勘工作，使《通解》成为文献校勘工作的杰出成果，详见第三章。正是《通解》的编撰者具有严谨的治学精神使《通解》不仅具备类书的特征，而且高于普通类书的功能，成为清儒校勘文献的最重要参考书之一。

由于清代考证学作品汗牛充栋，难以逐一列举，我们以四库全书馆为例以说明《通解》在文献校勘中的作用。

四库馆臣以清代汉学为主要流派，对宋元明学术持较为严厉的批评态度，但是在各经校勘中大量使用《通解》保存的文献，高度肯定了《通解》在校勘中的作用。文渊阁四库全书本《大戴礼记注》题名汉戴德撰，

---

① 《尚书大传补注》卷六。

南北朝卢辩注，四库馆臣大量使用《通解》的材料用于校勘工作。以《夏小正》为例，四库馆臣便有两处引《通解》文献用于考证：

第一例：

> 初岁祭耒，始用畅也。案此下旧注畅，一作畼，及校书者所加，非卢氏注文，畼、鬯、畅古通用。其曰初岁云者，畅也者，终岁之用祭也，言是月之始用之也。初者，始也。案此条惟初岁祭耒四字是古经。经不仅曰祭耒，而必曰初岁。祭耒以祭必用畅而用之。自是始，故加初岁二字以表此祭为终岁用畅之始，始用畅也。正解经文言"初岁"二字，所兼含之意，下复申之曰其，曰初岁云者，以畅是终岁之祭所皆用，初岁对终岁而言，各本或讹作其用初云尔。《仪礼经传通解》作"其曰初云尔也"者，又移此句于"畅也者终岁之用祭也"下，文理隔碍不可通，其列《夏小正》经文增"始用畅"三字为经，愈生纷纠矣，方本作"其曰初岁云者"与下文一气通贯。

第二例：

> 莎，随也。缇也者，其实也。案《仪礼经传通解》讹作缇也者，莎，随也，缟也者，其实也。……小正以著名也。案《仪礼经传通解》移上十字于篇题下，非也。此言小正立言之体以缇著而先见，故不曰缟缇而名其物候曰缇缟耳。[①]

虽然四库馆臣否定了《通解》对文献的处理方法，但是在全面否定宋代学者学术成就的乾嘉汉学高峰之时，四库馆臣仍仔细考证《通解》的内容，作出符合清代学者文献思想的结论，由此可证《通解》在清代学者中的重要影响力，也可证明《通解》在保存《大戴礼记》文献资料中的重要学术价值。

四库馆臣代表官方学术机构的观点，尚且如此重视《通解》在校勘文献中的作用，其他学者对《通解》在校勘中的作用更是推崇备至。在礼学

---

① （汉）戴德撰，（南北朝）卢辩注《大戴礼记注》卷二，清文渊阁四库全书本。

作品的校勘方面，正如孙致文所概括"金曰追《仪礼注疏正》、卢文弨《仪礼注疏详校》、阮元《仪礼注疏校勘记》、胡承珙《仪礼古今文疏义》等书，都以《通解》为校勘时重要的依据"。① 事实上，《通解》在校勘方面的作用远不只是在礼学典籍的校勘，而是旁及诸多的经学典籍，如《春秋》三传均需要以《通解》中所引资料作为校勘的依据。

在《公羊传》方面，清儒陈立《公羊义疏》卷七对"前此矣。前此则曷为始乎？此僭诸公，犹可言也，僭天子不可言也"之传时有校勘记云：

> 校勘记云：议，闽本、监本、毛本同，误也。鄂本议作讥，浦云："《仪礼经传通解》引作讥"，当据正。②

上文"校勘记"是指陈立在《公羊义疏一》中所作说明"阮氏元公羊校勘记"，③ 即阮元《十三经注疏校勘记》。上引文献是陈立借助阮元《校勘记》来确定文本的依据。细考上引文献可知，《通解》所引的文献正是阮元校勘记比较各本文献差异的基础上作出判断的重要文献依据。由上述情形可以确定两方面情形：一是阮元高度信赖《通解》在校勘《公羊传》中的价值，二是陈立直接使用阮元的校勘成果，说明陈立高度信赖阮元的校勘成果，亦可由此推定陈立赞同阮元使用《通解》的文献资料。

上述情况在陈立《公羊义疏》中非常常见，如多条使用到《通解》所收《公羊传》的文献，如《公羊义疏七》《公羊义疏十四》《公羊义疏三十八》《公羊义疏四十一》等。上述引用《通解》的文献，为清代《公羊传》的校勘工作提供了巨大的帮助，也为清末春秋公羊学的复兴提供了文献基础。

在《谷梁传》方面，《通解》的许多文献也成为《谷梁传》文献校勘的重要佐证。《谷梁大义述》有两条使用到《通解》所引文献用于考证。

第一条：《谷梁大义述十四·述师说》中范宁集解杨士勋疏条"贝玉曰含"词条校勘记曰：

---

① 《朱熹〈仪礼经传通解〉研究》，第220页。
② （清）陈立撰《公羊义疏》卷七，清皇清经解续编本。
③ 《公羊义疏》卷一。

闽、监、毛本同，疏同，《仪礼经传通解》引亦作贝，石经同，补字贝作珠非。《释文》含又作唅。按依《说文》当作玲。①

第二条：同上书"宣公（三年）而不急于军事也"条校勘记曰：

闽本同，是也。《仪礼经传通解》引亦作军。监、毛本，军作使。②

《通解》引用《谷梁传》的资料数量极少，详见第二章，不再详述。但是仍旧具有重要价值，因为《通解》所引用文献资料被置于与闽本、监本、毛本、石经等谷梁传的权威版本相同的校勘地位，可见清代学者非常看重《通解》收录的文献质量。

在《左传》方面，因被《通解》所引的资料在春秋三传中数量最多，且被朱子最为信赖，故《通解》在《左传》文献校勘方面具有更重要的学术价值。我们以清儒沈廷芳《十三经注疏正字》为例以见大概。单以《十三经注疏正字》卷六十《春秋左氏传桓公》为统计范围，其引用《通解》的校勘之处如下：

比，误。凡，从《经传通解》校。③
"盖以"二字误，且从《经传通解》校。④
直，误。有，从《经传通解》校。⑤
於，误。敬，从《经传通解》校。⑥

上述四条文献分别出自桓公二年、桓公三年、桓公五年、桓公六年，沈廷芳仅以《通解》转引内容为校勘依据，显然与戴震等汉学家的校勘水平相距甚远，难免有粗疏之嫌。通观沈廷芳《十三经注疏正字》的《左传》部

---

① （清）柳兴恩撰《谷梁大义述》十四，清皇清经解续编本。
② 《谷梁大义述》十四。
③ （清）沈廷芳撰《十三经注疏正字》卷六十，清文渊阁四库全书本。
④ 《十三经注疏正字》卷六十。
⑤ 《十三经注疏正字》卷六十。
⑥ 《十三经注疏正字》卷六十。

分涉及的校勘版本就有毛本、监本、顾炎武《左传杜解补正》，虽然缺少清人校勘所常用的石经、闽本两种文献，考证过程缺少文献对勘工作，但是沈廷芳的校勘结果，显然不是出于单纯尊朱的门户之见而产生的结果，此可获证于其生存时代及学术主张。《清史稿》沈廷芳本传载：

> 廷芳少从方苞游，为文无纤佻之习。诗学本查慎行，著《隐拙斋集》及《十三经注疏正字》、《续经义考》等书。①

由此可见，沈廷芳与方苞有交游，而方苞是桐城派古文三祖之一，专重宋学，其《续经义考》受朱彝尊《经义考》影响，与汉学派在考证方面的水平有较大的差距。但是沈廷芳的学术观点又非以宋学派就能简单概括，正如前文统计《十三经注疏正字》所涉文献有两处正是引自顾炎武《左传杜解补正》，② 而顾炎武又是清代考证学的开山大师，因此，沈廷芳因年辈较早，学术兴趣较广，未达到清代汉学大师戴震等人考证水平，仍是从顾炎武的学术传统演进而来。清代乾隆末年定稿的官修《清文献通考》对《十三经注疏正字》的提要则佐证了我们上述判断，其言曰：

> 臣等谨按：是书以监本重修。监本、陆氏闽本、毛氏汲古阁本校正《十三经注疏》，略仿《韩文考异》之例，以本句标题，而所订异同得失，条系于下，于形声六体考据尤详，洵有裨于注疏之学不少。③

清儒汉学家从《十三经注疏正字》的版本及体例入手进行提要，最为称赏沈廷芳校勘过程中"形声六体考据尤详"，与我们上文所言沈廷芳学术传统，若合符节。

---

① 《清史稿》，第 13371~13372 页。
② 《春秋经传集解隐第一》隐公五年"曲沃节。注邢国在广平襄国县"条有按语曰："顾炎武云此解宜在上年，卫人逆公子晋于邢之上"，另一条则是"庄僖伯卒节"有按语曰："顾氏炎武云：'僖伯，孝公之子，惠公之弟，故曰叔父。'……"此两条资料均出自顾炎武《左传杜解补正》卷一，隐公五年顾炎武对"曲沃庄伯以郑人、邢人伐翼"条与"叔父有憾于寡人"两处文献的按语。参见《十三经注疏正字》卷五十九；（清）顾炎武《左传杜解补正》卷一，清皇清经解本。
③ 《清文献通考》卷二百十六经籍考。

因此，《通解》引用的《左传》文献已被清代早期汉学家所吸收，逐步发展，成为戴震等乾嘉汉学家所吸收利用的重要文献资料。

至于其他各种文献种类繁多，如《十三注疏正字》利用《通解》中所引资料校勘《周易》《诗经》《孝经》《尔雅》，[①] 难以一一罗列，不再赘引。

二 音乐理论新经典：《通解》乐经整理的影响力

在中国文化中，礼乐本属一体。《通解》在礼学方面的影响，详见前文，而音乐方面的影响除了本节前文所言的保存音乐文献之外，更重要的是《通解》对后世音乐理论也有重要影响。

乐经早已失传，而整理音乐文献早在《通解》还处于编撰计划之时已被朱子列为重点解决的问题。《乞修三礼劄子》曰：

> 若乃乐之为教，则又绝无师授，律尺短长，声音清浊，学士大夫莫有知其说者，而不知其为阙也。[②]

为了解决乐教遗失的问题，朱子大量吸收了其前代和同时代的古典音乐作品，详见前文。更为重要的是《通解》的音乐理论已经成为中国传统音乐史难以绕过的一环，具备音乐新经典的地位。兹考察如下。

关于中国音乐十二律吕之间的关系，《通解》对后世产生了极其重要的影响。康熙帝御制《律吕正义》有言：

> 至蕤宾之生大吕。《汉志》主下生，《通典》主上生，朱子《仪礼经传通解》亦取上生，盖蕤宾下生则三分损一，仅得大吕之半，必倍之，始得其全。上生则三分益一，适得大吕之全。……以声音度数言之，而宜用上生者也。[③]

---

① 此处的《十三经注疏正字》所引《通解》包括了《通解》朱子编撰部分，亦包括黄榦《续通解》，如《十三经注疏正字》卷八十校《尔雅·释器第六》曰"口，误。龟从《续通解》校"等。参见《十三经注疏正字》卷八十。

② 《晦庵先生朱文公文集》，第 687 页。

③ 《清文献通考》卷一百五十八乐考。

此为《律吕正义·黄钟转生律吕篇》的内容，也被《清文献通考》全文引用。康熙论述了黄钟律吕之间的转生关系，采纳了《通解》蕤宾上生大吕的观点。由此可见，《通解》在清初不仅礼学方面受到统治者的重视，音乐方面也被统治者所吸纳，而康熙的上述观点通过御制的形式获得了政治权力的广泛推广，使《通解》的音乐理论获得了新经典的学术影响力。

与之相似，《通解》在五音方面的观点也被历代学者直接采纳。清胡彦升《乐律表微》曰：

> 五声本由律数损益相生，至角而穷，故不曰角生变宫，而曰角生姑洗角之律，即姑洗也。用姑洗为角是即因角而生姑洗也。……①

胡氏论证过程极为严密，在上引文献之后引用了朱子在《通解》中的观点作为注解，其言曰：

> 朱子《仪礼经传通解》曰："五音相生。至于角位，则其数六十有四，隔八下生，当得宫前一位以为变宫。然其数三分损益，每分各得二十有一，尚余一分，不可损益，故五声之正，至此而穷。若欲生之，则须更以所余一分，析而为九。损其三分之一分，乃得四十二分，余九分分之六，而后得成变宫之数。又自变宫隔八上生当得徵。前一位其数五十有六，余九分分之八，以为变徵，正合相生之法。至此又当下生，则又余二分，不可损益而其数又穷，故立均之法，至于是而终焉。然而二变但为和缪，已不得为正声矣。"今按：《史记》言五声相生不及二变，朱子又自角数分三分，损一下生变宫，又自变宫余分三分，益一上生变徵，然后黄钟一均之七声备焉，然声数已穷于角而旋宫又不止于蕤宾，不可不知也。②

此处所引《通解》文献仅把《通解》钟律篇的"此篇凡数皆准令式借用大字"的体例改为全部用普通字体而已，内容完全一致。五声相生及二变

---

① （清）胡彦升撰《乐律表微》卷三，清文渊阁四库全书本。
② 《乐律表微》卷三。

之理，为中国传统音乐的重要理论基础，被历代研究音乐的学者所重视，也是历代涉足乐律的学者必须参考的基础资料。

在朱子之后，元代学者已经开始注意朱子对乐律的研究成果。如马端临《文献通考》卷一百三十二《乐考五·律吕制度》题曰："朱晦庵《仪礼经传通解钟律篇》。"全文载录了《通解》的《钟律篇》，甚至连文献分章及注语也无二致。此后，灵活引用朱子上述观点的学者当始于明代学者倪复《钟律通考》，他在《二变相生之法章第十》中先引朱子上述观点，述及蔡元定的音乐理论，外加倪复本人的辨析内容，[①] 不断扩大《通解》所保存的音乐理论的学术影响力。

由上述可知，《通解》的律吕生成变化理论已为历代学者所接受，成为了音乐理论的里程碑，也成为音乐理论的经典观点。清儒凌廷堪《燕乐考原》卷三《商声七调》有言：

> 又按，七商一均，南宋燕乐亦用黄钟、大吕、夹钟、仲吕、林钟、夷则、无射七律，与七宫同。朱文公《仪礼经传通解》、姜白石《集》、王晦叔《碧鸡漫志》、周公谨《齐东野语》皆然。学者不可以其与东都所用之律不同，而疑之。详见下。[②]

所谓"东都所用之律"是指班固《汉书》所载《礼乐志》，即前文所引康熙御制《律吕正义》所言"《汉志》主下生"的观点。至于"详见下"指同书同卷《越调》章引用了唐段安节《琵琶录》即《乐府杂录》、元脱脱《宋史律历志》、沈括《梦溪笔谈·补笔谈》、王灼《碧鸡漫志》、朱子《仪礼经传通解》、姜夔《姜白石集》、张炎《词源》有关越调的观点之后，有按语曰：

> 又案：南宋燕乐七商一均，亦如七宫，用黄钟、大吕、夹钟、仲吕、林钟、夷则、无射七律之名，越调居第七，当无射之位，故朱子《仪礼经传通解》云："无射清商俗呼越调。"姜白石《集》《越九歌》

---

① 参见（明）倪复撰《钟律通考》卷二，清文渊阁四库全书本。
② （清）凌廷堪撰《商声七调》//《燕乐考原》卷三，清嘉庆十六年张其锦刻本。

越调亦自注云"无射商也"。①

《通解》的音乐理论成为后世学者研究音乐史必不可少的资料，与其他重要的音乐文献置于同一位置。由此可见，《通解》在音乐史上确实具有极为重要的影响，已然具有了音乐理论新经典的地位。

三 清代校勘学的津梁：《通解》研究方法的影响

本书第四章已重点考察了《通解》的校勘内容，但局限于专题研究，无暇顾及《通解》在校勘方面的影响力，故本部分重点考察其学术影响力。

朱子学由心性之学与汉学两部分构成，这是清代学者在严厉批评宋学之后再次研究朱子学所获得的公正结论。邹汉勋《学艺斋文存》载：

> 府君于考据典物力尊汉学而谈心性，则必以朱子为圭臬。《四书章句集注》《或问》、《语类》或先后不合辄下笺记，其所笺记丹铅灿粲然，录之可盈数卷。尝语不孝兄弟曰："朱子心性之学具于《集传集注》诸书，而考典礼则在《仪礼经传通解》。言心性不言典礼，非朱子之学也。"近儒辄摭集传集注中一二语以訾毁朱子，不知其所訾毁，故已自更之矣。②

邹汉勋生于 1805 年即清仁宗嘉庆十年，其父邹文苏（1769～1831）主要学术活动在乾嘉时期，当时学术界以乾嘉汉学为主流，而且邹文苏也是汉学家。《（光绪）湖南通志》有载：

> 邹文苏，字景山，七岁丧父，哀毁若成人。十二应童子试，大为学使钱澧所器，棣郡学，旋食饩。嘉庆辛未以资充岁贡，乃绝意进取。以郑贾学教授生徒，自辟精舍为古经堂，与其弟子肄《士礼》十七篇，其中讲明小学，考证典礼、古弁、深衣……俾略知古制，而于

---

① 《商声七调》∥《燕乐考原》卷三。
② （清）邹汉勋撰《学艺斋文存》卷六，清光绪八年邹叔子遗书本。

　　心性之学则确守宋儒。①

　　邹文苏正是成长于嘉庆年间的汉学家，而其学术思想也与主流汉学家无异，如"以郑贾学教授生徒"，注重考礼、习礼等，但是与普通的汉学家或者宋学家有异的是他的心性之学是"确守宋儒"，即兼通汉学与宋学，使得邹文苏能够洞见朱子学术的两大领域，以汉学家的眼光看待《通解》，视之为考礼的作品。可见以清儒汉学家的眼光来看，《通解》仍属上乘的考礼作品。邹文苏把《通解》作为考礼的作品，绝非夸大《通解》考礼的性质，已详见于上文第三章。

　　前文第三、四章已经详细分析了《通解》的文献校勘成果，着力于考辨复原文献原貌，因属于考证学早期阶段，难免存有各种问题，但是朱子学派治学的严谨性仍被广泛推崇，乃至清代汉学大师戴震在考证中亦不得不引用《通解》的文献。《再与卢侍讲书》有考证"大致以气教正主言篇"有言：

　　　　董，菜也。朱子《仪礼经传通解》载此文菜作采，与上大舍采也，字正一例，推之不必取之，各本无句末之字，取必推而不言取，取必当作，故言字形讹舛。②

　　戴震的学术思想有如余英时《戴震与章学诚》所言"最终目的是要用他自得之义理来取代程、朱理学在儒学中的正统地位"③，且戴震对朱子处理文献的方法亦持异议，如"朱子移置篇题之下，以是为解小正二字，究无所发明，古人必不用此赘文以解篇题"④，于此可见，戴震既有引用朱子

---

①　（清）卞宝第、李瀚章等修；曾国荃、郭嵩焘等纂《（光绪）湖南通志》卷一百八十九《人物志》三十，续修四库全书影印清光绪十一年刻本，第 666 册，第 144 页。

②　（清）戴震撰《戴东原集》卷三，四部丛刊影印经韵楼本。

③　《论戴震与章学诚：清代中期学术思想史研究》，第 123 页。

④　此处所言是指朱子《仪礼经传通解》引用《夏小正》一文，此理由主要有二：戴震此文为《与卢侍讲召弓书庚辰》，而其辛巳所写的文献名为《再与卢侍讲书辛巳》中有引及朱子《仪礼经传通解》，且其所言亦是《夏小正》的文献问题，可见两篇是前后相连的姊妹篇，此其一。朱子《仪礼经传通解》的《王朝礼三之上》有全文引用了《夏小正》一文，且正如戴震所言，朱子引用了"何以谓之小正？以小著名也。"两者若合符节。此其二。参见《戴东原集》卷三；《仪礼经传通解》，第 905 页。

之文以论证其观点，亦有否定其观点，不管何种情况，均是以文献为依据实事求是考证的结果。因此，戴震引用《通解》内容，显然是认可其文献的真实性，也可见《通解》实是清儒推崇的重要作品，亦可证实前引邹文苏的观点实属乾嘉汉学的主流观点，只因"清儒故意持异"① 的门户之见而讳言其真实想法而已。

《通解》一系列的具体观点被后出转精的清儒一一否定，但这正好显示了《通解》具有两方面的影响力：一是《通解》在清儒当中具有极为重要的学术影响力，因为校勘的基本原则之一是选定讹误较少的底本及校本，而非任何典籍均有校勘价值。② 二是《通解》的校勘成绩获得了清儒的认可，因为清儒在批评宋儒学术空疏之时一般以概论的形式出现，不屑于引述宋儒的学术作品，而从第四章可知，《通解》的按语考订文本的工作早已胜过宋代的众多学者，如朱子考订《保傅篇》的文本及校勘过程已呈现出了朱子过人的文献意识，追求文本的真实性，甚至为黄榦、杨复所不及。正是朱子过人的文献意识，对文本本真状态的执着追求，使《通解》有幸成为清儒穷追猛打的学术作品之一，由此深刻影响了清儒的文献校勘思想。

综上所述，《通解》虽属宋儒作品，但是使用大量的版本校勘考证资料，确定文本，具有开学术风气之先的巨大贡献。

---

① 钱穆《朱子学提纲》从五方面比较了朱子与清儒经学研究之间的差异，其第三点是"朱子说经，虽载理学立场上素所反对如苏东坡，尤甚者如张横浦，苟有一言可取，亦加采纳。清儒于其自立限断之外，全不阑入"。其所举例子更是典型说明了清儒讳言宋儒经学成果。"尤其如朱子，校《仪礼》少牢馈食礼日用丁巳乃戊己之己之讹，清儒不得不承用，然亦委曲闪避，以引述朱子语为戒。其弟子蔡沈所为《书集传》，清儒亦有沿用，而亦没其名不提。"可见清儒是暗用宋儒的科研成果，却以引述宋儒之语为戒，当时学风之狭隘、汉宋门户之严亦可见一斑。参见《朱子学提纲》，第181~183页。

② 杜泽逊《文献学概要》说："一般说来，底本，应是传本中讹误较少的本子。校本，则是较早的祖本。"则要有较高价值的文献版本才具有成为校勘过程中的底本和校本。杜泽逊：《文献学概要》，第184页。

主要参考文献

（一）基本文献

（宋）朱熹等撰《仪礼经传通解》，上海：上海古籍出版社；合肥：安徽教育出版社，2002。

（宋）杨复撰《杨复再修仪礼经传通解续卷祭礼》，台北：中研院文哲所，2011。

（宋）黎靖德：《朱子语类》，上海：上海古籍出版社；合肥：安徽教育出版社，2002。

（宋）朱熹撰《四书章句集注》，北京：中华书局，1983。

（宋）朱熹撰《晦庵先生朱文公文集》，上海：上海古籍出版社；合肥：安徽教育出版社，2002。

（宋）朱熹撰《家礼》，宋刻本。

（宋）黄榦撰《勉斋先生黄文肃公集》，元刻延祐二年重修本。

（宋）杨复撰《仪礼图》，清文渊阁四库全书本。

（二）古籍

（清）沈廷芳撰《十三经注疏正字》，清文渊阁四库全书本。

（汉）孔安国传，（唐）孔颖达疏《尚书正义》，中华书局影印阮元校刻《十三经注疏》本，1980。

（汉）伏胜撰，（汉）郑玄注，（清）陈寿祺辑校《尚书大传》，四部丛刊影清刻左海文集本。

（清）王闿运撰《尚书大传补注》，清光绪刻民国汇印王湘绮先生全集本。

（汉）郑玄注，（唐）贾公彦疏《周礼注疏》，上海：上海古籍出版社，2010。

（汉）郑玄注，（唐）贾公彦《仪礼注疏》，上海：上海古籍出版社，2008。

（汉）郑玄注，（唐）贾公彦疏《仪礼疏》，中华书局影印阮元校刻《十三经注疏》本，1980。

（元）敖继公撰《仪礼集说》，清通志堂经解本。

（清）胡培翚撰《仪礼正义》，清木犀香馆刻本。

（清）张惠言：《仪礼图》，清嘉庆木刻本。

（清）孙诒让：《周礼正义》，1931年湖北篴湖精舍递刻本。

（汉）郑玄注，（唐）孔颖达正义《礼记正义》，上海：上海古籍出版社，2008。

（汉）戴德撰，（南北朝）卢辩注《大戴礼记注》，清文渊阁四库全书本。

（元）刘瑾撰《律吕成书》，清刻墨海金壶本。

（明）倪复撰《钟律通考》，清文渊阁四库全书本。

（清）江永：《律吕阐微》，清文渊阁四库全书本。

（清）胡彦升撰《乐律表微》，清文渊阁四库全书本。

（晋）杜预注，（唐）孔颖达疏《春秋左传正义》，中华书局影印阮元校刻《十三经注疏》本，1980。

（晋）杜预：《春秋释例附校勘记》，丛书集成初编本，上海：商务印书馆，1936。

（清）顾炎武撰《左传杜解补正》，清皇清经解本。

（清）刘文淇撰《春秋左氏传旧注疏证》，北京：科学出版社，1959。

（清）柳兴恩撰《谷梁大义述》，清皇清经解续编本。

（清）陈立撰《公羊义疏》，清皇清经解续编本。

（战国）孟轲，（汉）赵岐《孟子》，四部丛刊影宋大字本。

（三国）何晏集解《论语》，四部丛刊影日本正平本。

（晋）郭璞注，（宋）邢昺疏《尔雅疏》，中华书局影印阮元校刻《十三经注疏》本，1980。

（西汉）司马迁撰《史记》，北京：中华书局，1982。

（汉）班固著，（唐）颜师古注《汉书》，北京：中华书局，1962。

（宋）欧阳修撰《新唐书》，北京：中华书局，1975。

（后晋）刘昫等撰《旧唐书》，北京：中华书局，1975。

（元）脱脱等撰《宋史》，北京：中华书局，1977。

（清）倪灿：《宋史艺文志补》，清光绪广雅书局丛书本。

（宋）王应麟撰《汉艺文志考证》，清文渊阁四库全书本。

（明）宋濂等撰《元史》，北京：中华书局，1976。

（清）邵远平撰《元史类编》，文海出版社影印扫叶山房刊本，1988。

（清）魏源撰《元史新编》，清光绪三十一年（1905）邵阳魏氏慎微堂刻本。

（清）钱大昕撰《元史艺文志》，清潜研堂全书本。

（民国）柯劭忞撰《新元史》，1919年天津退耕堂刻本。

（清）张廷玉等撰《明史》，北京：中华书局，1974。

（清）赵尔巽等撰《清史稿》，北京：中华书局，1977。

（清）嵇曾筠撰《（雍正）浙江通志》，清文渊阁四库全书本。

（清）卞宝第，李翰章等修；曾国荃，郭嵩焘等纂《（光绪）湖南通志》，续修四库全书影印清光绪十一年（1885）刻本，上海：上海古籍出版社，2002。

（清）黄宗羲原著，（清）全祖望补修《宋元学案》，北京：中华书局，1986。

（清）王梓材、冯云濠撰《宋元学案补遗》，北京：人民出版社，2012。

（清）江藩撰《国朝汉学师承记》，清嘉庆十七年（1812）刻本。

（清）阮元撰《儒林传稿》，清嘉庆刻本。

（清）唐鉴：《学案小识》，清道光二十六年（1846）四砭斋刻本。

（宋）晁公武：《郡斋读书志》，四部丛刊三编影宋淳佑本。

（元）马端临撰《文献通考》，清浙江书局本。

（清）官修《清文献通考》，清文渊阁四库全书本。

（清）永瑢等撰《四库全书总目》，北京：中华书局，1965。

（清）瞿镛撰《铁琴铜剑楼藏书目录》，清光绪常熟瞿氏家塾刻本。

（战国）荀况撰，（唐）杨倞注《荀子》，清抱经堂丛书本。

（汉）董仲舒撰《春秋繁露》，清武英殿聚珍版丛书本。

（清）苏舆：《春秋繁露义证》，清宣统刊本。

（汉）许慎撰，（清）段玉裁注《说文解字注》，上海：上海古籍出版社，1988。

（清）陈立撰《白虎通疏证》，北京：中华书局，1994。

（宋）程颢，程颐撰《二程遗书》，清文渊阁四库全书本。

（宋）陈淳撰，熊国祯等点校《北溪字义》，北京：中华书局，1983。

（宋）陈淳撰《北溪大全集》，清文渊阁四库全书本。

（宋）叶采撰《近思录集解》，元刻明修本。

（元）程端礼撰《程氏家塾读书分年日程附纲领》，上海：商务印书馆，1936。

（清）顾炎武撰《日知录》，清乾隆刻本。

（清）朱彝尊撰《经义考》，清文渊阁四库全书本。

（清）王懋竑撰，何忠礼点校《朱熹年谱》，北京：中华书局，1998。

（清）章学诚撰《校雠通义》，民国刻章氏遗书本。

（清）凌廷堪撰《礼经释例》，续修四库全书影印扬州文选楼阮氏藏板本，上海：上海古籍出版社，2002。

（清）凌廷堪撰《燕乐考原》，清嘉庆十六年（1811）张其锦刻本。

（清）凌廷堪撰《校礼堂文集》，续修四库全书影印清嘉庆十八年（1813）张其锦刻本，上海：上海古籍出版社，2002。

（清）陈澧：《东塾读书记》，四部备要本。

（清）皮锡瑞撰《经学通论》，北京：中华书局，1954。

（宋）朱熹考异，曾抗美点校《韩昌黎先生集考异》，上海：上海古籍出版社；合肥：安徽教育出版社，2002。

（宋）欧阳修撰《欧阳文忠公集》，四部丛刊影元本。

（宋）沈括撰《梦溪笔谈》，四部丛刊续编景明本。

（宋）吴曾：《能改斋漫录》，清文渊阁四库全书本。

（宋）陆九渊撰《象山集》，四部丛刊景明嘉靖本。

（宋）曹彦约：《昌谷集》，清文渊阁四库全书本。

（宋）陈宓撰《龙图陈公文集》，清钞本。

（元）熊朋来撰《五经说》，清通志堂经解本。

（元）陈栎：《定宇集》，清文渊阁四库全书补配清文津阁四库全书本。

（元）黄溍撰《金华黄先生文集》，元钞本。

（元）吴师道撰《礼部集》，清文渊阁四库全书本。

（清）顾炎武撰《亭林诗文集》，四部丛刊影康熙本。

（清）陆陇其撰《三鱼堂集》，清康熙刻本。

（清）戴震撰《戴东原集》，四部丛刊影经韵楼本。

（清）刘文淇撰《清溪旧屋文集》，清光绪九年（1883）刻本。

（清）阮元撰《研经室集》，四部丛刊景清道光本。

（清）邹汉勋撰《学艺斋文存》，清光绪八年（1882）邹叔子遗书本。

（三）现当代学者作品

白寿彝主编《中国通史纲要》，上海：上海人民出版社，1980。

张舜徽：《中国文献学》，中州书画社，1982。

钱穆：《近代三百年学术史》，北京：中华书局，1986。

钱穆：《朱子学提纲》，北京：生活·读书·新知三联书店，2005。

钱穆：《国史纲要》（上），北京：九州出版社，2011。

蒙培元：《理学的演变：从朱熹到王夫之戴震》，台北：文津出版社，1990。

辞海编辑委员会：《辞海》，上海：上海辞书出版社，1990。

邱树森、陈振江主编《新编中国通史》（第一册），福州：福建人民出版社，1993。

郑鹤声、郑鹤春撰《中国文献学概要》，上海：上海古籍出版社，2001。

杜泽逊：《文献学概要》，北京：中华书局，2001。

苏宝荣：《〈说文解字〉今注》，西安：陕西人民出版社，2000。

林庆彰、陈恒嵩主编，何淑苹等编辑《经学研究论著目录·1993～1997》，台北市：汉学研究中心，2002。

夏征农主编《辞海·语词分册：音序本》，上海：上海辞书出版社，2003。

张舜徽：《广校雠略》，武汉：华中师范大学出版社，2004。

张加才：《诠释与建构——陈淳与朱子学》，北京：人民出版社，2004。

余英时：《论戴震与章学诚：清代中期学术思想史研究》，北京：生活·读书·新知三联书店，2005。

金春峰：《汉代思想史》，北京：中国社会科学出版社，2006。

高令印、高秀华：《朱子学通论》，厦门：厦门大学出版社，2007。

陈来：《朱子书信编年考证：增订本》，北京：生活·读书·新知三联书店，2007。

陈荣捷：《朱子门人》，上海：华东师范大学出版社，2007。

黄侃校点《黄侃手批白文十三经》影印本，上海：上海古籍出版社，2008。

翦伯赞：《中国史纲》（第二卷），北京：商务印书馆，2010。

梁启超著，夏晓虹、陆胤校《中国近三百年学术史》，北京：商务印书馆，2011。

（四）论文及其他

白寿彝：《〈仪礼经传通解〉考证》，《国立北平研究院院务汇报》第七卷第四期，1936 年 7 月。

戴君仁：《朱子〈仪礼经传通解〉与修门人及修书年岁考》，《文史哲学报》1966 年第 16 期。戴君仁：《书朱子〈仪礼经传通解〉后》∥戴君仁：《梅园论学集》，台北：台湾开明书店，1970。

〔日本〕上山春平：《朱子的礼学——〈仪礼经传通解〉研究序说》，《人文学报》1976 年第 41 期。

邓艾民：《朱熹与朱子语类》∥（宋）黎靖德编《朱子语类》，北京：中华书局，1994。

陈荣捷：《朱门之特色及其意义》∥陈荣捷：《朱子门人》，上海：华东师范大学出版社，2007。

孙致文：《朱熹〈仪礼经传通解〉研究》，国立"中央"大学博士学位论文，桃园：国立"中央"大学中国文学研究所，2004。

王贻梁：《〈仪礼经传通解〉与朱熹的礼学思想体系》∥朱杰人主编《迈入 21 世纪的朱子学：纪念朱熹诞辰 870 周年、逝世 800 周年论文集》，上海：华东师范大学出版社，2001。

殷慧：《朱熹礼学思想研究》湖南大学博士学位论文，长沙：湖南大学，2009。

钱莹科：《〈仪礼经传通解·丧礼〉整理方法研究》，华东师范大学硕士学位论文，上海：华东师范大学，2010。

李惠茹：《陈淳研究》，东吴大学中国文学系硕士论文，台北：东吴大学，2006。

朱广龙：《黄榦道统思想研究》，浙江大学硕士学位论文，杭州：浙江大学，2010。

谭柏华：《黄榦思想研究》，湘潭大学硕士学位论文，湘潭：湘潭大

学，2003

戴莹：《〈宋史·陈淳传〉考辨》，《北京大学学报》（哲学社会科学版）2000 年第 3 期。

鹤成久章：《明代科举制度与朱子学——论体制化教学所带来的学习模式的变化》∥陈来主编《哲学与时代：朱子学国际学术研讨会论文集》，上海：华东师范大学出版社，2012。

后　记

　　本书是在我的博士学位论文的基础上修订完成，当属十多年求学与工作的结晶，故回想大学求学至今，感慨良多，益觉良师益友与家人方是本书撰写与修订工作的关键。常言道：人生不如意十有八九。但回顾从大学本科学习至今，我还是幸运儿，主要有三幸：

　　从2002年至今的求学过程中，得到诸多前辈学者的指导与教授。其中本科阶段得到了莆田学院王连弟教授的指导；硕士阶段获得了福建师范大学郭丹教授的指引；博士阶段得到了南京大学许结教授教导；博士后阶段得到了福建师范大学陈庆元教授点化，使我能够克服各类困难，从事朱子学、经学与文学、福建地方文献的研究，此其一。

　　从2009年至今，先后在漳州职业技术学院和武夷学院朱子学研究中心工作，在此期间，获得了漳州诸多友朋、漳州职业技术学院与武夷学院诸多领导与同事的帮助，尤其是在工作调动过程中，各位友朋、诸多领导与同事都给予我诸多帮助，使得本书能够顺利撰写并修订完成，此其二。

　　从大学外出求学至今，我的父母一直支持我的学业及工作，使得我能够克服各类困难，勇往直前。我的妻子也认真照料生活，尤其是2017年诞下麟儿，使我的心态更为成熟，有助于本书的修订工作事半功倍。正是家人的支持，使本书能够顺利完成撰写与修订工作。此其三。

　　此外，本书的出版得到了福建省社会科学界联合会青年博士文库的支持，正是福建省社会科学界联合会各位工作人员及本书责编社科文献出版社孙燕生先生的辛苦工作，才能使本书顺利付梓，在此一并表示感谢。

王志阳

2018年1月于武夷学院南苑

图书在版编目（CIP）数据

《仪礼经传通解》研究 / 王志阳著. -- 北京：社
会科学文献出版社，2018.1
（福建省社会科学规划项目博士文库）
ISBN 978 - 7 - 5201 - 2108 - 8

Ⅰ.①仪… Ⅱ.①王… Ⅲ.①礼仪 - 中国 - 古代②《
仪礼》 - 研究 Ⅳ.①K892.9

中国版本图书馆 CIP 数据核字（2017）第 327428 号

福建省社会科学规划项目博士文库
《仪礼经传通解》研究

著　　者 / 王志阳

出 版 人 / 谢寿光
项目统筹 / 王　绯
责任编辑 / 孙燕生

出　　版 / 社会科学文献出版社·社会政法分社（010）59367156
　　　　　　地址：北京市北三环中路甲 29 号院华龙大厦　邮编：100029
　　　　　　网址：www. ssap. com. cn
发　　行 / 市场营销中心（010）59367081　59367018
印　　装 / 北京季蜂印刷有限公司

规　　格 / 开本：787mm × 1092mm　1/16
　　　　　　印张：25　字数：409 千字
版　　次 / 2018 年 1 月第 1 版　2018 年 1 月第 1 次印刷
书　　号 / ISBN 978 - 7 - 5201 - 2108 - 8
定　　价 / 118.00 元